畅销升级版!

文峰 编著

创业密码

新手淘宝开店

电子工业出版社
Publishing House of Electronics Industry
北京·BEIJING

内容简介

本书围绕“准备开店→货源寻找和采购→开办网店→管理店铺和商品→成为网店代理→店铺特色装修→日常经营管理→网店营销与推广”这条线索展开，系统并详细地介绍了卖家开通网上银行和支付宝服务，并通过阿里巴巴采购和加入批发商成为网店代理等方式获得货源，还有对店铺进行基本管理和商品管理的相关方法，以及通过淘宝旺铺装修自己店铺的各种方法，最后还讲解了如何经营店铺的方法和技巧。

本书适合想在淘宝网上开店，进行网上创业者阅读，也适合正在经营淘宝网店，但想掌握网店管理、经营和店铺装修，将网店生意做大做强的读者阅读。

图书在版编目(CIP)数据

创业密码——新手淘宝开店 / 文锋编著. —北京：电子工业出版社，2011.10

ISBN 978-7-121-14527-8

Ⅰ.①创… Ⅱ.①文… Ⅲ.①电子商务－商业经营－中国 Ⅳ.①F724.6

中国版本图书馆CIP数据核字（2011）第180675号

策划编辑：冯　吉
责任编辑：鄂卫华
印　　刷：中国电影出版社印刷厂
装　　订：中国电影出版社印刷厂
出版发行：电子工业出版社
　　　　　北京市海淀区万寿路173信箱　邮编　100036
开　　本：850×1168　1/32　印张：11　字数：327千字
印　　次：2011年10月第1次印刷
定　　价：29.80元

凡所购买电子工业出版社图书有缺损问题，请向购买书店调换。若书店售缺，请与本社发行部联系，联系及邮购电话：（010）88254888。

质量投诉请发邮件至zlts@phei.com.cn，盗版侵权举报请发邮件至dbqq@phei.com.cn。

服务热线：（010）88258888。

前言 Preface

四年前，一个偶然的机会让我认识了淘宝网，经过一番兜转，最终选择了在淘宝网上开店创业。曾记得，四年前电视经常传来“淘啊！淘啊！淘我喜欢！”的广告语，正式这个广告语，带领我进入了淘宝大市场。那时候的淘宝网功能并没有现在那么多，页面也没有现在这般华丽。淘宝网发展到现在，不仅功能丰富了很多，而且对店铺的装修也精美很多，同时带动了今天人们通过淘宝网购物的积极热衷程度。

经过几年的发展，我在淘宝网上的店铺已经有些成就，现在已经拥有自己的店铺经营团队。想起自己从网店小白丁成长到淘宝大学讲师，还很荣幸地获得淘宝大学最受欢迎课程奖，其中除了酸甜苦辣外，更积累了一份对淘宝创业的深层次的认识和经验。

虽然现在淘宝网已经有成千上万的店铺，但是近年还是有很多人进入淘宝网开店创业。不过，市面上却很少有一本书可以系统化地讲解进入淘宝网开店的书，如何逐步开店、获取货源、加入网店代理以及经营网店，而大部分是偏重开店，或偏重经营，或偏重传授各种各样经验的淘宝书。当此书的策划编辑找上我时，深深的感到了写一本系统介绍开店创业的书对想进入淘宝网开店的人是多么重要。

本书针对在淘宝网开店的新进卖家或准备开店的读者，全面介绍在淘宝网开店以及经营的全部过程的基础知识和相关技巧。书中紧紧围绕“准备开店→货源寻找和采购→开办网店→管理店铺和商品→成为网店代理→店铺特色装修→日常经营管理→网店营销与推广”这条线索展开，系统并详细地介绍了卖家开通网上银行和支付宝服务，并通过阿里巴巴采购和加入批发商成为网店代理等方式获得货源，还有对店铺进行基本管理和商品管理的相关方法，以及通过淘宝旺铺装修自己店铺的各种方法，最后还讲解了如何经营店铺的方法和技巧。其中包括通过淘宝助理发布商品、一件代发的网店代理经营、设计店铺照片和促销广告、制作统一风格的店铺页首和页尾、订购淘宝旺铺拓展版套餐、通过满就送/限时折扣/搭配套餐/店铺优惠券等方式进行促销、利用淘宝直通车和淘宝客推广商品、加入消费者保障服务、参与淘宝网购物活动等内容。

本书每个教学主题的实例，每一项注释都经过了反复的推敲和琢磨，希望通过我们经营团购的努力，让准备开店或者正在开店的新进卖家能够在淘宝网上更加成功地经营自己的店铺，早日踏上成功淘宝网商之路。

本书适合想在淘宝网上开店，进行网上创业者阅读，也适合正在经营淘宝网店，但想掌握网店管理、经营和店铺装修，将网店生意做大做强的读者阅读。

本书由文锋编写，参与本书整理和编审的还有吴颂志、黄活瑜、刘嘉、黄俊杰、林业星、梁锦明、梁颖思、李剑明、黎彩英、李敏虹、周志苹、黎敏、黎剑锋、谢敏锐等，在此一一谢过。在本书的编写过程中，作者将自己多年的开店经验一一传授，内容力求精益求精，但难免存在一些不足之处，敬请广大读者批评指正。

编著者

2011年7月

目录 Contents

目
录

目录

踏足淘宝网购大市场

Chapter

1

淘宝网提倡诚信、活跃、快速的网络交易文化，它为网民提供安全、高效的网络交易平台的同时，也为更多网民提供创业、就业的机会。本章将从电脑上网和淘宝网入门开始讲起，带领读者体验一下淘宝的网购大市场。

1.1 要淘宝先上网

要踏入淘宝网购大市场，首先就要让电脑能够上网，就是将电脑接入互联网。电脑上网的方式有多种，不同的用户可根据个人情况及需求选择一种最合适的互联网接入方式。

1.1.1 简单了解互联网

互联网就是所谓的“Internet”，是人们最初为了解决电脑与电脑个体之间的通信与资源共享需求而创作的一个可以联通世界上所有电脑的网络。

数据传送是互联网的基本功能，互联网内的电脑通过互联网将数据信息传送到世界各地的电脑终端，然后以不同的形式，例如文本、图像、动画、多媒体影音等形式，这就变成了我们日常见到的网站网页。

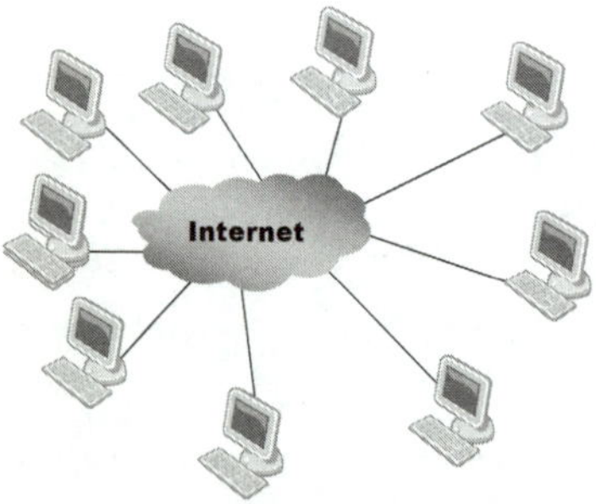

由无数电脑联接起来的网络形成互联网

阿里巴巴网站

1.1.2 了解常见网络术语

使用电脑上网的过程常常会接触到一些看似专业但又很常见的网络术语，下面列举一些常见的术语并作简单介绍。

1. WWW（万维网）

WWW是World Wide Web的缩写，意思为环球信息网，一般也称为万维网。这是最早由欧洲核子物理研究中心（CERN）开发而产生。WWW用于描述互联网上所有的信息及多媒体资源。

在WWW万维网中，通过HTML超文本页面将海量的信息资料呈现，所呈现的内容包括文本、图像、动画、声音、视频和动态特效等，这些页面被放置在全世界不同的服务器主机，并且可以利用“超级链接”在不同的网页之间自由跳转。用户的电脑连接至Internet后，便可不受时间和距离限制的通过万维网访问全世界范围内的网站内容。

2. URL

URL全称为Uniform Resource Locator，意思为“统一资源定位符”，是用于完整地描述Internet上网页和其他资源的地址的一种标识方法。

在Internet中的每一个网页都具有一个唯一的名称标识，也就是URL地址，一般是Internet中的某个网站，也就人们所说的“网址”。URL地址也可以是本地磁盘路径或是局域网上的某一台计算机。

3. HTTP

HTTP全称为“Hyper text Transfer Protocol”，意思为超文字传输协议，是当前网络所使用的最广泛的通信传输协议，其原理是浏览器通过HTTP协议向远端服务器请求数据，远端服务器依循此协议把数据传回到浏览者的浏览器，并在浏览器页面上显示传回的信息。

HTTP是目前大部分网络用户浏览Web网页的主要方式。当网络用户访问网站时，可使用以“http://”开头的网址连接网站，在浏览器地址栏中输入“http://www.163.com/”网址后按下Enter键，将由HTTP协议打开网易的首页。

4. 域名

域名，英文为Domain name，是与IP地址相对应的一种便于记忆的字符式网络地址，其组成包括从a到z的26个字母、从0到9的10个数字，以及“-”和“.”符号，并按一定层次和逻辑排列产生。例如，访问“网易”网站时，只要在浏览器的地址栏输入www.163.com即可打开网站。

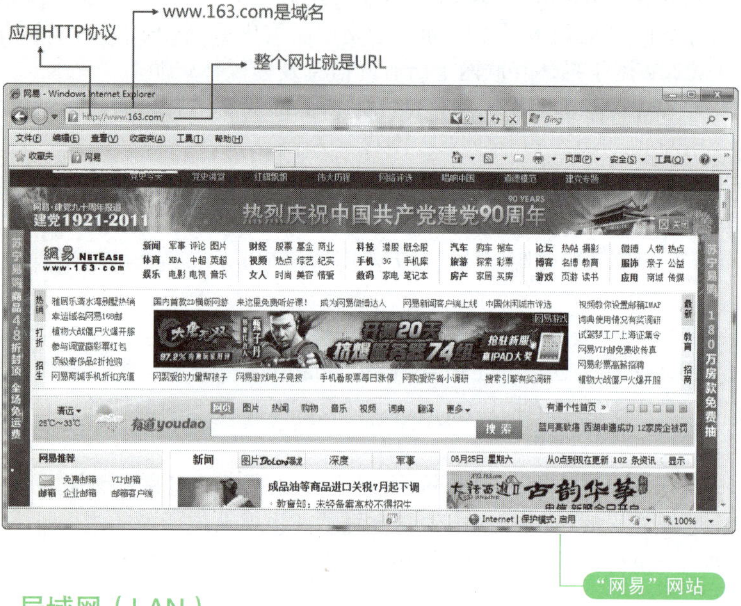

5. 局域网（LAN）

局域网（Local Area Network）的英文简称为LAN，是指某一区域内（例如一间办公室，或是同一家公司/学校）由多台电脑互联产生的电脑组合。局域网具有封闭性质，及可以是由一个小办公室内的两台电脑组成，也可以由一个大型公司中上千台电脑组成。通过局域网可以实现联机文件管理，共享数据资源，包括某个工作组的日程安排和电子邮件，以及共享打印机、扫描仪和传真机等。

6. 服务器（Server）

Server指的是互联网中服务器设备，服务器其实是一种高性能电脑，作为网络中的一个节点，可存储和处理互联网中数据信息。

服务器设备其实和一般所见的电脑基本相似，同样是包括CPU、内存、硬盘等，由于服务器是用于提供大量用户访问并提供相应的网络服务，因而比一般的电脑在处理能力、稳定性、可靠性、安全性、扩展性、管理性更加强大和完善。

1.1.3 电脑接入互联网的方式

将电脑接入Internet的方式有多种，目前常见的Internet接入方式分别有电话拨号上网、ADSL宽带上网、共享宽带上网和无线上网四种方式。

1. 电话拨号上网

电话拨号上网是一种比较简便的Internet接入方式，它不需要另外申请开通网络服务，只要一台电脑、一条可正常拨打电话的电话连线和一个价格并不昂贵的Modem调制解调器设备便可以实现。电话拨号上网是一种窄带上网方式，也就是说上网速率较低，无法完成一些对网速要求较高的操作应用，但对一些不常上网，以及上网时也仅是查查资料和看看电子邮件的用户来说却是很合适。

2. ADSL宽带上网

ADSL全称Asymmetric Digital Subscriber Line，意思为非对称数字用户线路，是目前使用最广泛的宽带接入方式，虽然对比拨号上网在费用上相对较高，但却可以享受到高速率和高稳定性的网络服务。

随着技术的发展及不断的普及，ADSL宽带上网的费用也越来越低廉，从而收到广大网民的欢迎。目前，ADSL是最受欢迎的Internet宽带接入方式。

除了高速率的优点，ADSL还可以与普通电话共存于一条电话线上，也就是说，同一条电话线既可以连接电话机进行拨打和接听电话，还可以同时进行ADSL传输实现高速上网，两者互不影响。

使用ADSL宽带上网需要的硬件设备除了基本的电脑，还包括一个网卡和一个ADSL Modem，此外还需要到ISP登记办理才能开通ADSL业务。

达人课堂

ISP全称为Internet Service Provider，意思是联网服务提供商，主要为用户综合提供互联网接入业务、信息业务以及增值业务的电信运营商，例如中国电信、中国联通等。

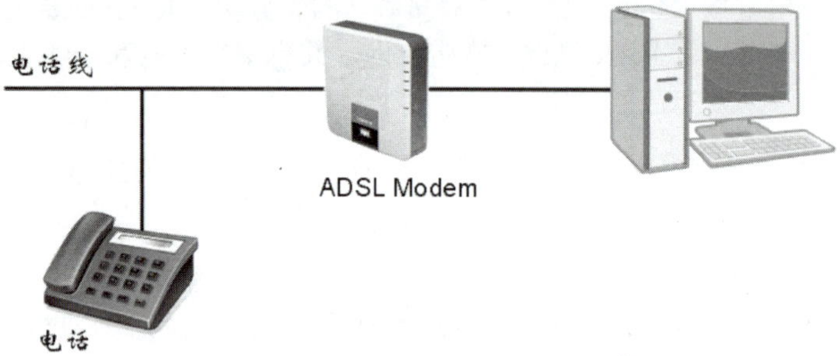

ADSL宽带上网

3. 共享宽带上网

如果是多台电脑的用户，可采用局域网共享宽带的方式上网。用户可以通过ISP申请宽带上网账户，然后以一台电脑作为服务器接入互联网，然后让其他电脑建立一个局域网并通过服务器接入互联网，以共享的方式使每一台电脑都具备上网功能，既可满足工作需要同时也可以极大的节约成本。

以局域网共享的宽带方式上网与ADSL宽带上网方式有所区别，从硬件上讲，不但同时连接多台电脑，而且需要额外一台服务器主机；从软件方面来讲，由于是以局域网的方式将多台电脑相联，因此需要配置局域网的路由器以及每一台电脑的网卡。

另外，除了使用服务器作为中介让局域网的电脑同时上网外，还可以使用网络集线器或交换机作为中介设备，让局域网的电脑同时上网。

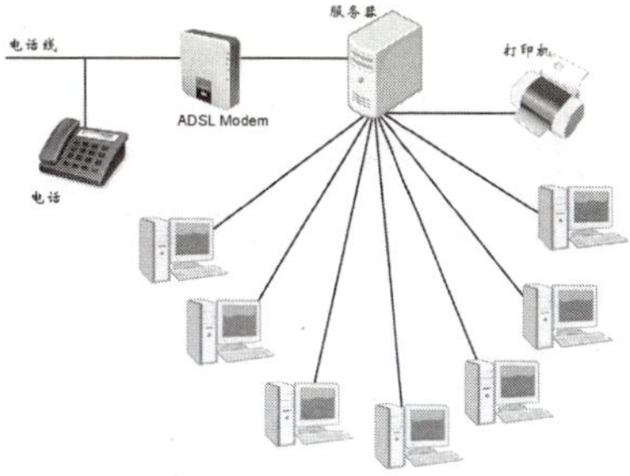

局域网电脑通过服务器共享宽带上网

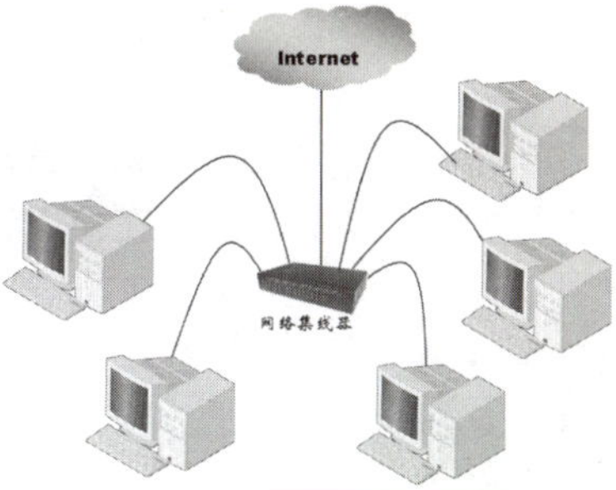

局域网电脑通过集线器共享宽带上网

4. 无线上网

随着通信和计算机技术的不断发展，同时也满足人们能够在随时随地上网的需求，无线上网技术随之产生。无线上网目前主要有两种方式，一种是使用手机开通数据功能而访问Internet，另一种是以电脑通过手机或无线网卡访问Internet。

由于无线上网不受网线的束缚，因此很适合移动电脑（也称为笔记本电脑）的应用，用户可以带着移动电脑进行商务办公时，在任何地方快速实现上网需求。

无线上网的硬件需求比较简单，除了电脑本身（例如一台笔记本电脑），只要再加上一块无线网卡以及到通信供应商购买一块具备上网功能的SIM卡，便可实现随时随地上网的需求。

使用电脑进行无线上网还有一种是局域网内的无线联接方式，即通过一般的ADSL宽带建立共享的局域网，再为局域网的服务器连接一个无线路由器，而需要无线连接网络的电脑则可安装无线网卡，同样也可以实现短距离的无线上网需求。

无线网卡

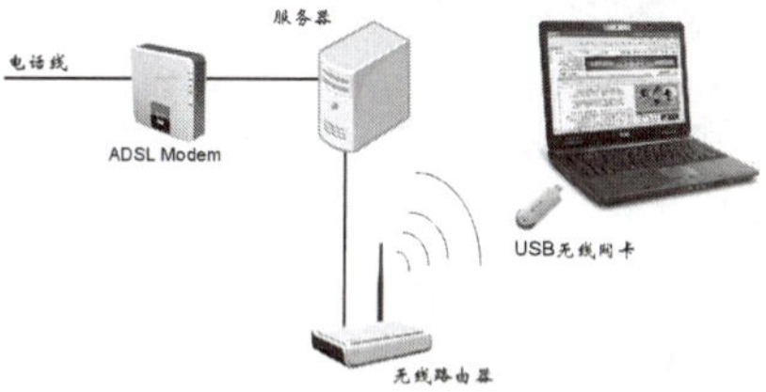

局域网内无线上网

1.1.4 自己动手安装ADSL宽带

当用户在电信服务商初申请ADSL宽带后，服务商会安装工作人员上门安装。但如果用户在使用过程中需要重新安装ADSL宽带时，则可以参考下例的步骤，自行在Windows 7系统中完成安装。

动手跟练

STEP 01

把服务商提供的电话线首先插入到分离器的“PHONE”端口。

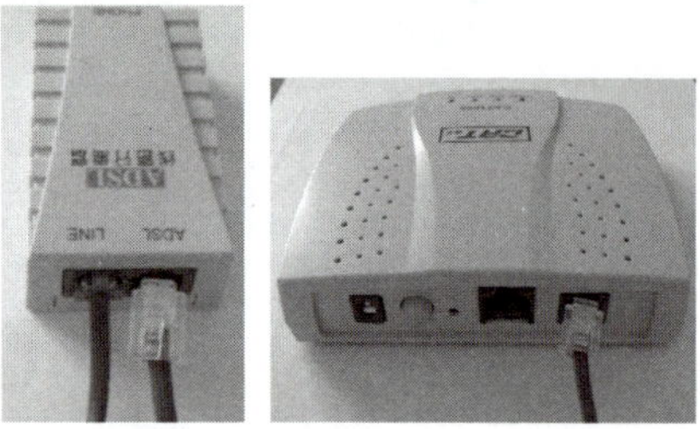

STEP 02

准备一根电话线，并将其一端接入分离器的“ADSL”接口，电话线另一端则接入到ADSL Modem的电话线接口上。

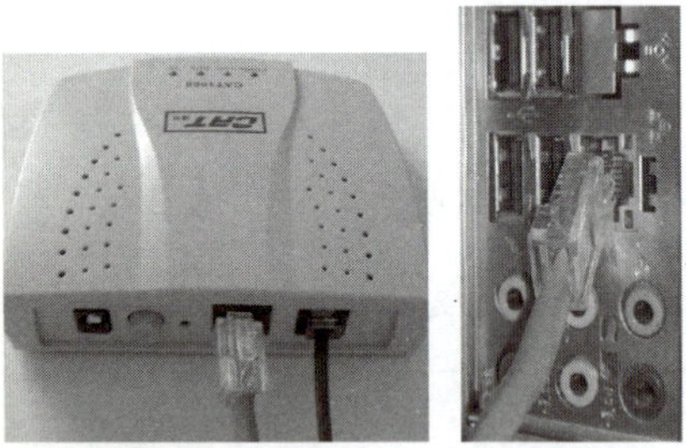

STEP 03

准备一根网线并将其一端接入ADSL Modem的网线接口上，而网线的另外一端则连接到电脑的网卡接口上。

STEP 04

为ADSL Modem接入电源，并单击开关按钮，使ADSL Modem开始工作。

▶STEP 05

通过【开始】菜单打开【控制面板】窗口，然后单击【网络和Internet】链接文字。

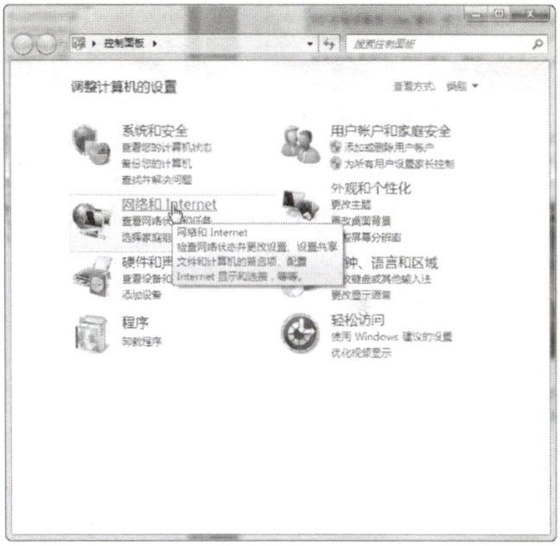

▶STEP 06

打开【网络和Internet】窗口后，单击【网络和共享中心】链接文字。

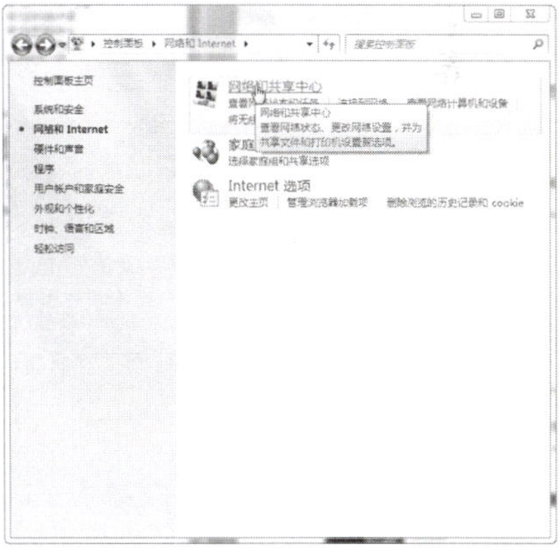

达人提醒

分离器上一般有三个接口，分别是用于连接来自ISP的电话线的“Line”接口；用于连接ADSL Modem 以传输数据信号的“ADSL”接口；最后一个是用于连接普通电话机以传输电话语音信号的“Phone”接口。

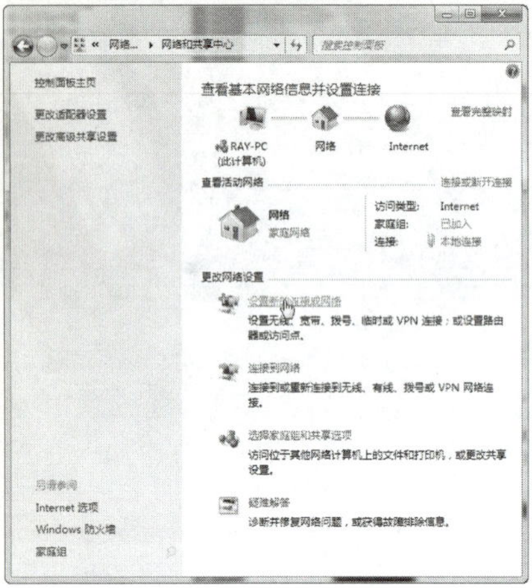

▶STEP 07

打开【网络和共享中心】窗口后，单击【设置新的连接和网络】链接文本，以便可以创建新连接。

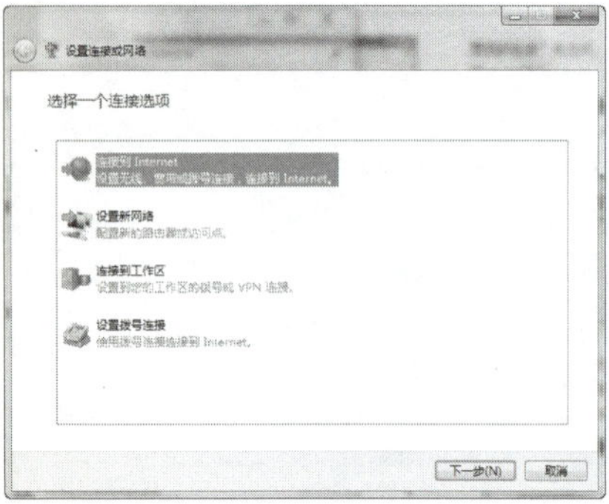

▶STEP 08

打开【设置连接或网络】对话框后，选择【连接到Internet】选项，再单击【下一步】按钮。

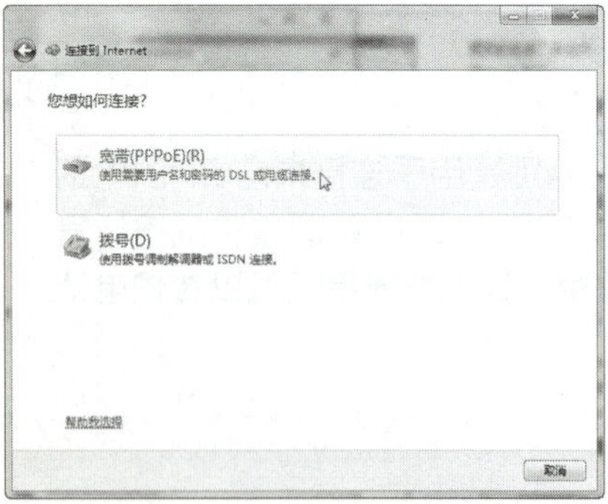

▶STEP 09

打开【连接到Internet】对话框后，选择【宽带（PPPoE）】选项。

创业密码——新手淘宝开店

▶STEP 10

此时需要输入服务商提供ADSL宽带的用户名、密码，再设置一个连接名称，最后单击【连接】按钮。

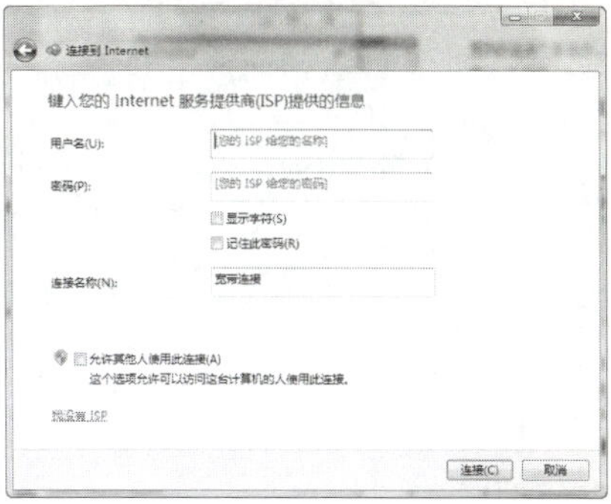

达人提醒

ADSL宽带连接的用户名和密码是网络服务商提供的，用户在申请开通ADSL宽带时应想服务商索取。

▶STEP 11

此时连接设置完成后，对话框显示连接已经可用。用户可以单击【立即连接】按钮，连接宽带。

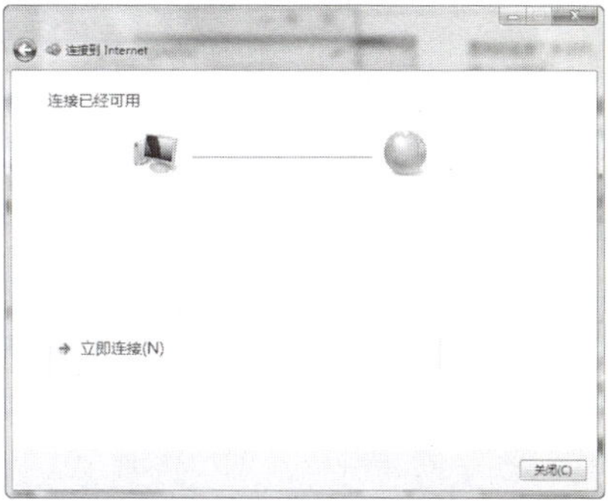

▶STEP 12

此时系统会根据设置的用户名和密码连接宽带，连接完成后，电脑即可上网。

1.2 淘宝网的入门知识

电脑能够上网后，即可开始进入淘宝网购物。在淘宝网中，用户可以作为买家购买任何你想要的商品；也可以作为卖家，在淘宝网上开店创业。

对于想在淘宝网创业的用户而言，先了解淘宝网是必需的准备工作。本节将扼要介绍淘宝网的相关入门知识。

1.2.1 关于淘宝网

淘宝网成立于2003年5月10日，由阿里巴巴集团投资创办。目前，淘宝网是亚洲第一大网络零售商圈，其目标是致力于创造全球首选网络零售商圈。通过结合社区、江湖、帮派来增加网购人群的粘性，并且采用最新团网购模式，让网购人群乐而不返。

淘宝网现在业务跨越C2C（个人对个人）、B2C（商家对个人）两大部分，个人或商家可以在淘宝网上开店，各地的网民可以通过淘宝网购买各种各样的商品和服务。

淘宝商城整合数千家品牌商、生产商，为商家和消费者之间提供一站式解决方案。提供100%品质保证的商品，7天无理由退货的售后服务，以及购物积分返现等优质服务。

淘宝网的诞生，不仅影响了人们的网络消费，并带动了国内快递业务的兴旺。目前每天全国三分之一的快递业务都因淘宝网交易而产生。

达人课堂

C2C（Consumer to Consumer，客户对客户）。C2C是个人与个人之间的电子商务，即消费者间的市场交易模式。

B2C（Business-to-Consumer，商家对客户）。B2C是电子商务的一种模式，也就是通常说的商业零售，直接面向消费者销售产品和服务。

淘宝网（www.taobao.com）首页

淘宝商城

淘宝消费者保障白皮书

1.2.2 淘宝网买卖入门

淘宝网的主流人群是消费者和商家，即所谓的买家与卖家。

对于买家来说，在淘宝网上完成一个购物的过程需要进行以下工作：账户注册—支付宝账户激活—购买宝贝—支付货款—收货与评价。

对于卖家来说，在淘宝网上完成一个销售的过程需要进行以下工作：账户注册—支付宝账户认证—成功开店—发货操作—评价与提现。

1. 账户注册

目前注册淘宝账户的方法有两种：

- 使用手机号码注册（该方法暂不支持港澳台用户）。
- 使用邮箱注册。

2. 支付宝账户激活

当用户成功激活淘宝账户后，淘宝网将为账户用户创建了一个支付宝账户，但创建的支付宝账户为“未激活”状态。用户可以登录【我的淘宝】—【账号管理】—【支付宝账户管理】页面，然后单击【点此激活】按钮并填写信息，保存即可立即启用支付宝账户。

3. 支付宝实名认证

若卖家需要卖宝贝或者提现，需要先进行实名认证。

卖家可以进入淘宝网，登录【我的淘宝】页面，单击【实名认证】链接文字进行认证。或者进入支付宝网站，登录【我的支付宝】—【我的账户】页面，单击【申请实名认证】链接进行认证。

4. 购买与支付货款

买家需要购买商品时，可以先登录淘宝网，然后搜索商品并进入商品销售页。当决定购买商品后，单击销售页的【立刻购买】按钮，然后确认订单（包括收货地址、购买数量、总价等），接着即可通过网上银行将货款支付到卖家的支付宝。

达人课堂

淘宝购物车是淘宝新平台为广大用户提供的一种快捷购物工具。通过购物车，买家可以在淘宝一次性批量购买多个宝贝，并可一次性通过支付宝完成付款。

通过购物车，买家无须登录更无需下单，即可在电脑上随时保存或查看想要购买的宝贝。

如果暂时没有确定购买商品，则可以在销售页上单击【加入购物车】按钮，先将合适的商品加入自己的购物车，当确定购买时填写订单并支付即可。

5. 开店与发货

在淘宝网开店必须有3个步骤：

1. 通过支付宝实名认证。
2. 发布10件以上商品。
3. 登录【我的淘宝】页面单击【免费开店】链接申请开店。

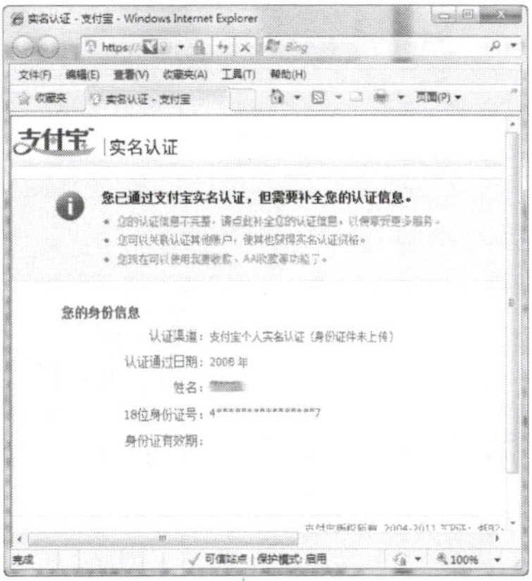

支付宝实名认证

购物时可立刻购买，也可先加入购物车

开店成功后，卖家可以发布更多的商品，并通过管理店铺来吸引买家。

当买家购买商品并支付货款到支付宝后，商品的交易状态为“买家已付款”。此时卖家可以根据买家留下的收货地址联系快递公司进行发货。待货物发出后，卖家需要在发货页面填写正确的发货信息，交易状态将更改为“卖家已发货”。

此后，待买家收到货物确认付款给您的支付宝账户后，卖家的支付宝账户就会收到该笔交易的款项，双方也就完成该笔交易了。

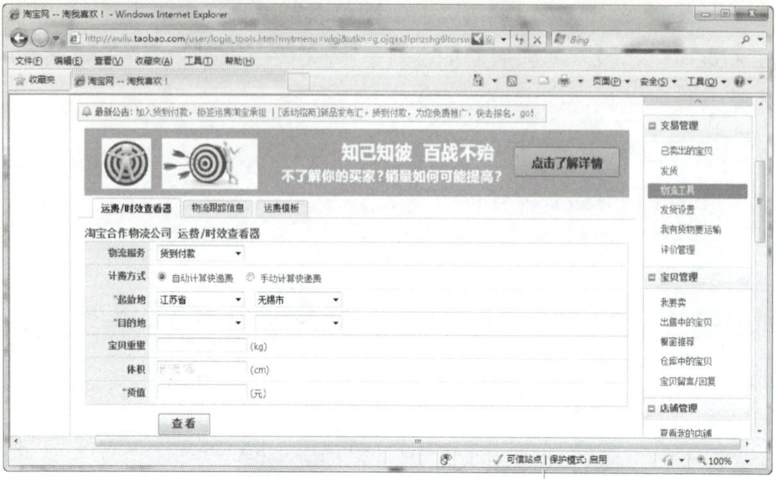

使用物流工具来发货

达人课堂

如买家未主动操作确认付款给卖家，且也未在交易超时打款之前申请退款，那么等交易超时后，系统将自动打款给卖家。

6. 评价与提现

交易成功后买家可以对卖家进行信用评价操作，卖家也可以对买家的交易行为进行信用评价。

买家在评价时可以选择匿名评价，选择了匿名评价后，交易的出价记录与评价记录都将匿名显示，匿名作出的评价产生评价积分。

若买家在进行评价时，没有选择匿名评价，在评价完成后30天内，有一次机会可以将此评价更改为匿名评价，更改后此交易的出价记录与评价记录都将匿名显示，此评价将不重复计分。匿名评价不能改为非匿名评价。

如果买家给了差评，卖家觉得不合理时可以对交易做出解析。评价后的30天内卖家可以进入【我的淘宝】页面，然后左侧单击【评价管理】找到相关交易的评价，单击【我要解释】按钮，做出对评价合理的解释。好评也可以进行解释。

无论是买卖双方，在做出评价之后的30天内都有一次修改或删除评价的机会，但需要注意的是只有差评和中评可以修改成好评或者删除，而好评不能修改成中评或差评且好评也无法做删除。

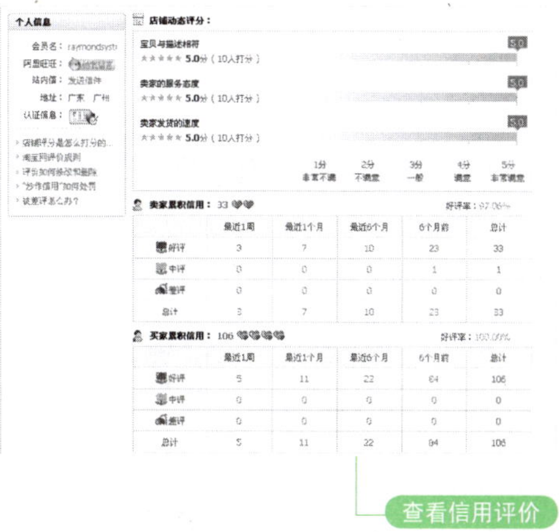

买家的货款支付到卖家的支付宝账户后，卖家可以从支付宝账户中提现，即将支付宝账户的款提取到绑定的银行账户，这样卖家就可以通过银行取款了。

当卖家完成提现操作后，银行一般在1-2个工作日内即可到账。

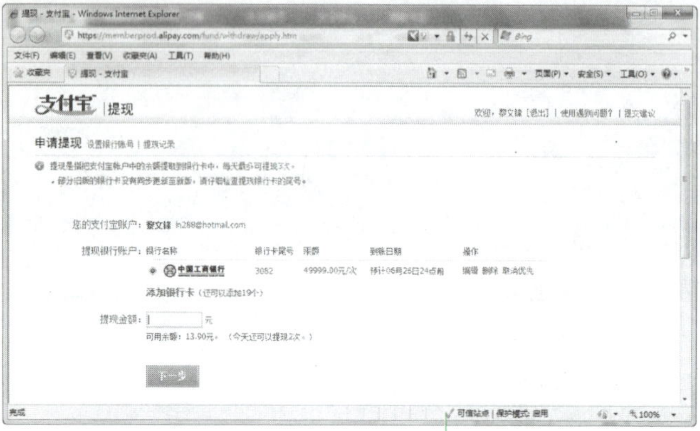

从支付宝账户中提现

1.2.3 淘宝集市店的定价方式

网上卖东西有别于实体店铺，所以店主应该先数据网上开店的商品定价的方式。对于淘宝网的集市店铺来说，发布商品的定价方式有“一口价”和“拍卖”两种。

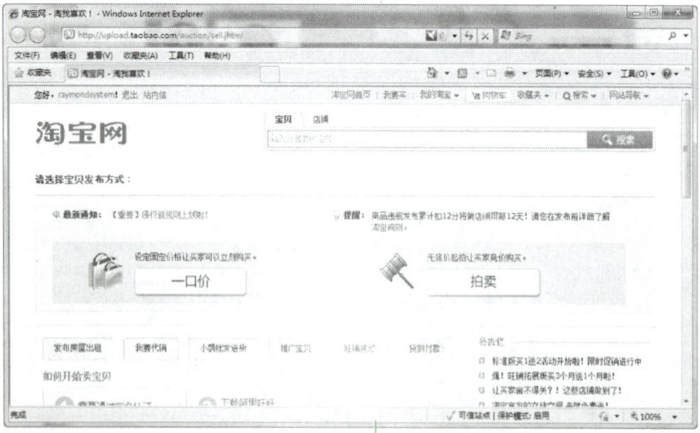

发布商品时提供的定价方式

达人课堂

淘宝商家目前有分淘宝集市卖家和淘宝商城卖家，非淘宝商城的都属于淘宝集市。卖家在淘宝集市中开的店铺就是集市店铺。

1. 一口价

一口价指为商品设定固定的价格，当买家出此价格，即可成交并购买到该商品。这种定价方式的好处是将商品的出售价格定为一个固定值，只有有人出价，就可以立即成交，无需等竞标期结束，速战速决。这种定价方式不足之处是需要店主准确估价，定价太高可能会导致商品不能售出，定价太低则会损失利润。另外，由于商品价格固定，所以买家对价格的控制参与度不高。

2. 拍卖

拍卖又称为竞拍，淘宝网的拍卖方式是无底价起拍，即可将商品的卖出价格作为起拍价，不设底价。当竞拍期结束后，出价最高者购得商品。这种定价方式得好处是只要有人出价就能成功，而且有竞争得热闹气氛，可能会给商品卖一个好价钱；坏处是店主需要准确估价，否则有可能达不到自己的心理价位，另外还需要等竞拍期结束后才出售商品，周转时间较长。

1.3 注册与管理淘宝网账户

想在淘宝网上购物，需要先注册一个淘宝账户，如同先给自己在淘宝网上要一个身份。注册淘宝账户后，还需要对账户进行适当的管理。

1.3.1 注册淘宝网个人账户

注册淘宝账户时，需要使用手机或邮箱进行验证，所以注册淘宝账户前，先准备好手机在旁边哦。下面就通过手机号码注册为例，讲解注册淘宝账户的方法。

动手跟练

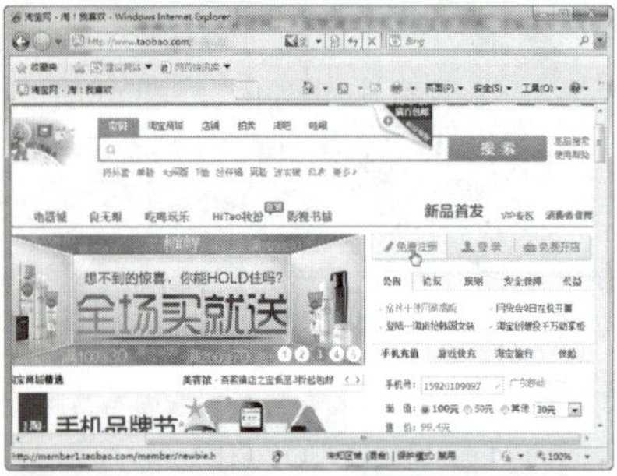

▶STEP 01

登录【我的淘宝】页面，然后单击页面的【免费注册】按钮。

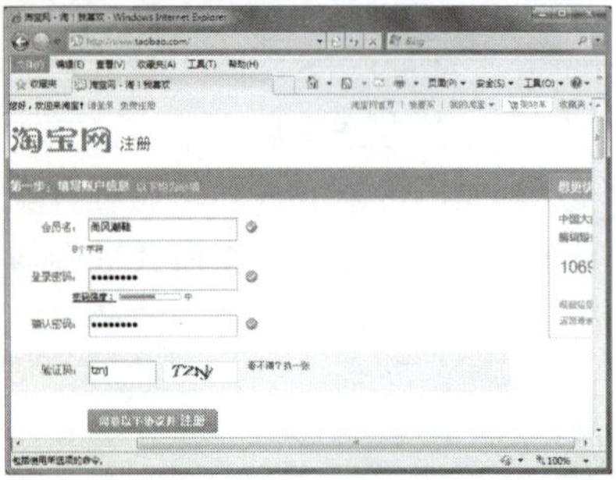

▶STEP 02

在弹出页面中填写账户信息，再单击【同意以下协议并注册】按钮。

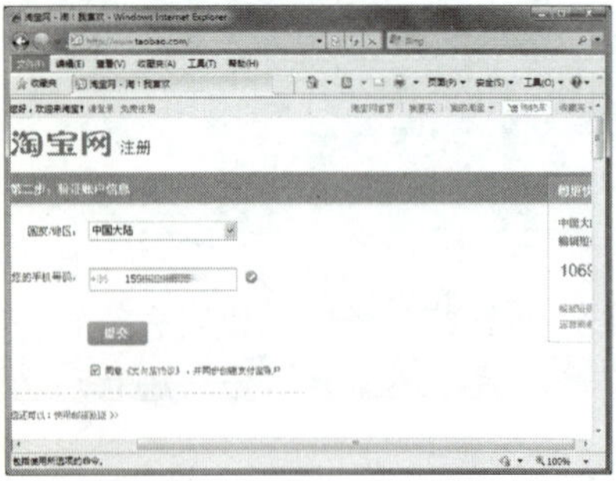

▶STEP 03

输入你的手机号码，然后单击【提交】按钮。

▶STEP 04

当手机收到校验码后，将校验码输入到文本框，然后单击【验证】按钮。

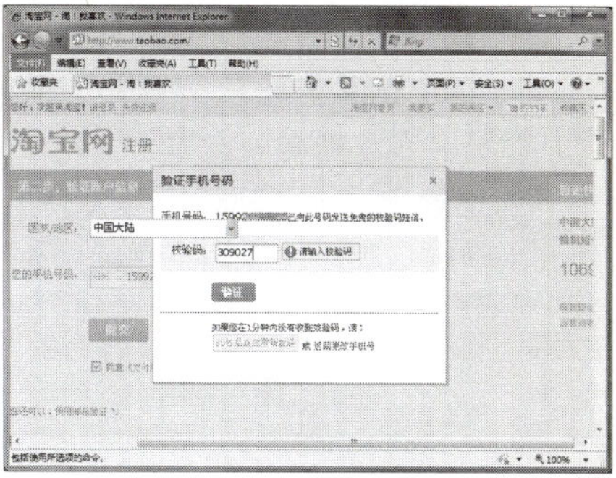

▶STEP 05

手机校验完成后，即打开注册成功页面。此时可以单击【我的淘宝】链接，进入自己的淘宝页面。

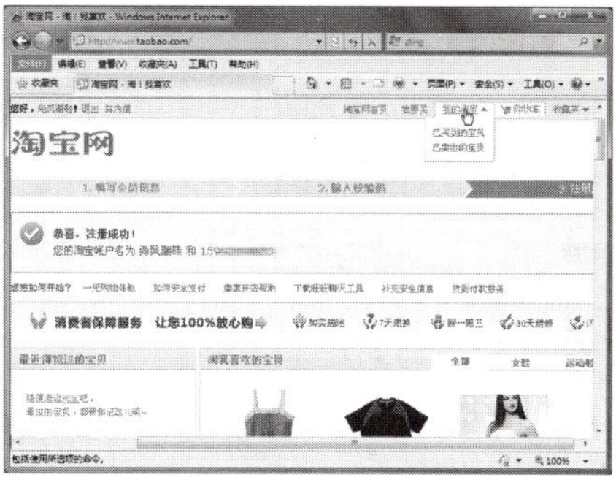

▶STEP 06

进入【我的淘宝】页面后，可以针对各项要求完善相关的账户信息。

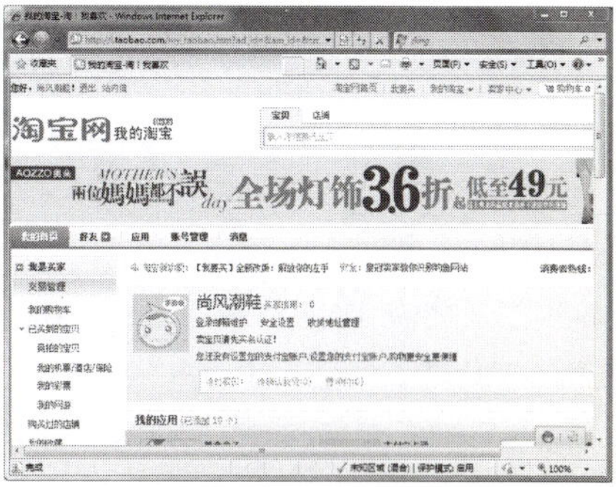

1.3.2 设置登录电子邮箱

淘宝网提供会员名、手机号码、电子邮箱三种方式登录会员账户。会员名在注册时就设置，而电子邮箱则可以在注册账户后设置。

当设置登录电子邮箱后，会员不仅可以使用该邮箱登录账户，同时也可以用该邮箱接受淘宝网的邮件。

动手跟练

STEP 01

登录【我的淘宝】页面，然后单击页面的【登录】按钮。

STEP 02

在弹出的页面中输入账户名和密码，然后单击【确定】按钮。

▶STEP 03

成功登录后，单击页面右上方的【我的淘宝】连接。

▶STEP 04

进入【我的淘宝】页面后，单击导航列上的【账号管理】按钮。

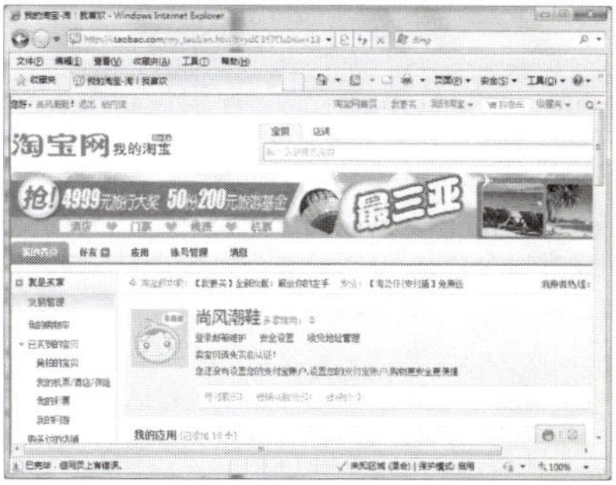

达人提醒

登录账户时，可以选择【两周内免登录】复选框，一边让系统在成功登陆后记住登录状态，两周内在本机上访问淘宝网不需要输入密码就会自动登录。但请不要在公用电脑上选择此项，避免其他轻易登录你的淘宝账户。

▶STEP 05

打开【账号管理】页面后，单击【登录邮箱】项目后面的【设置】链接。

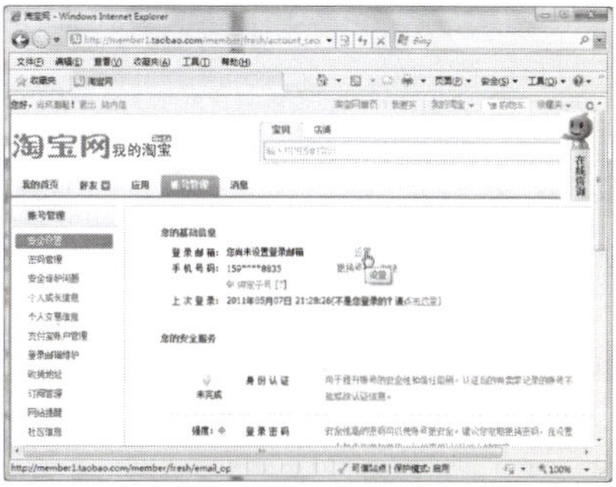

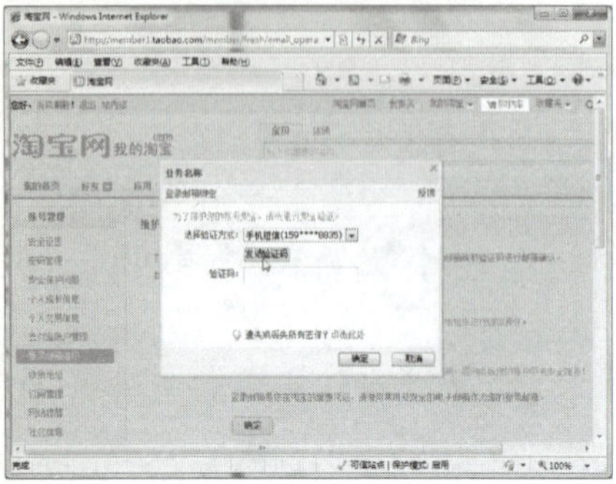

▶STEP 06

在弹出的对话框中单击【发送验证码】按钮。

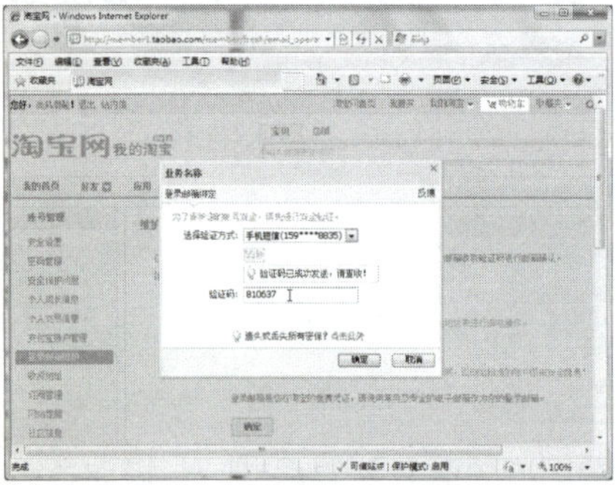

▶STEP 07

发送验证码后，从手机中获取验证码，再将验证码输入，并单击【确定】按钮，通过安全验证。

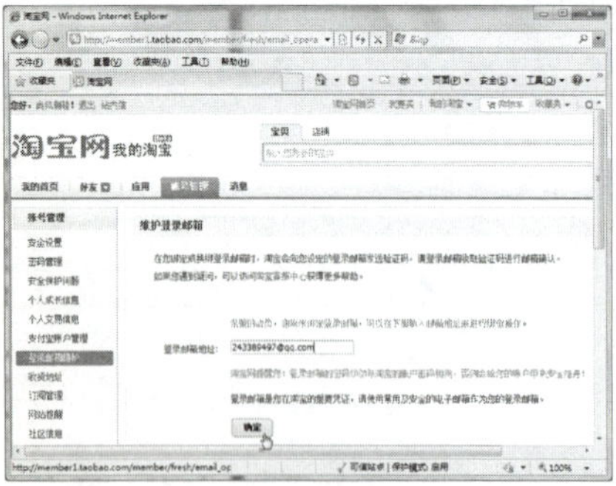

▶STEP 08

此时在【登录邮箱地址】项的文本框内输入电子邮件地址，然后单击【确定】按钮。

达人提醒

在设置登录邮箱后，淘宝网会想你设置的邮箱发送一封邮件，并附带一组验证码，这组验证码用于验证邮箱。所以设置的邮箱必须是安全和可用的邮箱地址。

▶STEP 09

登录邮箱地址接受软件，然后获取验证码，然后将验证码输入，接着单击【确认】按钮。

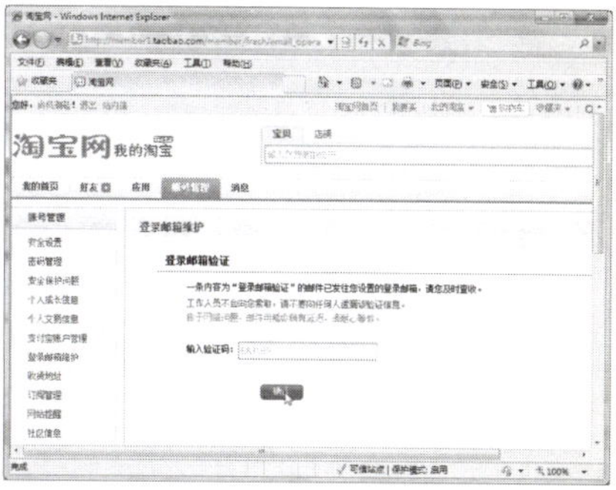

▶STEP 10

如果验证码正确的话，邮箱将被成功设置，此时显示完成设置信息。

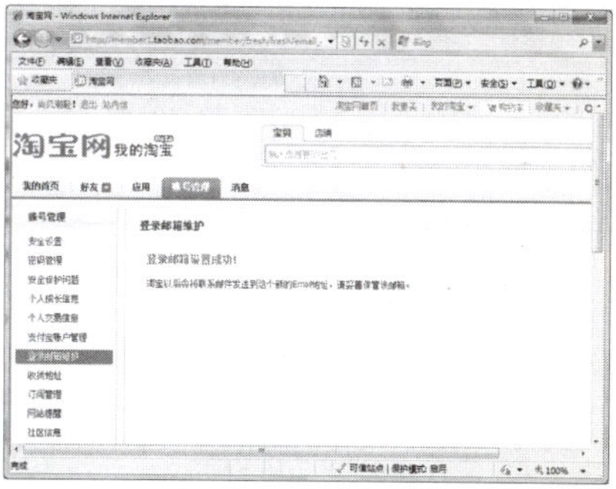

1.3.3 设置收货的地址

在淘宝网上买东西，就需要通过物流来进行发货，因此在购买前预先设置好收货的地址，可以方便在填写订单时直接选择收货地址。这样的好处在于，购买商品后直接选取地址，省去了每次填写地址的麻烦。

动手跟练

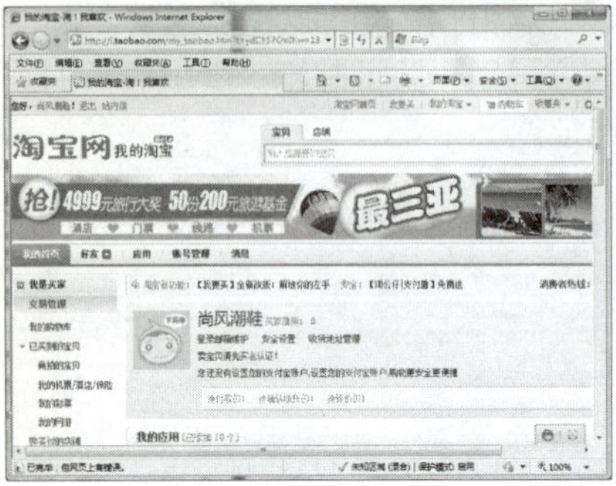

▶STEP 01

登录【我的淘宝】页面，然后单击【账号管理】按钮。

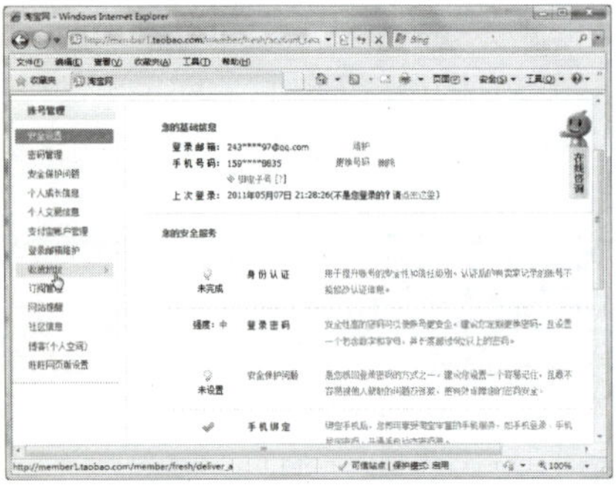

▶STEP 02

打开【账号管理】页面后，单击【收货地址】链接。

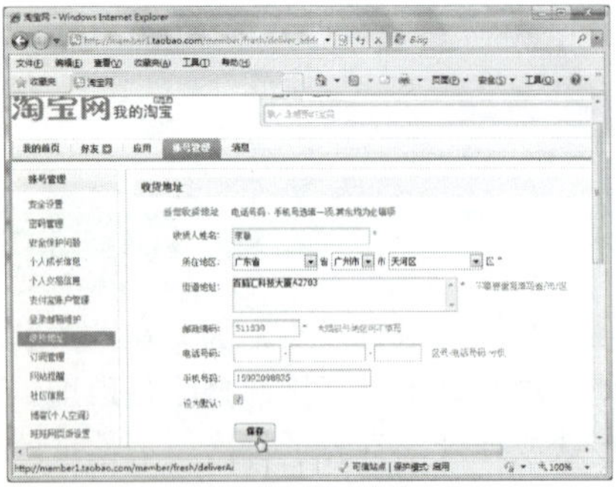

▶STEP 03

在打开的页面中输入收货地址的各项信息。如果要将此地址作为默认收货地址则可以选择【设为默认】复选框，完成后单击【保存】按钮。

Chapter 1 踏足淘宝网购大市场

▶STEP 04

保存地址后，页面显示创建成功信息，并显示已保存的收货地址。如果需要创建其他收货地址，则可以继续输入其他地址信息。

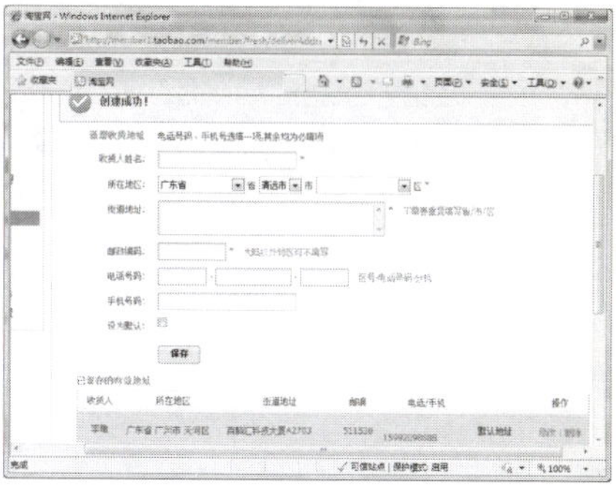

1.3.4 设置安全保护问题

如果账户忘记密码了怎么办？除了可以通过绑定的手机和邮箱找回密码外，还可以通过安全保护问题找回密码，而且这种方式不容易被其他人获取答案，从而更有效保护账户密码的安全。

动手跟练

▶STEP 01

登录【我的淘宝】页面，然后单击页面的【安全设置】链接。

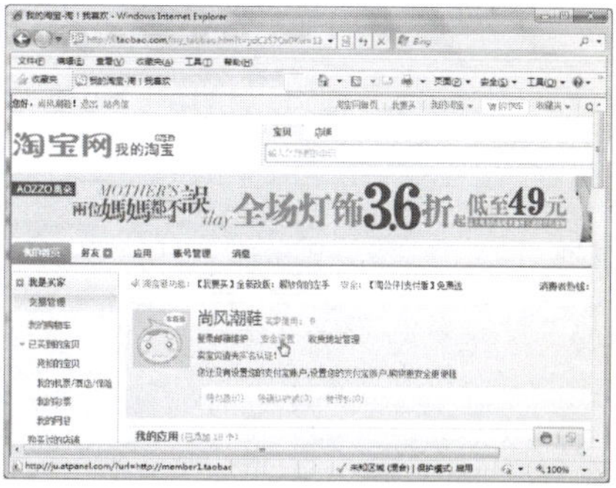

创业密码——新手淘宝开店

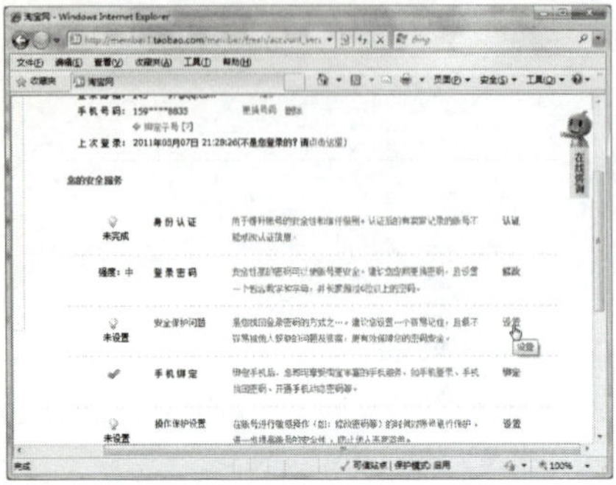

▶STEP 02

弹出页面后，在【安全保护问题】项后单击【设置】链接。

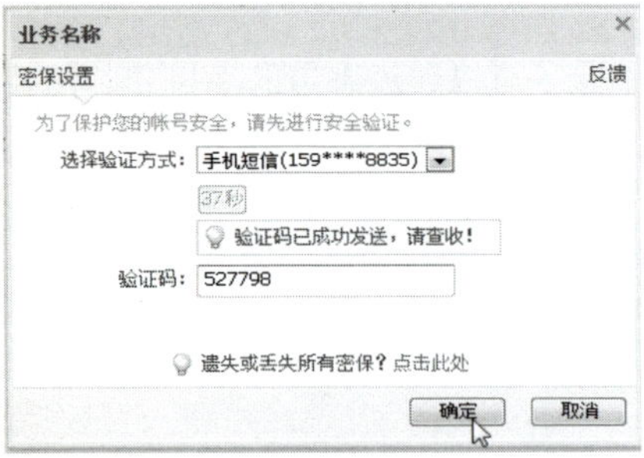

▶STEP 03

弹出对话框后单击【发送验证码】按钮。

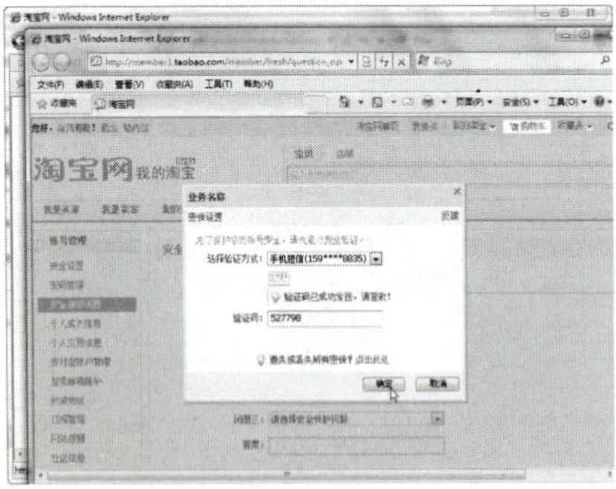

▶STEP 04

通过手机获取验证码，然后将该验证码输入，再单击【确定】按钮。

▶STEP 05

此时页面显示安全保护问题的列表框，通过列表框选择问题，然后在对应的答案文本框中输入预设的答案，最后单击【确认】按钮。

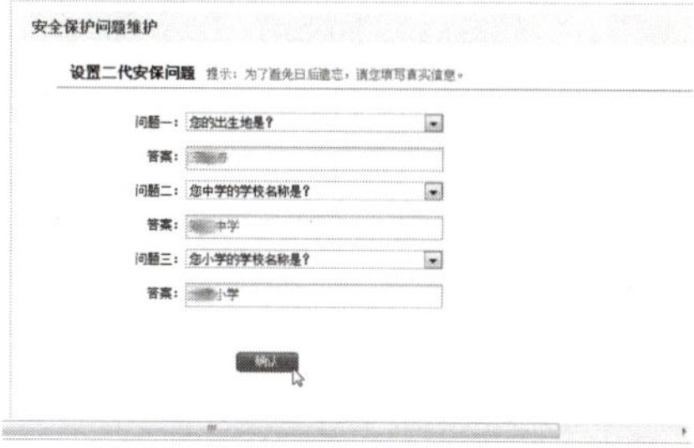

▶STEP 06

设置安全保护问题和预设答案后，即显示完成页面。用户可以清除和修改安全保护问题。

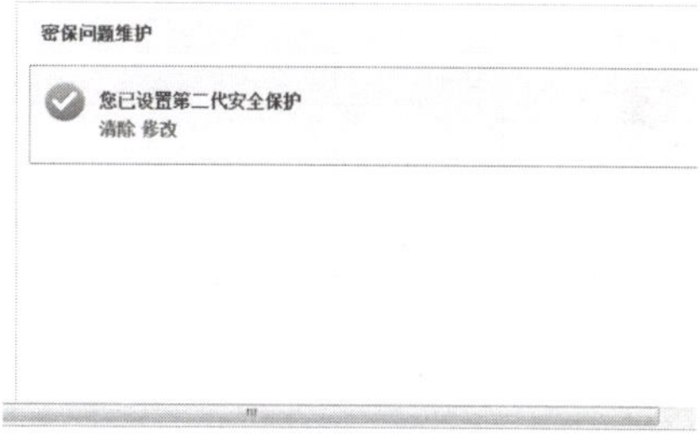

1.3.5 设置账户交易信息

用户可以设置个人交易信息，用于作为交易联系方式，以方便卖家联系到你。

达人提醒

设置个人交易信息并非必须的，如果用户不想在网上透露过多的个人信息，可以忽略个人交易信息的设置。

动手跟练

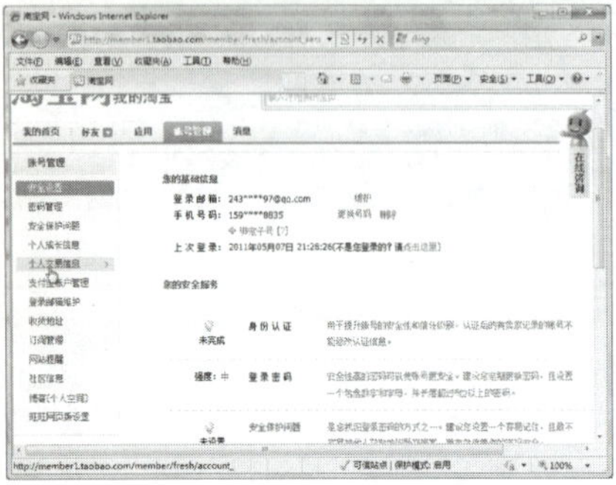

STEP 01

打开【账号管理】页面，再单击【个人交易信息】链接。

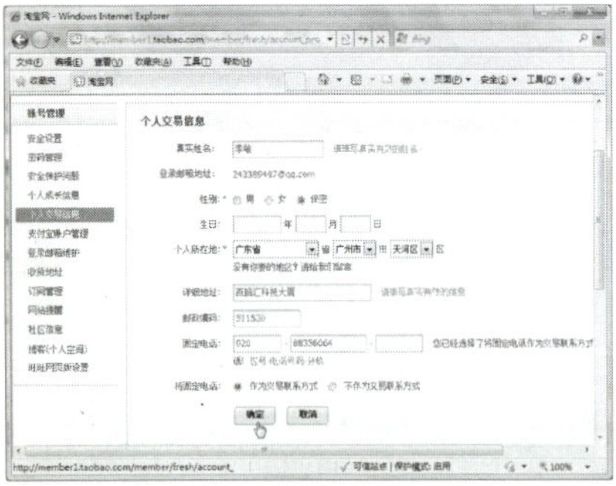

STEP 02

输入个人交易的各项信息，接着单击【确定】按钮即可。

1.4 安装与使用阿里旺旺

阿里旺旺是阿里巴巴集团开发的一款免费即时通讯软件，淘宝网的买家和卖家可以通过阿里旺旺可以进行在线聊天，以便随时洽谈业务。

1.4.1 下载阿里旺旺卖家专用版

淘宝网提供【买家专用版】和【卖家专用版】两个版本的阿里旺

旺让用户使用，两个版本的功能大致相同，只是各自偏重的功能略有差异。

下面以安装阿里旺旺卖家专用版为例，介绍具体的下载与安装过程，具体的操作步骤如下。

动手跟练

▶STEP 01

登录淘宝网首页，再单击【阿里旺旺】按钮。

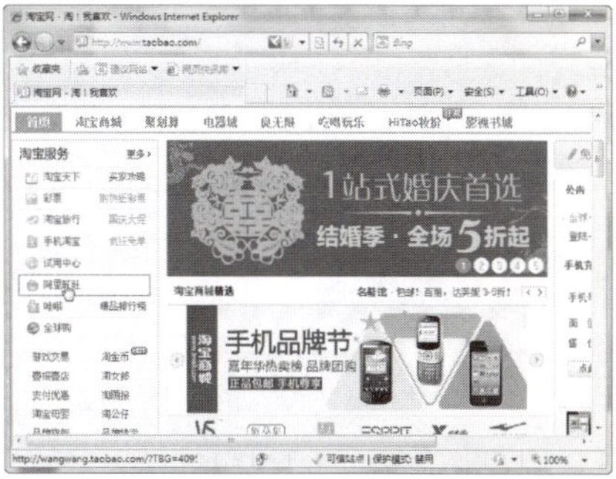

▶STEP 02

弹出页面后，单击【卖家用户】按钮。

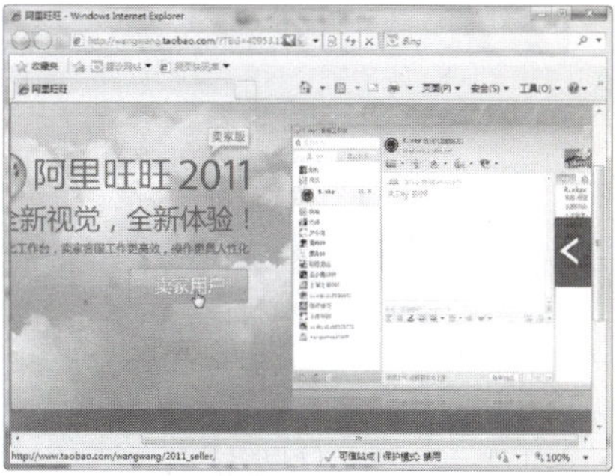

▶STEP 03

打开下载阿里旺旺页面后，单击【立即下载】按钮。

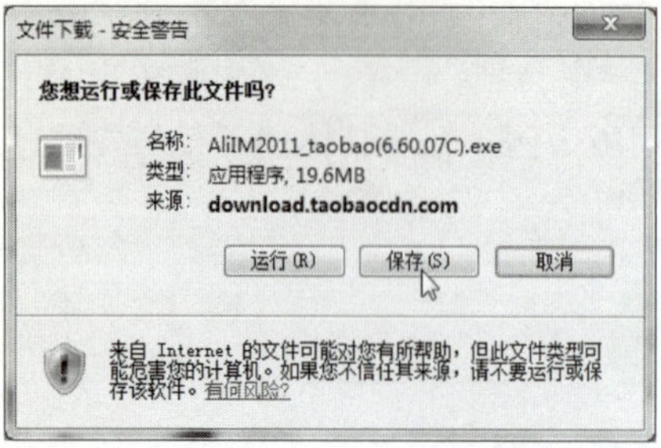

▶STEP 04

弹出【文件下载】对话框后，单击【保存】按钮，再设置文件保存位置。下载完成后，单击【打开文件夹】按钮。

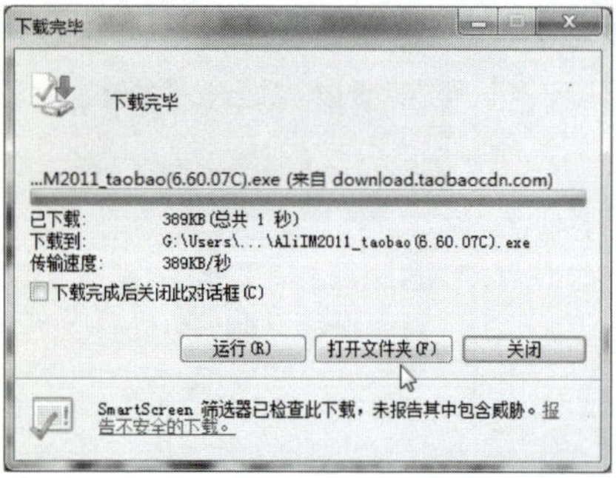

1.4.2 安装阿里旺旺卖家专用版

下载阿里旺旺安装程序后，即可将该程序安装到本机电脑上。完成后，就可以使用淘宝账户登录阿里旺旺，并使用阿里旺旺跟买家联系了。

动手跟练

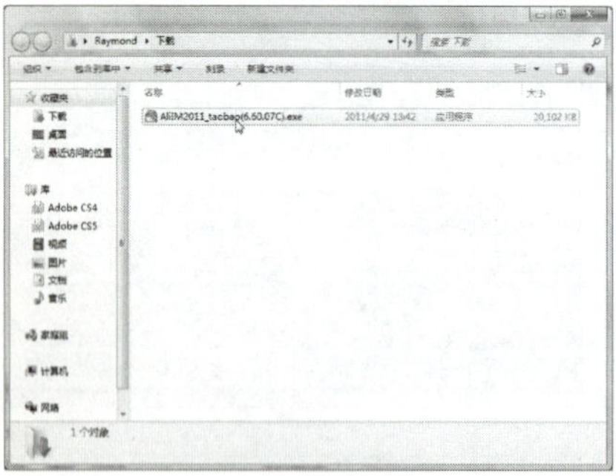

▶STEP 01

打开阿里旺旺安装程序的文件夹，双击应用程序，执行该程序。

▶STEP 02

弹出阿里旺旺程序安装对话框后，单击【下一步】按钮。

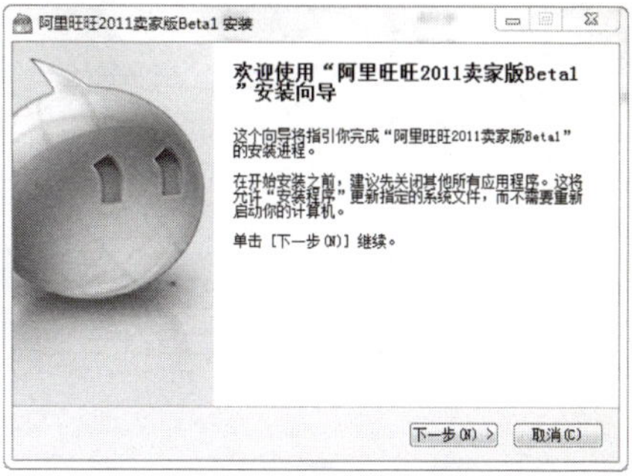

▶STEP 03

打开阿里旺旺安装程序的文件夹，双击应用程序，执行该程序。

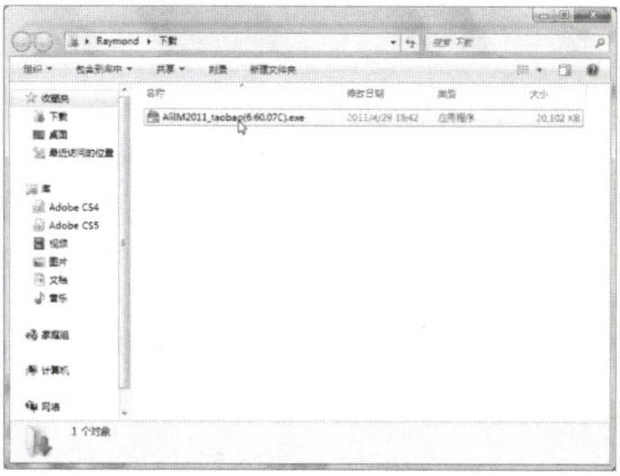

▶STEP 04

弹出阿里旺旺程序安装对话框后，单击【下一步】按钮。

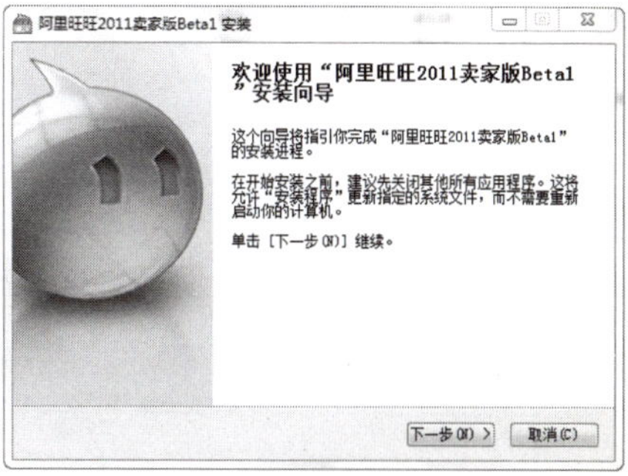

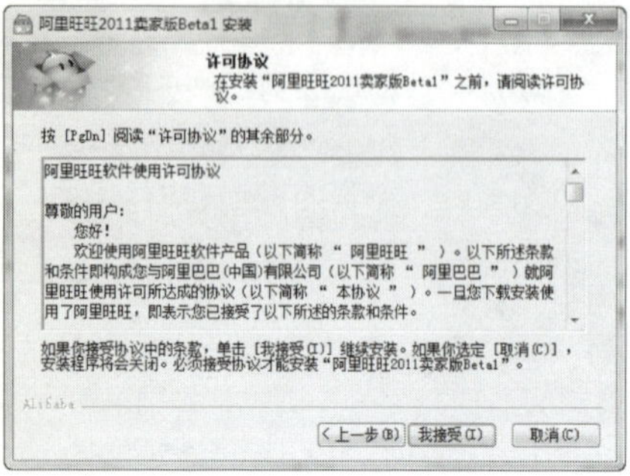

▶STEP 05

显示许可协议页面后，阅读许可协议，并单击【我接受】按钮继续安装。

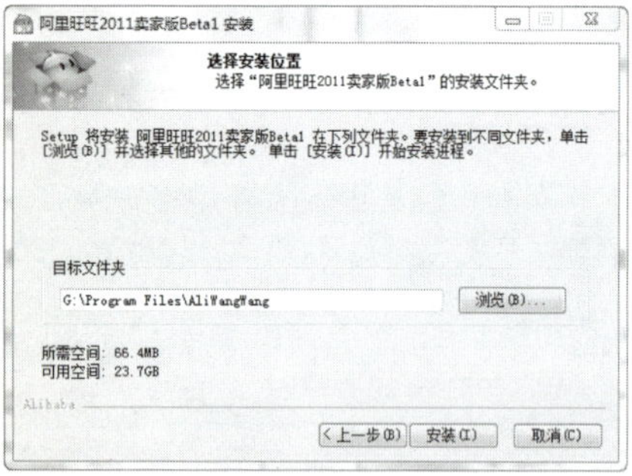

▶STEP 06

通过【浏览】按钮设置程序安装的目标文件夹，然后单击【安装】按钮。

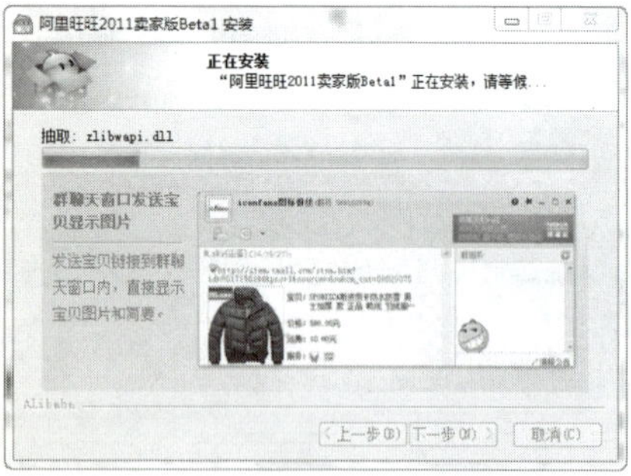

▶STEP 07

此时系统将进行阿里旺旺程序的安装工作。

▶STEP 08

完成安装后，单击【完成】按钮即可。

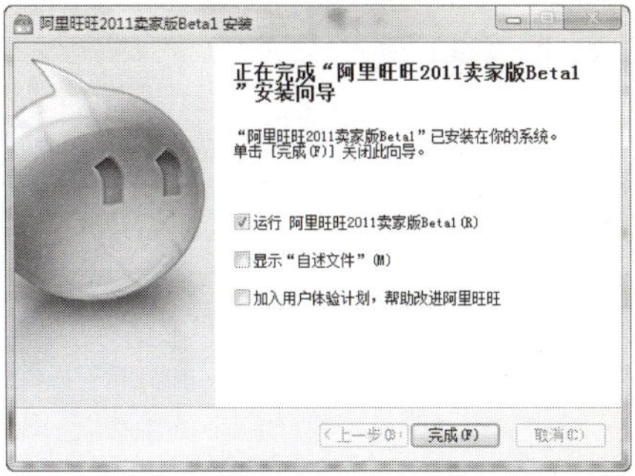

1.4.3 使用阿里旺旺与买家交流

安装阿里旺旺后，可以使用淘宝账户登录使用阿里旺旺。当买家需要在淘宝网上购物，通常会使用阿里旺旺联系卖家，咨询商品的情况。此时卖家也同样通过阿里旺旺回答买家的问题。

动手跟练

▶STEP 01

在电脑程序菜单中打开阿里旺旺，然后使用淘宝账户名和密码登录阿里旺旺。

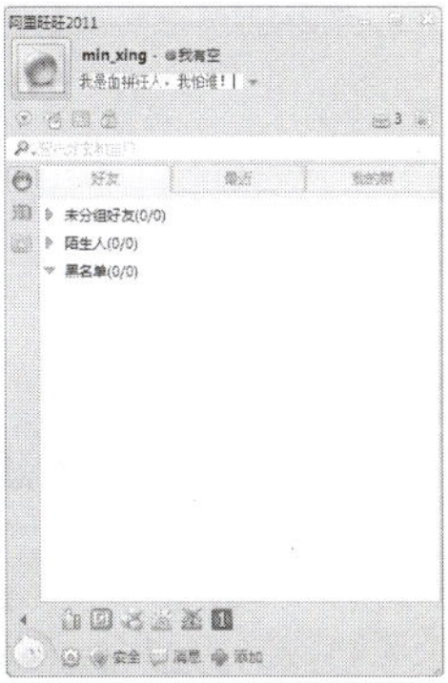

▶STEP 02

登录阿里旺旺后，可以通过阿里旺旺进行简单的管理工作，例如为自己设置一个特别的签名。

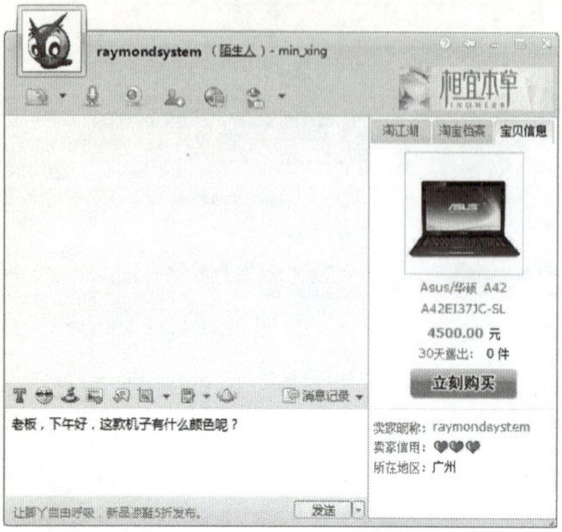

▶STEP 03

当买家想要咨询商品时，会通过阿里旺旺给买家发送信息。

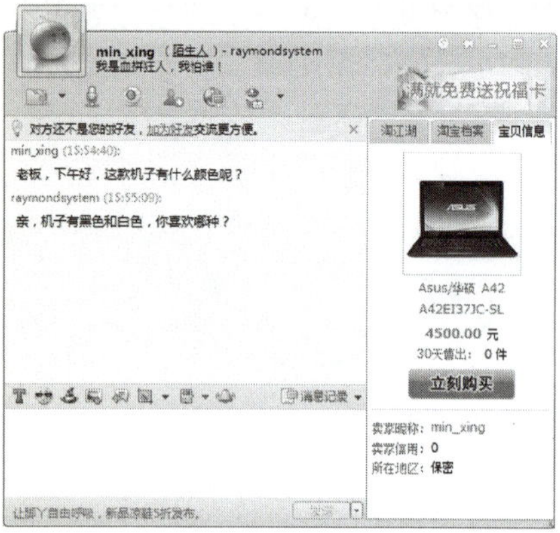

▶STEP 04

当收到买家的咨询内容后，即可就问题回复信息，如此一来一往即可就当前的商品进行交流。

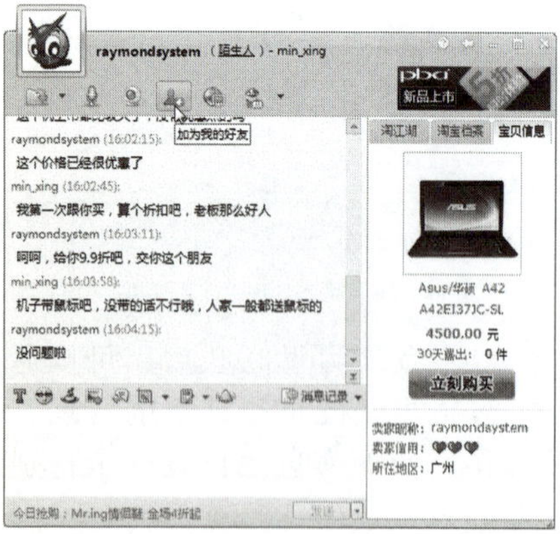

▶STEP 05

为了方便下次跟买家咨询，商家可以将买家加入自己的好友，即可、在聊天窗口中单击【加为我的好友】按钮。

▶STEP 06

打开对话框后，可以为买家设置显示名称和分组，完成后单击【完成】按钮。

1.5 了解淘宝网常见名词

要做淘宝“血拼”达人，除了经常上淘宝网购物和懂得砍价外，还需要知道淘宝网的常见名词，以及它们的作用和运用，这样才能灵活使用淘宝网为自己的生活增加色彩。本节将简单介绍淘宝网常见名词的含义，后文将一一降到它们的应用。

1.5.1 全球购

全球购是淘宝网为买家提供的专门出售海外折扣精品的平台，站点汇集了众多淘宝销售海外优质商品（含港澳台）的卖家，以真正实现会员“足不出户，淘遍全球”的购买海外商品的需求。

全球购的优势：

1 全球购频道内商品分大牌、潮牌、各国当地特色品牌的精品等种类，包含各品牌的经典款、限量款、收藏款等不同款式。

2 全球购频道提供第一手海外折扣资讯，并第一时间通过官方频道、卖家反馈给会员。

3 频道内所有卖家都是经过严格筛选的海外（含港澳台）认证卖家，100%加入消费者保障协议，保障买家购买到的商品品质。

全球购的网址：http://global.taobao.com/。

淘宝网全球购

1.5.2 限时折扣

“限时打折”是给卖家提供的举办“秒杀”活动的一种增值服务。卖家可以使用“限时折扣”功能实现卖家举办“秒杀”活动，卖家只需在后台设置好活动时间、折扣率、限拍数量并选择哪些商品进入活动。系统会在设置的时间内，在前台把活动展示给买家。活动结束后，商品价格会恢复原价，并且不再限制购买数量。

买家购买限时打折商品的规则：

1 由于限时打折活动时效性很强，打折的商品不支持购物车购买，只能使用“立即购买”方式购买商品。

2 单个ID的买家，在活动期内，累计购买打折商品的数量，不能超过卖家设置的限制购买数量。

3 如果买家拍下商品，还未付款时，活动已经结束。只有商品还有库存，买家还可以用原价购买商品。

4 如果店铺里同时还有“满就送”活动，买家购买的打折商品可以同时参加“满就送”活动。

5 如果打折商品，也是搭配套餐的主商品，买家还可以享受套餐购买优惠。

1.5.3 秒杀

秒杀是淘宝卖家的促销活动之一，由淘宝或者卖家自行组织。商品在特定的时间范围内以活动促销价进行出售，参与活动的购买者需以最快的速度方能成功拍下商品一种促销活动。由于参与秒杀活动的商品优惠力度非常大，商品开售后很快就给人购买（通常1～2秒内），所以称为“秒杀”。

1.5.4 满就送

满就送包括满就减、满就送礼、满就送积分、满就免邮费四项服务，它是基于旺铺（淘宝网提供卖家的店铺增值服务），给卖家提供一个店铺营销平台，通过这个营销平台可以给卖家更多的流量。让卖家的店铺促销活动可以面向全网推广，将便宜，优惠的店铺促销活动推广到买家寻找店铺的购物路径当中，缩减买家购物途径的购物成本。

Chapter 1 踏足淘宝网购大市场

创业密码——新手淘宝开店

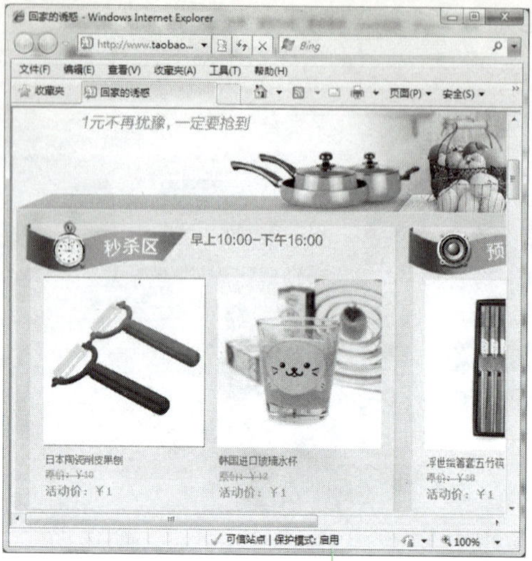

“秒杀”商品

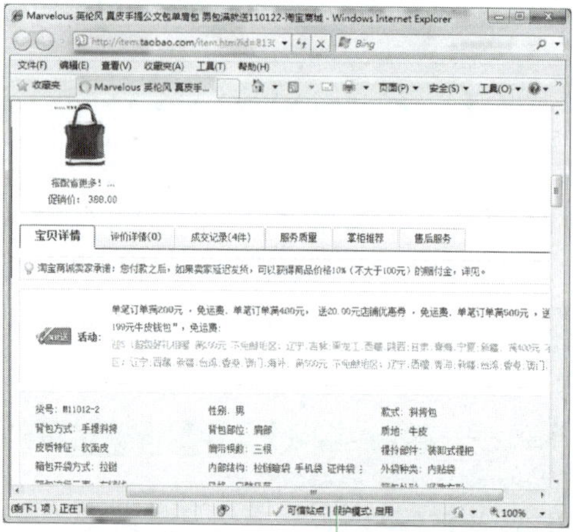

“满就送”商品

“满就送”服务的功能如下。

- 提升店铺流量：参加淘宝促销活动，上促销频道推荐，上店铺街推荐。
- 提高转化率：把更多流量转化成有价值的流量，让更多进店的人购买。

- 提升客单价：通过满就送，提高店铺整体交易额。

1.5.5 搭配减价套餐

搭配减价是淘宝提供买家的一种店铺促销套餐工具，卖家需先成功订购旺铺，然后才能对商品设置搭配套餐。通过促销套餐可以让买家一次性购买更多的商品。

搭配套餐的好处是让卖家通过这个营销平台可以给卖家更多的流量，让卖家的店铺促销活动可以面向全网推广，将便宜，优惠的店铺促销活动推广到买家寻找店铺的购物路径当中，缩减买家购物途径的购物成本。同时，买家也可以用比单独购买商品更低的价格购买到周边相关（例如电视搭配件）或相同类型（例如服饰搭鞋）的商品。

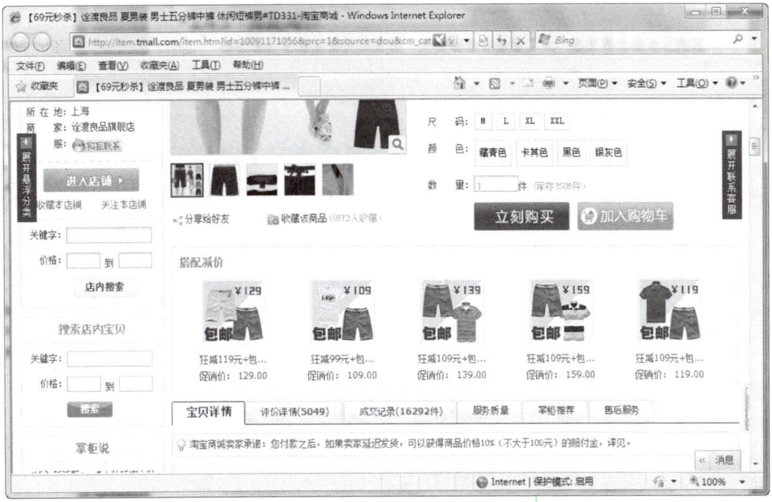

"搭配减价"套餐的商品

1.5.6 淘宝代购与团购

淘宝代购是帮助非淘宝会员进行淘宝购物的线下实体店加盟业务，例如买家可以通过淘宝网代购彩票。

团购就是一群人向商家集体采购，国际通称B2T（Business To Team），是一种新型的电子商务模式。淘宝网设置了“聚划算”频道为买家提供团购服务。

淘宝网的彩票代购服务

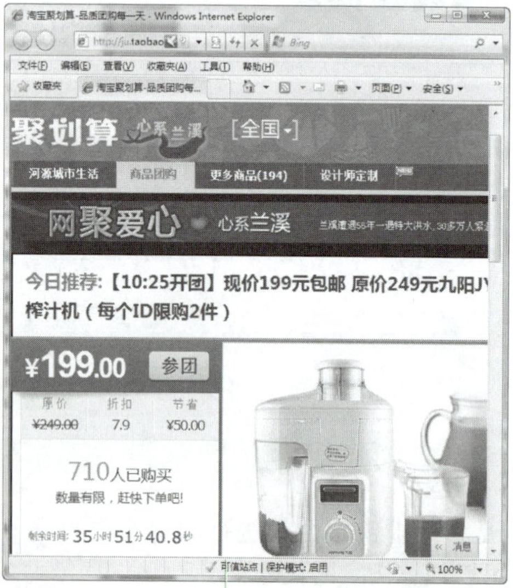

淘宝网的聚划算团购服务

1.5.7 卖家信用等级

淘宝会员在淘宝网每使用支付宝成功交易一次，就可以对交易对象作一次信用评价。评价分为“好评”、“中评”、“差评”三类，每种评价对应一个信用积分，具体为：“好评”加一分，“中评”不加分，“差评”扣一分。

换言之，卖家的信用等级越高，代表信用评分越多，就在某一程度上表示该卖家的信用良好，买家经常会参考这个信用等级来寻找信用良好的卖家购买商品。目前，淘宝网以心、钻、皇冠等图示区分卖家信用等级。

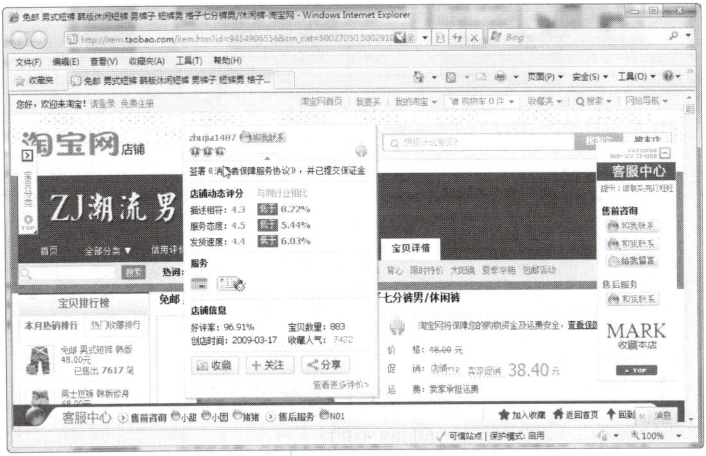

买家可以从卖家信息栏查看卖家的信用等级

1.5.8 消费者保障服务

消费者保障服务简称为“消保服务”，卖家按照“消费者保障服务”的协议提出申请、并经淘宝接受其申请后，用户根据“消费者保障服务”协议及淘宝网其他公示规范的规定，通过淘宝网发布出售信息并利用支付宝服务向其他淘宝用户出售的商品，必须向买家提供的相应的售后服务。因此，建议买家选择加入“消费者保障服务”的店铺购买商品，这样的商品比较有良好的品质和服务保障。

目前“消费者保障服务”分为：商品如实描述、七天无理由退换货、假一赔三、闪电发货、数码与家电30天维修、正品保障等项目。

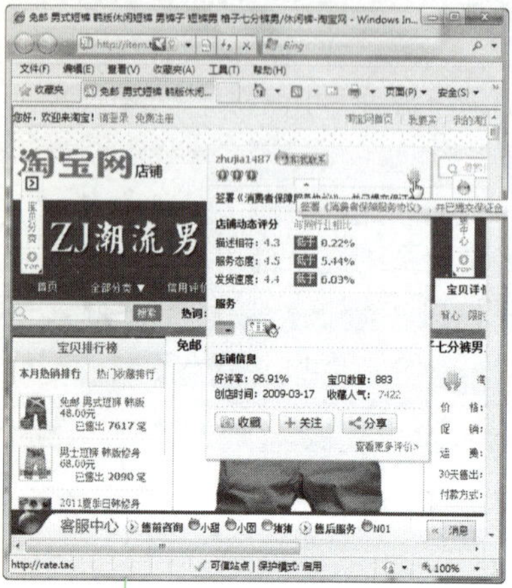

加入消费者保障服务的卖家

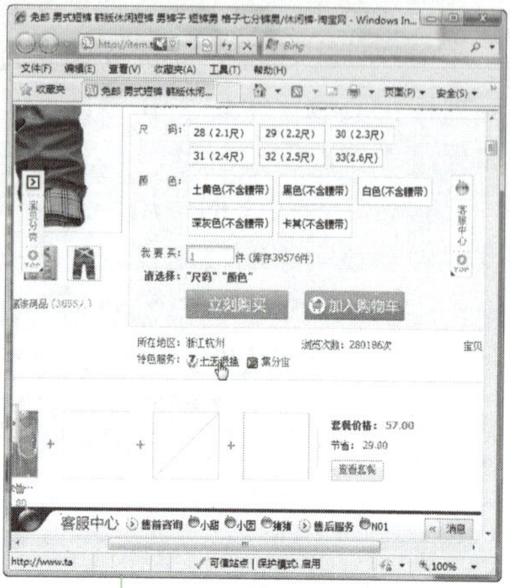

“七天无理由退换货”的商品

达人课堂

商品如实描述为加入消费者保障服务的必选项，而7天无理由退换货、假一赔三、虚拟物品闪电发货、数码与家电30天维修、正品保障是可以自愿根据店铺类目卖家进行主动选择的。

章后点评

网络购物的兴起，让很多用户足不出门就可以买到想要的东西。淘宝网是国内最出色的网络购物平台，通过淘宝网，可以尽情享受网络购物的乐趣，同时也可以网上开店创业。

网上银行与支付宝服务

Chapter

2

在淘宝网上开店创业，首先就要做好财务准备，让自己开店收款、提现顺利完成。要做到这点，开通和应用网上银行和支付宝服务是必不可少的。本章将详细介绍网上银行和支付宝服务的开通、设置、应用等各方面的方法。

2.1 开通网上银行服务

无论是淘宝网买家还是卖家，网上银行的开通和应用都是必要的。对于买家来说，开通网上银行可以方便通过网上购物的付款；对于卖家来说，开通网上银行可以给自己开店的资金管理带来方便。

2.1.1 关于网上银行

网上银行又称网络银行、在线银行，是指银行利用Internet技术，通过Internet向客户提供开户、销户、查询、对账、行内转账、跨行转账、信贷、网上证券、投资理财等传统服务项目，使客户可以足不出户就能够安全便捷地管理活期和定期存款、支票、信用卡及个人投资等。

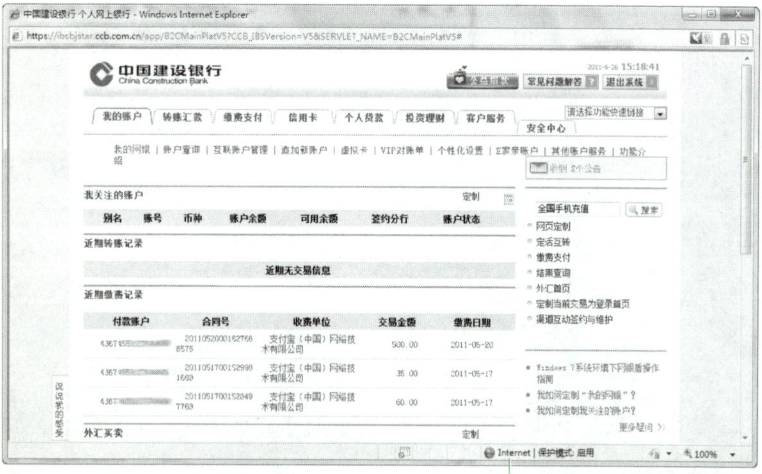

建设银行的个人网上银行

1. 网上银行的优势

网上银行业务打破了传统银行业务的地域、时间限制，具有3A特点，即能在任何时候（Anytime）、任何地方（Anywhere）、任何方式（Anyhow）为客户提供金融服务，这既有利于吸引和保留优质客户，又能主动扩大客户群，开辟新的利润来源。

2. 网上银行提供的服务

1 提供网上形式的传统银行业务，包括银行及相关金融信息的发布、客户的咨询投诉、账户的查询勾兑、申请和挂失以及在线缴费和转账功能。

2 提供电子商务相关业务，既包括网上购物、订票、证券买卖等零售业务，也包括商户对商户模式下的网上采购等批发业务的网上结算。

3 新的金融创新业务，比如集团客户通过网上银行查询子公司的账户余额和交易信息，再签订多边协议。

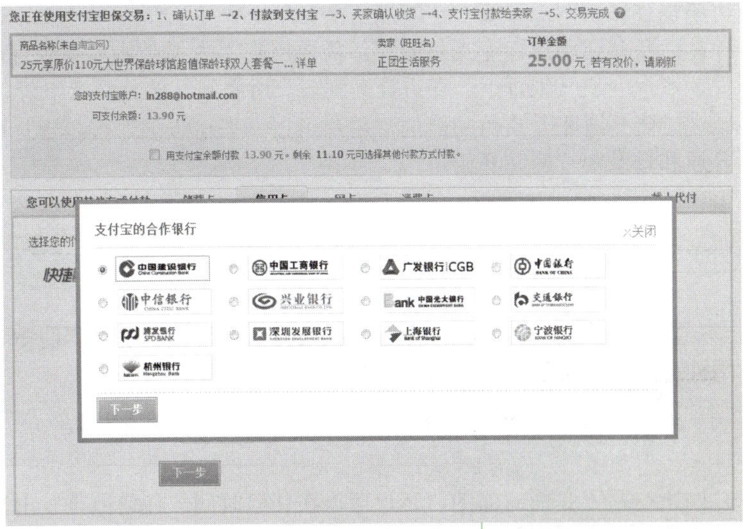

通过晚上银行可以完成网上购物的支付过程

达人课堂

商业银行的网上银行设立的网上购物协助服务，大大方便了客户网上购物，为客户在相同的服务品种上提供了优质的金融服务或相关的信息服务，加强了商业银行在传统竞争领域的竞争优势。

2.1.2 网上银行数字证书

1. 网上银行支付方式

目前大部分银行都提供账号直接支付、动态口令支付、数字证书三种类型的支付方式，其中通过网银安全盾支付最为安全。

1 要开通使用网上银行的数字证书进行网上银行支付的，需要用户本人携带本人有效身份证件、账户介质（银行卡、存折等）到账户所属银行储蓄网点申请。

2 要开通动态口令支付方式，需要用户本人携带本人有效身份证件、账户介质（银行卡、存折等）到账户所属银行储蓄网点申请。

3 要开通账号支付功能的，用户可以一般可以通过拨打银行电话开通和登录银行网站开通。

达人课堂

动态口令支付方式，一般有使用口令卡和使用手机动态口令两种方式。动态口令卡，需要用户到银行柜台申请。

2. 网上银行的数字证书

网上交易不是面对面的，客户可以在任何时间、任何地点发出请求，传统的身份识别方法通常是靠用户名和登录密码对用户的身份进行认证。但是，用户的密码在登录时以明文的方式在网络上传输，很容易被攻击者截获，进而可以假冒用户的身份，身份认证机制就会被攻破。

因此，在网上银行系统中，用户的身份认证依靠基于“RSA公钥密码体制”的加密机制、数字签名机制和用户登录密码的多重保证。银行对用户的数字签名和登录密码进行检验，全部通过后才能确认该用户的身份。用户的唯一身份标识就是银行签发的“数字证书”。用户的登录密码以密文的方式进行传输，确保了身份认证的安全可靠性。

数字证书的引入，同时实现了用户对银行交易网站的身份认证，以保证访问的是真实的银行网站，另外还确保了客户提交的交易指令的不可否认性。由于数字证书的唯一性和重要性，各家银行为开展网上业务都成立了CA认证机构，专门负责签发和管理数字证书，并进行网上身份审核。

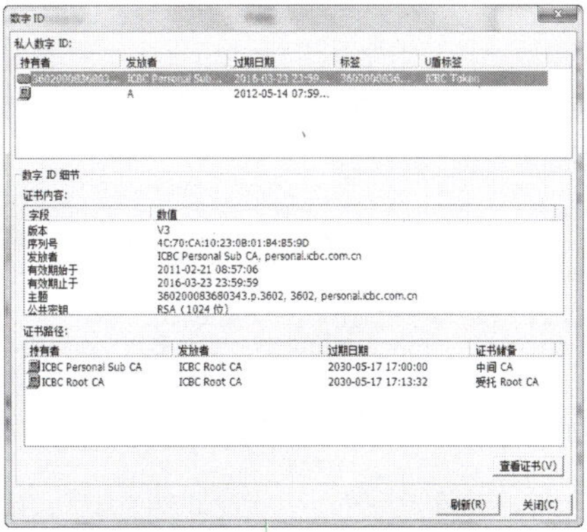

工商银行数字证书

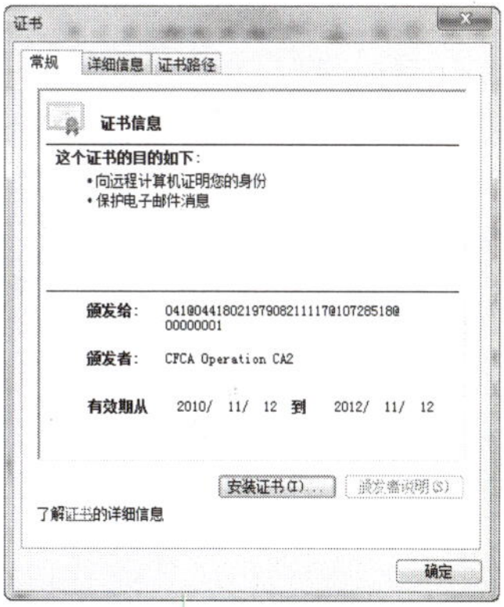

广发银行数字证书

3. 网上银行移动数字证书

移动数字证书泛指是可以便于携带的数字证书介质，工行叫U盾，农行叫K宝，建行叫网银盾，光大银行叫阳光网盾，广发银行交Key盾，在支付宝中的叫支付盾。

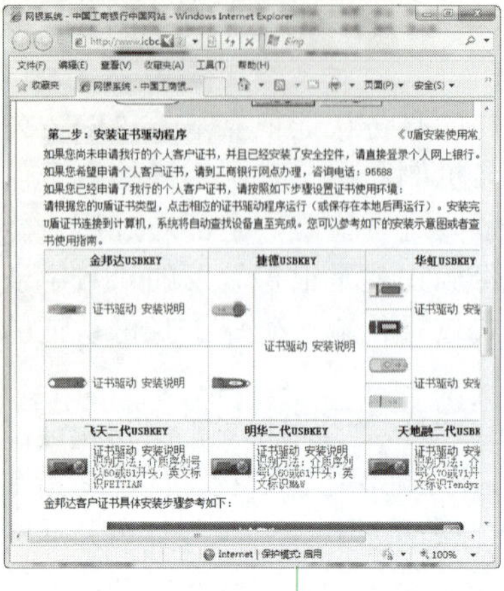
工商银行U盾

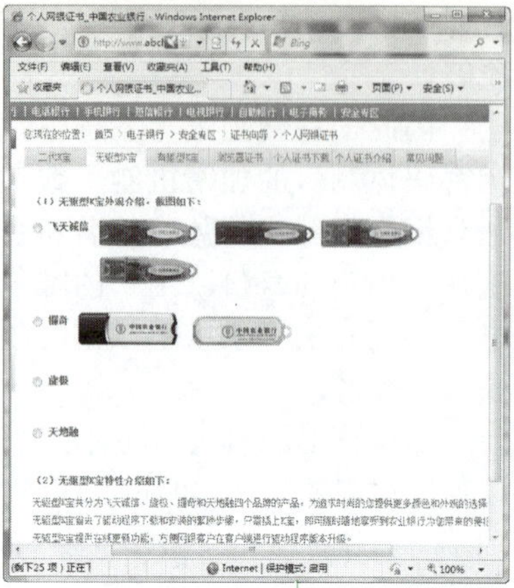
农业银行K宝

移动数字证书存放着用户在银行申请的个人的数字证书，并且不可读取。同样，银行也记录着用户的数字证书。当用户尝试进行网上交易时，银行会向用户发送由时间字串，地址字串，交易信息字串，防重放攻击字串组合在一起进行加密后得到的字串A，用户的移动数字证书将根据个人证书对字串A进行不可逆运算得到字串B，并将字串B发送给银行，银行端也同时进行该不可逆运算。如果银行运算结果和用户的运算结果一致便认为合法，交易便可以完成；如果不一致便认为不合法，交易便会失败。

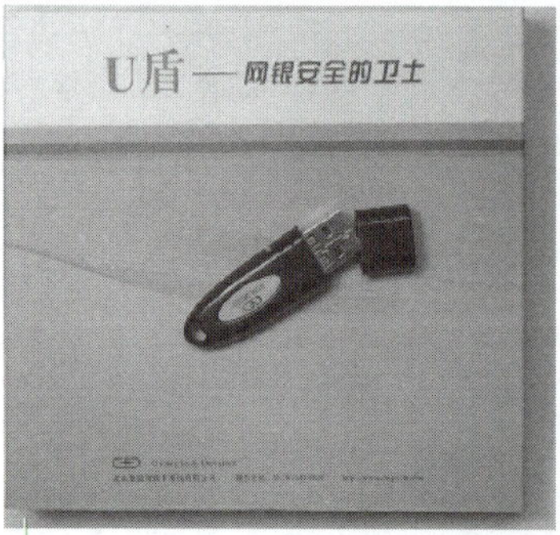

工商银行所提供的U盾和驱动光盘

网上银行安全盾是最安全的网上支付方式，用户先将安全盾的程序安装到电脑，然后通过网上银行获得唯一的证书（该证书下载到安全盾内），以后在淘宝网购物支付货款，或者从支付宝提取现金时，必须将安全盾连接电脑（一般使用USB接口连接），然后验证证书，并输入证书密码才可以完成操作。

2.1.3 申请开通网上银行

不同的银行，开通网上银行的方式大致一样，只是在部分细节上略为不同。有些银行将网上银行分为不同的版本，例如招商银行网上银行有大众版、专业版和信用卡版。大众版可以网上直接申请办理，专业版需携带身份证件和银行卡到柜台办理，信用卡无需开通网银可直接进行网上支付。

虽然用户可以通过多种途径申请开通网上银行，例如到柜台申请，或者电话申请等。但大部分银行都提供在线开通网上银行，这种通过网上开通网上银行服务的方式最为多用户选择。用户只需登录银行的官方网站，跟随银行指引即可快捷并安全地开通网上银行。

在线开通网上银行的操作中，工商银行在线开通网上银行的操作较为简单，而且比较多网友使用工商银行在淘宝购物。本小节以工商银行为例，介绍在线开通网上银行的操作方法。

动手跟练

▶STEP 01

登录工商银行网站，然后单击【个人网上银行登录】按钮下的【注册】链接。

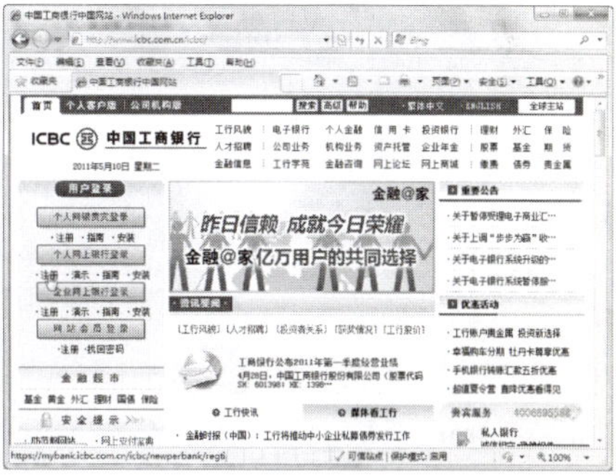

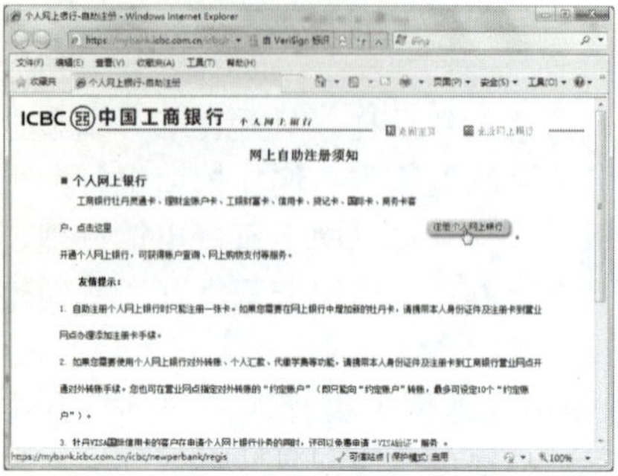

▶STEP 02

打开【网上自助注册须知】页面后，可以阅读一下须知内容，然后单击【注册个人网上银行】按钮。

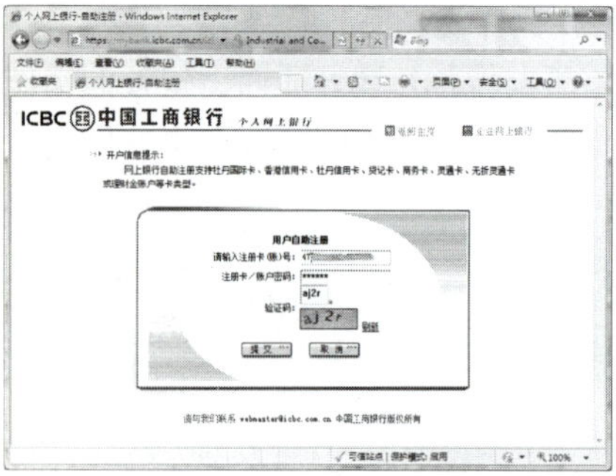

▶STEP 03

输入银行卡号或银行账号，再输入密码和验证码，接着单击【提交】按钮（是银行卡或银行账户密码）。

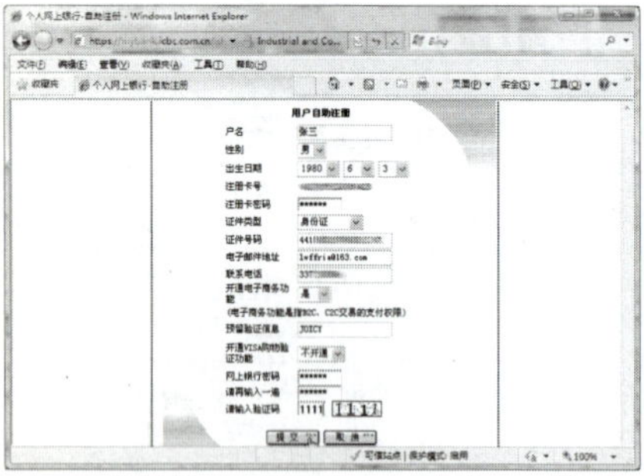

▶STEP 04

打开自助注册页面后，填写真实的个人资料和以后登录网上银行密码，再填写验证码并单击【提交】按钮。

▶STEP 05

此时显示自助注册确认信息，确认无误后单击【确定】按钮即可。

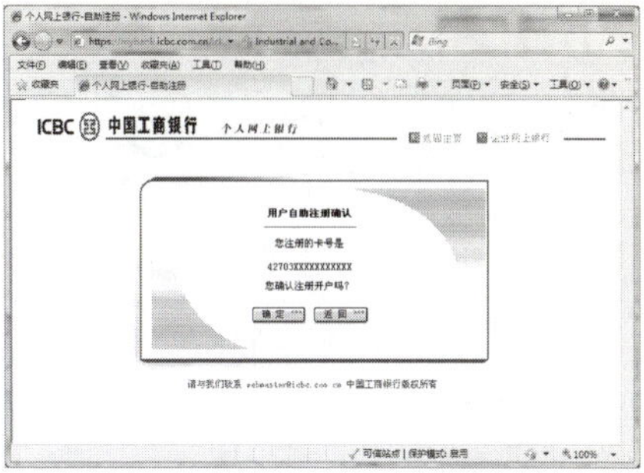

▶STEP 06

注册完成后将显示注册结果，单击【返回】按钮可返回网上银行页面。

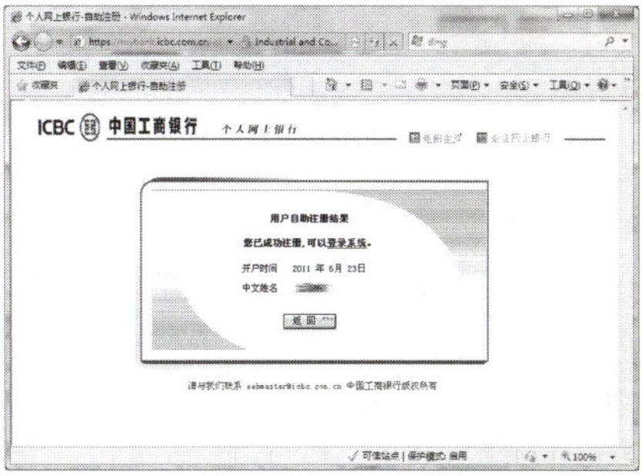

达人提醒

中国工商银行的网址是http://www.icbc.com.cn/。请切记，以避免不法分子利用疑似网址，仿制相同的页面骗取银行卡号和银行卡密码。

2.1.4 安装网上银行客户端

为了方便使用网上银行，可以在电脑上安装网上银行客户端，以后可以通过客户端登录网上银行。

动手跟练

STEP 01

从驱动光盘中驱动U盾安装程序，单击【个人网银客户安装】按钮。

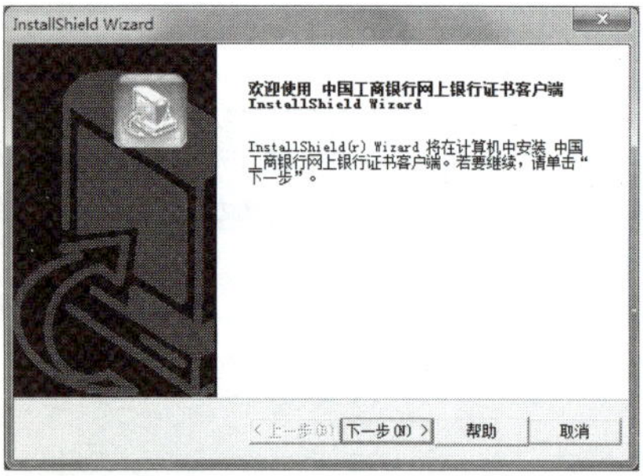

STEP 02

打开安装向导后，单击【下一步】按钮。

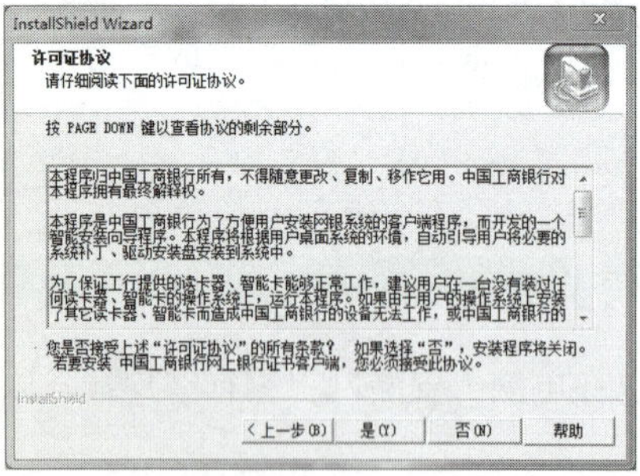

STEP 03

打开许可证协议页面后，阅读许可证协议，然后单击【是】按钮。

▶STEP 04

此时系统将自动安装驱动程序。

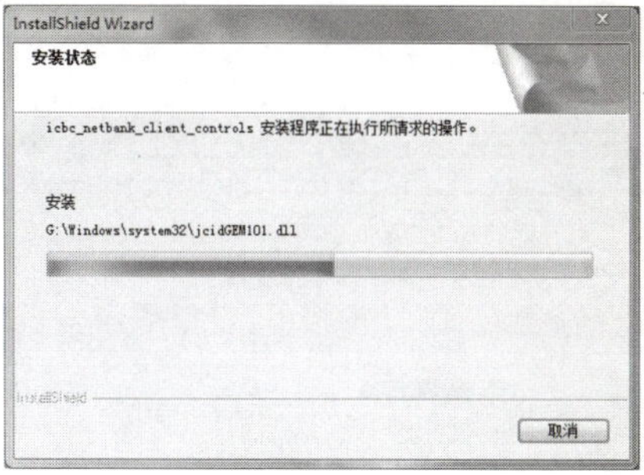

2.1.5 安装银行移动数字证书

当在银行申请数字证书后，还需要通过网上银行将证书安装到USB介质中，制作成移动数字证书。下面以工商银行的U盾为例，介绍将数字证书安装到USB介质的操作方法。

达人提醒

在安装U盾时，需要先从银行柜台购买U盾并获取驱动程序光盘。如果因为没有提供驱动程序光盘，可以通过工商银行网站下载。

动手跟练

▶STEP 01

打开工商银行网站首页，单击【个人网上银行登录】按钮。

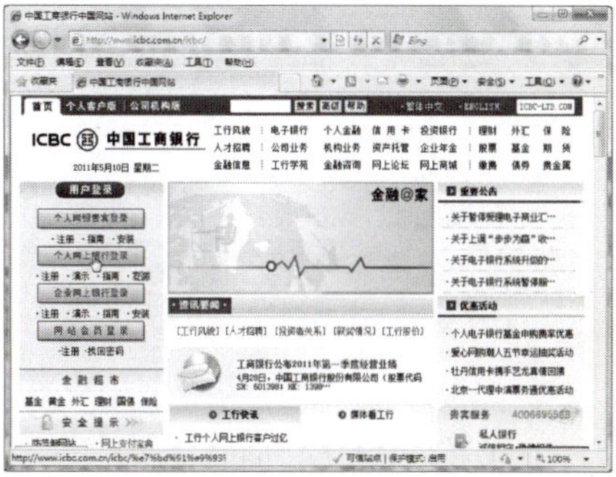

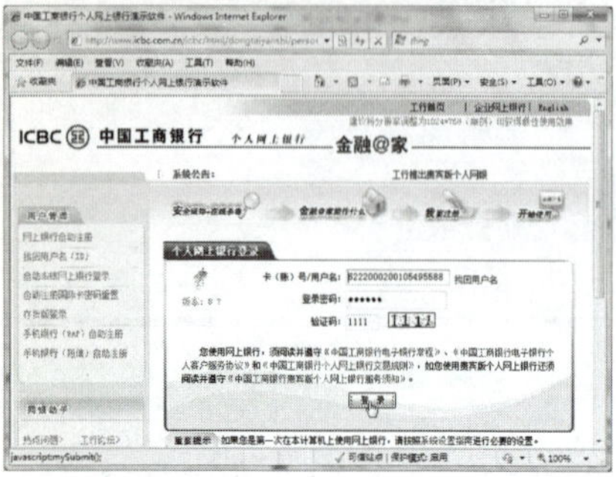

▶**STEP 02**

输入账号和密码，再输入验证码，然后单击【登录】按钮。

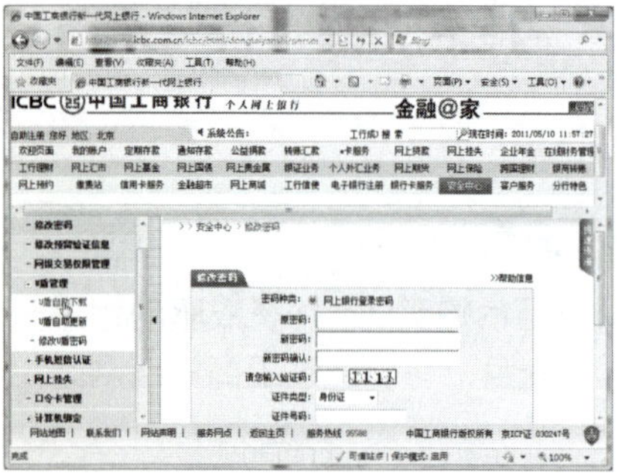

▶**STEP 03**

登录网上银行后，单击导航栏的【安全中心】按钮，然后在左侧导航列中单击【U盾自助下载】链接。

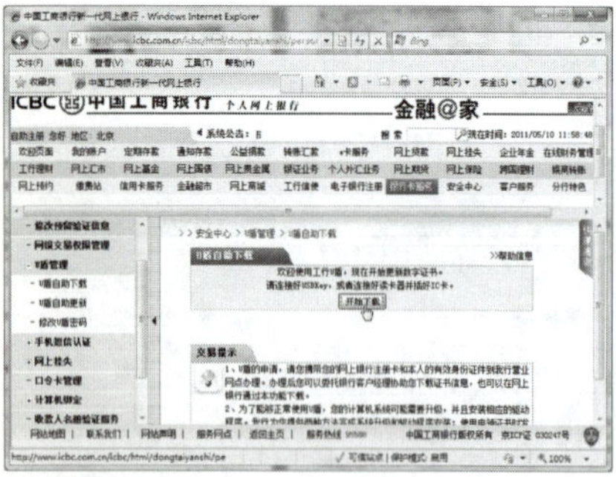

▶**STEP 04**

打开【开始下载证书】页面后，请确认U盾已经跟电脑连接，然后单击【开始下载】按钮。

Chapter 2 | 网上银行与支付宝服务

▶STEP 05

此时设置U盾证书的密码，再选择证书类型，然后单击【下载】按钮。

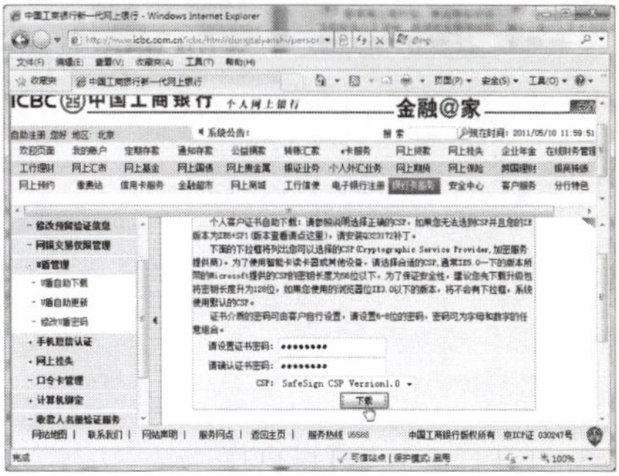

▶STEP 06

弹出对话框后，输入刚才设置的证书密码进行验证。

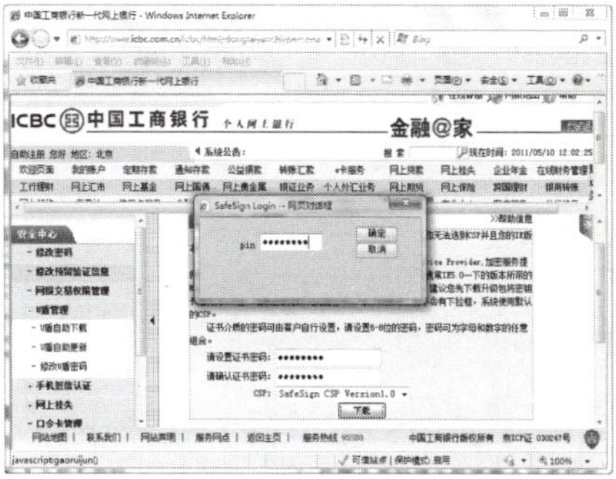

达人课堂

用户登录网上银行下载证书信息之前，应安装好驱动程序并已将U盾正确连接到计算机USB接口。另外，在下载证书时，需要用户先设置一个密码，此密码须输入两遍以进行确认，并在下载中再次输入一遍此密码以保证安全，然后系统才会下载证书。以后如修改密码请通过程序中的Safesign证书管理软件进行修改，密码为6－8位字符。

创业密码——新手淘宝开店

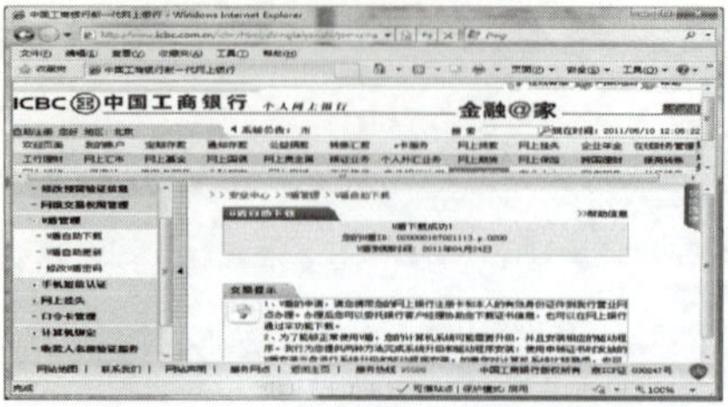

▶STEP 07

证书下载成功后将输出包括了证书ID和到期时间等信息的页面。如果用户下载失败，系统将提示相关错误信息。

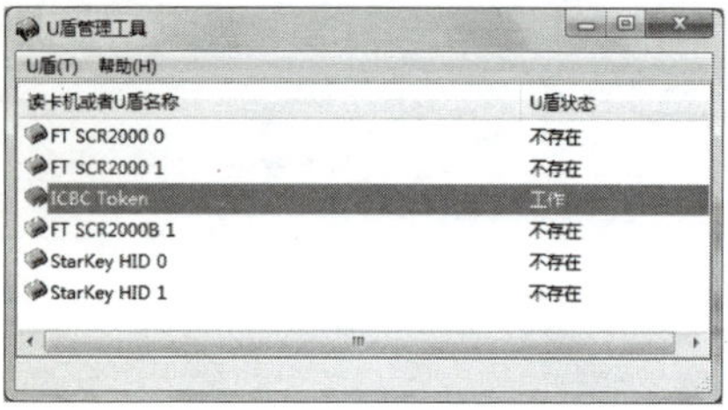

▶STEP 08

安装完成后，可以从程序菜单里打开网上银行客户端软件，通过客户端软件查看是够正常工作。

2.2 应用网上银行服务

开通网上银行后，除了可以应用网上支付的功能外，用户还可以通过网上银行完成很多传统银行中的业务，例如查账、转账汇款、缴费、给信用卡还款等。

2.2.1 查询账户余额和明细

账户金额和明细查询是网上银行最基本的操作功能之一，下面以工商银行为例，介绍登录网上银行并查看账户资金的操作步骤。

动手跟练

▶STEP 01

登录中国工商银行网站首页，单击【个人网上银行登录】按钮。

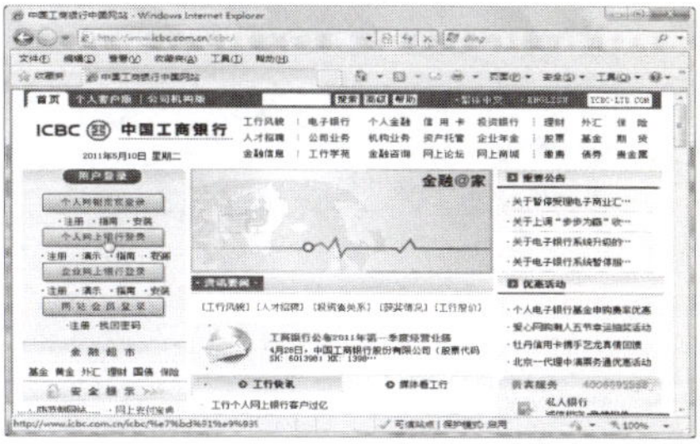

▶STEP 02

分别输入银行卡号、密码和验证码，再单击【登录】按钮。

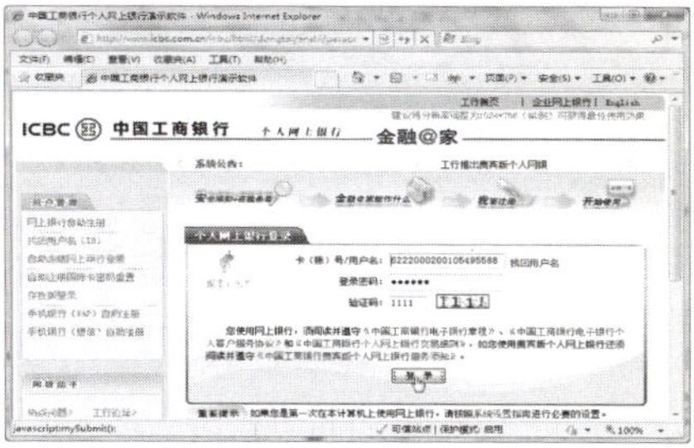

▶STEP 03

单击【我的账户】按钮，再单击【余额】链接，即可查询账户余额。

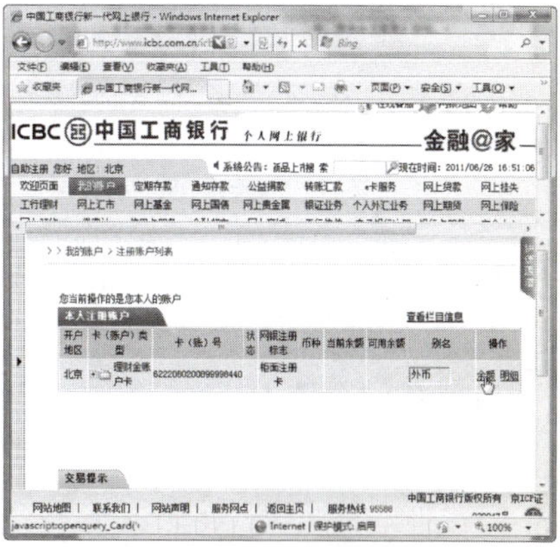

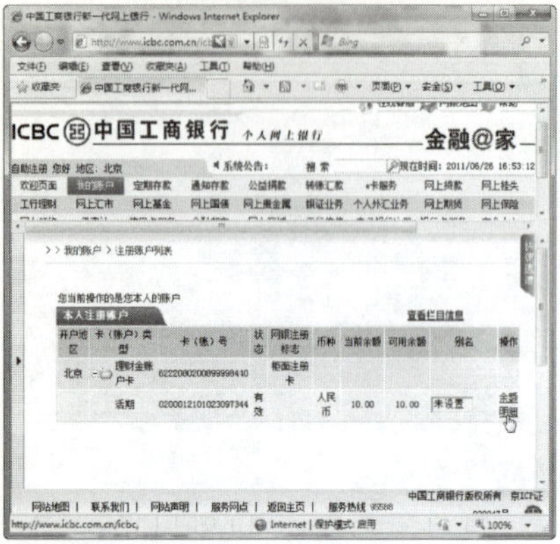

▶STEP 04

单击账户后的【明细】链接，即可查询账户明细账页面。

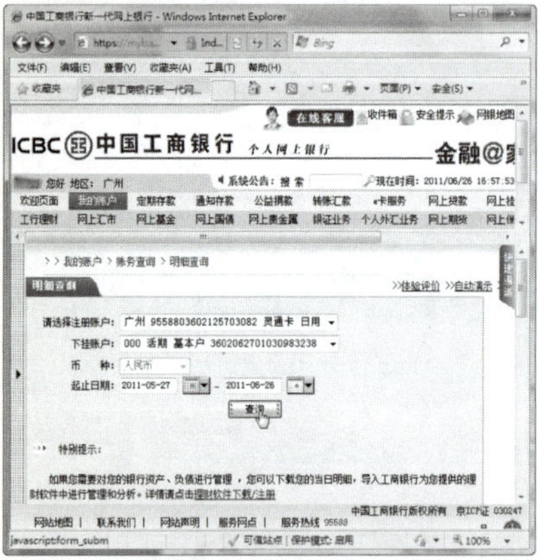

▶STEP 05

此时输入查询的起止日期，然后单击【查询】按钮。

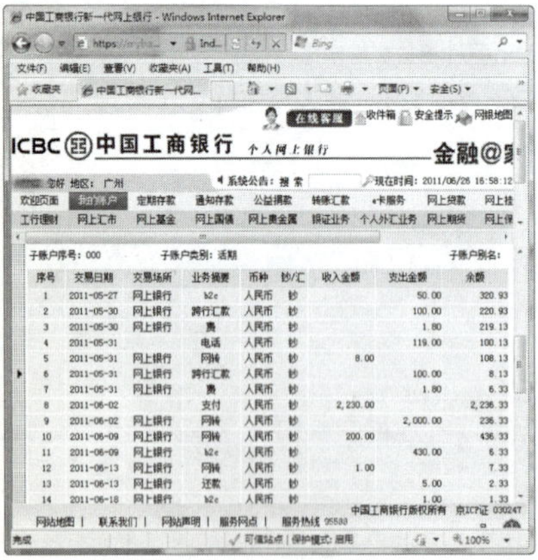

▶STEP 06

通过查询结果页面中查看账户的明细账记录。

2.2.2 查询账户余额和明细

通过网上银行可以方便快捷地对同行账户或他行账户进行转账或汇款。两者的操作方法大致相同，只要指定其他银行账户，再输入转账或汇款金额，最后执行转账或汇款操作即可。下面介绍通过网上银行进行跨行汇款的操作。

动手跟练

▶STEP 01

登录网上银行，然后单击【转账汇款】按钮。

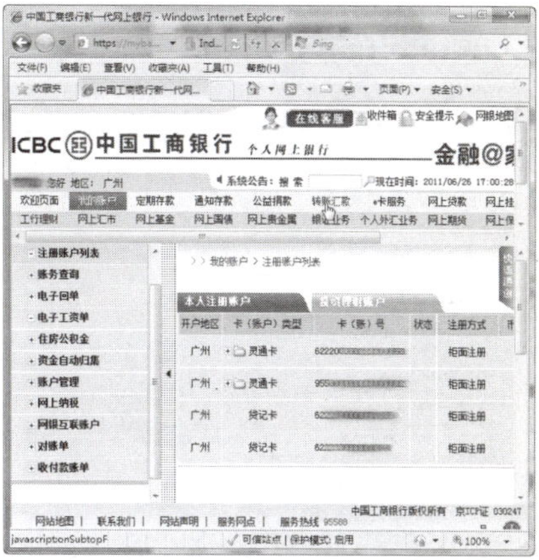

▶STEP 02

打开【转账汇款】页面后，再单击【汇款】链接。

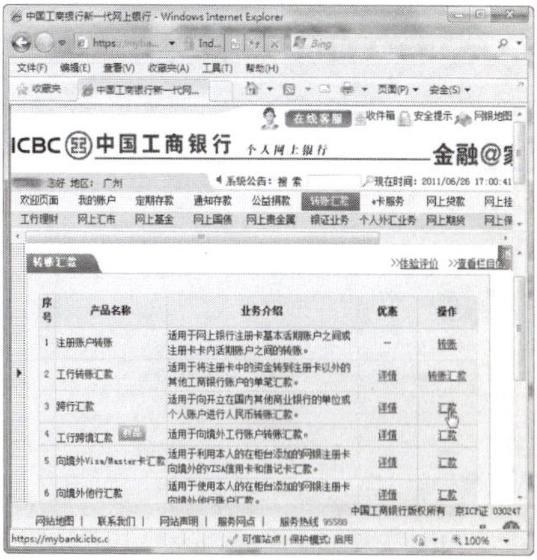

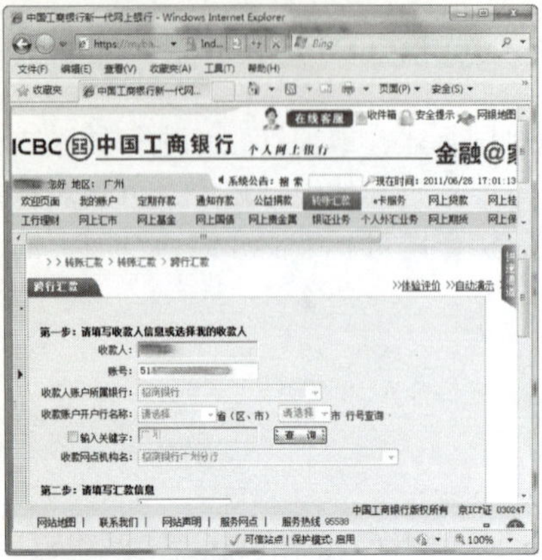

▶STEP 03

在收货款人和账号处输入对方的账户信息，然后选择收款人的所属银行，最后设置收款人银行的开户网点。

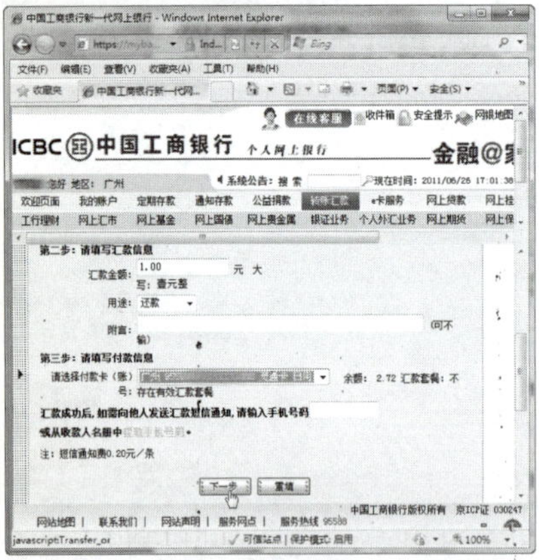

▶STEP 04

此时可以填写汇款信息，再选择用于付款的账号，接着单击【下一步】按钮。

▶STEP 05

选择汇款的方式，然后单击【下一步】按钮。此时用户需要将U盾插入电脑上。

▶STEP 06

此时页面显示汇款的信息，用户需要参考图形验证码的信息，输入正确验证码，再单击【确认】按钮。

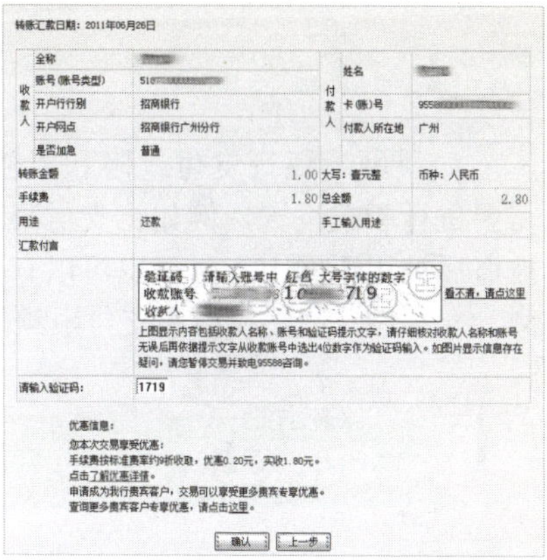

▶STEP 07

弹出【输入PIN】对话框后，输入数字证书的密码，再单击【确定】按钮。

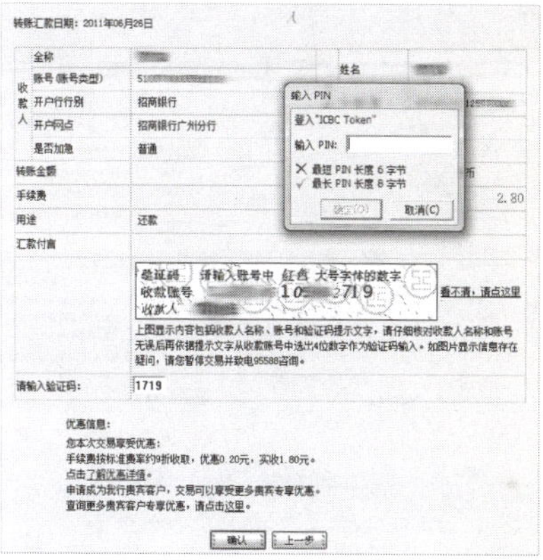

▶STEP 08

此时网页弹出提示对话框，显示数据签名信息，单击【确定】按钮即可。

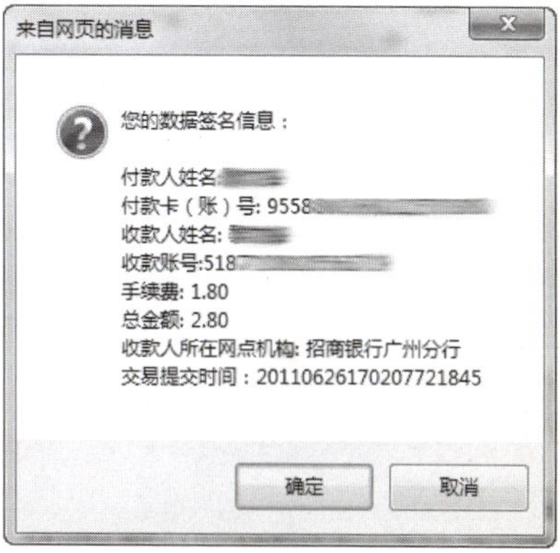

2.2.3 设置网银权限与支付限额

如果网上银行支付权限和限额设置的功能，那么用户可以根据需要进行相关设置，例如将支付限额调低，就算不幸银行账号和密码被盗后被用于网上支付，也可以有效减少损失。下面将以工商银行为例，介绍设置网银权限和支付限额的具体方法。

动手跟练

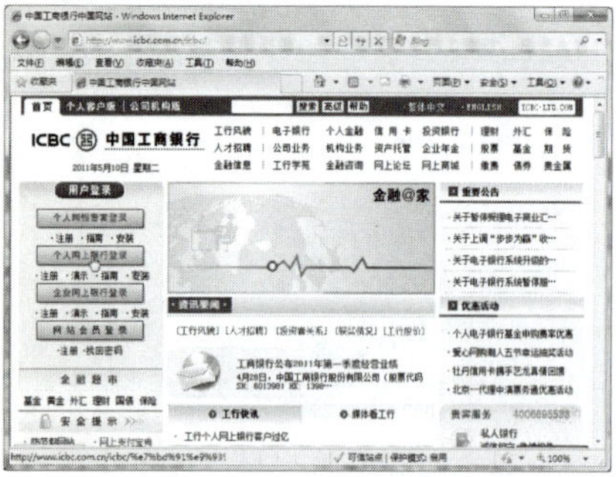

▶STEP 01

登录银行网站，然后单击【个人网上银行登录】按钮。

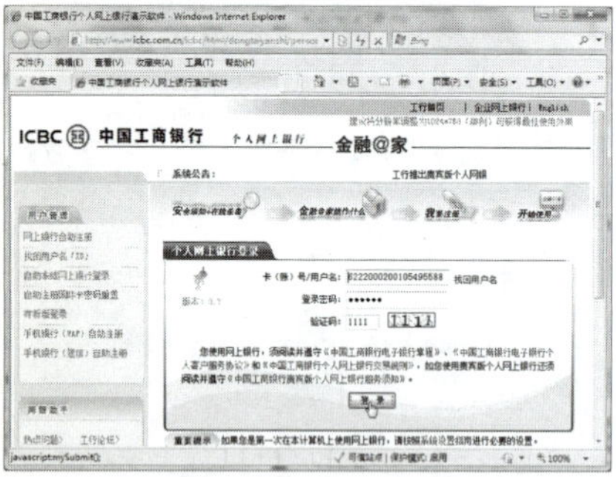

▶STEP 02

输入网银账号和密码，再填写验证码，然后单击【登录】按钮。

▶STEP 03

登录网上银行后，单击导航栏的【安全中心】按钮。

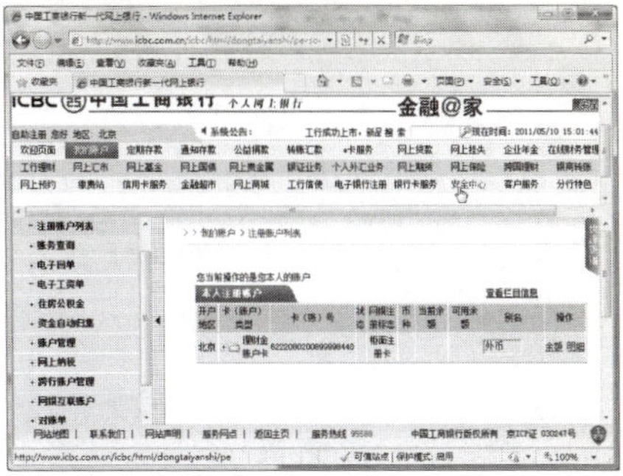

▶STEP 04

此时单击左侧导航列的【网银交易权限管理】按钮，查看当前权限。

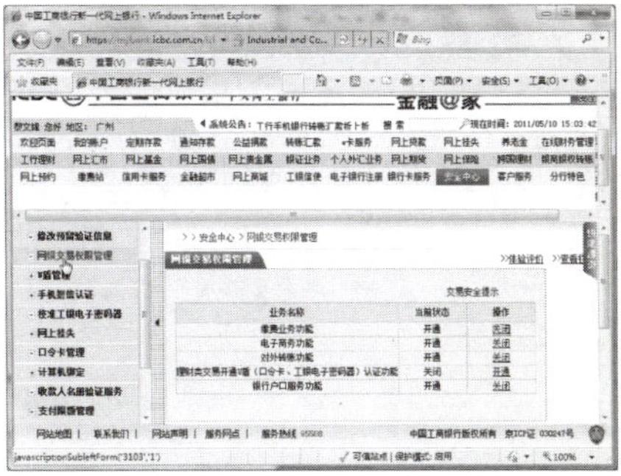

达人提醒

工商银行的网银只支持下调支付限额，如果想要提高支付限额则需通过银行柜台办理。所以设置支付限额时，不过将额度设置过低，以免没有足够的额度支付货款。

▶STEP 05

用户可以在权限管理也中开通或关闭指定权限，例如单击【缴费业务功能】项后的【关闭】链接，关闭该业务。

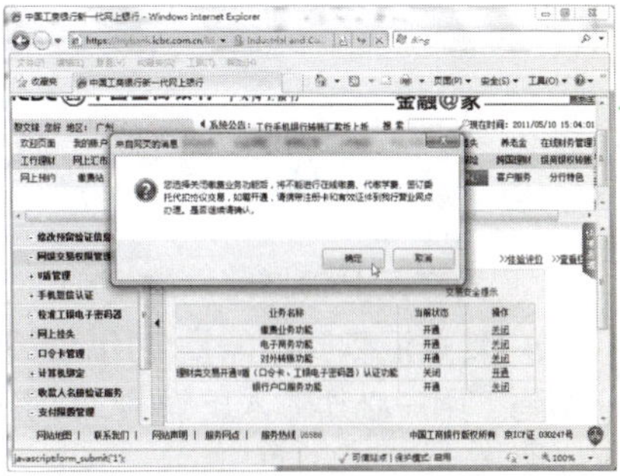

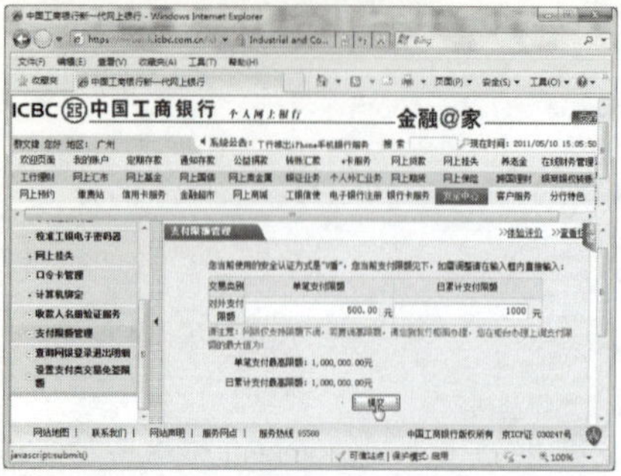

▶STEP 06

设置权限后，单击左侧导航列的【支付限额管理】按钮，然后设置单笔支付限额和日累计支付限额，最后单击【提交】按钮。

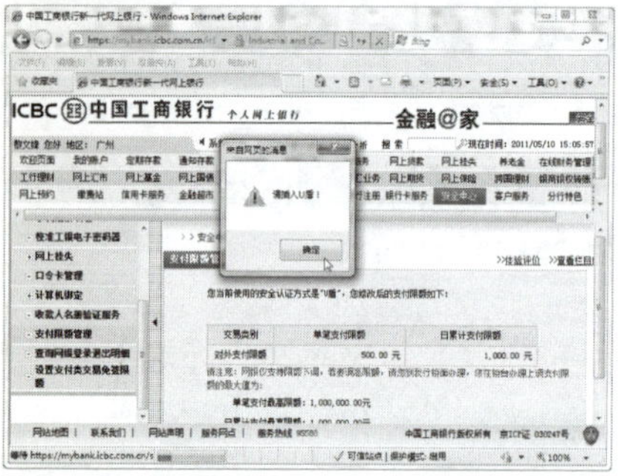

▶STEP 07

提交支付限额后，要求插入U盾到电脑主机。

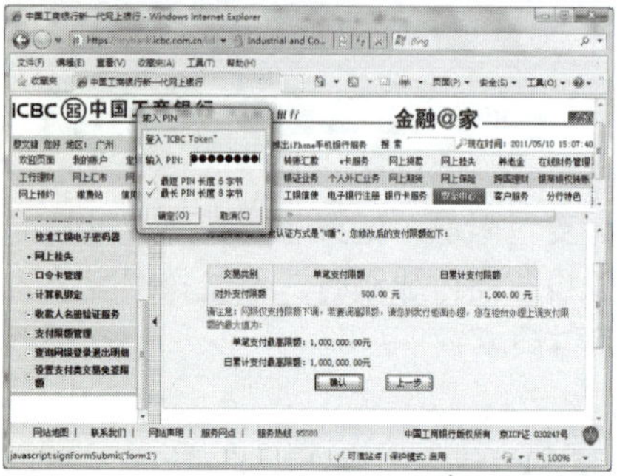

▶STEP 08

将U盾插入电脑主机，然后重新提交支付限额设置，并在弹出的对话框中输入U盾密码，单击【确定】按钮。

达人提醒

达人提醒

为了网上银行账户的安全，工商银行的网上银行除了跟同行账户转账汇款时不需要使用U盾外，其他交易的操作都需要使用U盾。用户必须输入正确的U盾密码，才可以完成交易。

▶STEP 09

打开对话框后，确认支付限额设置信息，无误后单击【确定】按钮。

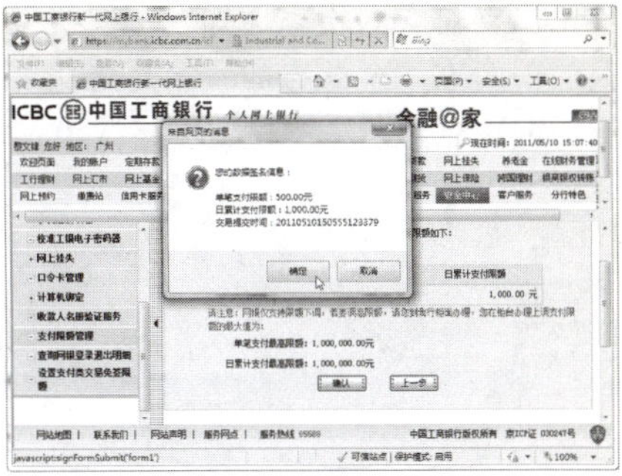

▶STEP 10

此时网上银行支付限额设置即可完成。

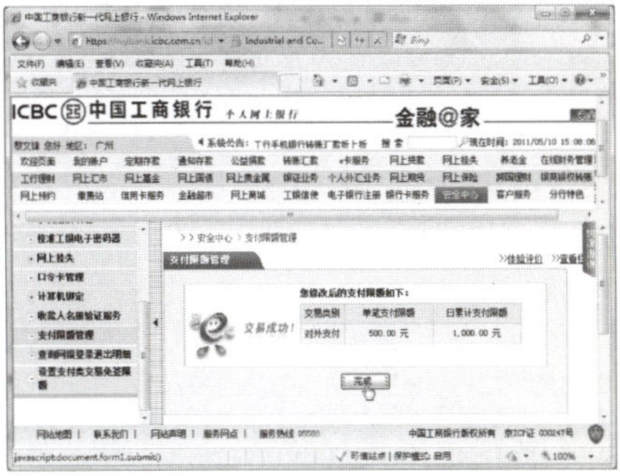

2.3 注册使用支付宝服务

在淘宝网上购物，是通过快递发货的，而非当场交易。为了保障买家与卖家的利益，淘宝网采用了第三方担保支付平台——支付宝来解决这个问题。

2.3.1 关于支付宝

支付宝（www.alipay.com）是为了解决网络交易安全所设的平台，它使用“第三方担保交易模式”，由买家将货款打到支付宝账户，由支付宝向卖家通知发货，买家收到商品确认后指令支付宝将货款放于卖家，至此完成一笔网络交易。2004年12月，阿里巴巴集团将支付宝独立为浙江支付宝网络技术有限公司。

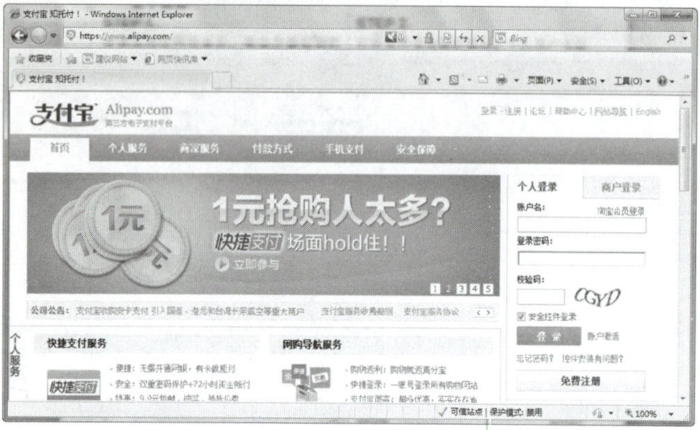

支付宝平台首页

1. 支付宝交易方式

支付宝提供“担保交易”和“即时到账交易”两种服务。

1 担保交易

买家需要注册一个支付宝账户，并可利用开通的网上银行给支付宝账户充值。当在淘宝网或外部支持支付宝担保支付的网站上购买商品时，用支付宝账户支付货款，货款会先付款给支付宝（其承担担保责任），支付宝公司在收到支付的信息后通知卖家，卖家确认付款情况后，发货给买家，买家收到商品后，在支付宝（或淘宝网）确认收货，支付宝公司收到买家确认收货并满意的信息后，最终给卖家打款，完成交易。

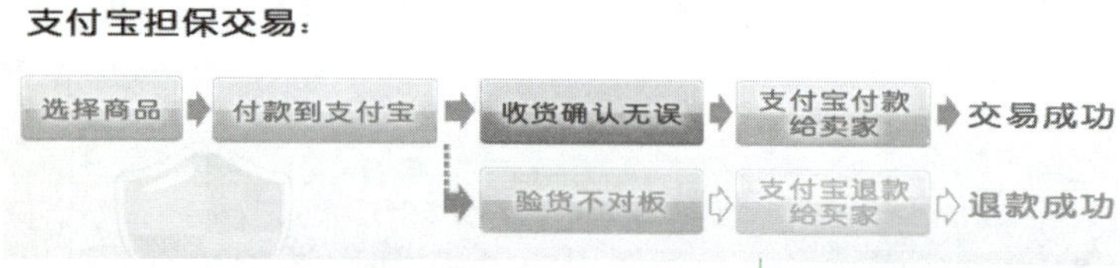

支付宝担保交易示意图

2 即时到账交易

买家需要注册一个支付宝账户，并可以利用开通的网上银行给支付宝账户充值。当买家在支付宝站内或外部支持支付宝即时到账支付的商家购物，用支付宝账户支付货款，货款会直接打给卖家，没有提供退款的功能。

支付宝即时到账交易

2. 支付宝实名认证

“支付宝实名认证”服务是由支付宝提供的一项身份识别服务。支付宝实名认证同时核实会员身份信息和银行账户信息。

通过支付宝实名认证后，相当于拥有了一张互联网身份证，可以在淘宝网等众多电子商务网站开店、出售商品。增加支付宝账户拥有者的信用度。

支付宝实名认证的类型：个人类型和公司类型，无论是个人类型还是公司类型通过支付宝实名认证后都会带有相应的标志。

支付宝认证费用：支付宝认证是不收费的，可以放心使用。

3. 支付宝卡通

“支付宝卡通”是支付宝与银行联合推出的一种全新的网上支付服务，它将用户的支付宝账户与银行卡连通，不需要开通网上银行，就可直接在网上付款，并且享受支付宝提供的“先验货，再付款”的担保服务。

支付宝卡通

支付宝卡通特点：

- 输入支付密码立刻充值或支付，不需开通网上银行。
- 自动帮您完成实名认证，即刻可以成为收款账户。
- 一个支付宝账户可以绑定多个银行和多张银行卡。
- 在支付宝网站随时查询银行卡内余额（部分卡通实现）。
- 实时提现，真正零等待（部分卡通实现）。

2.3.2 注册支付宝账户

当用户在注册淘宝账户后，可以同时创建支付宝账户。如果没有创建支付宝账户，则可登录支付宝网站首页，通过网站指引注册支付宝账户。

动手跟练

STEP 01

登录支付宝网站首页，单击页面右侧的【免费注册】按钮。

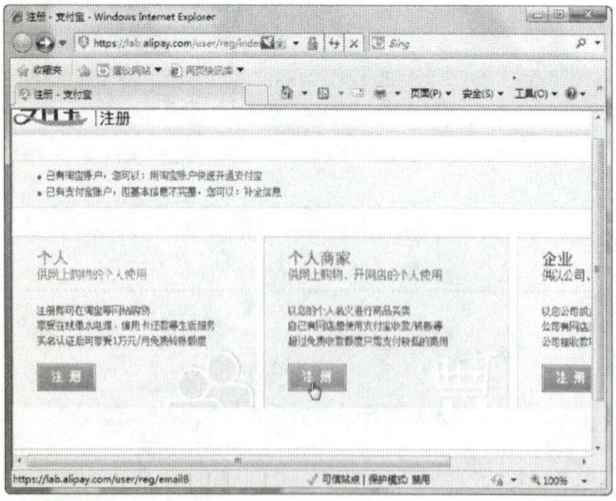

STEP 02

打开支付宝注册页面后，用户可以许注册个人支付宝、商家支付宝或企业支付宝。

▶STEP 03

此时可以输入电子邮件地址和真实姓名、密码以及校验码，然后单击【同意以下协议并提交】按钮。

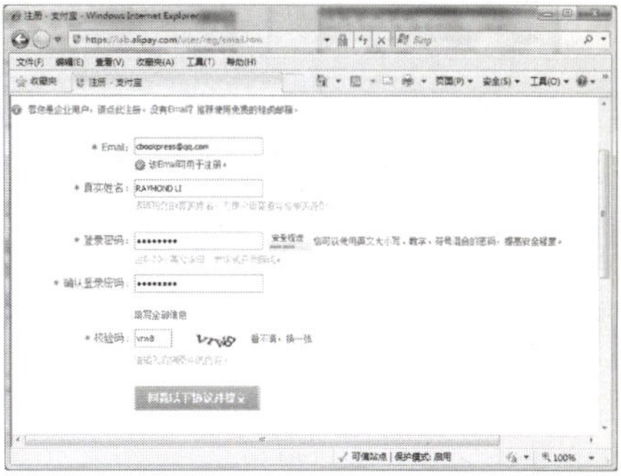

▶STEP 04

在弹出的对话框中输入用于验证的手机号码，再单击【获取校验码】按钮。

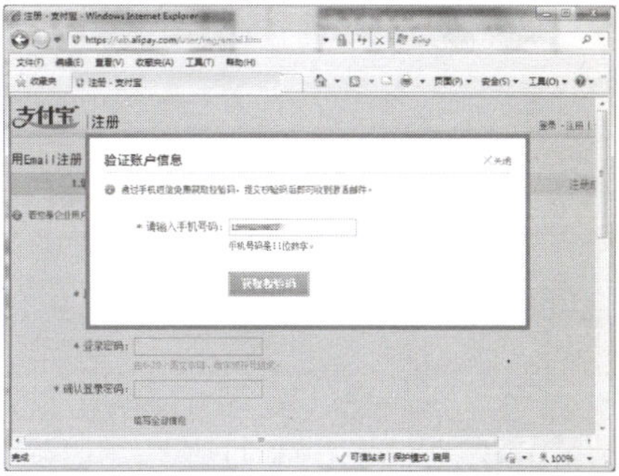

▶STEP 05

从手机上获取校验码，然后输入到文本框内，再单击【确认并提交】按钮。

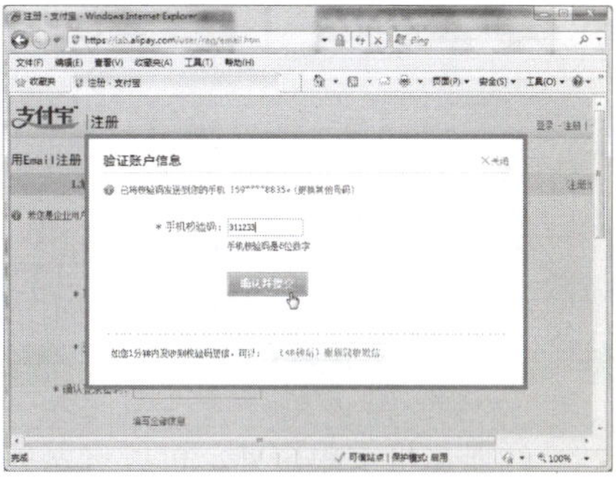

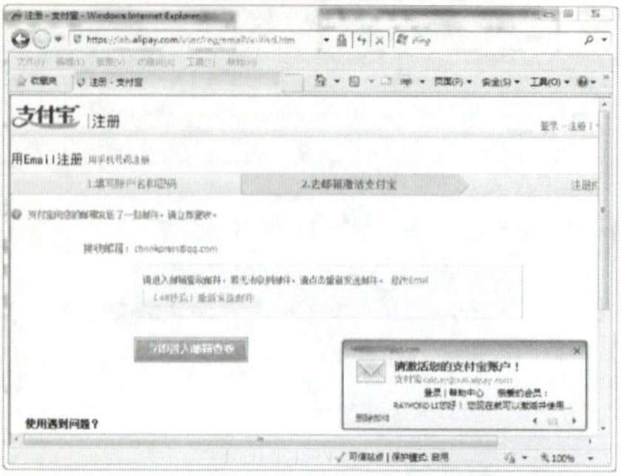

▶STEP 06

此时支付宝向邮箱里发送了邮件，单击【立即进入邮箱查收】按钮查看邮件。

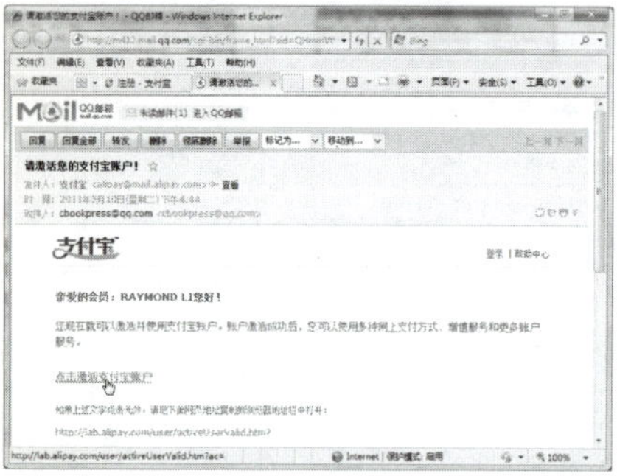

▶STEP 07

打开支付宝发来的电子邮件，然后单击【点击激活支付宝账户】链接。

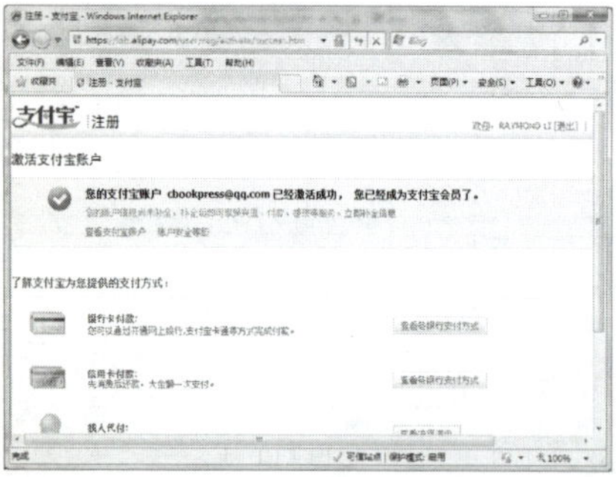

▶STEP 08

激活支付宝账户后，将返回支付宝页面，并显示激活成功信息。

2.3.3 设置支付宝账户

注册支付宝账户外，可以将支付宝账户与淘宝账户绑定，这样就可以通过【我的淘宝】页面直接登录支付宝。

达人课堂

支付宝是阿里巴巴集团于2004年推出的独立第三方支付平台，其用户覆盖了C2C、B2C，以及B2B领域，是最多互联网商家和买家选择网络支付的工具。

动手跟练

▶STEP 01

打开淘宝网会员登录页面，输入账户名和密码，再单击【登录】按钮。

▶STEP 02

以会员身份登录淘宝网后，单击页面上方的【我的淘宝】链接。

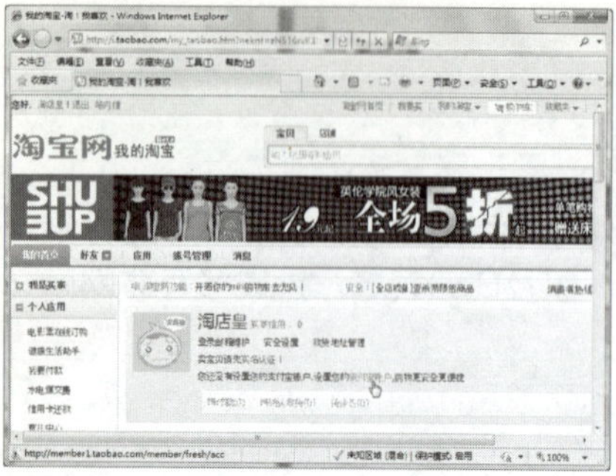

▶**STEP 03**

进入【我的淘宝】页面后，单击【支付宝账户】链接。

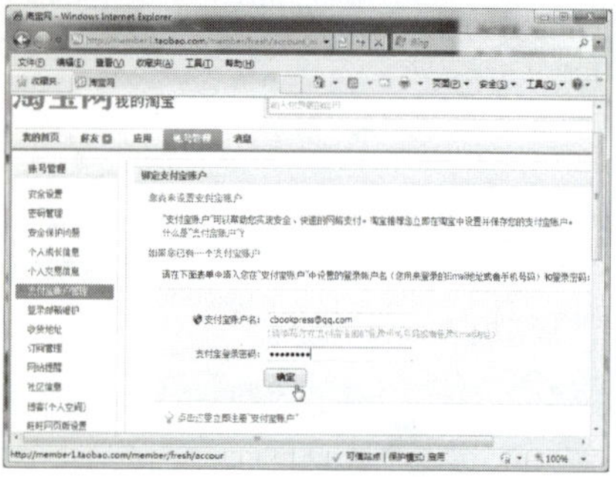

▶**STEP 04**

此时输入支付宝账户名和登录密码，然后单击【确定】按钮。

达人提醒

绑定支付宝账户后，还需要激活支付宝，才可以进行支付。步骤4输入的只是支付宝的登录密码，并非支付密码，下文的操作将为支付宝设置支付密码。

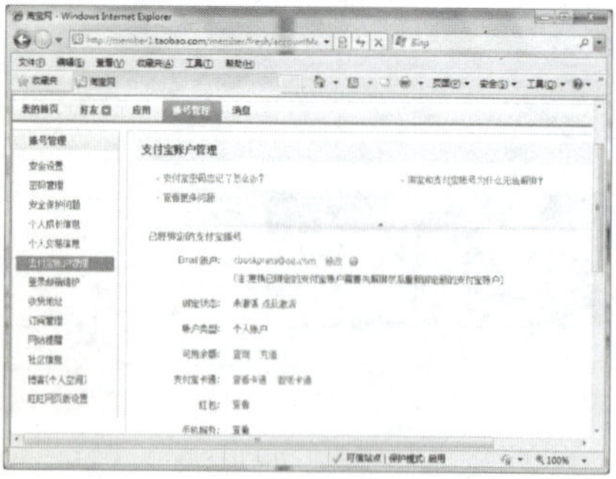

▶**STEP 05**

绑定支付宝账号后，可以单击【绑定状态】项后的【点击激活】链接，以激活支付宝账户。

▶STEP 06

此时输入支付密码和证件号码，再设置安全保护问题，然后单击【确定】按钮。

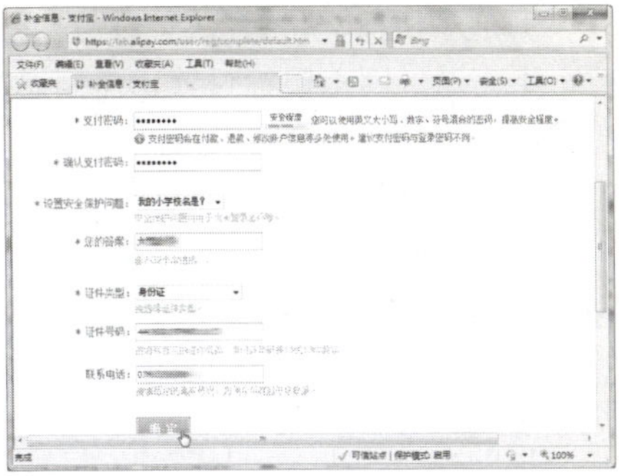

▶STEP 07

填写好信息后，即跳到补全账户信息页面，此时可以单击【我的支付宝】链接，进入支付宝。

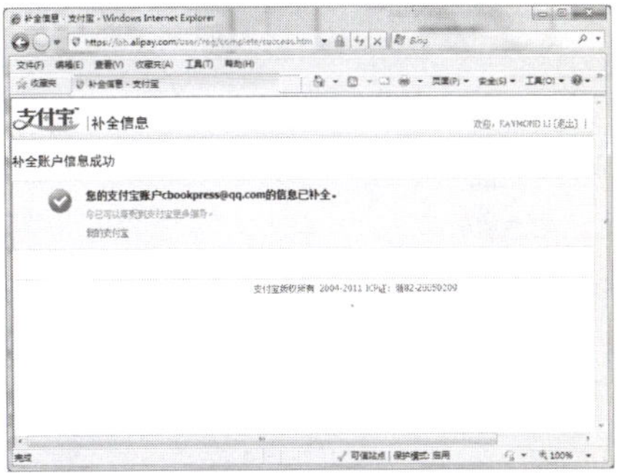

▶STEP 08

进入支付宝后，可以看到个人支付宝账户的信息。

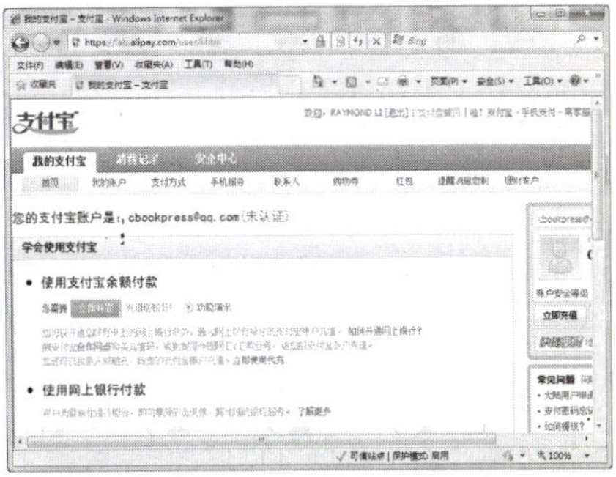

2.3.4 开通快捷支付服务

快捷支付是一种安全、快捷的付款方式，用户只需将支付宝账户关联到本人的储蓄卡或者信用卡，每次付款时只需输入支付宝的支付密码即可完成付款。

开通了快捷支付服务后，用户通过电话或者网站等方式订购商品时，不需通过网上银行付款，而是通过便捷支付服务，直接输入卡面信息，便捷、快速地完成支付。

动手跟练

▶STEP 01

打开支付宝登录页面，然后使用支付宝账户名和密码登录支付宝。

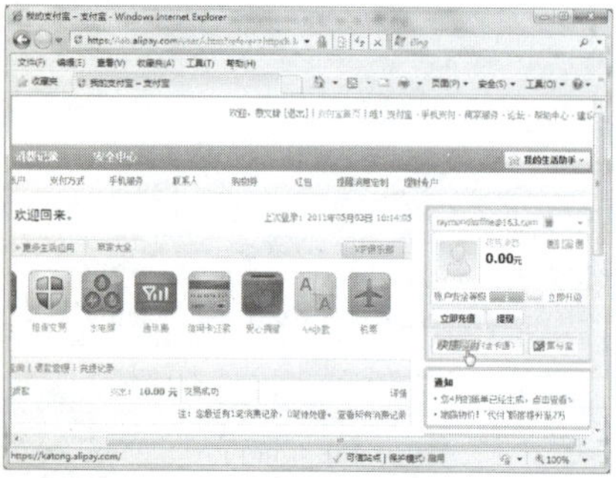

▶STEP 02

进入支付宝后，单击账户信息栏下方的【快捷支付（含卡通）】按钮。

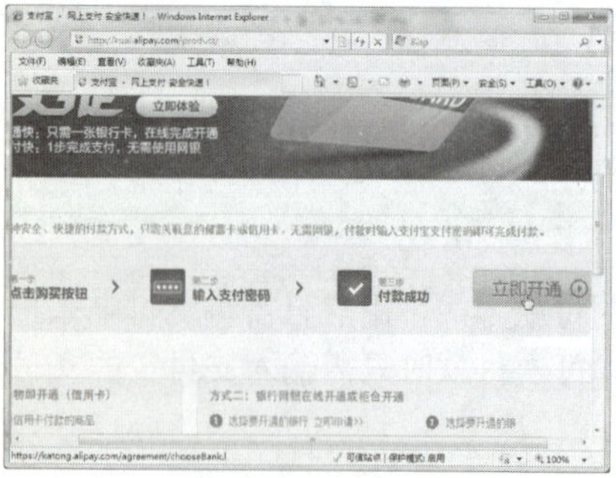

▶STEP 03

进入快捷支付服务页面后，单击【立即开通】按钮。

Chapter 2 网上银行与支付宝服务

▶STEP 04

此时设置银行卡开户地，然后选择信用卡或储蓄卡银行。

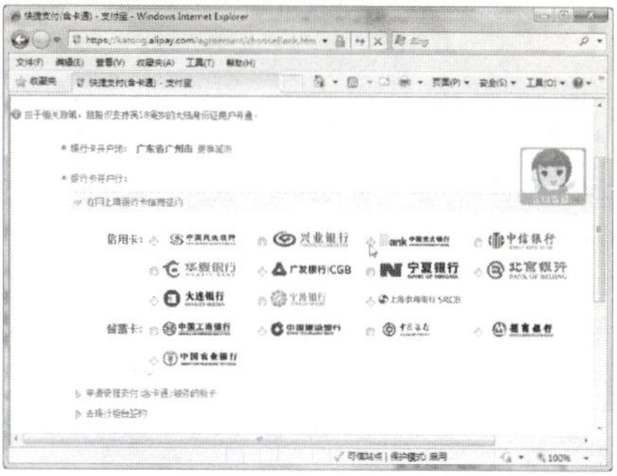

▶STEP 05

进入确认信息页面后，确认相关信息，然后输入支付宝支付密码，再单击【下一步】按钮。

▶STEP 06

此时网页会转到银行快捷支付业务协议页面，阅读协议内容后，单击【同意】按钮。

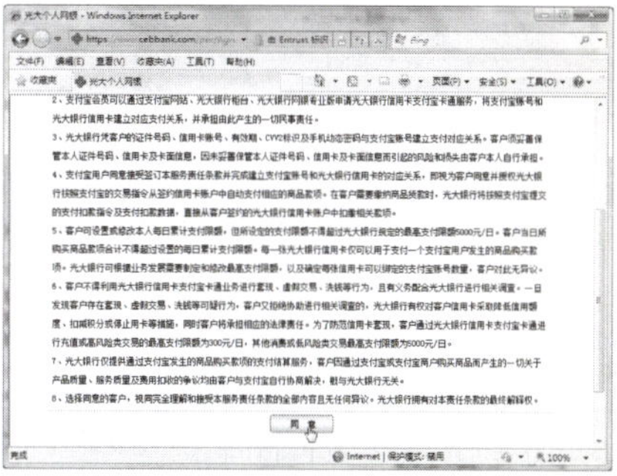

达人提醒

快捷支付服务支持信用卡或储蓄卡，用户可以在线签订快捷支付的银行协议，也可以在支付宝上申请后，自己携带身份证和银行卡到银行柜台办理快捷支付业务。

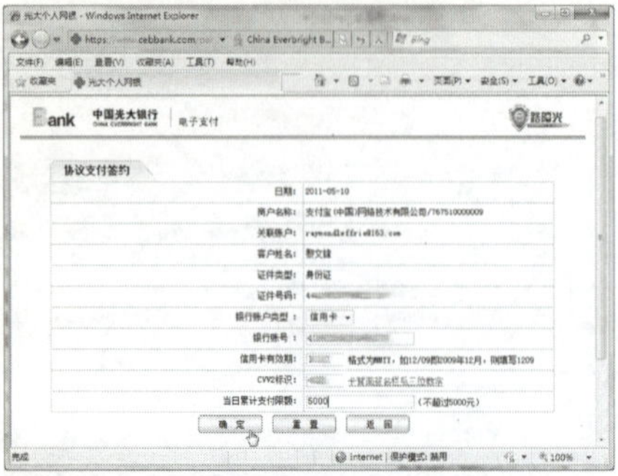

▶STEP 07

进入协议支付签约页面后，填写银行卡的相关信息和支付限额，然后单击【确定】按钮。

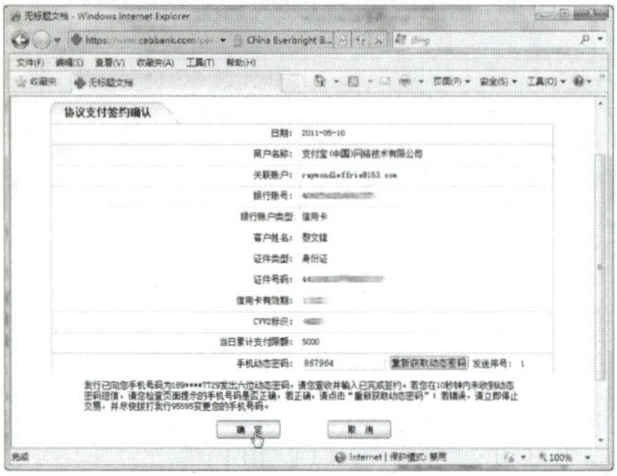

▶STEP 08

此时系统将给用户申请银行卡时预留的手机号码发送动态密码，收到密码后输入到页面文本框，接着单击【确定】按钮。

▶STEP 09

完成上述操作后，单击【返回】按钮可以返回支付宝。

达人提醒

如果银行卡网上银行设置了安全盾，那么进行上述步骤时需要将安全盾连接电脑主机。当要求输入安全盾密码时，输入正确的密码即可。

▶STEP 10

返回支付宝后，可以看到已经成功开通快捷支付服务。

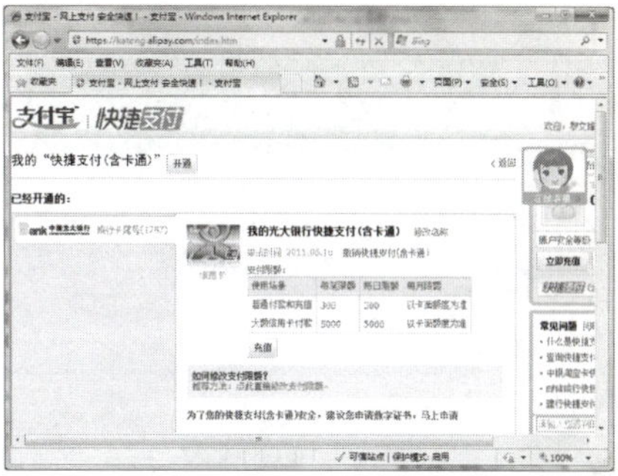

2.4 支付宝实名认证与安全设置

为了保障支付宝的安全，进行实名认证和相关安全设置是必须的。此外，通过实名认证，可以让支付宝获得更多的功能，例如设置银行卡方便以后从支付宝里提取现金。

2.4.1 支付宝实名认证

支付宝实名认证有通过确认银行卡汇款金额进行验证和通过开通支付宝卡通进行验证两种方式。相比之下，通过开通支付宝卡通的方式更加方便快捷。

支付宝实名认证方式和流程

动手跟练

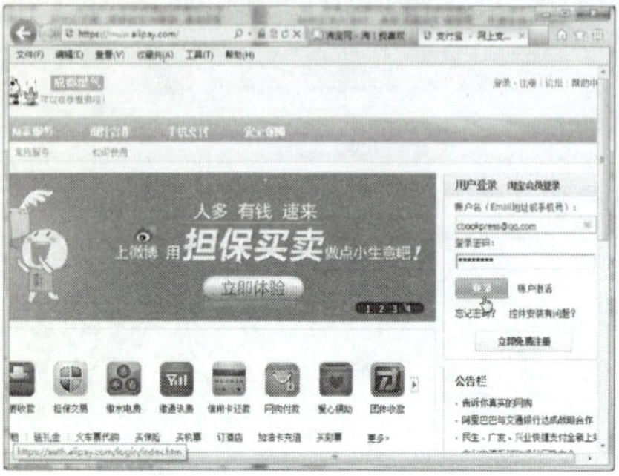

▶STEP 01

登录支付宝首页，使用账户名和密码登录支付宝。

▶STEP 02

登录支付宝后，可以在首页看到还没有进行实名认证，此时单击【未认证】链接。

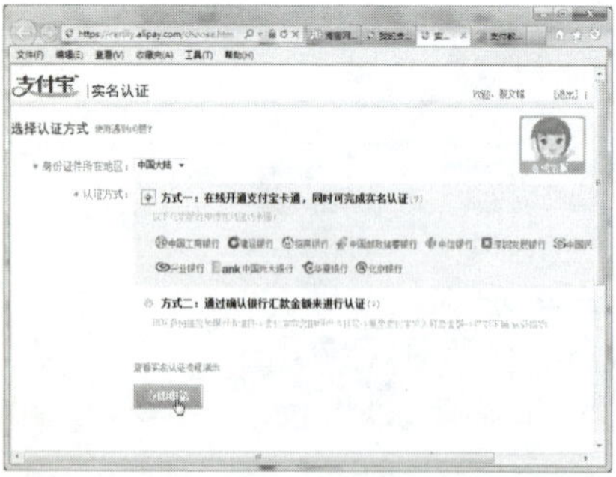

▶STEP 03

进入实名认证页面后，选择验证方式。本例选择通过开通支付宝卡通方式进行认证。选择方式后，单击【立即申请】按钮

▶STEP 04

此时进入申请“快捷支付（含卡通）”服务页面，用户设置银行卡开户地再选择银行，进行进行下一步操作。

达人提醒

从步骤4开始，后面开通快捷服务的操作步骤与2.2.3小节的操作一样，在此不再详细说明。

▶STEP 05

通过网上跟银行签订快捷支付协议后，将返回支付宝，显示已经成功开通快捷服务，同时实名认证完成。

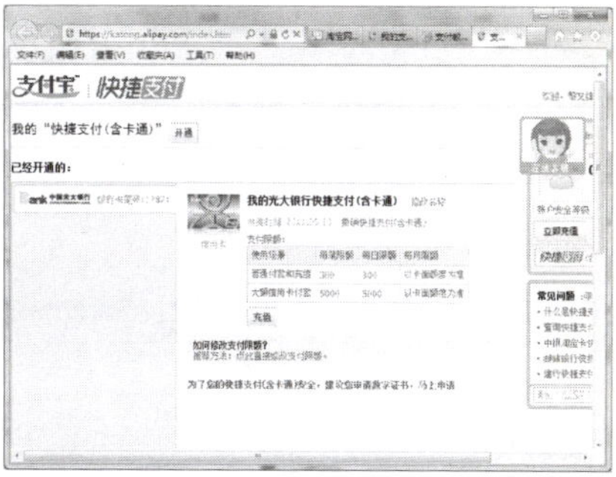

▶STEP 06

返回个人支付宝的首页，即可看到自己的支付宝已经通过实名认证。

2.4.2 设置安全保护问题

为了避免支付宝的资金被盗取，或者因忘记支付宝账号或密码而无法使用支付宝的资金，用户需要为支付宝账户设置更高级的安全保护问题。

动手跟练

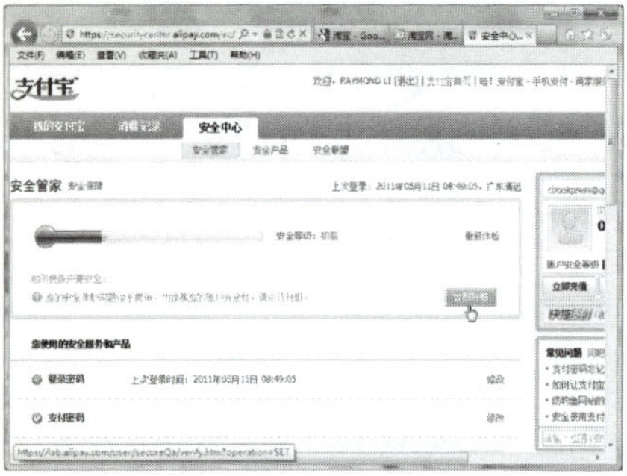

▶STEP 01

登录支付宝，然后单击【安全中心】按钮，此时可以看到安全等级为【初级】，保护问题也过于简单，单击【立即升级】按钮，升级安全保护问题。

▶STEP 02

此时要验证安全保护问题，输入问题答案，然后单击【确定】按钮。

▶STEP 03

进入新页面后，重新设置安全保护问题，并预设问题的答案，接着单击【确定】按钮。

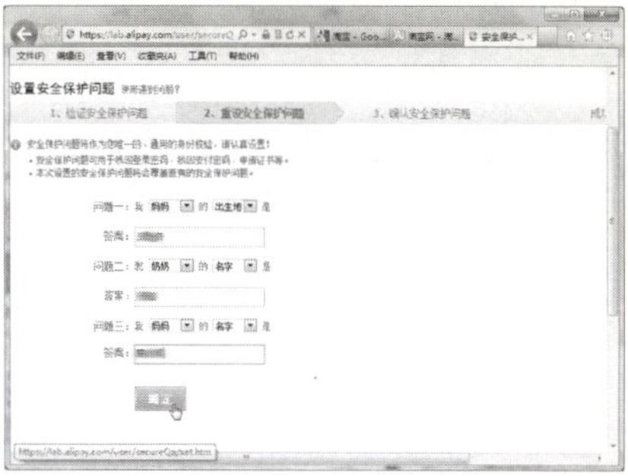

▶STEP 04

确认安全问题的设置，确认无误后单击【确定】按钮。

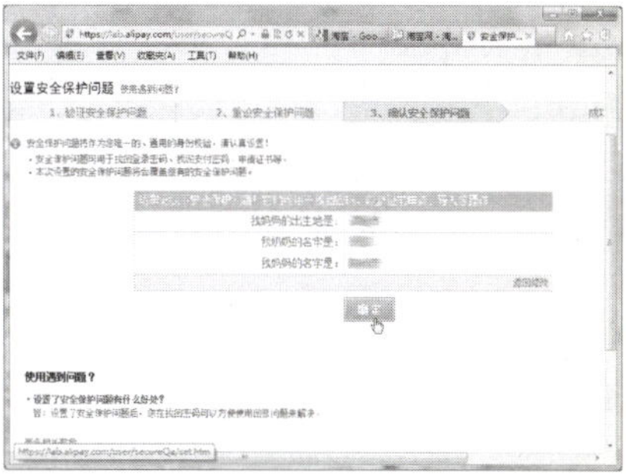

2.4.3 为支付宝绑定手机

如果你需要使用手机付款，那么就需要为支付宝绑定手机。支付宝绑定手机后，用户可以免费享受手机付款和手机找回密码等功能。

动手跟练

▶STEP 01

登录支付宝，然后进入【安全中心】页面，再单击【安全管家】按钮。

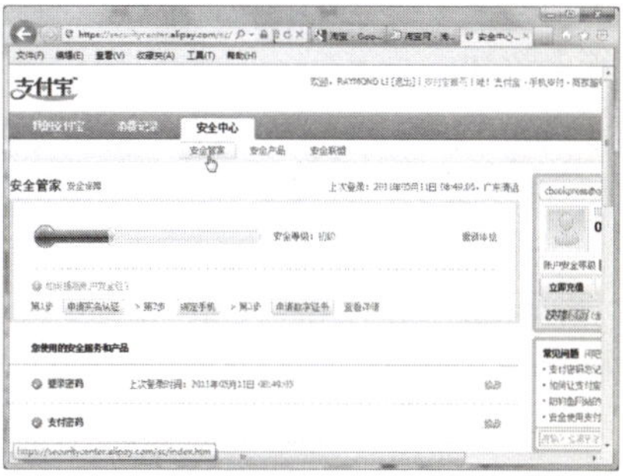

创业密码——新手淘宝开店

▶STEP 02

将页面拖到下方，然后单击【手机绑定】项后的【绑定】按钮。

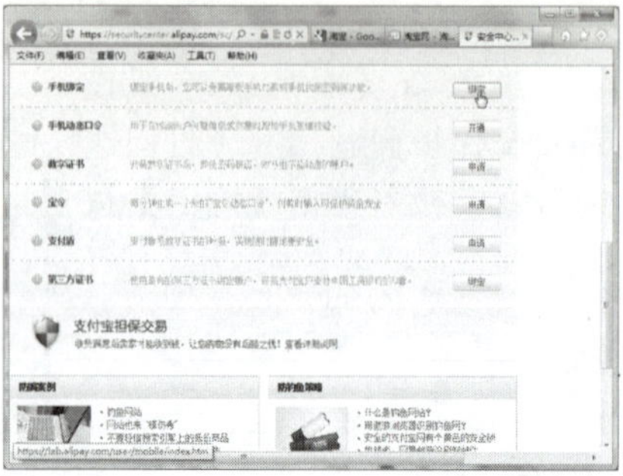

▶STEP 03

进入手机服务页面后，输入需要绑定的手机号码，再单击【免费绑定】按钮。

▶STEP 04

此时系统将向手机发送一条短信，通过短信获得校验码，将此校验码输入，再填写支付密码，最后单击【确认绑定】按钮。

完成上述操作后，即可为支付宝绑定手机，以后即可用此手机号码登录支付宝，或者通过手机登录支付宝进行付款。

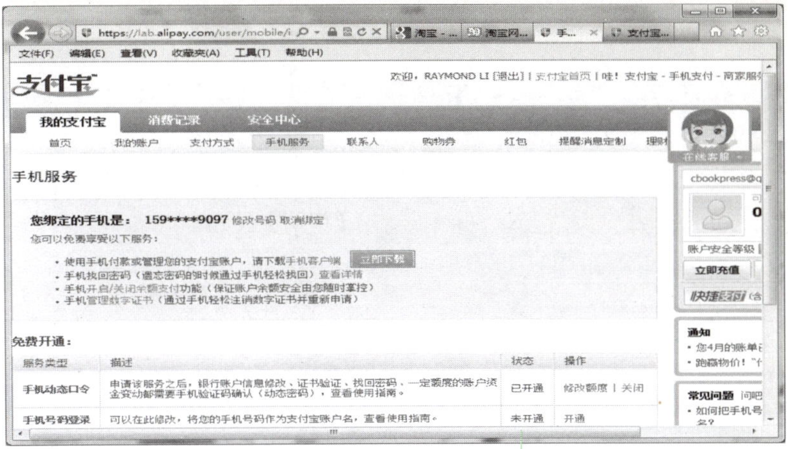

支付宝绑定手机的结果

2.4.4 申请与安装数字证书

数字证书是使用支付宝账户资金的身份凭证之一，它的作用是加密用户的信息并确保账户资金安全。为支付宝申请和安装数字证书后，即时密码被盗了，也不用担心账户安全。

动手跟练

▶STEP 01

登录支付宝，然后进入【安全中心】页面，再单击【安全管家】按钮。此时可以看到支付宝的安全等级由初级变成中级了。

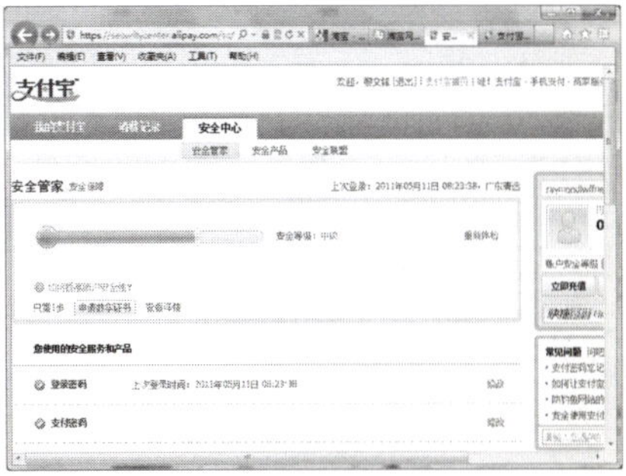

创业密码——新手淘宝开店

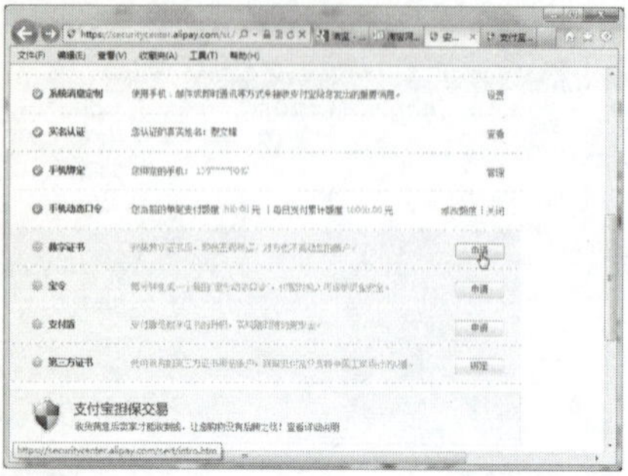

▶STEP 02

将页面拖到下方，然后单击【数字证书】项目后面的【申请】按钮。

▶STEP 03

显示数字证书页面后，用户可以了解数字证书的作用，然后单击【申请数字证书】按钮。

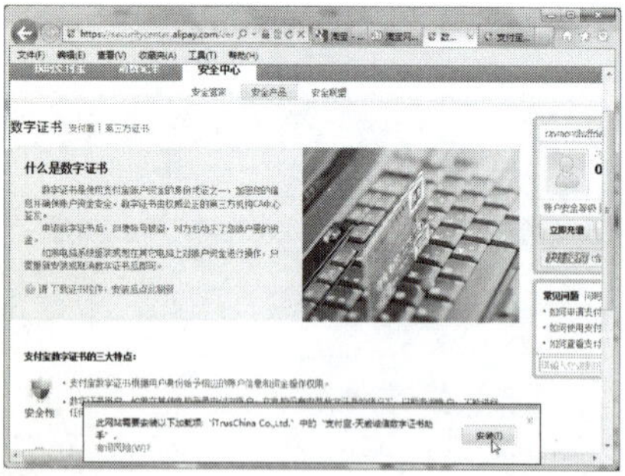

▶STEP 04

此时网页弹出提示安装加载项的信息，单击【安装】按钮安装加载项。

▶STEP 05

如果没有弹出安装加载项的信息，则可以在数字证书页面上单击【下载证书控件】链接，再运行安装程序。

▶STEP 06

执行安装加载项的操作后将打开安装项目，此时单击【下一步】按钮。

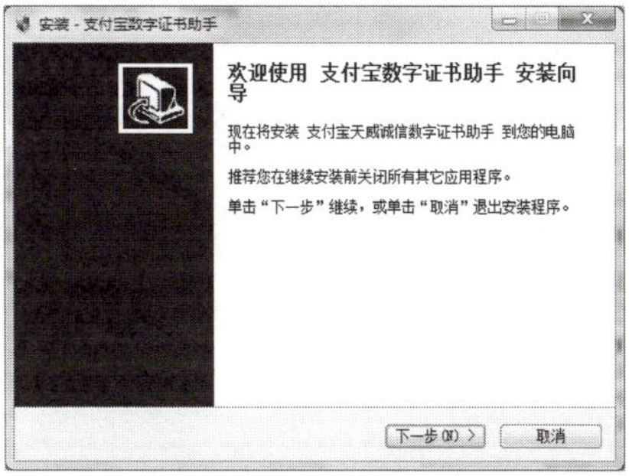

达人提醒

如果用户是使用IE 7或以下版本，那么网页会在网址栏下弹出提示安装加载项的信息，用户可以在弹出对话框中单击右键，再选择【安装】命令来进行安装加载项的操作。

▶STEP 07

安装完成后，单击【完成】按钮。

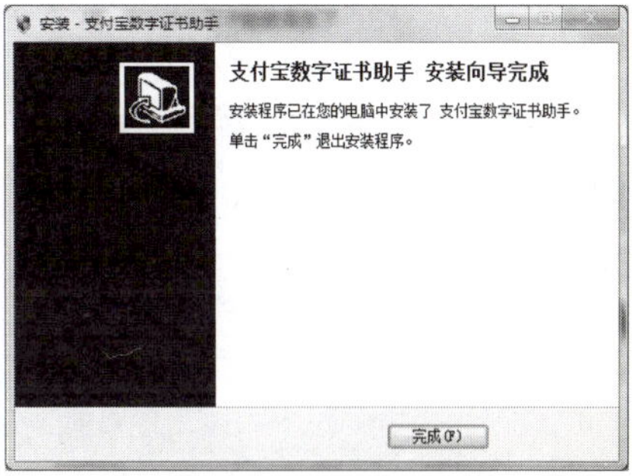

▶STEP 08

安装加载项后，返回数字证书的页面，再单击【点此刷新】链接。

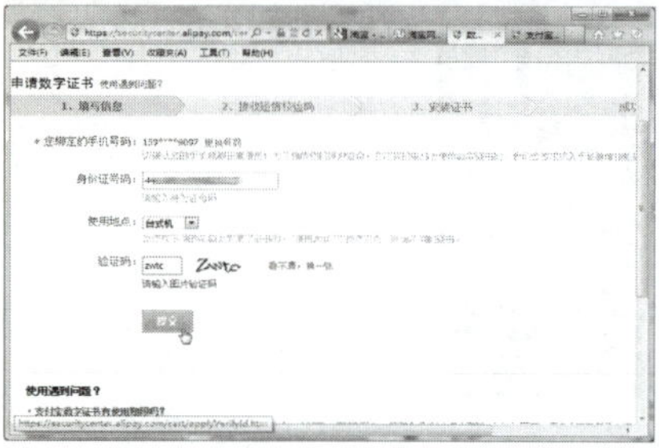

▶STEP 09

进入申请数字证书页面后，填写必要的信息，再单击【提交】按钮。

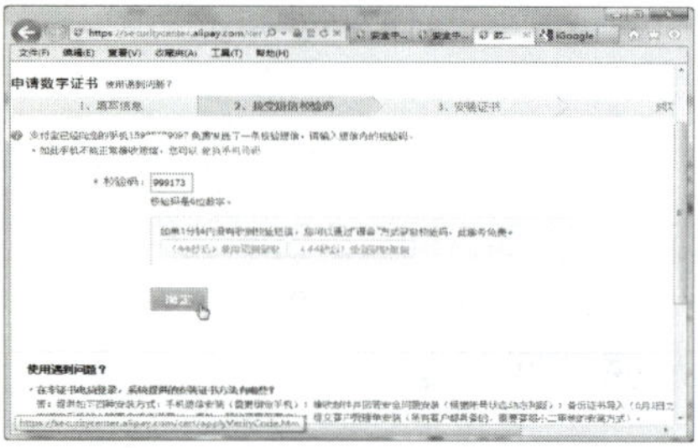

▶STEP 10

将从手机上接收到的校验码输入文本框，然后单击【确定】按钮。

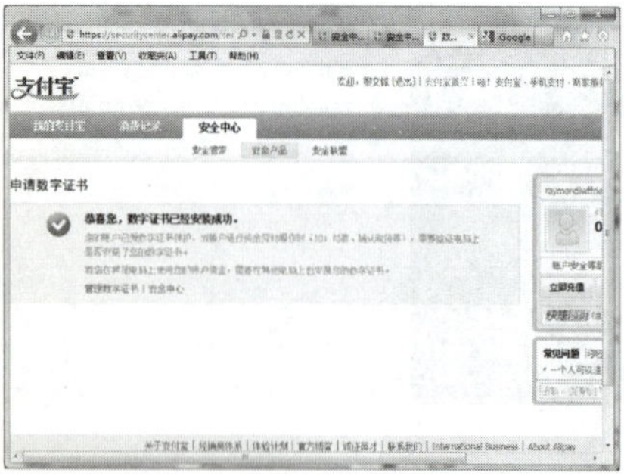

▶STEP 11

通过校验码后，即成功安装数字证书。

▶STEP 12

返回【安全中心】页面，此时可以看到支付宝的安全等级升为【高级】。

2.5 支付宝充值、付款、提现

支付宝对于买家和卖家来说，是购物时充值、付款、收款最重要的工具，而当收到其他人支付的款项，也需要通过支付宝的提现功能来将钱由支付宝转移到银行账号，一边日后提取。

2.5.1 通过网银充值支付宝

支付宝充值就是把银行卡上的钱或现金（合作网点购买充值码或邮政网汇）转到支付宝账户上的过程。当为支付宝充值成功后，即可通过支付宝余额为网购的商品支付货款。

淘宝网为用户充值支付宝提供多种方式：

1 网上银行充值：可以选择和支付宝公司合作的银行中任意一家发行的银行卡，开通网上支付服务，即可完成充值。

2 卡通充值：将支付宝账户和银行卡连通，输入支付宝支付密码即可完成充值。目前卡通支持招商银行、建设银行、工商银行、邮储卡通等几十家银行。

3 消费卡：支付宝用户可以将（全国神州行卡、联通一卡充）内的金额，通过支付宝提供的充值渠道，转充至支付宝账户内。

通过网上银行或卡通充值

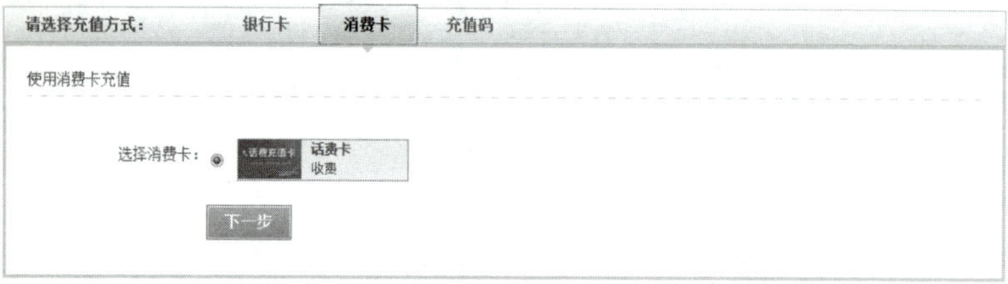

支付宝的消费卡充值

4 邮局充值：到邮局办理“网汇e”汇款业务，再登录支付宝进行充值。

5 网点充值：可以直接去带有标志的营业网点，购买支付宝充值码，或为网上交易的订单直接付款。

6 找朋友代充值：如果您的朋友拥有支付宝账户并开通了网上银行或卡通，可以把您的支付宝账户和金额告诉他，请朋友代充值。

7 便利通卡充值：支付宝用户将便利通卡内的预存金额，通过支付宝提供的充值渠道，转充至支付宝账户内。

下例将介绍通过网上银行为支付宝充值的方式的操作方法，这种方式也是目前最常用和方便的支付宝充值方式。

动手跟练

▶STEP 01

登录支付宝，然后在个人账户信息栏中单击【立即充值】按钮。

▶STEP 02

进入充值页面后，选择充值方式，例如选择网上银行，选择银行后单击【下一步】按钮。

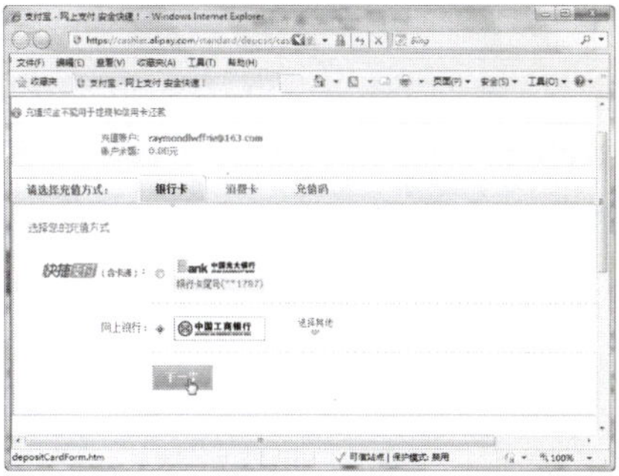

▶STEP 03

在【充值金额】文本框中输入充值金额，然后单击【登录到网上银行充值】按钮。

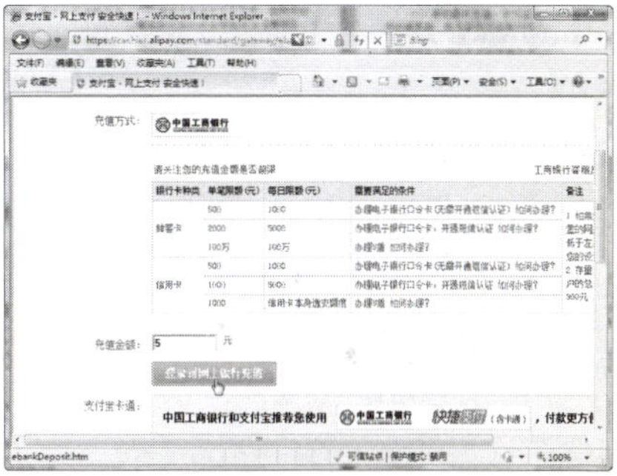

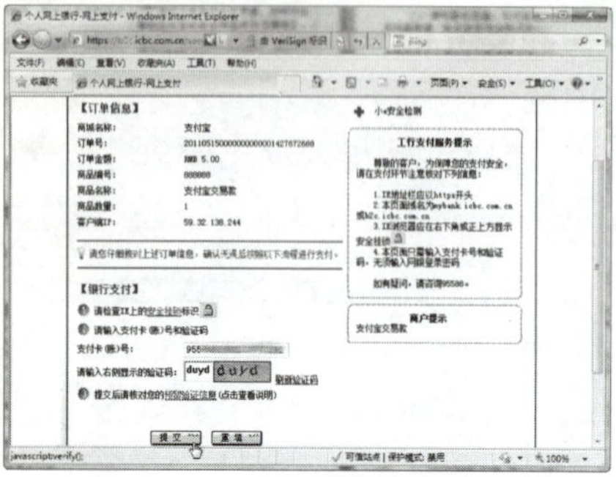

▶STEP 04

打开订单页面后，输入银行账号和验证码，再单击【提交】按钮。

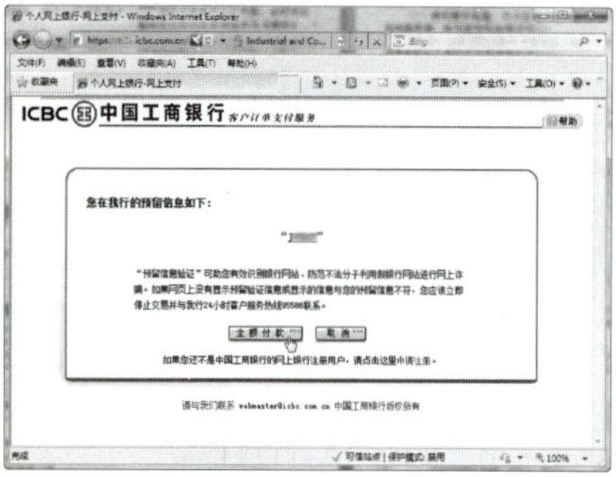

▶STEP 05

打开预留信息页面后，核对你在银行的预留信息是否正确，如果正确的话则单击【全额付款】按钮。

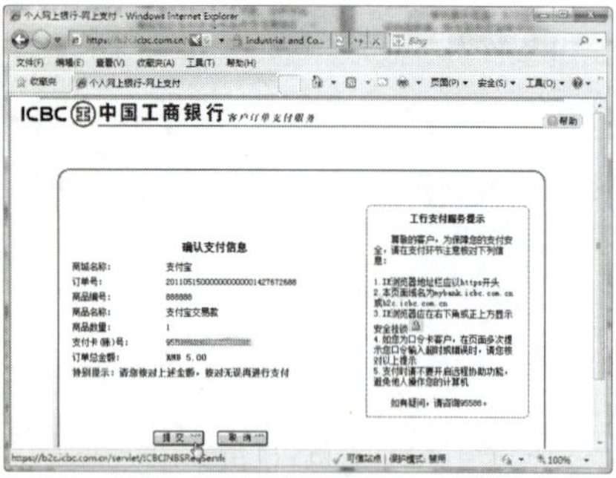

▶STEP 06

打开确认支付信息页面后，确认支付信息是否正确。核对无误后单击【提交】按钮。

▶STEP 07

如果晚上银行有安装U盾，则需要输入U盾的密码，完成后单击【确定】按钮。

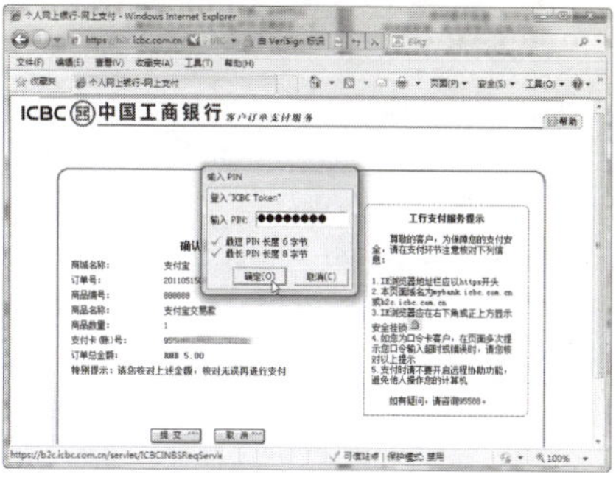

▶STEP 08

此时打开数据签名信息的对话框，确认无误后单击【确定】按钮，完成付款。

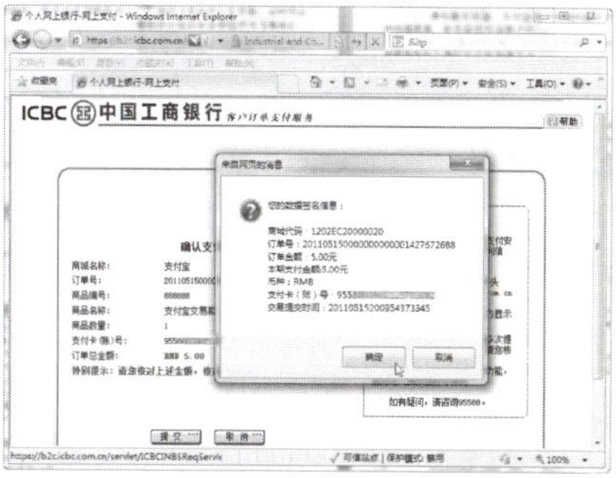

达人提醒

每个银行网上付款的方式都不尽相同，上面以工商银行为例，用户可以根据自己银行网上银行付款指引进行操作。

▶STEP 09

完成付款后，可以关闭当前付款成功的提示窗口。

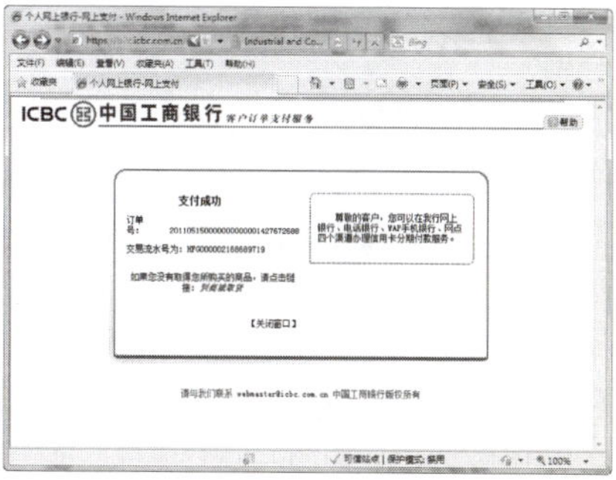

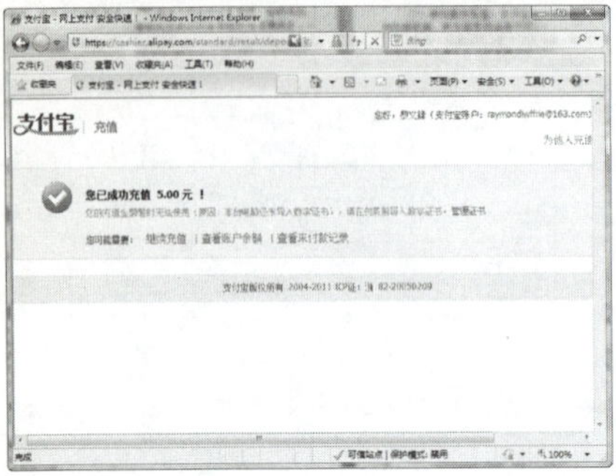

▶STEP 10

此时支付宝将显示成功充值的页面，提示成功充值的金额。

2.5.2 支付宝即时到账付款

支付宝余额付款还有两种支付方式，一种是担保交易付款，另外一种是即时到账付款。

即时到账付款就是基于用户对交易对方的信任，自愿付款给对方，一旦进行付款，款项就马上到达对方支付宝账户，而不受支付宝第三方担保。

下面以即时到账付款方式为例，介绍使用支付宝余额付款的操作方法。

动手跟练

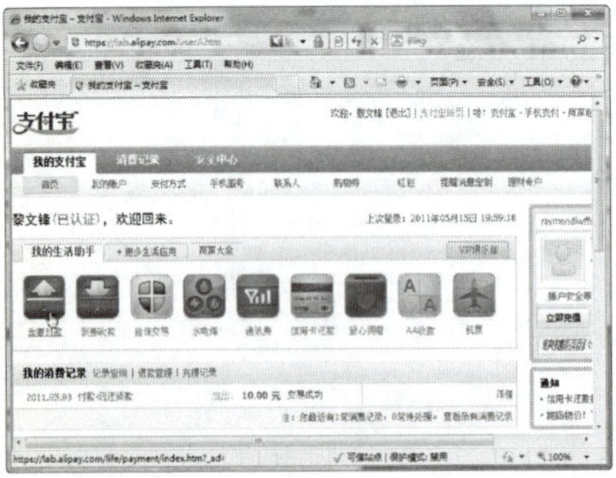

▶STEP 01

登录支付宝，然后在账户首页单击【我要付款】按钮。

▶STEP 02

进入填写付款信息页面后，填写对方支付宝账户以及其他信息，接着单击【下一步】按钮。

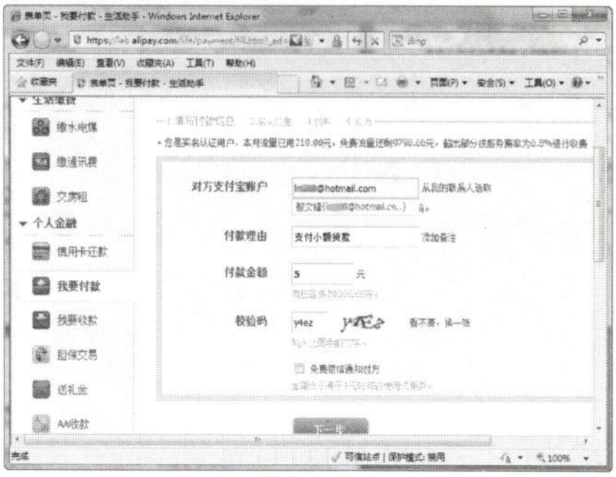

▶STEP 03

进入确认信息页面后，确认对方账户和金额信息，确认无误后单击【确认信息并付款】按钮。

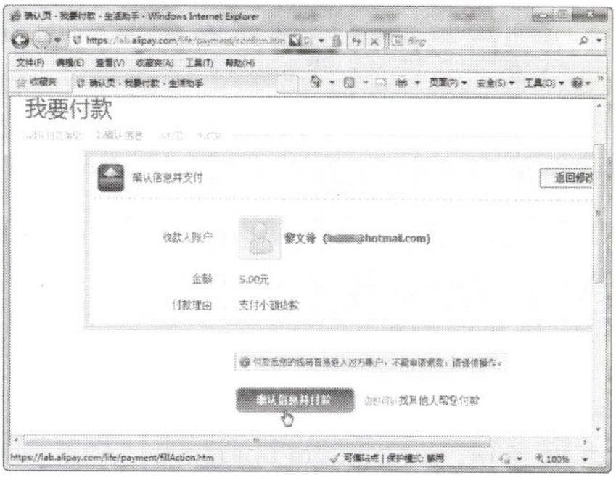

▶STEP 04

此时打开付款页面，选择支付宝余额付款方式，输入支付宝支付密码，再单击【确认付款】按钮。

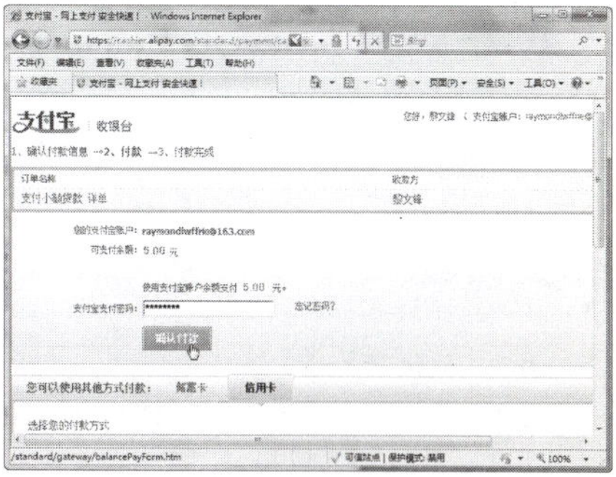

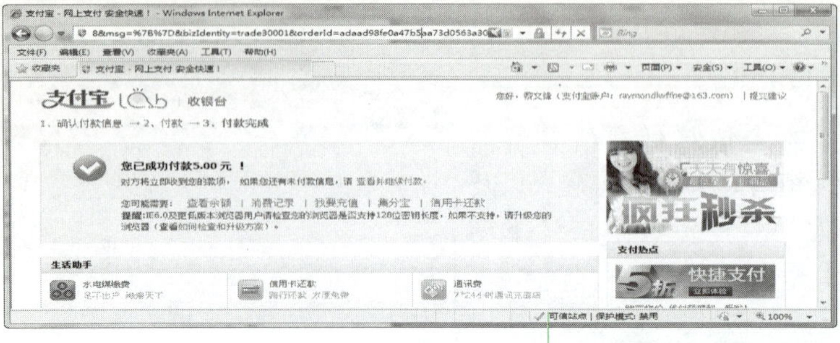

即时到账付款后的结果

2.5.3 从支付宝账户提现到银行

提现是指将支付宝账户中的款项提取到银行账户中。支付宝的提现有实时提现和普通提现两种方式。

1 实时提现：是指将支付宝账户中的资金提取到用户支付宝账户绑定的支付宝卡通签约银行卡中，银行端无异常的情况下，款项立刻到账，无需像原有提现一样等待。

2 普通提现：是个人客户可以使用工行、农行、招行、建行、深发、兴业、浦发、民生、广发、交行、光大、中信、中国银行、杭州银行的账户从支付宝中提现。普通提现一般需要经过1-2天才能让款项提到银行账号里。

要从支付宝账户中提现，要先为支付宝设置绑定银行账户，下面将介绍从支付宝账户提现的具体操作方法。

动手跟练

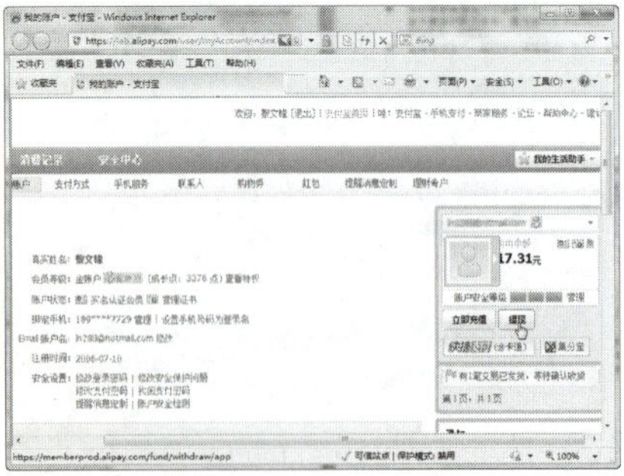

STEP 01

登录支付宝，然后在账户首页单击【提现】按钮。

▶STEP 02

如果账户还没有添加银行账户，则直接打开添加银行卡页面。此时选择银行并输入银行卡号，再单击【保存账户】按钮。

▶STEP 03

添加银行卡后，选择提现银行账户，并输入提现金额，再单击【下一步】按钮。

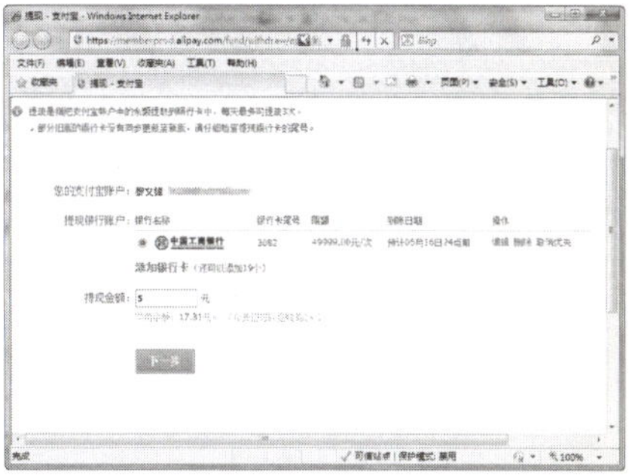

▶STEP 04

此时确认银行卡信息是否正确，确认无误后输入支付宝支付密码，再单击【确认提现】按钮即可。

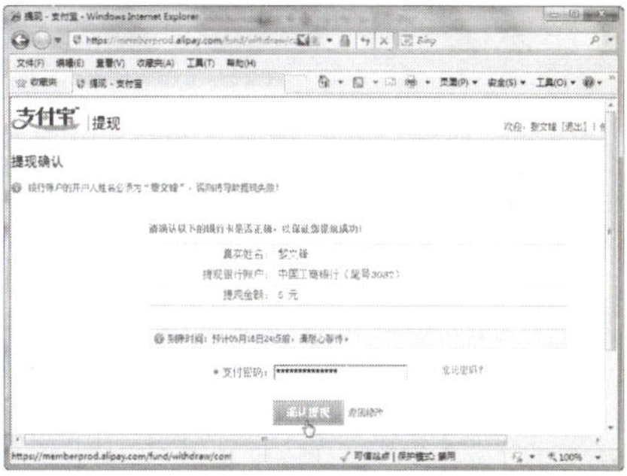

达人提醒

提现目前仅支持工行、农行、招行、建行、中行、交行、浦发、广发、中信、光大、兴业、深发、民生、杭州银行共14家银行 的借记卡提现。另外，提现银行卡不必开通网银。

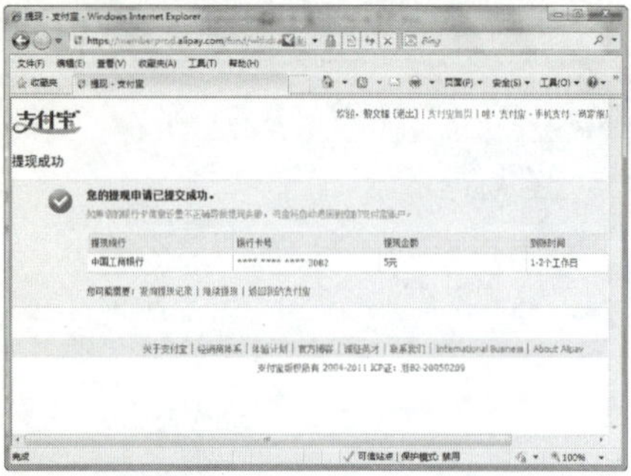

▶STEP 05

完成上述操作后，即成功申请提现，用户可以单击【查询提现记录】链接，查看自己提现的记录。

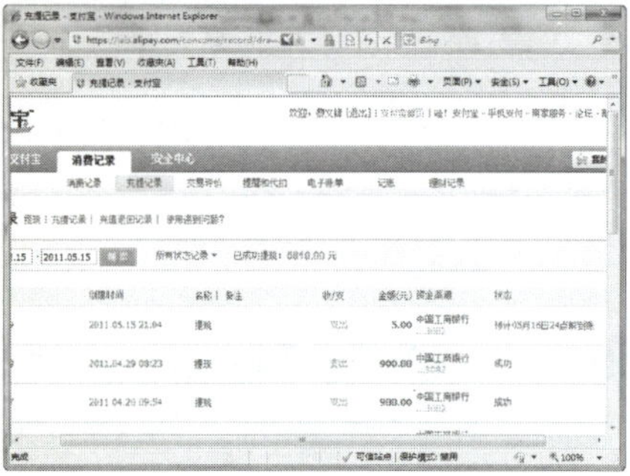

▶STEP 06

此时打开记录页面，显示一个月内的提现记录。

章后点评

网上银行是银行业务服务的延伸，网民可以通过互联网方便地使用商业银行核心业务服务，完成各种非现金交易。支付宝是国内领先的独立第三方支付平台，它为网民在网上购物提供有效的安全。通过这两种服务，网民无论是在淘宝网上开店还是购物，都不用再为付款、收款而担心了。

淘宝开店的货源策略

Chapter

3

要在淘宝网开店，首要任务就是解决货源问题。要在淘宝网千万间店铺里脱颖而出，正确的货源策略是很重要的。本章为淘宝卖家提供正确的货源策略，并带领淘宝卖家通过阿里巴巴获取优质货源。

3.1 开店前想好卖什么

作为一个网上店铺，想要取得良好的发展，首先解决的就是货源问题。如何能找到一个有竞争力，有保障的货源，相信这个问题会让新进淘宝网的卖家困扰。要解决这个问题，买家需要从多方面去考虑，选择最优的货源策略。

3.1.1 货源定位与考量

卖家在确定通过淘宝网开店后，就需要考虑用什么样的货源来进入网店这个市场，考虑用什么样的商品吸引顾客的光临，即要进行货源的定位。

1. 货源定位的定义

货源定位是指店铺针对目标消费者和供应商的实际情况，动态地确定货源的经营结构，实现商品配置的最佳化。另外需要注意，网店更倾向注重商品销售的量和满足消费者的需求，所以货源定位同时是卖家对市场的判断分析的结果，同时又是店铺经营理念的体现。

2. 货源定位的几个要点

网店货源的重要性对网上开店的卖家们来说是不言而喻的，当进行货源定位时，需要考虑以下几个重点。

1 不要找自己不熟悉、都不了解的商品

如果自己不解了的商品，不知道商品的优势在哪里，也就不能确定商品的卖点，这样是卖不好的。

2 选择货源需要适当考虑发货和售后可能出现的所有问题

例如化妆品，因为它最大的缺点就是液体，液体不好运输，航空不让运输液体。现在很多快递公司都是走航空，不走航空速度就很慢，这会导致部分买家不会购买。另外，化妆品有保持期的问题，过期的产品肯定是不能卖，所以卖化妆品一定要在质保期内卖出，这无疑增加了投资的风险。

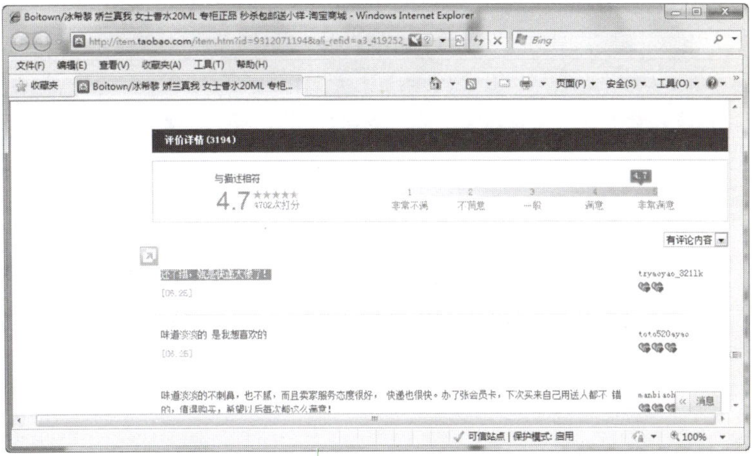

买家对某化妆品评价显示对快递速度的不满

3 不要听人说什么东西好卖就卖什么

有些商品在网上卖得很好，虽然代表那种商品非常受顾客欢迎，但是同类商品的数量实在太多了，就会减弱了商品的竞争力。例如像服饰、化妆品、美发商品等这类长期热销的商品，几乎是是“店山货海”，每十分钟同时在线销售的商品数量就多得惊人，而里面更是不乏货源充足、价格低廉、经验丰富，或者已经形成很大规模的大卖家。在这种情况下，新进的卖家很难脱颖而出。

4 新进买家可以选择特色强烈的个性化商品

因为，店铺只有在追求个性张扬的努力中，才能吸引住顾客挑剔的眼光，才能使店铺在残酷的商业竞争中脱颖而出。例如，卖家可以经营个性化商品为主打的店铺，专门提供一些特殊，而需求大的服务，例如销售派对用品、特性化日用品、婚礼用品、魔术道具、设计服务、一些热门的计数服务等。这种店铺因为处于行业竞争不大的环境上，所以生存比较容易，同时满足满足一部分追求个人风格、品位消费者的需求。

淘宝网上的特色商品

5 淘宝店里所售的物品分为门槛低和门槛高的两种

越是人人都能做的货品越是竞争激烈，越是门槛高的货品，做的人越少，竞争也相对小一点。要有个合理的认知。

6 选货时必须考虑货源与资金的关系

货源和资金仅仅联系在一起，在开网店的资金启动里面有成本这一块，货源和成本有很大关系的。

7 如果卖家附近有市场，可以考虑从市场中取货

因为，买家住的地方离市场近，当需要什么货时都可以直接去市场上拿。但是前提是市场必须要有货，而且是现货，这需要卖家在考察时就问清楚，看清楚。

3.1.2 网店不建议选择的行业

对于网店新手而言，选择网店销售的商品是一件需要深思熟虑的事情，因为商品的定位，绝对地影响店铺的生意。在此提供几个不建议选择的行业，如果你是网店新手，最好不要选择下面几个类型行业的商品。

1 季节性的行业。具有季节性的行业不适合新手，因为具有季节性的商品有固定销售周期，过期快，如果没有在周期内销售完，就很容易压货，导致亏本。

2 太普通的行业。尽量不去销售一些随便都可以在本地买得到的商品，例如卖一些随时都可以在超市里买到。这些商品太普通，对买家没什么吸引力。

3 邮费过高的行业。这种行业的商品，买家一般考虑连运费一起要高过本地的商品，因此通常不会购买。

4 千元以上产品的行业。如果一个商品如果单价在千元以上，买家都会很谨慎，怕骗，即使这种生意做下来了，只要有一点点的问题，客户就会挑剔退货什么的，非常的麻烦。所以网店新手尽量少出售高价商品。

5 投资太大的行业。网店新手刚起步的一定要稳扎稳打，如果投资太大，那么当亏本后，就很难能第二次创业了。

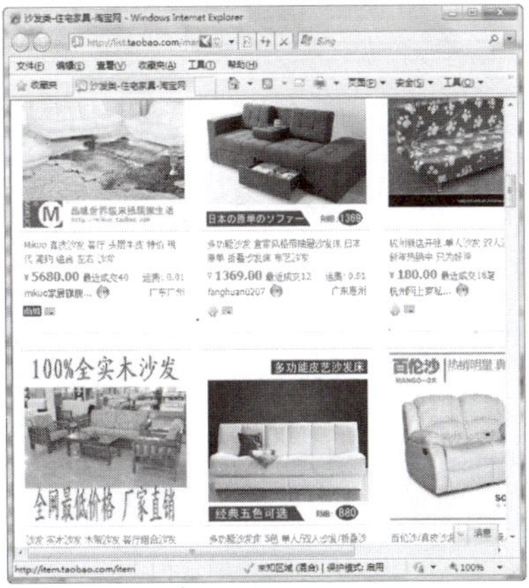

新进卖家不宜选择家具这种邮费过高的商品

个人卖家不宜选择加点这种投资太大的行业

3.1.3 卖家获取货源的途径

根据上述的货源品种参考，就可以依照自己的店铺商品需求去获取货源。下面介绍几个常用获取货源的途径。

1. 批发市场

这是寻找货源的最简单的方法，卖家可以在各地的批发市场考查商品并通过较低的价格进货。但需要注意，很多卖家会把目光转向商品的原产地，虽然这样获得最佳商品的机会较大，但对于开网店最初阶段的卖家，这种方式需要花费大量人力物力，增加了店铺的成本。因此，如果商品的销售量达不到一定量的话，在本地市场进货，基本上可以满足需求了。

在普通批发市场获取货源的优缺点：

- 优点：更新快，品种多。
- 缺点：容易断货，品质不易控制。

玩具批发市场

服装批发市场

2. 品牌经销商

如果想要做品牌商品销售的，则可以注意一下正规专卖店，并去联系一下，看能否达成一种长期合作关系。但是相对来说，直接联系品牌经销商，需要更大的进货量。越是大品牌，它的价格折扣就越高，真正赚的钱，只是在完成销售额后拿的返利。

通过品牌经销商获取货源的优缺点：

- 优点：货源稳定，渠道正规，商品不易断货。
- 缺点：商品入货量大导致成本增大。

3. 代销式供应商

目前，有很多代销式的供应商专门为网店用户提供货源，这种代销式供应商为网店卖家提供完整的商品资料，例如图片、文字说明等。当卖家卖出商品后，可以直接让代销商出货，并发货到买家。对于新手来说，这种方式是个不错的选择，因为所有的商品资料都是齐全的，而且不用害怕商品库存的问题，可以说是零成本经营，关键看卖家如何把商品卖出去。不过，在选择代销供应商时，一定要注意他的信用和商品质量，否则遇到纠纷就不好解决了。

通过代销式供应商获取货源的优缺点：

- 优点：简单省事，鼠标一点，连发货都不用自己管，而且风险低，资金投入最少。
- 缺点：商品不经过自己的手，品质难控制，由于对商品可能了解不够，与客户沟通较复杂，操作不好会得中评或差评。

4. 展会与交易会

在国内或国外，没年都有很多行业召开各种展会，如广州交易会、世博会、农博会等，这些展会所聚集的大部分都是厂商。因此，当店铺生意经营不错，资本比较大，但苦于货源不够好时，可以通过相关产品的展会，获取真正一手货源。

通过展会、交易会获取货源的优缺点：

- 优点：成本低，竞争力强，商品质量稳定，售后服务有保障。
- 缺点：一般不能代销，需要有一定的经营和选货经验，资金投入大，风险较大。

杭州网货交易会

广州网货交易会

5. 互联网

如果是在外面找不到好货源，那么通过互联网寻找货源是一个不错的选择。卖家可以通过以下几种方式在互联网上寻找货源。

Chapter 3 淘宝开店的货源策略

1 搜索引擎

通过搜索引擎搜索想要卖的商品，是一个快捷键的方法。卖家可以通过“百度”、“Google”等搜索引擎网站可以找到很多销售不同商品的商家或代理商，卖家可以从中选择合适的货源。

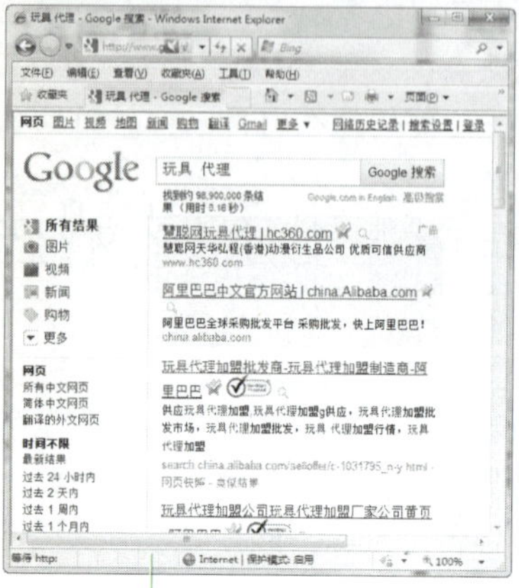

使用关键字搜索代理货源

使用关键字搜索批发货源

2 B2B网站

大多数厂商都会在B2B网站中展示自己的厂商与产品，卖家可以通过这些网站采购商品。

阿里巴巴网站

慧聪网

国内比较出名的B2B平台如阿里巴巴、慧聪网、铭万网、白纳网、商机网、114国际贸易网等。

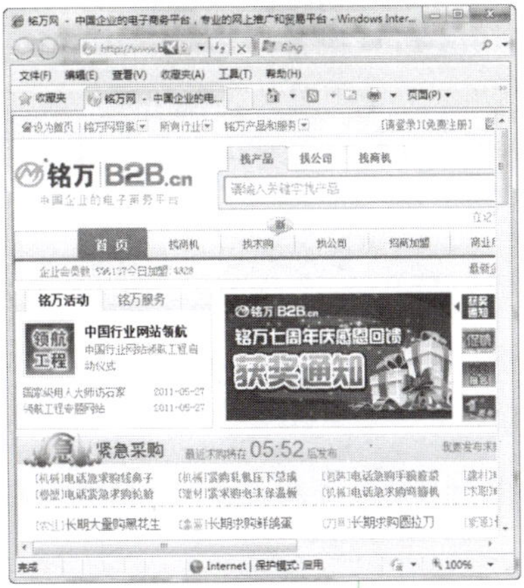

铭万网

商机网

达人课堂

B2B（Business To Business），是指一个市场的领域的一种，是企业对企业之间的营销关系。

3.2 阿里巴巴交易市场

阿里巴巴是全球B2B电子商务的著名品牌，是目前全球最大的网上贸易采购市场。淘宝网卖家可以通过阿里巴巴采购商品，也可以与阿里巴巴上的厂商达成代理协议，成为相关商品的网上代理。

Chapter 3 淘宝开店的货源策略

3.2.1 关于阿里巴巴

阿里巴巴是目前全球最大的网上交易市场和商务交流社区。阿里巴巴在香港成立公司总部，在中国杭州成立中国总部，并在海外设立美国硅谷、伦敦等分支机构、合资企业3家，在中国北京、上海、浙江、山东、江苏、福建、广东等地区设立分公司、办事处十多家。

阿里巴巴旗下有三个交易市场，协助世界各地数以百万计的买家和供应商从事网上生意。三个网上交易市场包括：集中服务全球进出

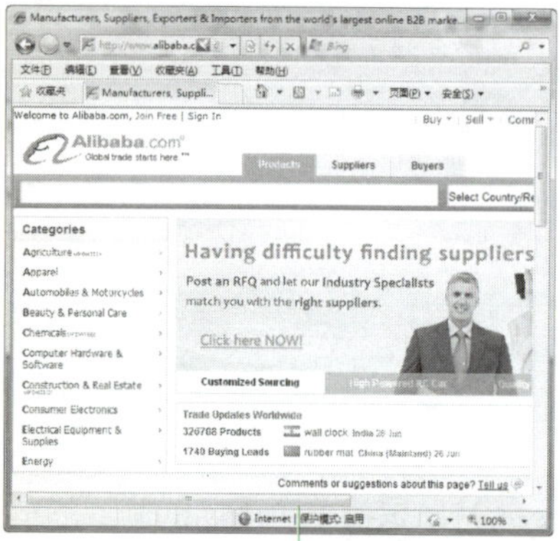

国际交易市场

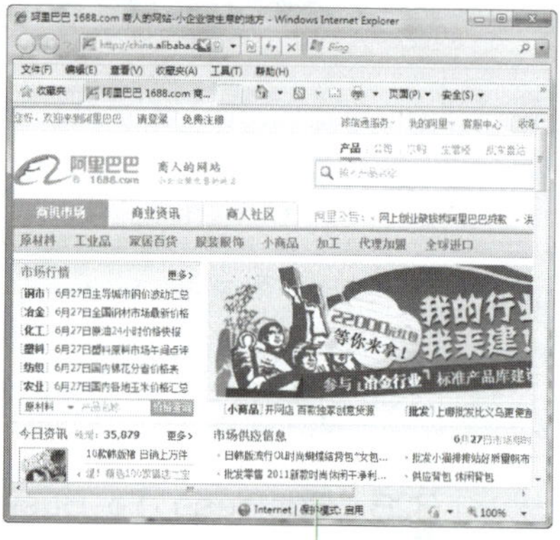

国内交易市场

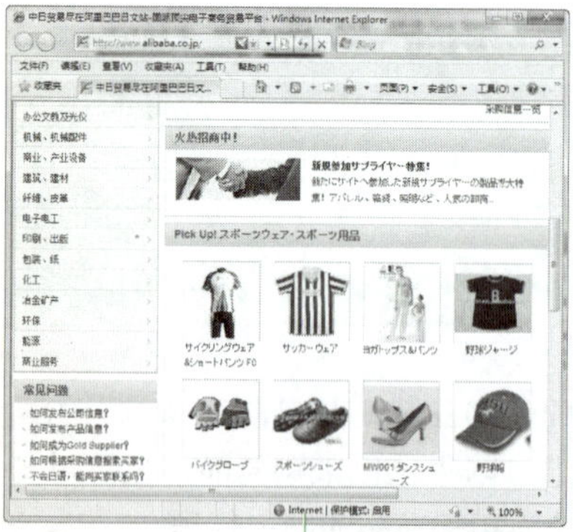

日本交易市场

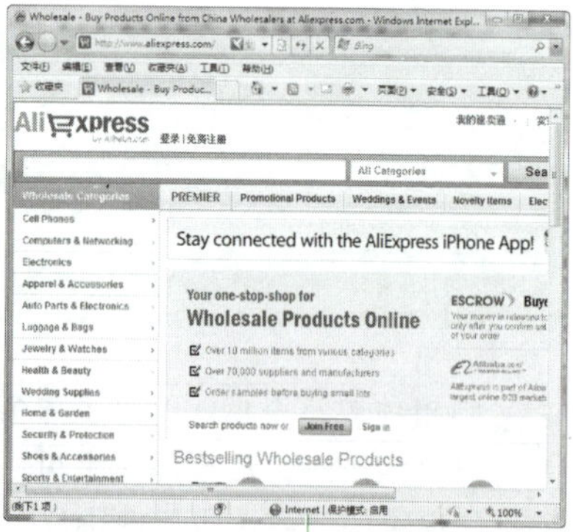

全球速卖通平台

口商的国际交易市场（www.alibaba.com）、集中国内贸易的中国交易市场（www.1688.com）、通过一家联营公司经营主要促进日本外销及内销的日本交易市场（www.alibaba.co.jp），以及全球速卖通平台（www.aliexpress.com）。所有交易市场形成一个拥有来自240多个国家和地区超过6500万名注册用户的社区。

3.2.2 注册成为阿里巴巴会员

淘宝卖家想在阿里巴巴中采购商品，可以先花1分钟时间免费注册成为阿里巴巴会员，然后就轻松开始网上销售批发。

动手跟练

▶STEP 01

打开阿里巴巴国内交易市场网站，然后在页面上单击【免费注册】链接。

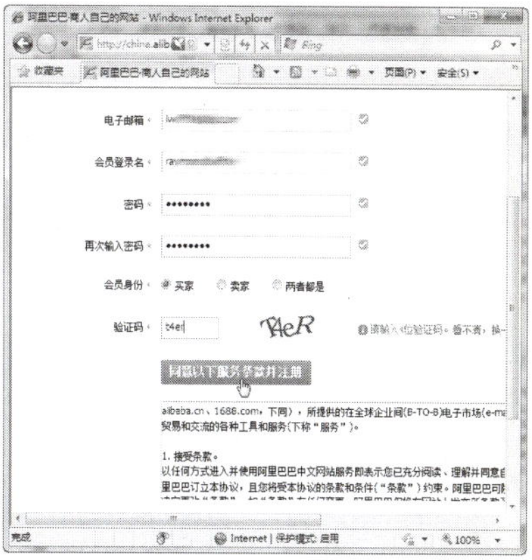

▶STEP 02

在页面表单中输入电子邮箱、会员登录名、密码、会员身份、验证码等资料，然后单击【同意以下服务条款并注册】按钮。

创业密码——新手淘宝开店

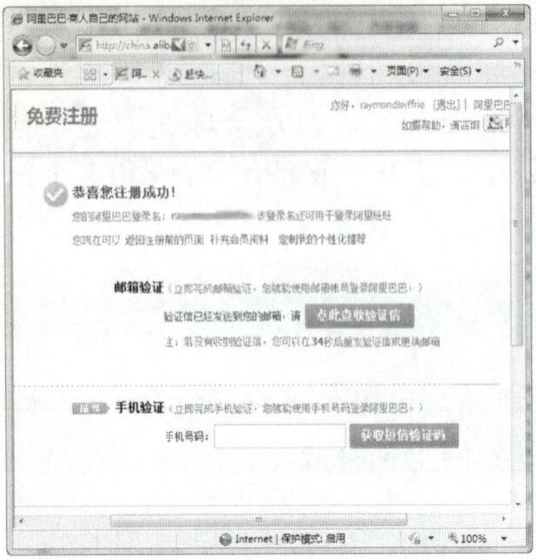

▶STEP 03

注册成功后还需要验证电子邮箱。单击【点此查收验证信】按钮，进入电子邮箱。

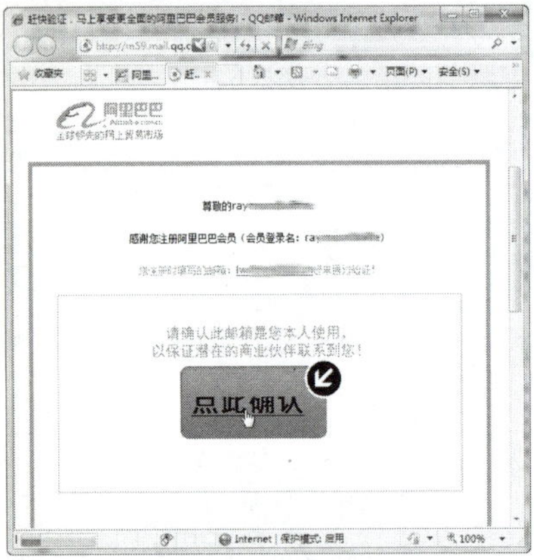

▶STEP 04

进入电子邮箱后，打开来自阿里巴巴的邮件，然后单击【点此确认】按钮，完成验证。

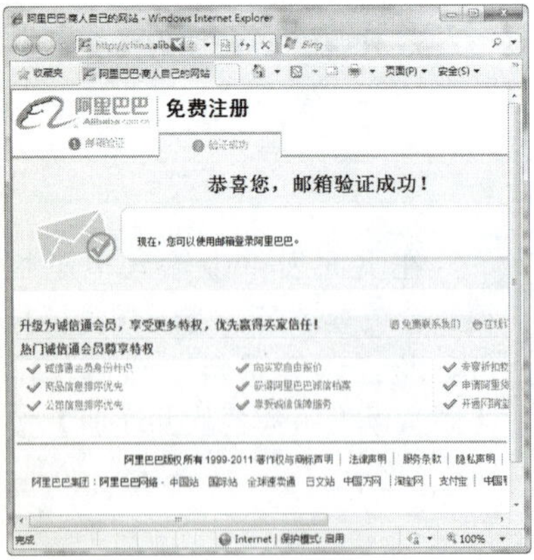

▶STEP 05

完成验证后，页面会显示邮箱验证成功的提示信息。此时可以使用登录名或邮箱登录阿里巴巴。

▶STEP 06

此时返回注册成功的页面，可以看到邮箱验证成功的信息。

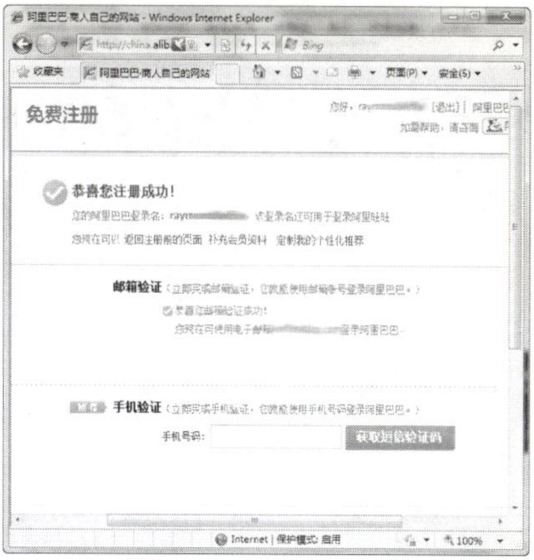

3.2.3 学习阿里巴巴新手入门

为了让会员更好地利用阿里巴巴采购和批发，阿里巴巴为会员提供简易上手的入门教程。通过学习入门教程，新手会员可以快捷地掌握使用阿里巴巴的要领。

当会员注册成功并通过电子邮箱验证后，阿里巴巴会给电子邮箱发送一封用户指南的邮件，会员通过邮件进入阿里巴巴新手入门教程页面，学习相关的操作方法。

动手跟练

▶STEP 01

登录自己的电子邮箱，打开来自阿里巴巴的新用户指南邮件。

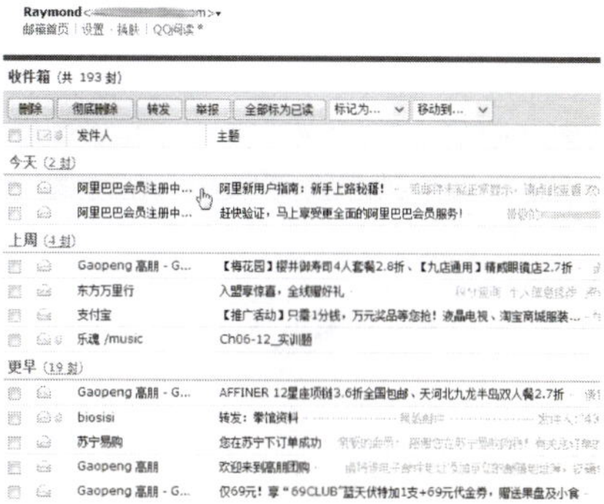

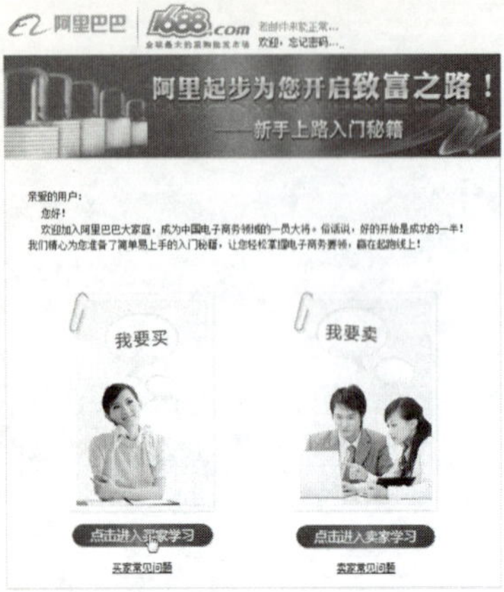

▶STEP 02

打开邮件后，单击【我要买】图片下方的【点击进入买家学习】按钮。

▶STEP 03

进入新手上路页面后，在【找供应商】栏目中单击【点此进入】按钮。

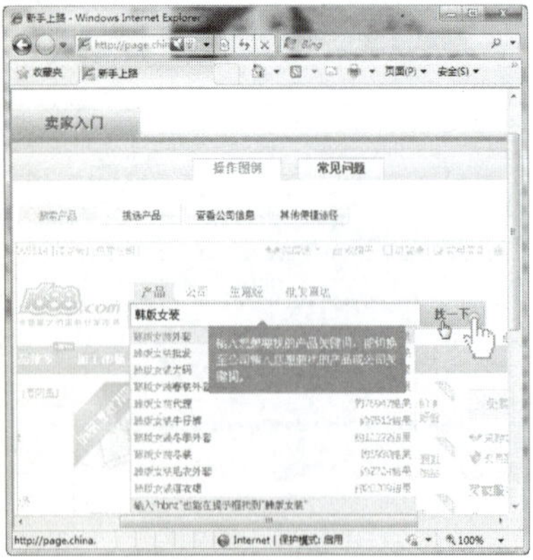

▶STEP 04

此时页面显示操作图例演示，会员可以在页面手指闪动的位置上单击，进入下一个操作演示。

▶STEP 05

如果想查看其他主题的操作图例，可以在页面导航列上单击相关按钮，例如单击【查看公司信息】按钮，可查看该主题的操作图例。

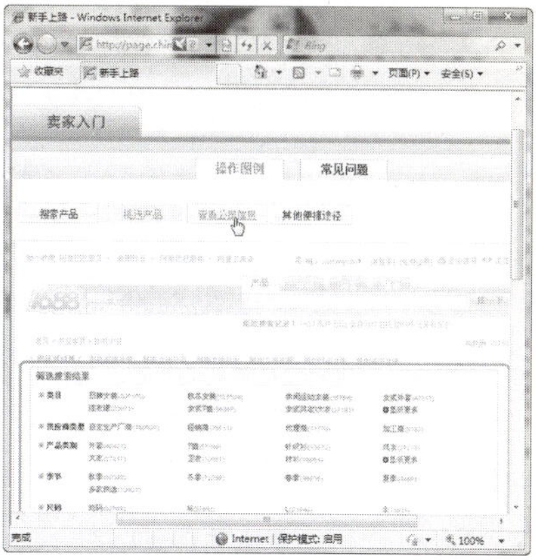

▶STEP 06

在页面垂直导航列上单击【发布求购信息】按钮，可查看发布求购信息的操作图例。

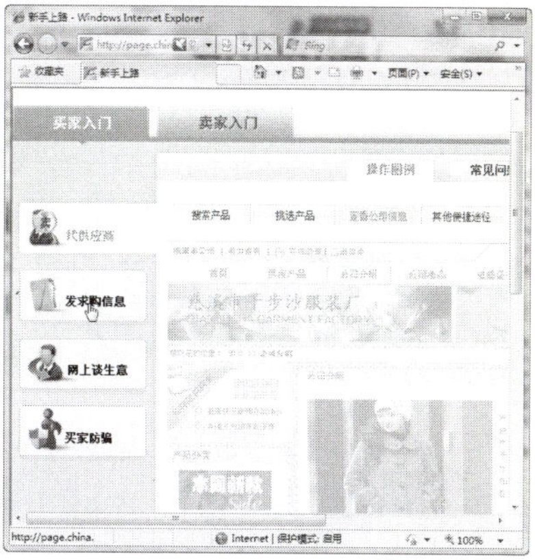

▶STEP 07

在页面垂直导航列上单击【买家防骗】按钮，可以查看买家防骗的常见问题解决。

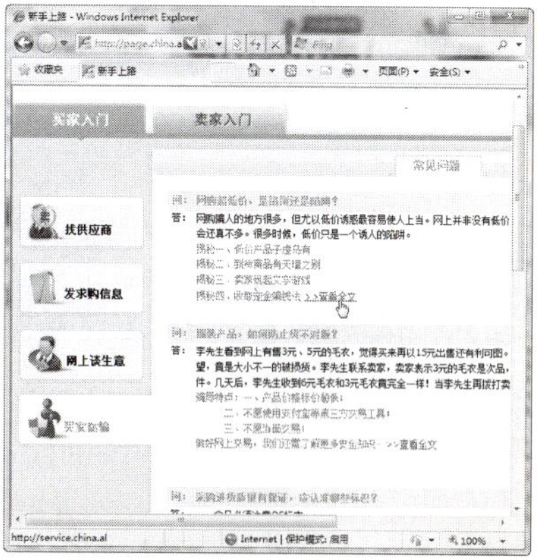

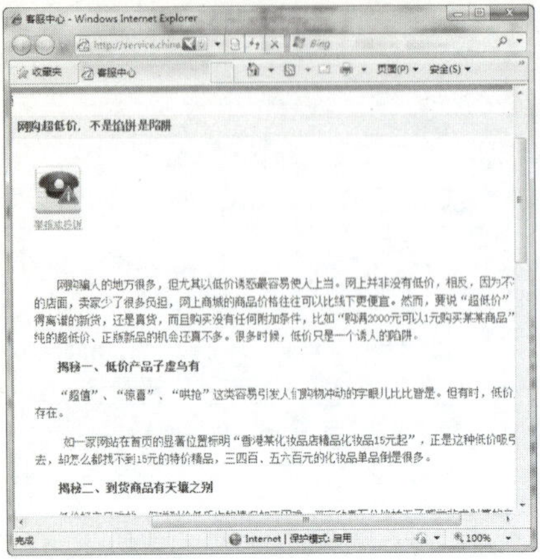

▶STEP 08

在相关问题上单击【查看全文】链接，即可查看问题的详细说明。

3.3 阿里巴巴货源搜索

正所谓“兵马未动，粮草先行”。要在淘宝店上开店，首先要找到稳定的货源渠道。阿里巴巴国内交易市场就是一个给淘宝卖家采购的优选平台，卖家通过在阿里巴巴里应用各种搜索方法，即可找到各种各样的货源。

3.3.1 通过商品类目搜索货源

如果淘宝卖家没有明确采购目标，那么可以直接进入阿里巴巴网站，然后从网站的商品类目中寻找想要采购的商品。阿里巴巴将大部分的商品都进行了分类，方便要采购的卖家选择不同种类的货源。

动手跟练

▶STEP 01

打开阿里巴巴国内交易网站，然后单击【请登录】按钮。

▶STEP 02

输入会员账号，再输入登录密码，然后单击【登录】按钮，登录阿里巴巴网站。

达人提醒

初注册会员登录阿里巴巴网站后，网站会打开【补充联系信息】页面，让会员补充个人信息。如果暂不补充，可单击【下次再说】链接忽略。

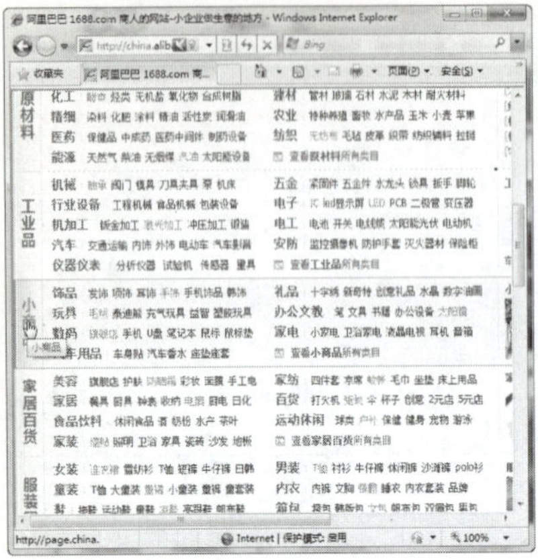

▶STEP 03

在阿里巴巴首页中可以看到商品类目，会员可以选择商品类型。例如单击【小商品】按钮，打开小商品页面。

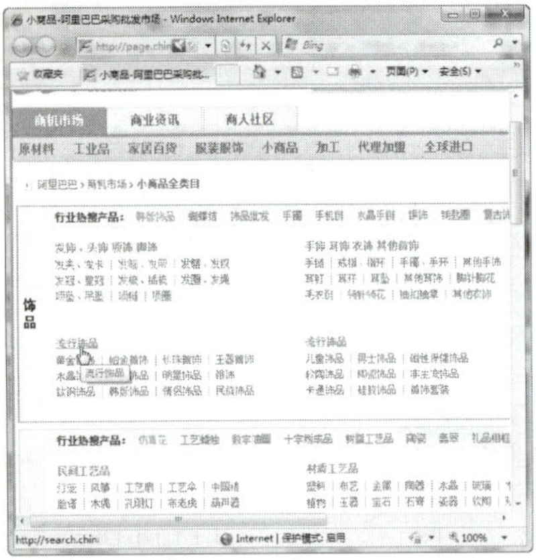

▶STEP 04

打开小商品页面后，会员可以通过小商品全类目选择小商品种类，例如单击【流行饰品】链接，让系统搜索【流行饰品】的相关商品。

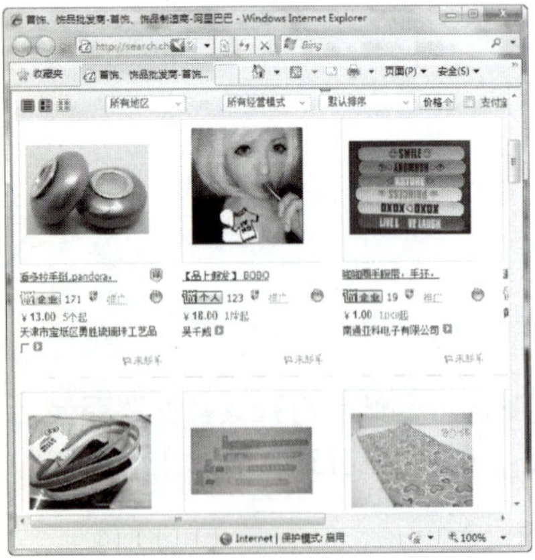

▶STEP 05

此时页面显示【流行饰品】的商品列表，会员可以通过列表中寻找要采购的商品。

▶STEP 06

如果觉得列表中的商品种类比较繁多，可以返回页面上方，通过细分的类目搜索。例如单击【水晶饰品】链接。

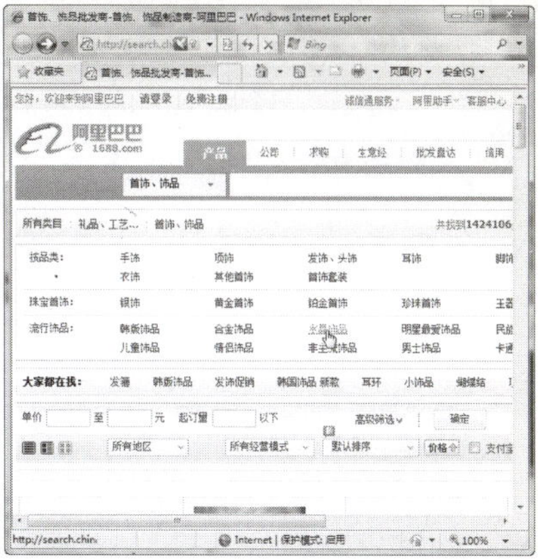

▶STEP 07

此时页面上显示了【水晶饰品】的商品列表。会员可以通过列表找到想要采购的商品。

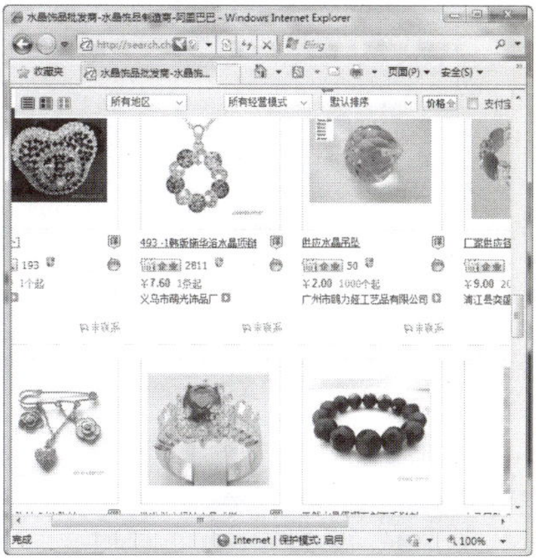

▶STEP 08

如果想返回上一级商品类目，可以在导航列链接中单击上级链接即可，例如单击【首饰、饰品】链接。

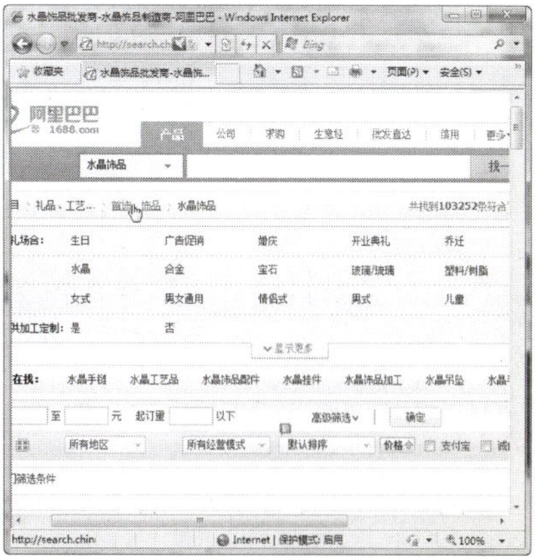

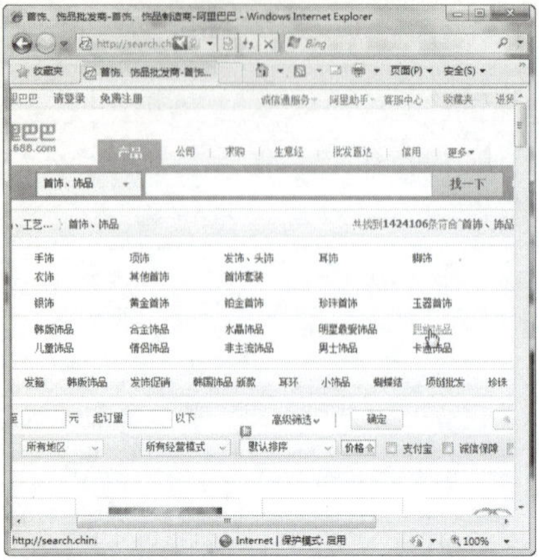

▶STEP 09

返回上一级的商品类目页面后，在搜索栏选择搜索条件，例如单击【民族饰品】链接。

▶STEP 10

此时页面上显示了【民族品】的商品列表。会员可以通过列表找到想要采购的商品。

3.3.2 通过关键字搜索货源

如果是有目的地去阿里巴巴采购商品的，可以用关键字的方式从阿里巴巴网站部内搜索出相关的商品，然后针对不同厂商批发的商品进行选择。

动手跟练

▶STEP 01

打开阿里巴巴国内交易网站，然后在搜索文本框内输入关键字，例如输入“饰品”，接着单击【搜索】按钮。

▶STEP 02

搜索出饰品商品后，在商品列表上单击【以橱窗方式显示】按钮，以缩图方式显示商品。

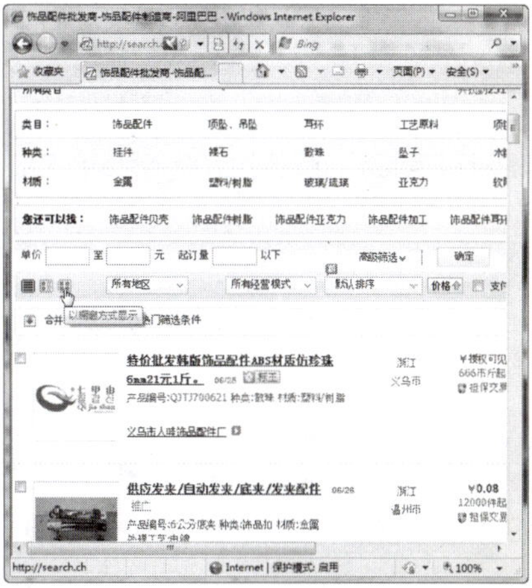

▶STEP 03

此时会员可以在商品列表中寻找合适在淘宝网店铺上出售的商品。

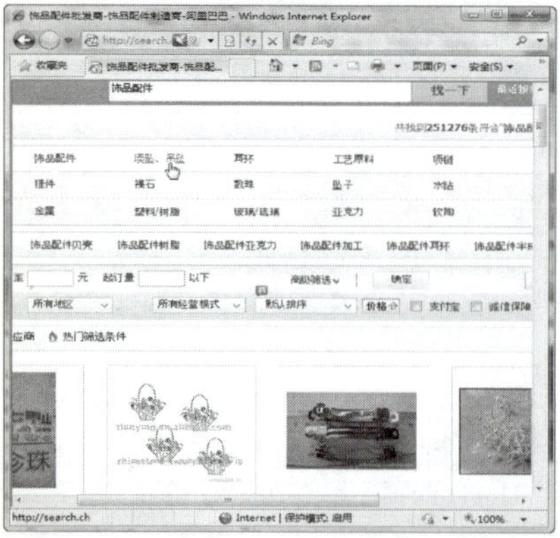

▶STEP 04

如果想更换显示其他类型饰品，可以在页面上方单击分类链接。

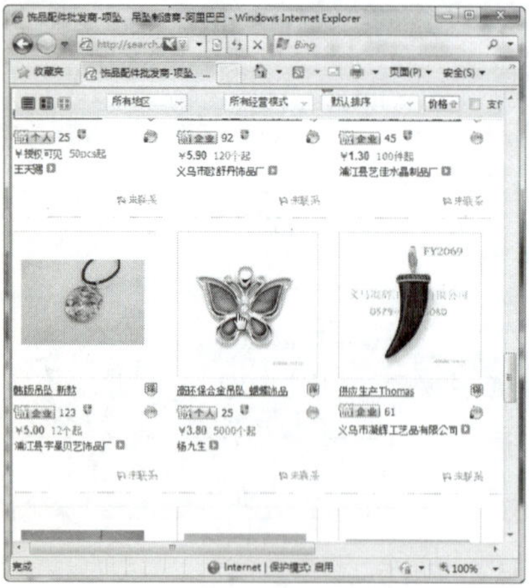

▶STEP 05

当选到想采购的商品后，直接单击商品缩图，进入商品介绍页面。

▶STEP 06

在商品介绍页面中，会员可以查看商品的采购价格和详细说明。

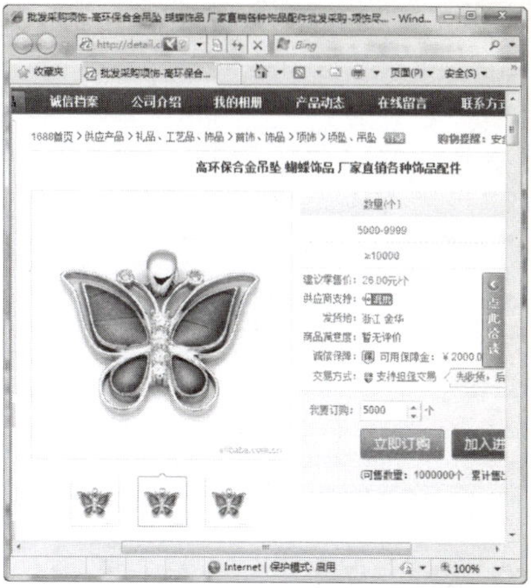

3.3.3 通过排行榜搜索货源

阿里巴巴会根据会员搜索商品的人次，统计不同商品的排行榜。会员可以查看排行榜的数据，从而获知哪些商品最热门、被人搜索最多。

动手跟练

▶STEP 01

打开阿里巴巴国内交易网站，然后单击【采购排行榜】链接。

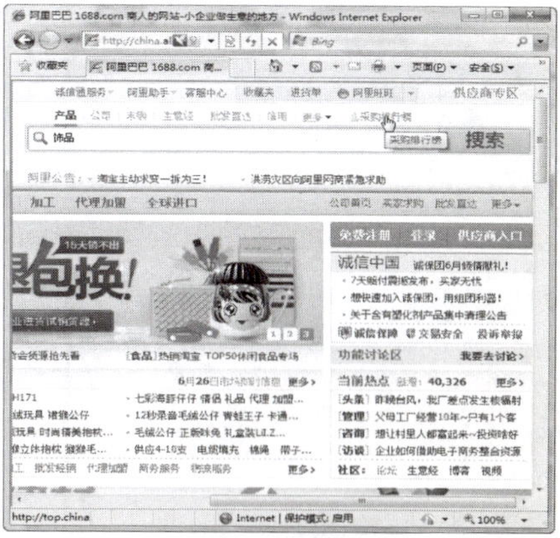

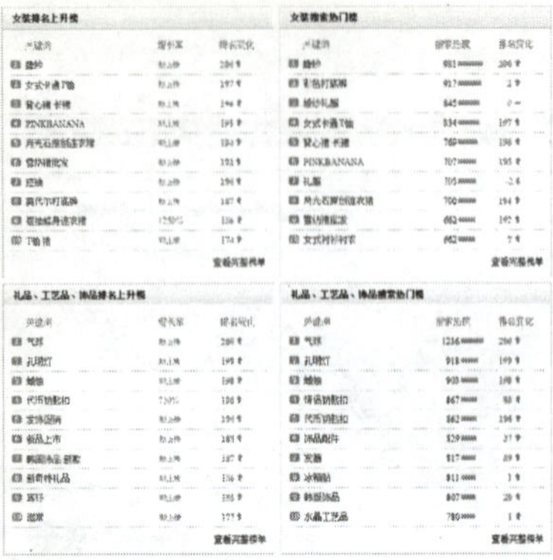

▶STEP 02

打开页面后，可以查看到各种排行榜的数据。

▶STEP 03

在【排行榜首页】导航列中单击【礼品、工艺品、饰品】按钮，可以查看该类别商品的排行榜。

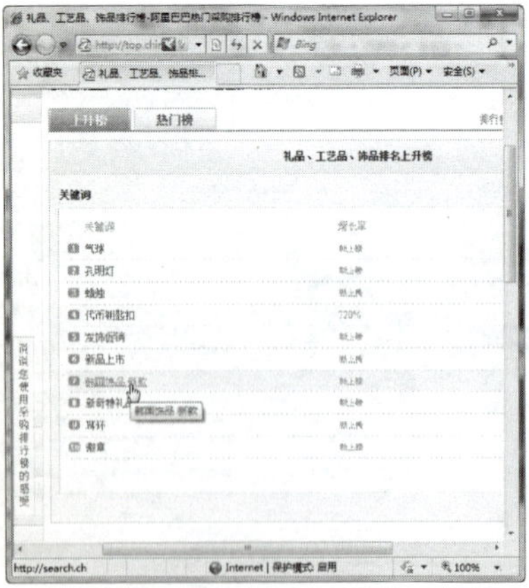

▶STEP 04

打开商品类别排行榜后，可以通过排行榜查看关键字的上升榜。

▶STEP 05

单击【热门榜】按钮，可切换到【热门榜】页面，查看热门搜索的排行。如果单击某个关键字，可以使用该关键字搜索商品。

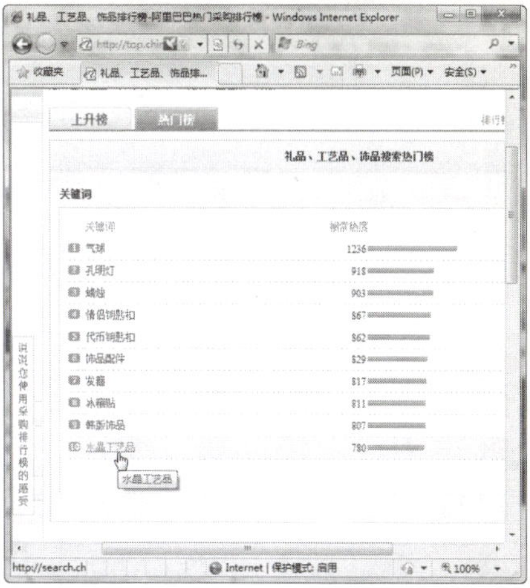

▶STEP 06

此时会员可以在商品列表中寻找合适在淘宝网店铺上出售的商品。

3.3.4 搜索库存二手货源

如果想采购库存或二手商品的话，可以通过阿里巴巴的【库存二手】频道寻找厂商的库存品和二手商品。

创业密码——新手淘宝开店

动手跟练

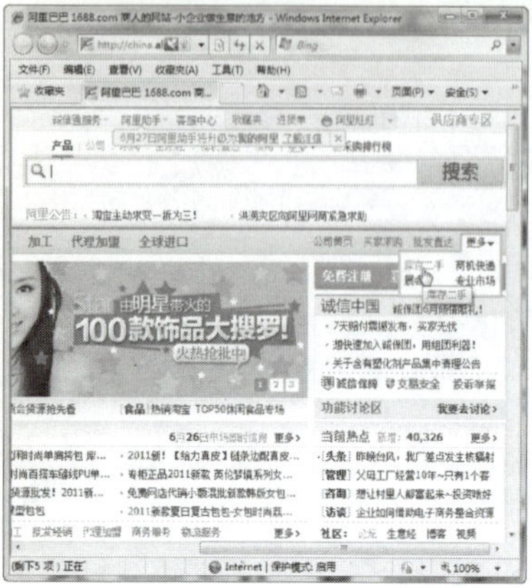

▶STEP 01

登录阿里巴巴国内交易网站，然后在导航列上单击【更多】链接，再单击【库存二手】链接。

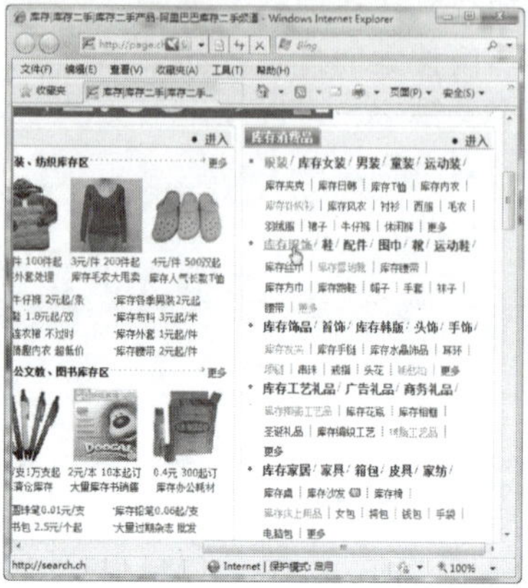

▶STEP 02

打开【库存二手】频道页面后，在【库存消费品】栏中选择要找到的库存消费品。

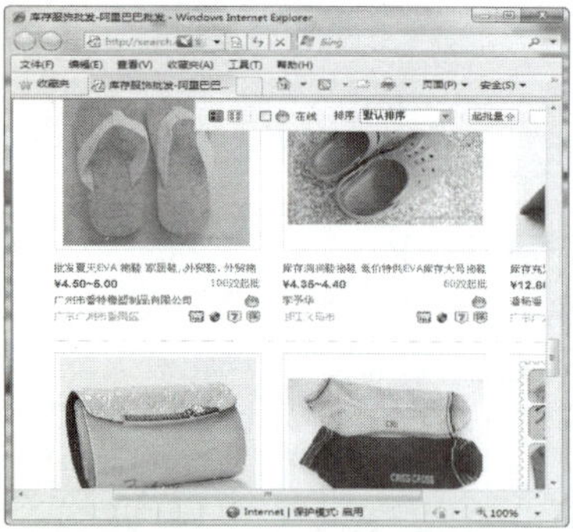

▶STEP 03

打开某个库存消费品类别页面后，可以从页面中查考各种库存商品。

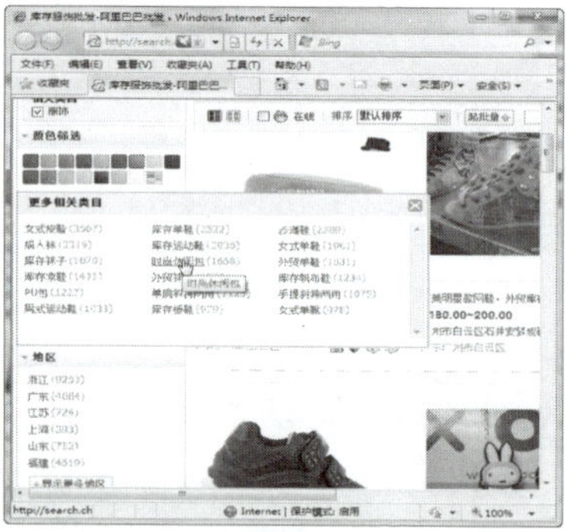

▶STEP 04

如果还要细分商品类目，可以单击【更多相关类目】链接，并从列表框中选择商品类目链接。

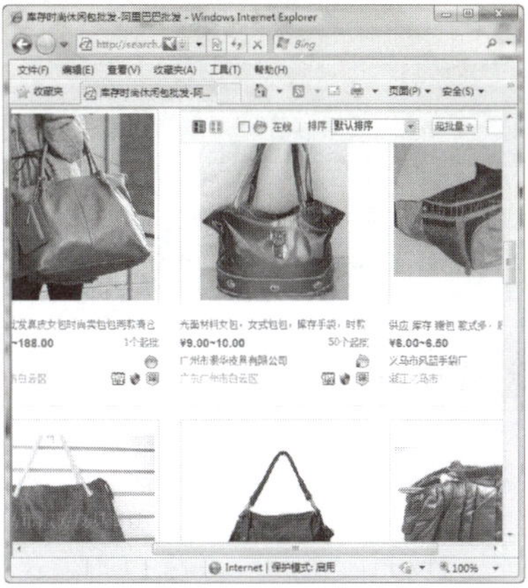

▶STEP 05

打开类别的商品列表页面后，可以在页面中选择想采购的商品。

▶STEP 06

返回【库存二手】频道首页，再单击【二手市场】链接，可跳到二手市场栏目。

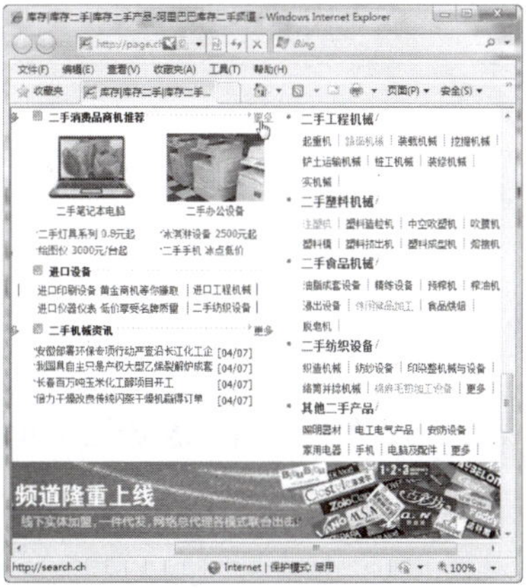

▶STEP 07

此时单击【二手消费品商家推荐】项目右边的【更多】链接，查看更多的二手消费品。

▶STEP 08

打开二手消费品页面后，会员即可通过页面寻找想采购的商品。

3.4 阿里巴巴采购手段

要在阿里巴巴网站上采购，需要灵活使用一些手段，例如要采购前需要先了解供货商的情况和诚信，或者阿里巴巴有提供参加交易会的途径时，可以通过阿里巴巴报名参加交易会。

3.4.1 查看供货商的信息

阿里巴巴里有海量的商品和供货商，有些淘宝卖家在阿里巴巴采购有时会偶遇骗子。因此，在采购商品前，首先要查看供货商的信息，了解对方是否有合法的经营证件，以及供货商的诚信状况。

另外，有些供货商除了在阿里巴巴里开设店铺外，还有自己独立的营销网站，淘宝卖家可以进入供货商的网站，了解更多的商品和更详细的资料，例如供货商的优惠政策，加入成为代理商的条件等。

动手跟练

▶STEP 01

打开阿里巴巴国内交易网站，然后搜索想要采购的商品，接着在商品列表页面上单击商品缩图。

▶STEP 02

打开页面后，会员可以查看商品的详细介绍，以及供货商的诚信通信息，此时单击【公司介绍】按钮，打开公司介绍页面。

达人课堂

诚信通是阿里巴巴为从事中国国内贸易的中小企业推出的会员制网上贸易服务，主要用以解决网络贸易信用问题。

▶STEP 03

打开公司介绍页面后，会员可以查看供货商的公司简介和信息。

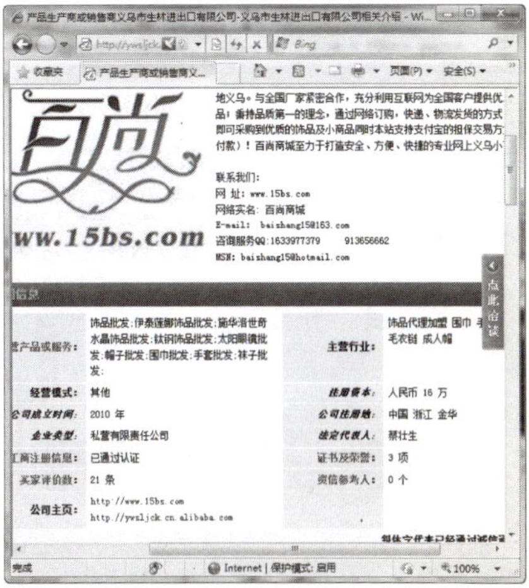

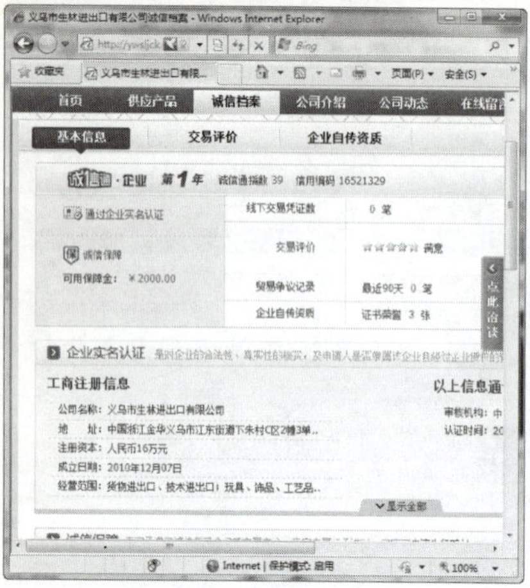

▶STEP 04

在导航列中单击【诚信档案】按钮，可以查看供货商的诚信信息和企业实名认证的信息。

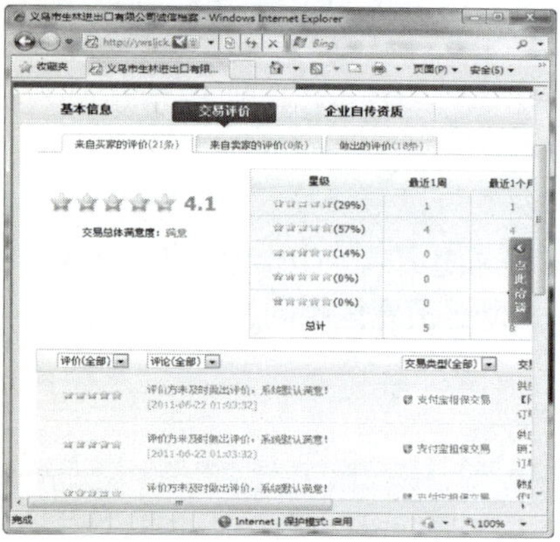

▶STEP 05

单击【交易评价】按钮，可查看其他会员对供货商满意度和评价信息。

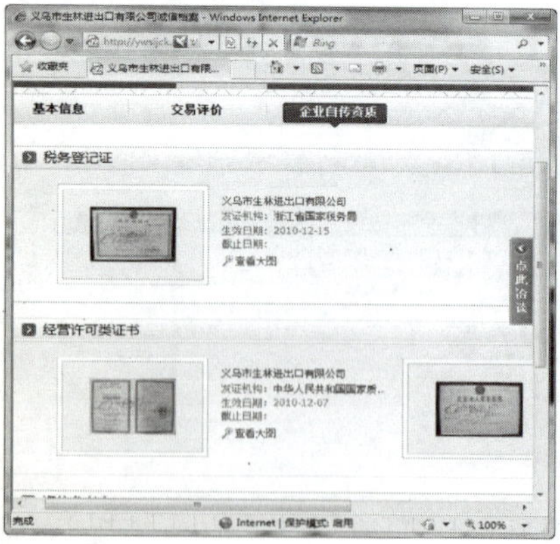

▶STEP 06

单击【企业自传资质】按钮，可以查看供货商的资质证件。

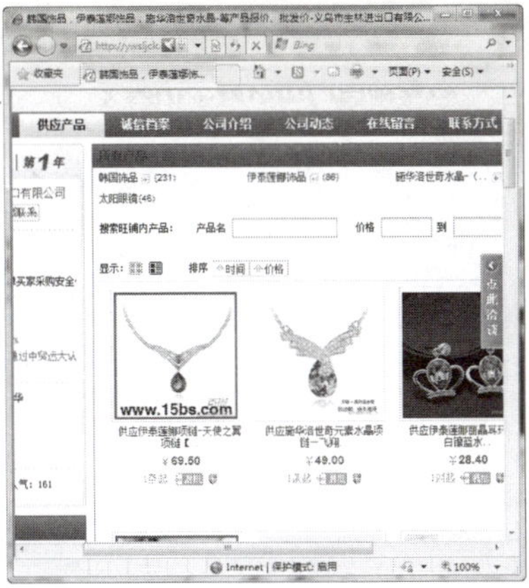

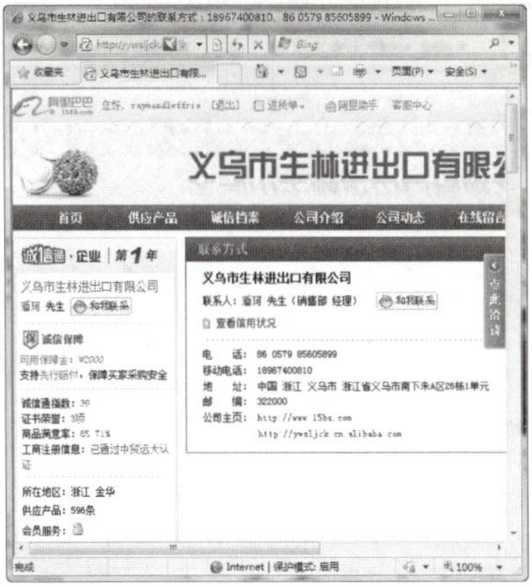

▶STEP 07

单击【供应产品】按钮，可以查看供货商更多的商品。

▶STEP 08

单击【联系方式】按钮，可以查看供货商的联系信息。

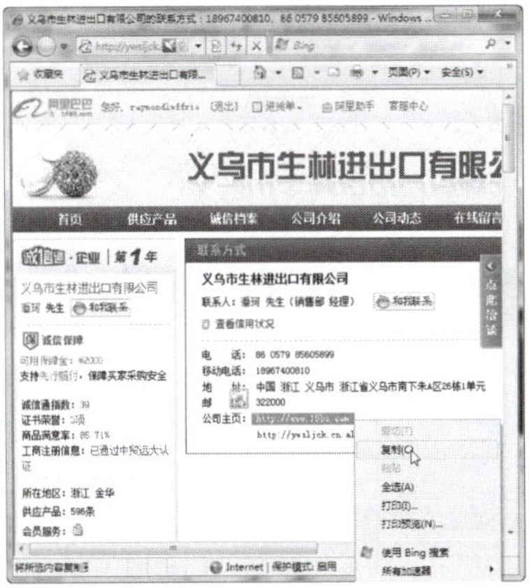

▶STEP 09

如果供货商有自己的专营网站，可以选择网站地址，然后单击右键并选择【复制】命令，复制网站地址。

▶STEP 10

在IE浏览器地址栏单击右键，从弹出的菜单中选择【粘贴】命令，然后按下Enter键，打开供货商网站。

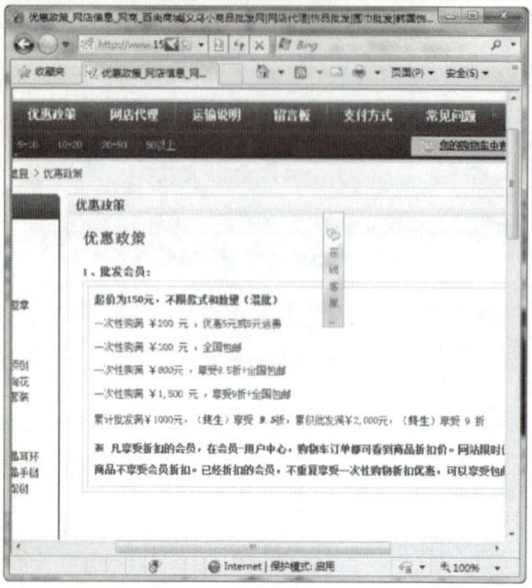

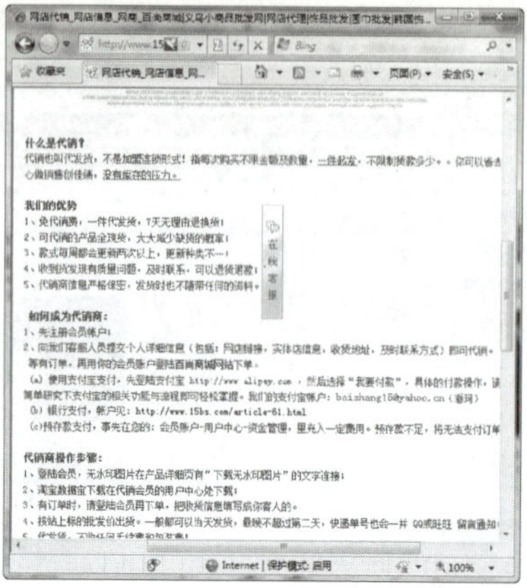

▶STEP 11

单击【优惠政策】按钮，可以打开网站的优惠政策页面，查看供货商的优惠政策。

▶STEP 12

单击【网店代理】按钮，可以打开网店代理页面，查看供货商代理加盟的相关内容。

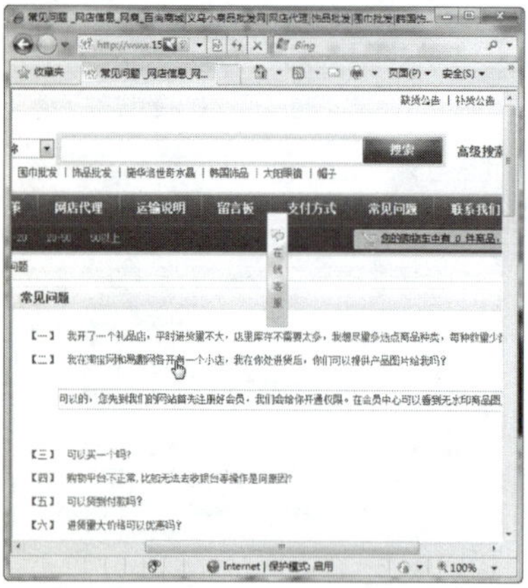

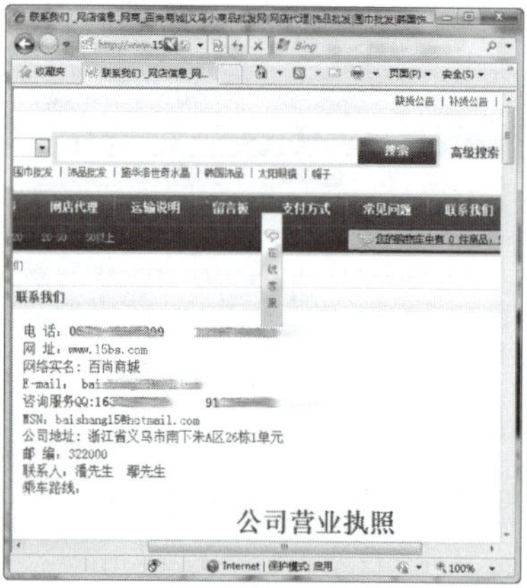

▶STEP 13

单击【常见问题】按钮，可查看供货商对一些常见问题的回答。

▶STEP 14

单击【联系我们】按钮，可以查看供货商的联系信息。

3.4.2 报名免费参观网货会

阿里巴巴会不定期提供网货交易会的参展信息，会员可以通过阿里巴巴报名参观这些交易会。当成功报名后，会员凭报名时留的手机号码到现场可以免费获得参观门票。

动手跟练

▶STEP 01

打开阿里巴巴国内交易网站，然后单击【广州网货会货源抢先看】链接。

▶STEP 02

打开页面后，单击【免费参观】按钮，打开报名说明页面。

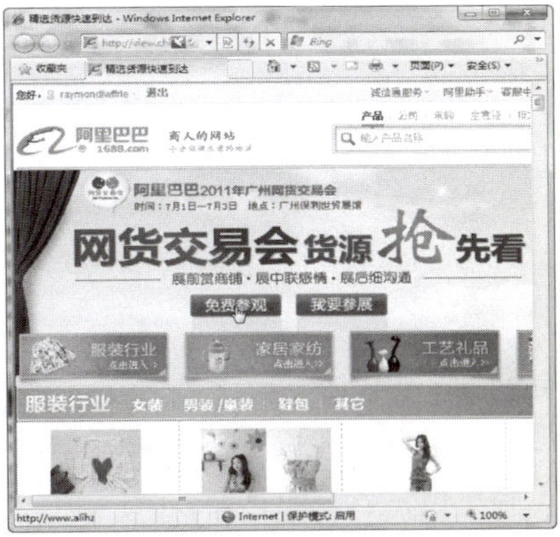

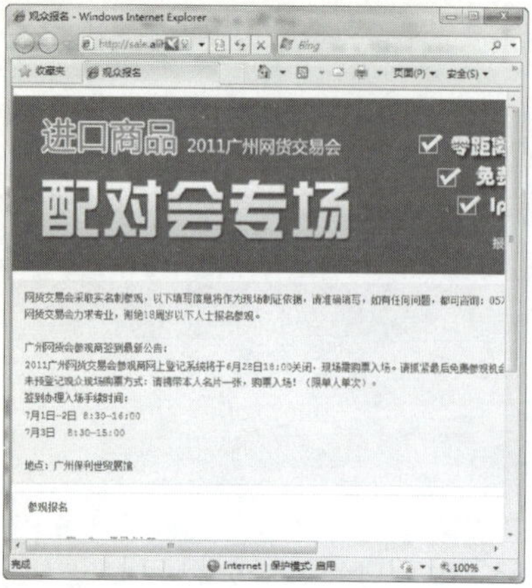

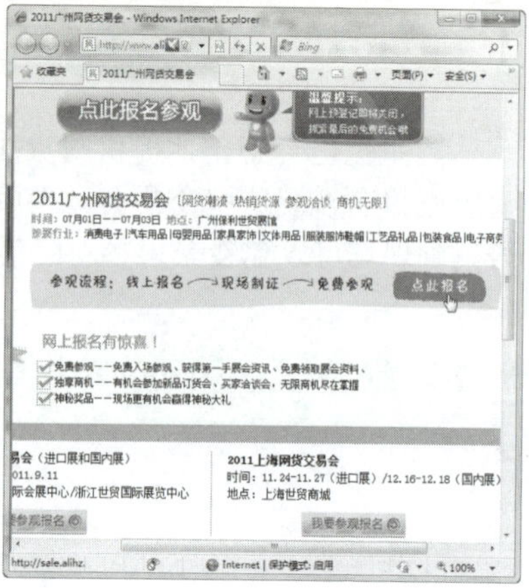

▶STEP 03

打开报名说明页面后，可以先查看网货会的相关说明。

▶STEP 04

若想要报名参观，可以单击【点此报名】按钮。

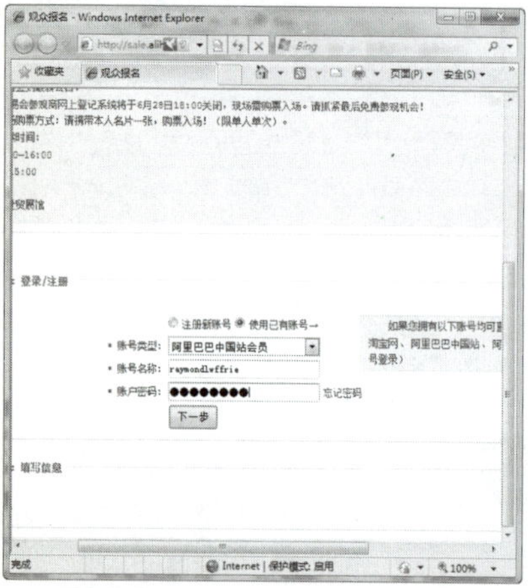

▶STEP 05

此时选择账号类型，然后输入阿里巴巴会员账号和密码，再单击【下一步】按钮。

▶STEP 06

打开报名页面后，根据表单填写相关的信息，然后单击【参观报名】按钮。

▶STEP 07

提交填写的资料后，页面即显示已成功报名，会员凭手机到现场即可换证入场参观。

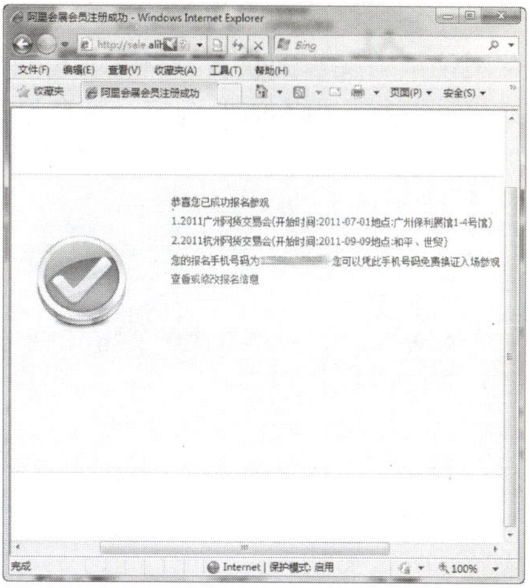

▶STEP 08

成功报名后，阿里巴巴会给会员电子邮箱发送一封邮件，邮件中显示报名参展的详细信息。

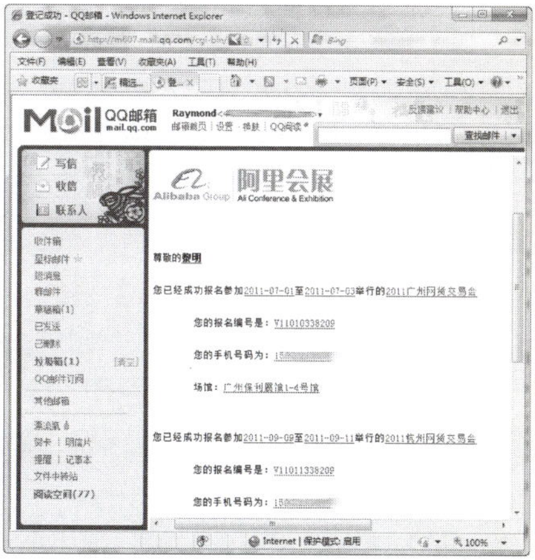

3.4.3 一件代发的货源采购

随着网店代理的出现，卖家已经不再是单一的批发大量商品在自己的淘宝店进行销售了。现在很多招揽网店代理的供应商会为卖家提供一件代发的服务。

一件代发就是一件商品，供应商也会发货。当卖家在淘宝网开店后，可以成为某个供应商的网络代理，然后从供应商中获取货源信息

创业密码——新手淘宝开店

并发布到自己的淘宝店上，当有买家购买，店主即可通过供应商的批发网站填写买家的收货资料并支付货款，供应商就会按照收货地址，给买家发货，而不需要淘宝卖家自己去取货和发货。

动手跟练

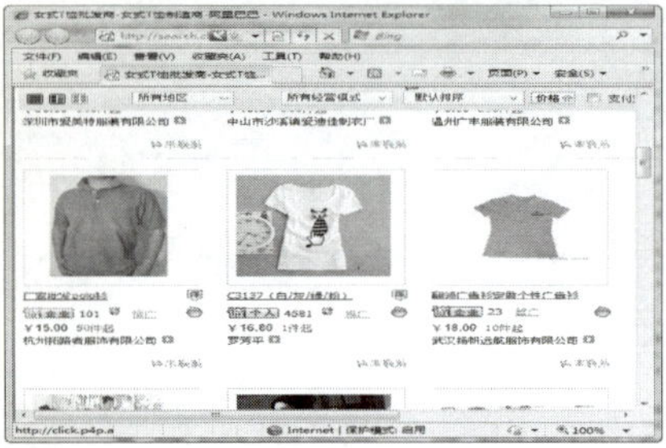

▶STEP 01

打开阿里巴巴国内交易网站，然后搜索出要采购的商品，接着单击商品缩图，进入商品介绍页面。

▶STEP 02

当需要采购时，输入订购的数量，再单击【立即订购】按钮。

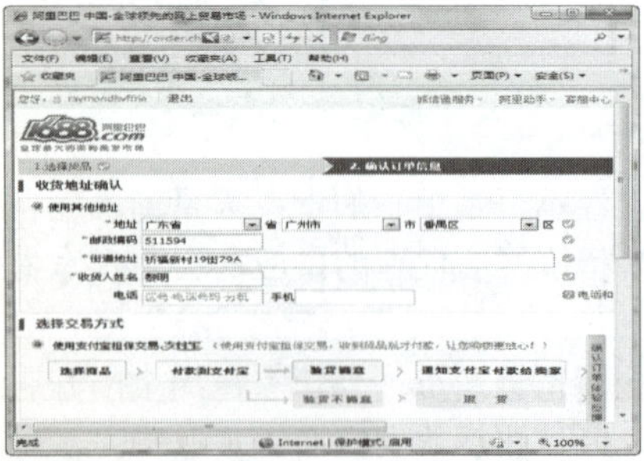

▶STEP 03

进入【确认订单信息】页面后，填写买家的收货信息（收货信息会在淘宝店订单中看到）。

▶STEP 04

将页面拖到下方，然后单击【确认无误，订购】按钮。

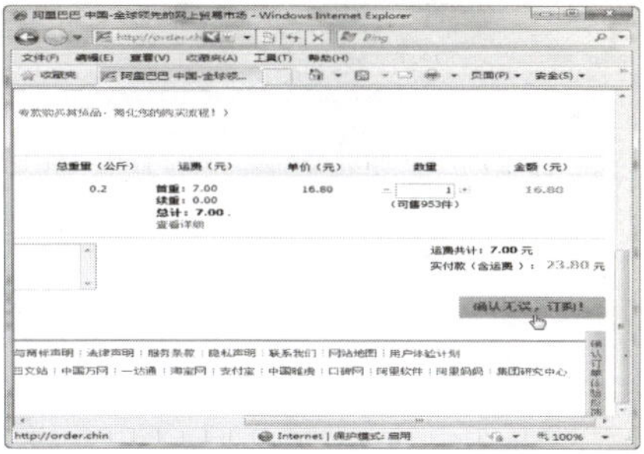

▶STEP 05

因为支付过程需要通过支付宝，因此需要登录支付宝账户。此时单击【登录支付宝账户】按钮。

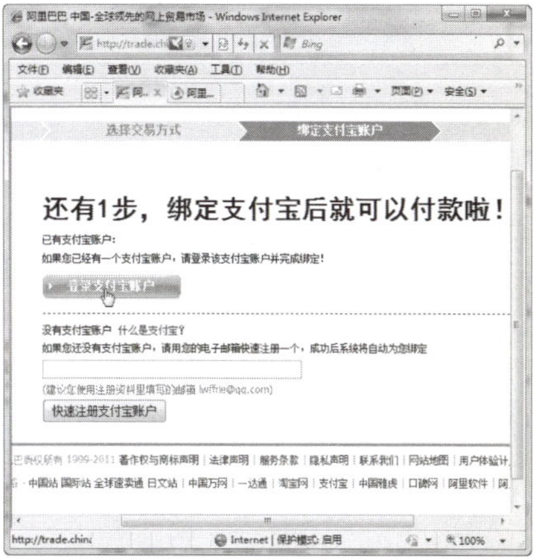

▶STEP 06

如果淘宝卖家还没有跟自己在阿里巴巴账户进行支付宝绑定，此时就需要单击【确认此协议，开始绑定支付宝】按钮。

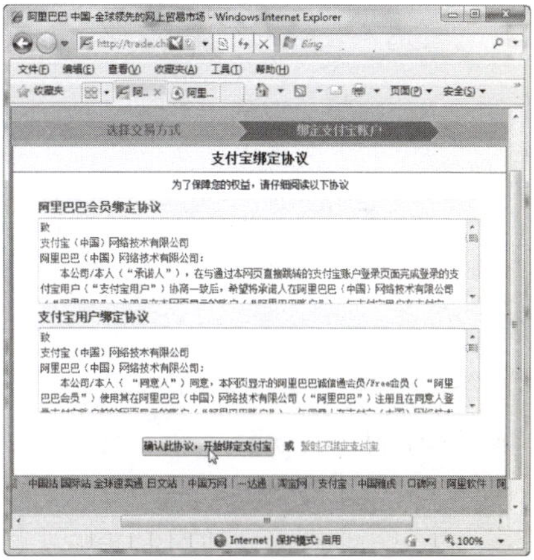

创业密码——新手淘宝开店

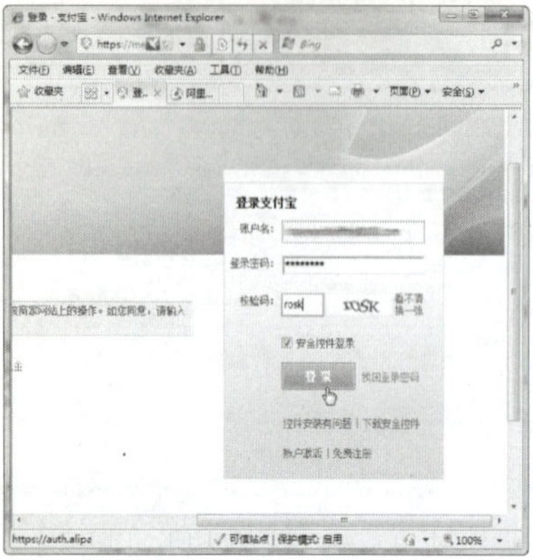

▶STEP 07

打开【登录支付宝】页面后，输入账户名和登录密码，再输入校验码，接着单击【登录】按钮。

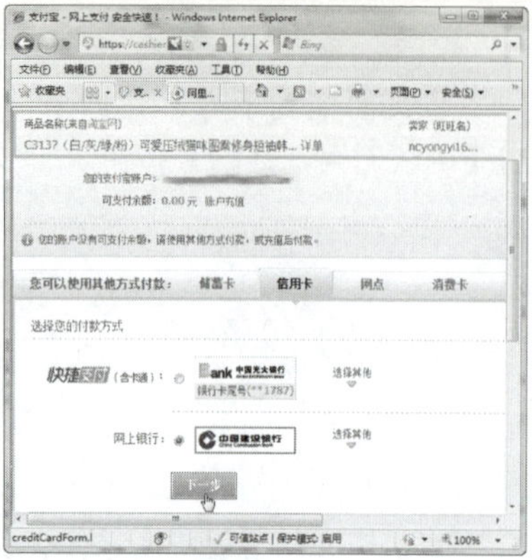

▶STEP 08

在支付宝收银台页面选择付款方式，例如选择建设银行的网上银行付款，接着单击【下一步】按钮。

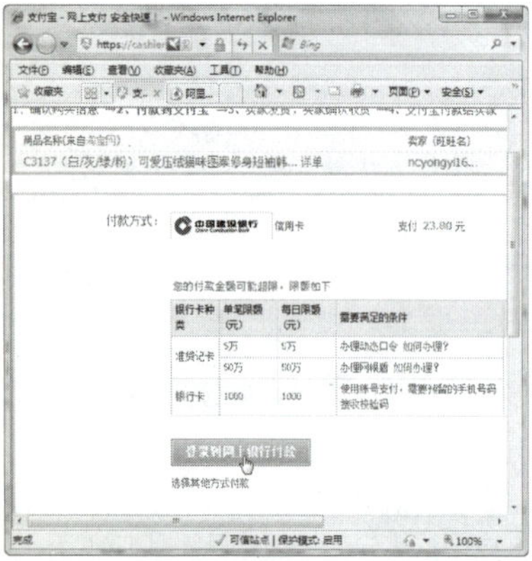

▶STEP 09

选定付款方式后，单击【登录到网上银行付款】按钮。

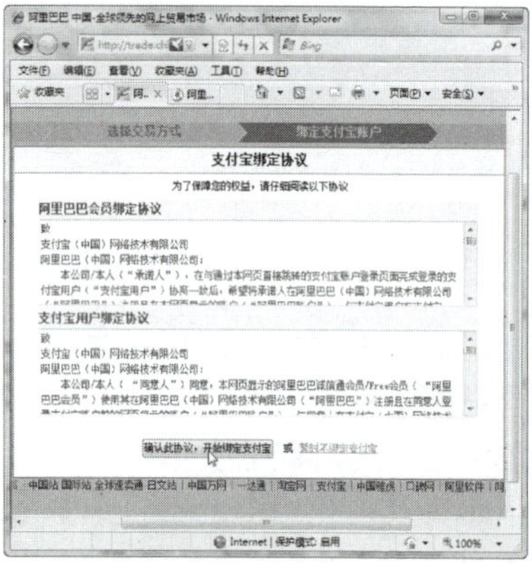

▶STEP 10

打开建行网上银行页面后，输入证件号码和网上银行登录密码，再输入验证码，并单击【下一步】按钮。

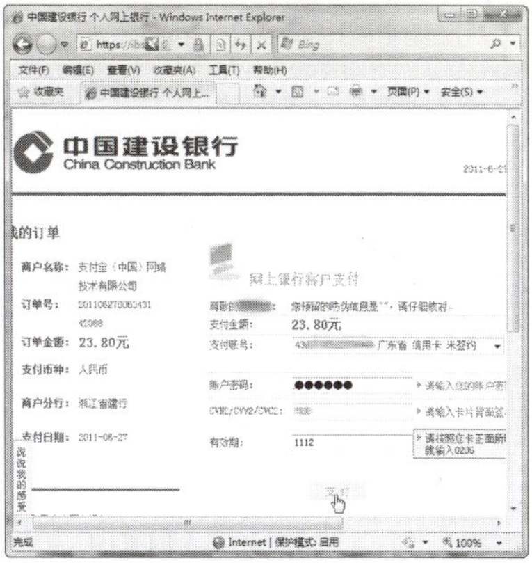

▶STEP 11

此时页面显示支付的银行账号，输入银行账号的相关信息和账户密码，再单击【支付】按钮即可完成支付。

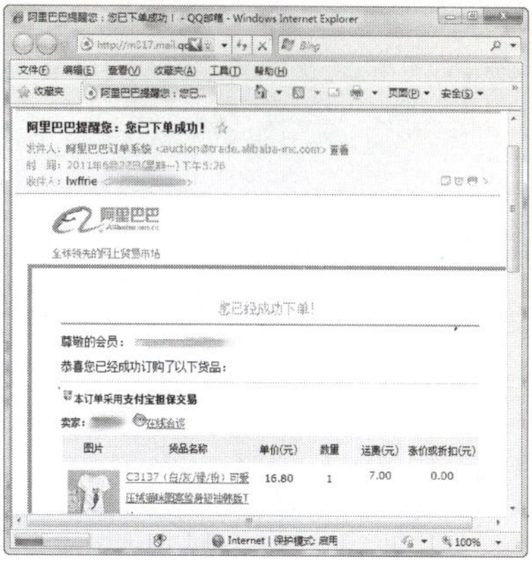

▶STEP 12

当填写完订单后，阿里巴巴会给会员的电子邮箱发送一封邮件，提示已经成功下单。

3.5 阿里巴巴进口货源

除了采购国内的货源外，淘宝卖家如果想卖进口商品的话，也可以通过阿里巴巴交易市场采购进口的货源，例如服装、美容商品、食品等。

3.5.1 寻找优质进口货源

要寻找进口货源，可以进入阿里巴巴的全球进口批发市场查看不同类型的进口商品，也可以进入进口商品供应商的店铺，寻找优质的货源。

动手跟练

▶STEP 01

打开阿里巴巴国内交易网站，然后单击【全球进口】按钮。

▶STEP 02

在进口商品分类中选择想采购商品的分类，例如单击【连衣裙】链接。

▶STEP 03

此时可以从页面的商品列表中寻找进口连衣裙商品。

▶STEP 04

如果想查看某个供应商的商品，可以在宣传图上单击【先看货】按钮。

▶STEP 05

进入供应商的店铺页面后，可以单击【供应产品】按钮，查看供应商提供的商品列表。

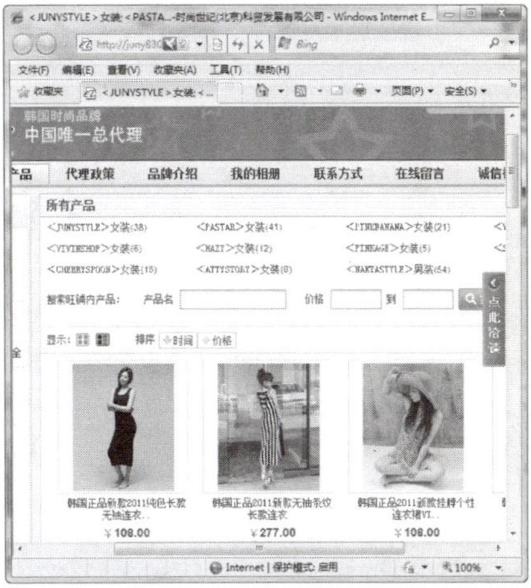

▶STEP 06

单击某个商品缩图，可以打开该商品的详细介绍页面。

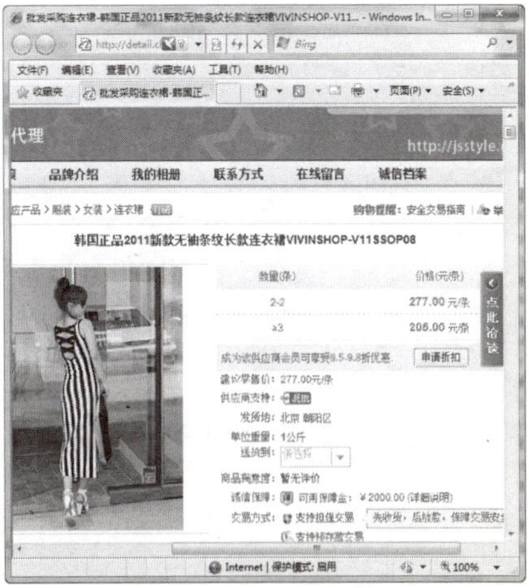

3.5.2 寻找优质的供应商

除了从商品方面寻找货源外，淘宝卖家还可以从优质供应商中寻找合适的商品。

动手跟练

▶STEP 01

进入阿里巴巴的全球进口批发市场页面，然后在页面上选择优势供应商。

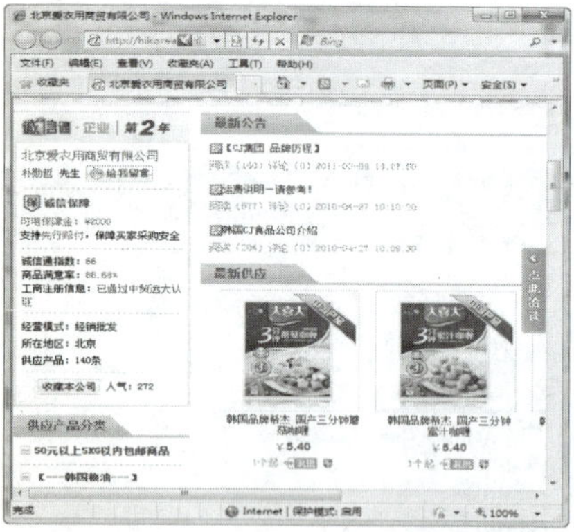

▶STEP 02

单击供应商缩图即可进入店铺页面，淘宝卖家可以从页面中寻找商品。

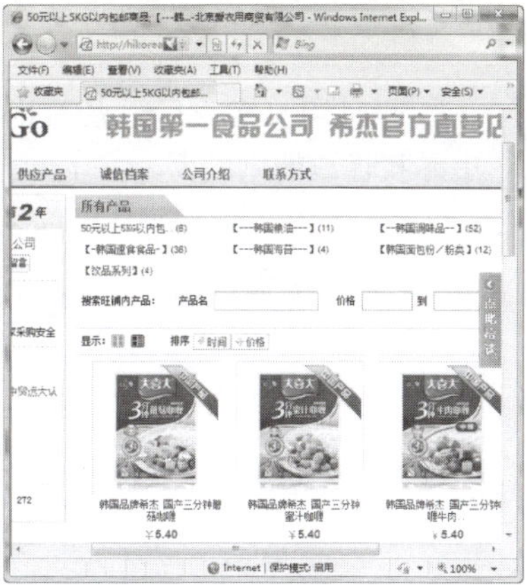

▶STEP 03

单击【供应产品】按钮，可以查看供应商的所有商品。

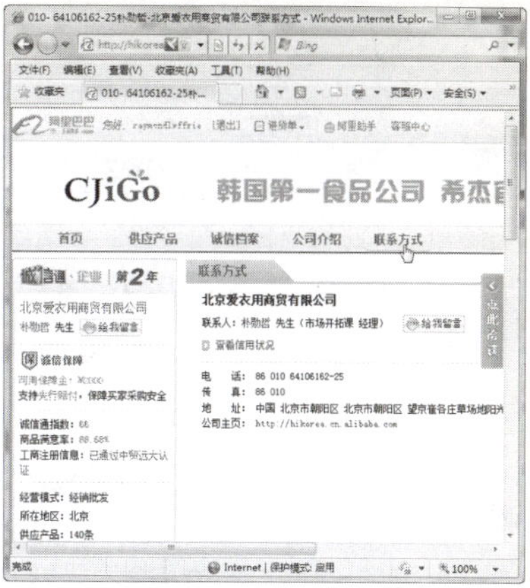

▶STEP 04

如果有兴趣采购，则可以单击【联系方式】按钮，联系供应商。

▶STEP 05

如果想要寻找更多优质的供应商，可以返回全球进口批发市场页面，然后单击【更多优质供应商】链接。

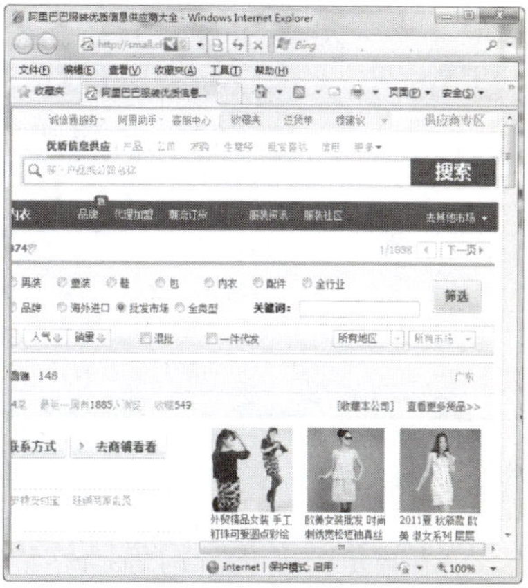

▶STEP 06

此时在页面上方设置搜索的条件，然后单击【筛选】按钮，筛选供应商。

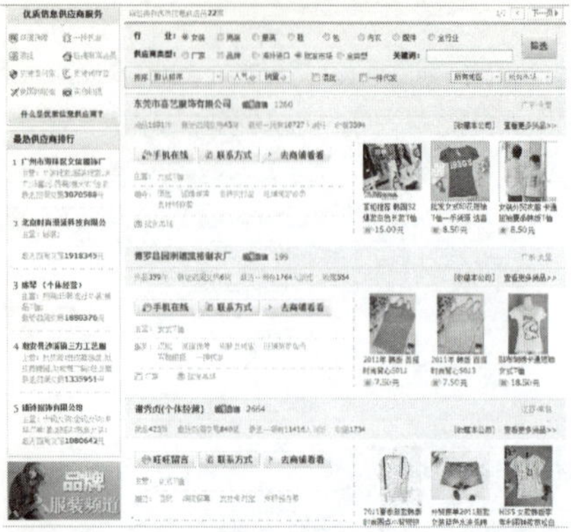

▶STEP 07

此时淘宝卖家可以从页面中寻找优质的供应商。

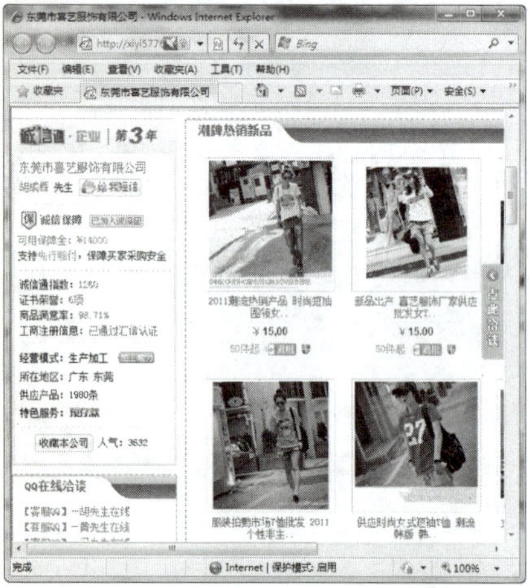

▶STEP 08

单击供应商的标题文字，即可进入供应商的店铺页面。

章后点评

找货、备货、购货是淘宝卖家必须进行的工作，而阿里巴巴提供的各种各样的货源，正是淘宝卖家获取货源的一个大市场。或者淘宝卖家有很多获取货源的途径，但是阿里巴巴与淘宝网的关联服务、与支付宝的捆绑服务，为淘宝卖家提供了良好的采购平台，淘宝卖家不必东走西奔就可以从阿里巴巴上获得优质或廉价的货源。

踏上淘宝开店创业路

Chapter

4

在淘宝网上开店，并非一件说着就已经做完了这样简单的事情，卖家需要完成一系列的过程，然后发布商品，再要对店铺进行基本的管理，才算完成开店的第一步。后续还有很多店铺管理工作要进行，不过卖家先阅读本章，完成开店创业的第一步工作，先做好店铺基本管理。

4.1 完成开店的过程

在淘宝网上开店需要经过一个严格的过程，首先淘宝网会员先经过支付宝认证，然后通过淘宝大学了解淘宝规则，并通过规则考试，最后填写店铺基本信息，才可以创建店铺。

4.1.1 先实名认证

支付宝实名认证是一项身份识别服务，通过认证后卖家就如同拥有了“互联网身份证”，同时也可以获得在淘宝网上开店，可以使用“我要付款”、“AA收款”等功能，而且可以提高信用级别，交易更受买家信任。

达人提醒

如果卖家注册了支付宝并通过实名认证，则可以忽略这个开店的流程。如果还没有进行支付宝认证，则需要通过认证才可以开店。本书2.4.1小节有介绍通过登录支付宝进行认证的方法，读者可以查阅相关的介绍。

下面介绍通过淘宝账户登录“我的淘宝”，然后进行支付宝实名认证的操作方法，具体步骤如下。

动手跟练

▶STEP 01

打开淘宝网，然后使用账户名和密码登录淘宝网。

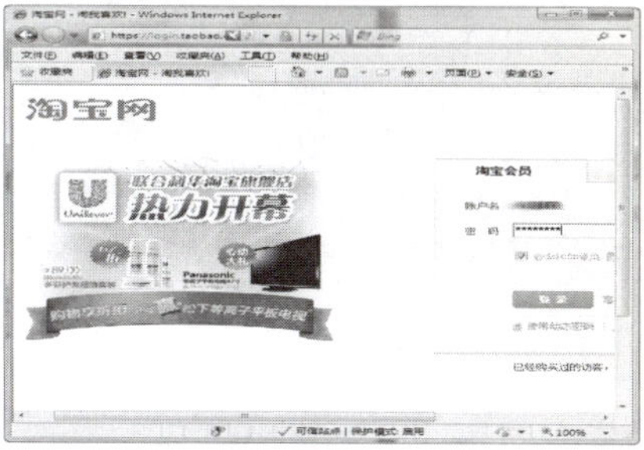

▶STEP 02

单击【我的淘宝】链接进入我的淘宝页面，然后单击【实名认证】链接。

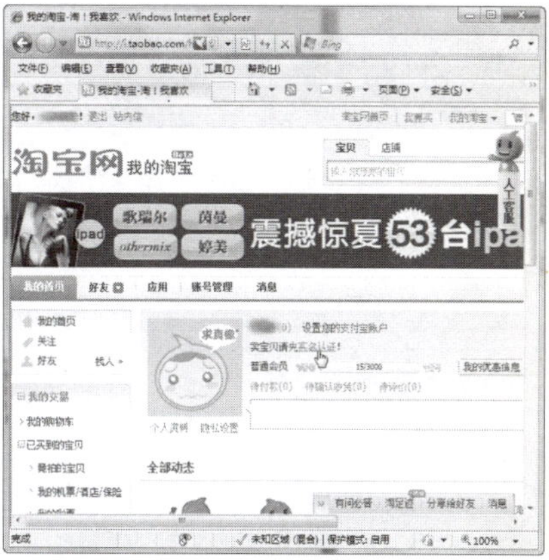

▶STEP 03

打开设置支付宝页面后，选择输入自己支付宝账户和密码，登录支付宝进行认证。如果还没有注册支付宝，则可以同意以快捷信息创建支付宝账户，并单击【下一步】按钮。

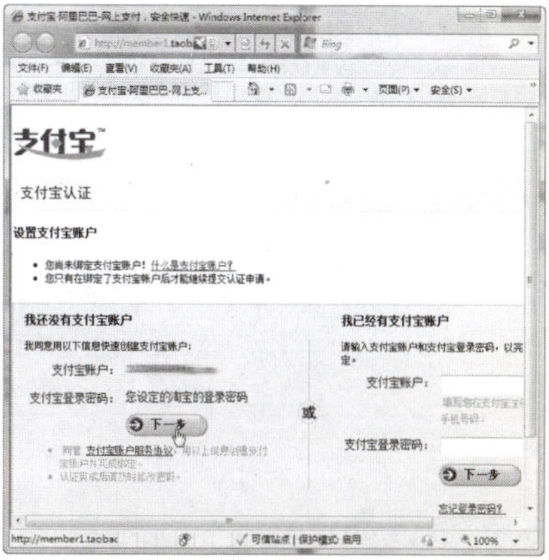

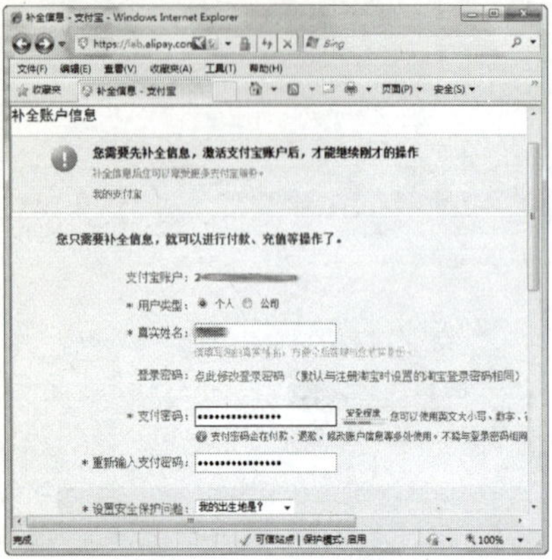

▶STEP 04

如果同意快捷信息创建支付宝账户，则需要用户个人账户信息。此时输入用户个人信息和支付密码。

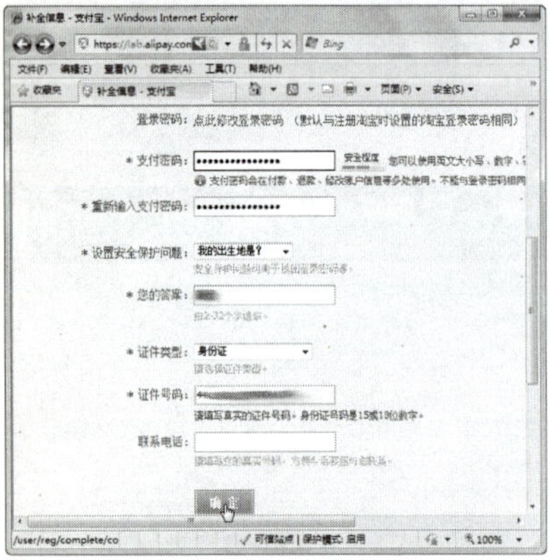

▶STEP 05

将页面拖到下方，设置安全问题并输入证件号码，然后单击【确定】按钮。

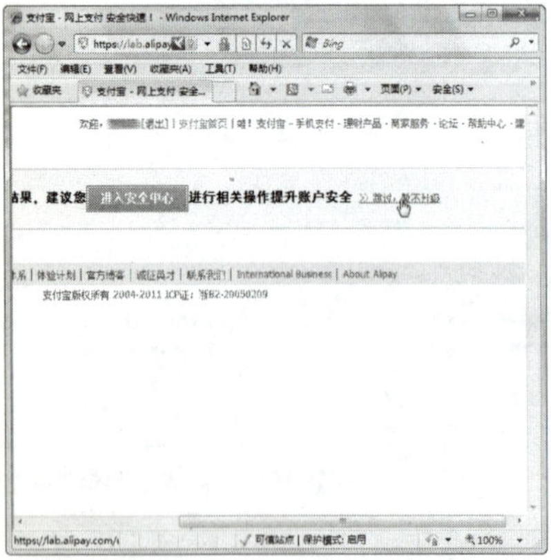

▶STEP 06

此时页面提示设置账户安全，单击【跳过，暂不升级】链接暂时忽略。

▶STEP 07

进入支付宝账户后，单击【（未认证）】链接，即可打开认证页面。

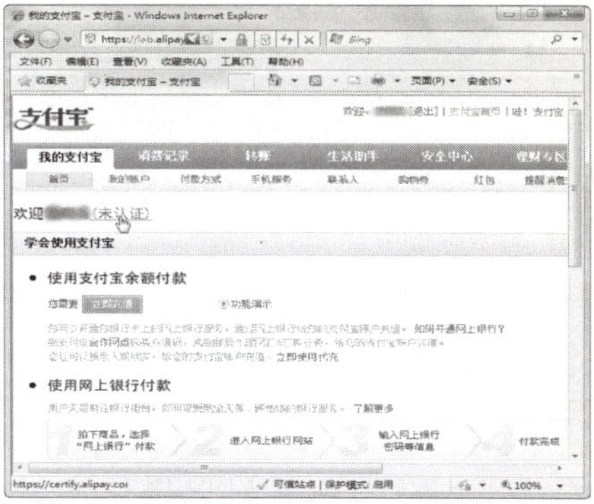

▶STEP 08

查看支付宝认证的说明，单击【立即申请】按钮，即可进入认证操作。

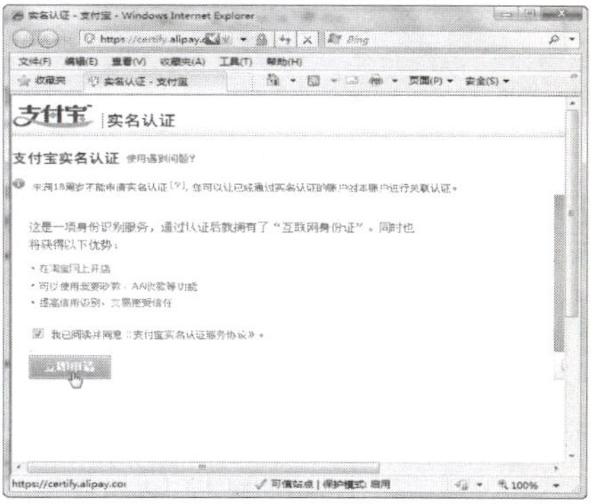

经过上述步骤后，读者可以翻阅本书2.4.1小节内容，根据该小节的操作完成最后的认证过程，在此不再详细说明。

4.1.2 先上淘宝大学

淘宝大学，是由亚洲最大的购物网站—淘宝网创办的网商学府，里面包含了大量淘宝开店经营的内容以及淘宝规则体系。卖家首先进入淘宝大学了解淘宝规则，以便后续通过规则考试。

动手跟练

▶STEP 01

打开淘宝网，然后将页面拖到下方，单击【淘宝大学】链接。

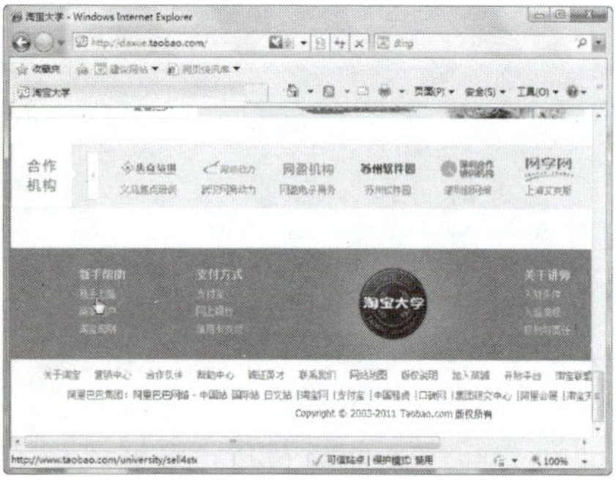

▶STEP 02

将页面拖到下方，单击【新手上路】链接，查看新手指导内容。

▶STEP 03

此时页面显示开店4步曲图示内容，单击【开始】按钮，即可通过图示了解每个开店步骤的说明。

▶STEP 04

每个开店步骤都提供相关的说明，例如注册步骤时需要注意的问题。

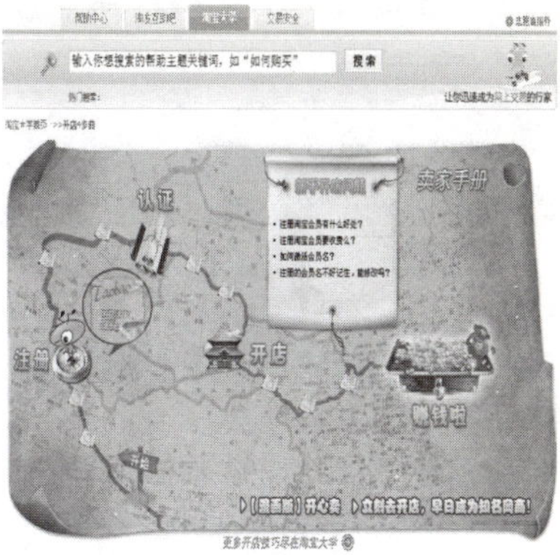

▶STEP 05

当想了解注册步骤的操作图示时，可以单击【详情请点击】按钮。

▶STEP 06

此时打开操作图示页面，卖家可以根据图示了解操作的过程和方法。

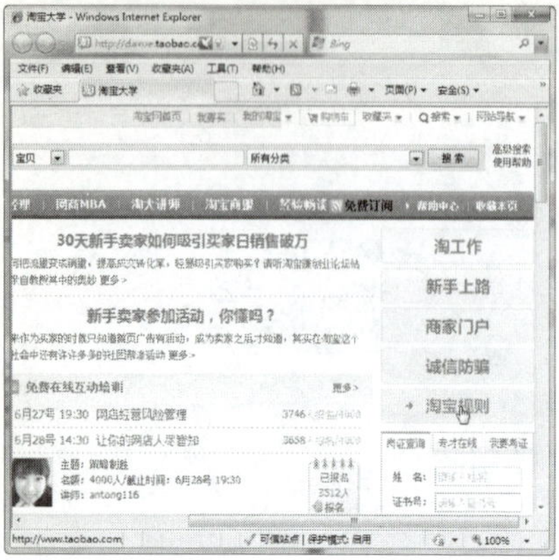

▶STEP 07

返回淘宝大学首页，然后单击【淘宝规则】按钮。

▶STEP 08

打开淘宝规则页面后，通过左侧导航栏选择要了解的规则内容，例如单击【第一章 概述】链接。

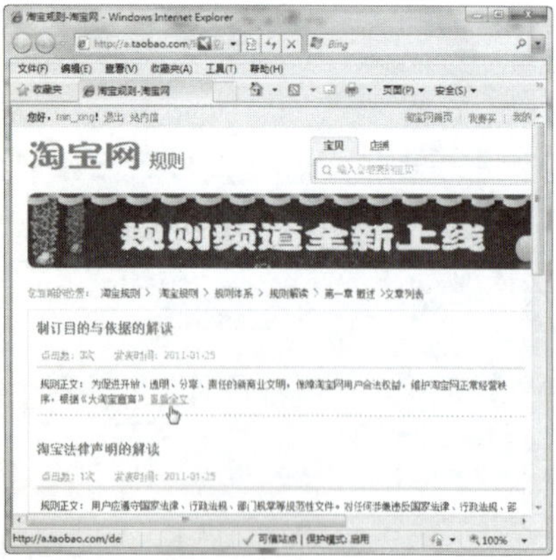

▶STEP 09

打开【第一章 概述】规则页面后，可以选择相关内容。当需要了解详情时，单击【查看全文】链接，查看全文。

▶STEP 10

打开全文内容页面后，卖家可以通过此查看规则内容。

▶STEP 11

如果对相关淘宝规则不了解，则可以单击【规则解读】按钮，然后单击规则标题链接。

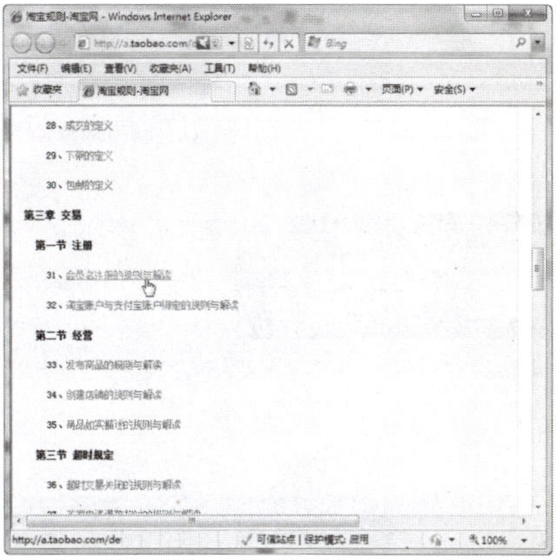

▶STEP 12

打开页面后，卖家可以阅读相关规则，学习淘宝规则。

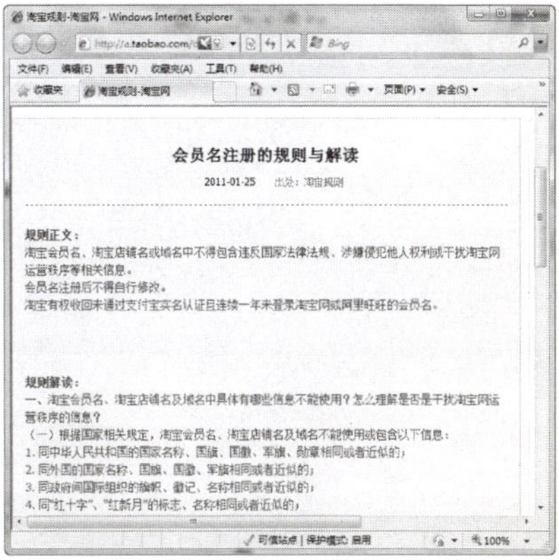

4.1.3 先通过规则考试

淘宝网为了让卖家更了解淘宝规则并按照规则开店经营，在开店前会要求卖家先通过淘宝规则考试。只有考试合格的卖家才可以开店。

动手跟练

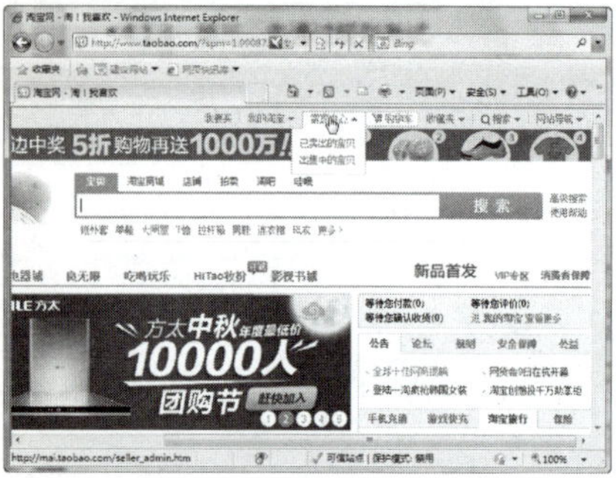

STEP 01

打开淘宝网，然后单击“卖家中心”链接。

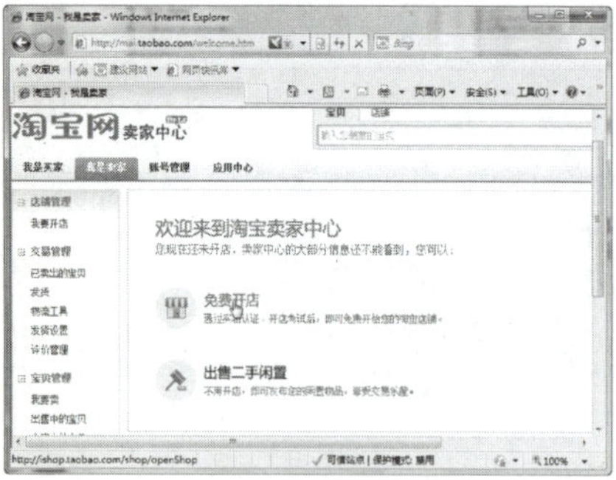

STEP 02

进入【卖家中心】页面后，单击【免费开店】按钮。

▶STEP 03

此时页面显示需要卖家答题，卖家需要单击【参加考试】按钮，以进行答题考试。

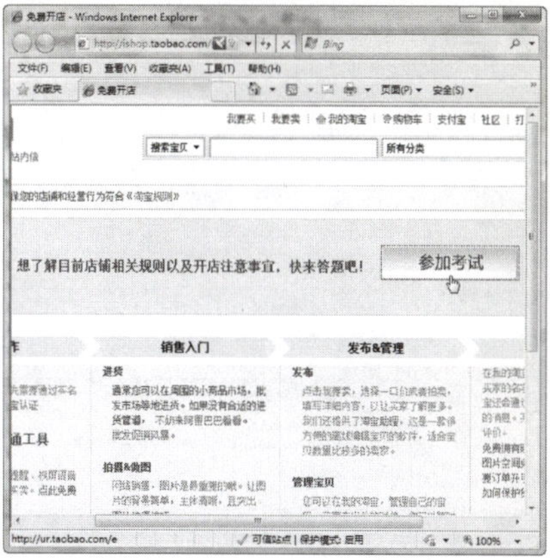

▶STEP 04

打开【免费开店考试】页面后，在页面选择读题并选择正确答案。

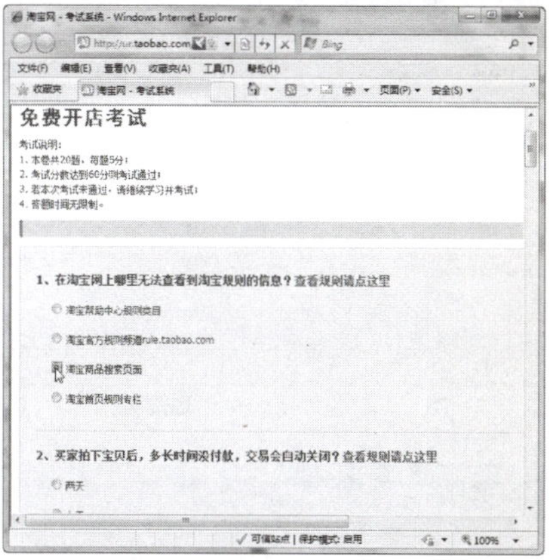

▶STEP 05

如果有些题目不会答，可以抄下题目，然后通过淘宝网帮助来搜索答案。例如下图的题目4。

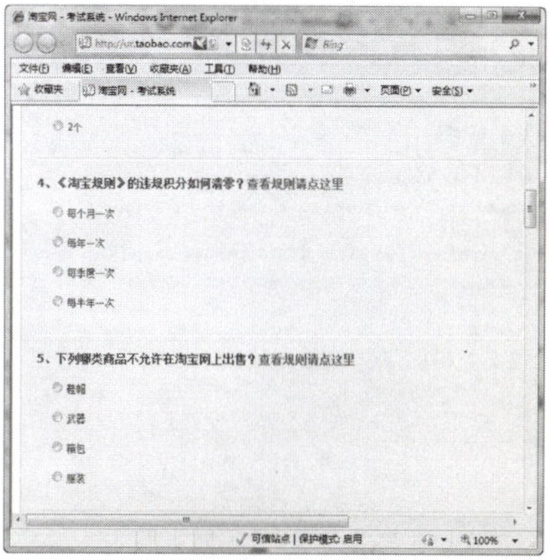

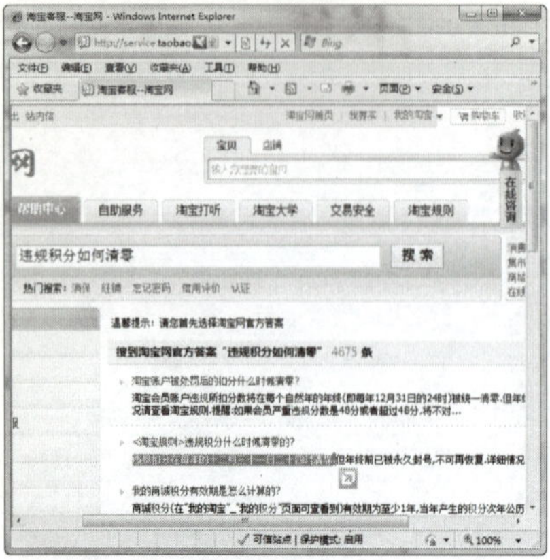

▶STEP 06

打开淘宝网【帮助中心】页面，将题目输入帮助搜索文本框内，再单击【搜索】按钮，此时可从页面获得答案。

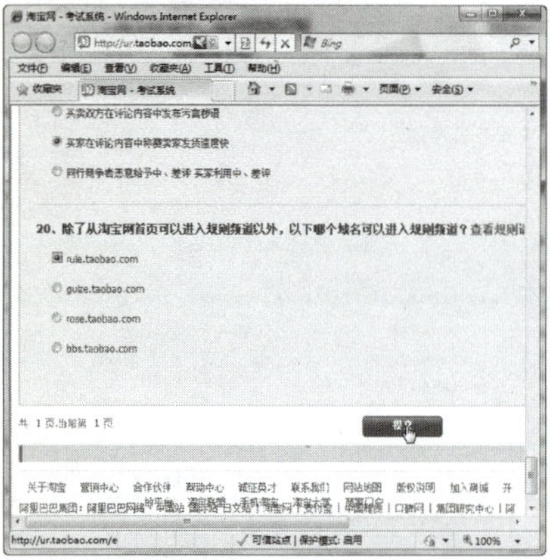

▶STEP 07

完成所有题目的答题后，单击【提交】按钮，提交题目答案。

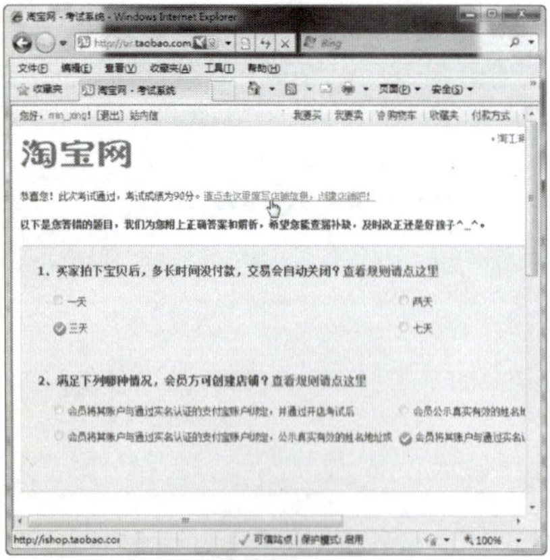

▶STEP 08

此时页面显示考试的分数，如果合格的话，则可以单击【请点击这里填写店铺信息，创建店铺吧！】链接，进行下一个开店环节。

4.1.4 填写信息创建店铺

完成上述操作后，卖家即可填写店铺信息创建属于自己的淘宝网店铺。

动手跟练

▶STEP 01

完成考试后，单击【请点击这里填写店铺信息，创建店铺吧！】链接。

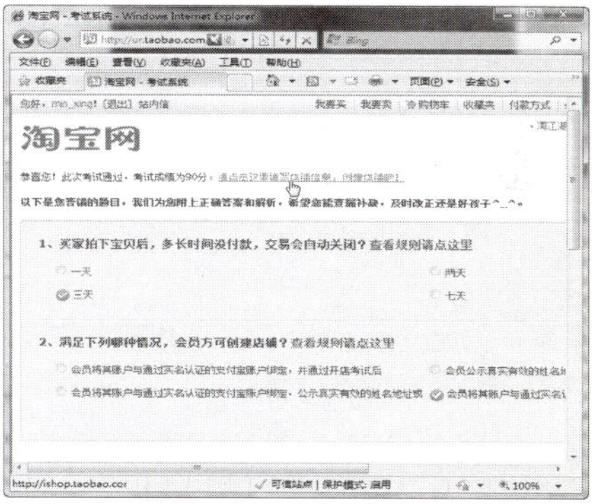

▶STEP 02

此时页面显示《诚信经营承诺书》，阅读承诺书内容并单击【同意】按钮。

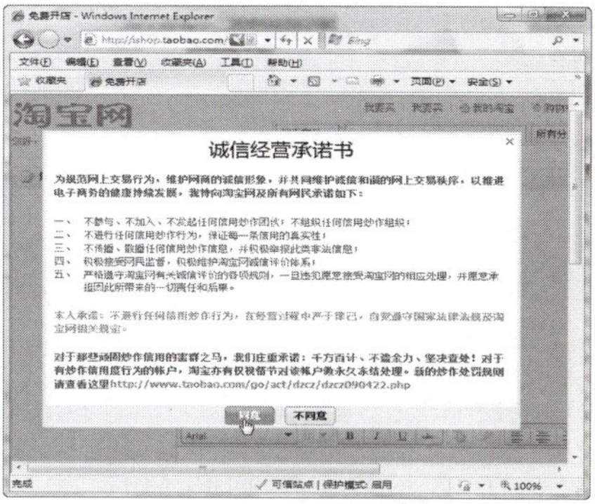

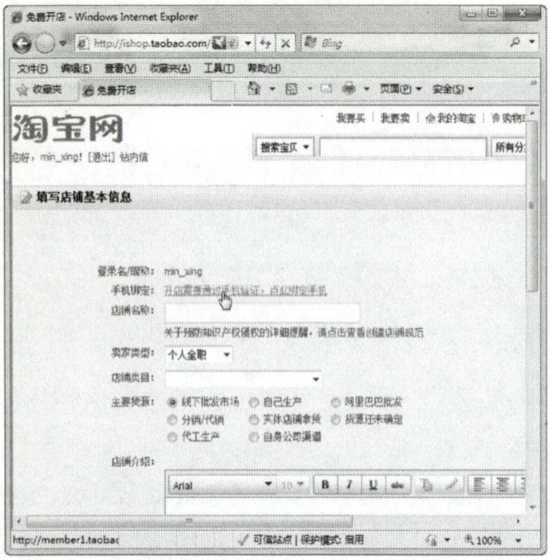

▶STEP 03

开店需要绑定手机，因此先单击【开店需要通过手机验证，点此绑定手机】链接。

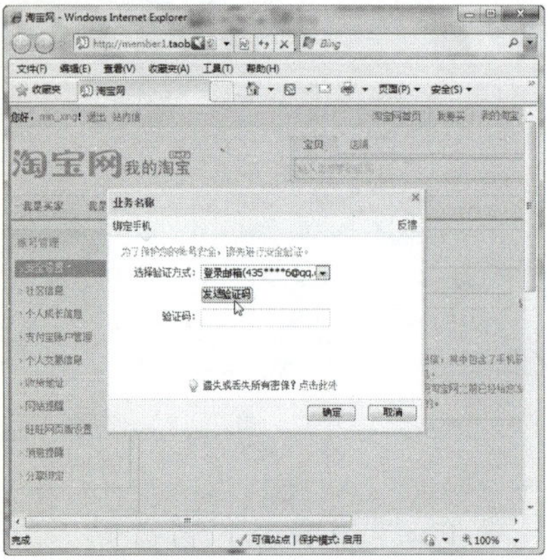

▶STEP 04

选择验证方式，例如电子邮箱，然后单击【发送验证码】按钮。

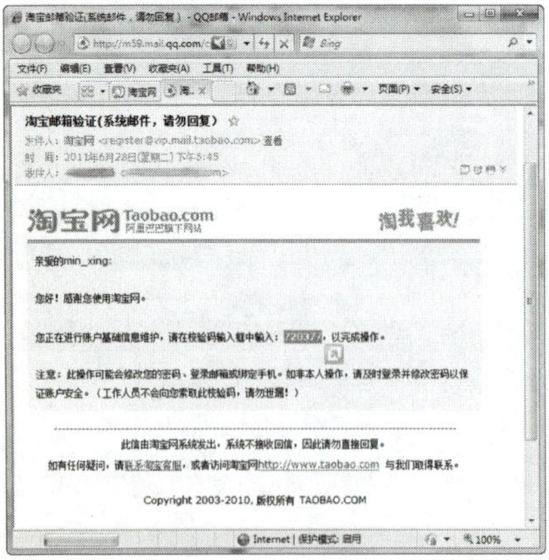

▶STEP 05

此时登录电子邮箱，打开来自淘宝网的电子邮件，并查看淘宝网给卖家的邮件中的验证码。

▶STEP 06

此时在【验证码】文本框中输入验证码，然后单击【确定】按钮。

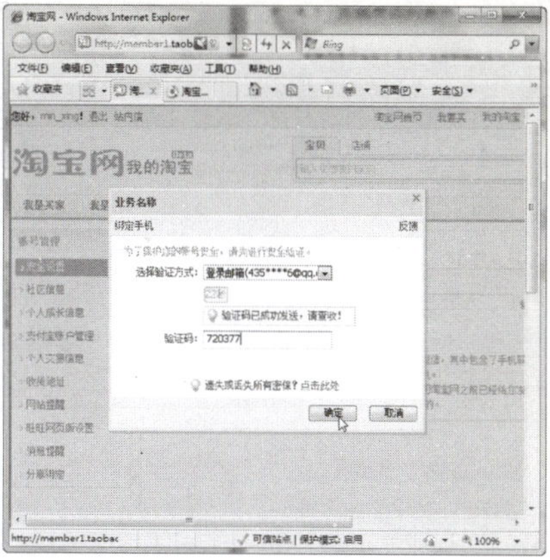

▶STEP 07

输入自己的手机号码，再输入验证码，然后单击【确定】按钮。

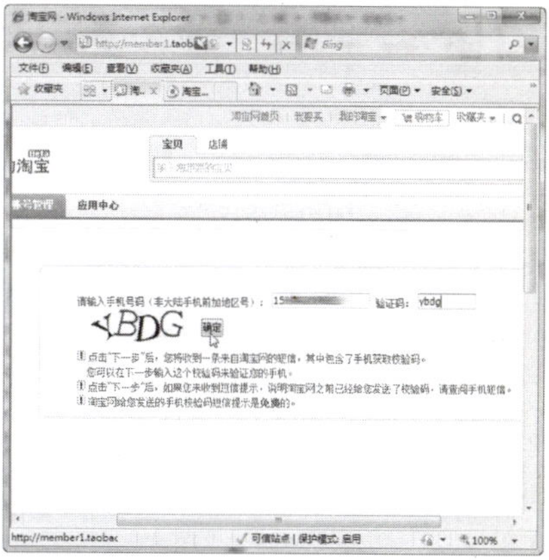

▶STEP 08

此时系统会给手机发送一条短信，打开短信查看里面的手机校验码，然后输入到网页的文本框中，最后单击【确定】按钮。

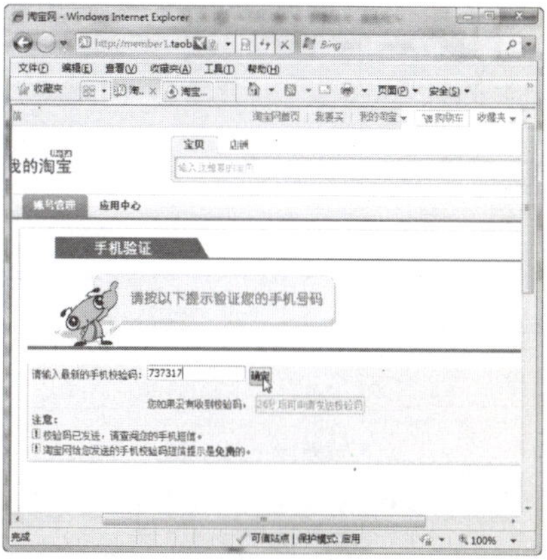

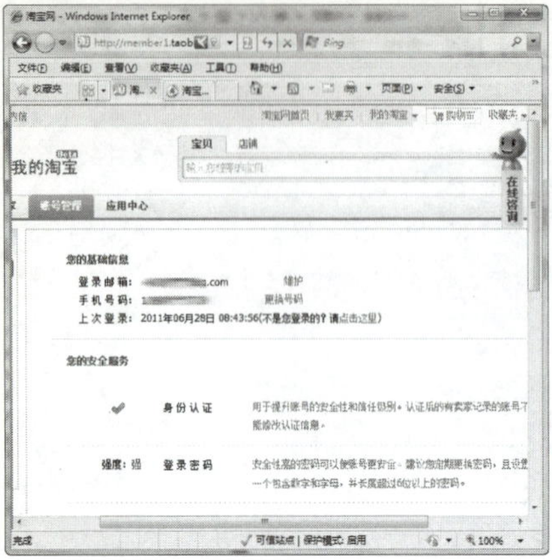

▶STEP 09

此时浏览器打开卖家【我的淘宝】的【账号管理】页面，查看手机号码的绑定结果。

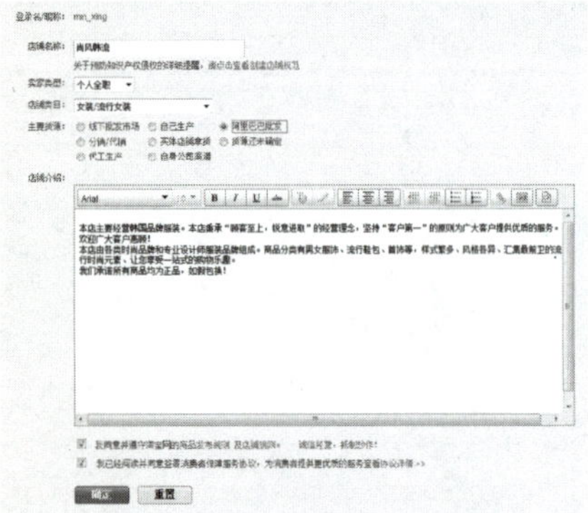

▶STEP 10

返回店铺信息设置页面，根据开店前的思路设置店铺基本信息，然后单击【确定】按钮。

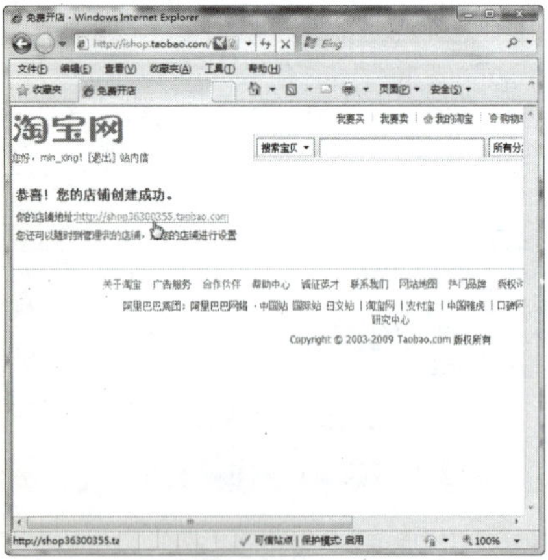

▶STEP 11

此时页面显示店铺创建成功，单击店铺网址，可打开店铺首页。

▶STEP 12

打开店铺首页后，可以查看店铺的页面效果。

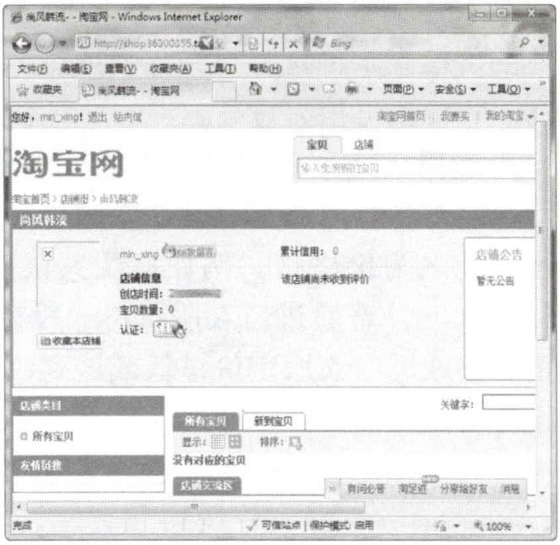

4.2 发布要卖的商品

成功开店后，即可将需要销售的商品发布到店铺上，让买家可以通过店铺查看商品，并完成交易。

4.2.1 商品的定价策略

网店经营的目的是为了要赚钱，因此其价格制定必须牵涉到利益的回收，也就是说，卖家需要先找出利润目标。

但要如何来找出这个目标呢？卖家可以从“损益平衡点”的观念来着手，其公式为：损益平衡点=固定营业费用÷（1—变动成本÷销货净额）=固定营业费用÷（1—成本率）=固定营业费用÷（毛利率—变动费用率）。

另外，卖家还需要通过调查同行价格来确定自己的定价。在做调查活动时，不仅要了解同业的售价，有时甚至要了解相近业态的售价。查价不仅要对末端的商品价格进行了解，在商品的进货状况、拍卖行情、毛利的定价等都要设法去取得，以做为定价之依据。

创业密码——新手淘宝开店

有了同业的价格后，如果不想引起削价竞争，则应参考多数同业的价格来定价，如果在品质或服务上较别家网店特殊，则因价值较高，售价也可稍为拉高。

最后，卖家还要从买家的心理价格去考虑定价。买家在购买东西时，对各种商品都有其认知的价格，也就是买家所能接受的价格范围，此之为价格带。例如：买家认知的普通内销衣服价格不应超过50~150元，普通进口衣服价格一般在200~400元。因此，如果普通内销衣服或进口衣服定价过低或过高，都可能影响买家的购买欲和对卖家的信任度。

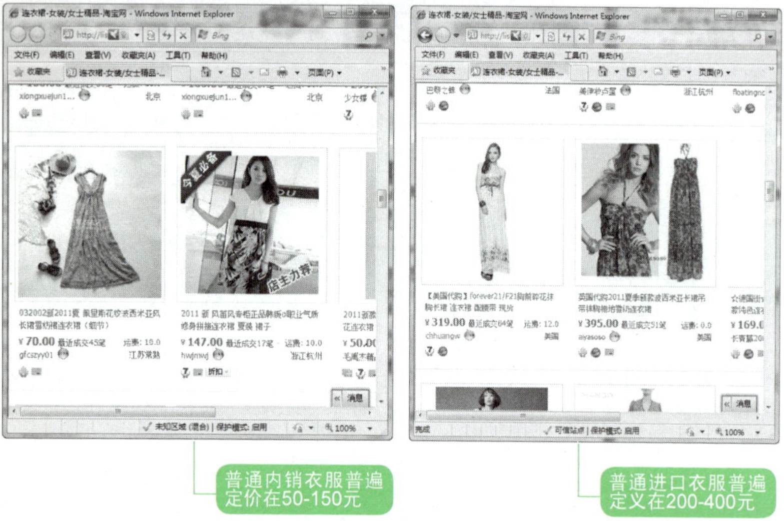

除了上述定价的方法外，卖家还需要有基本的定价原则：

1 销售价格要保证自己的基本利润点，不要轻易降价，也不要定价太高，定好的价格不要轻易去改。

2 网店商品的价格在包括运费后，总体价格应该低于市面的价格，否则将对买家不会产生强烈的购买意愿。

3 根据商品的类型，制定的价格不要与市场实际商品价格相差过于离谱，过高或过低都会影响买家的购买欲望。但网下买不到的时尚类商品的价格可以适当高一些，低了反而影响顾客对商品的印象。

4 店内经营的商品可以分不同档次经营，有高价位的，也有低价位的。另外，可以不定时将一两款商品按成本价出售，作为促销手段，以便吸引买家注意，增加店铺的人气。

5 如果自己愿意接受的价格远远低于市场售价，直接用一口价就可以了；如果不确定市场定价或者想要吸引更多买家，可以采用竞价的方式（例如拍卖）。

6 定价一定要清楚明白，定价是不是包括运费，一定要交待清楚，否则有可能引起麻烦，影响到自己的声誉。

4.2.2 拍摄与编修商品图

除了店铺要装修美观外，商品的包装也是少不了的。对于网店来说，商品的包装无非就是图片和文字描述。其中，商品图片是重中之重。因为网购不同到实体店上选购，网购不能亲自接触商品，只能从图片上看到商品的效果。所以买家非常注重商品图片的美观与否，以及商品细节在图片上的体现。

1. 拍摄商品图

对于商品细节要求不高的拍摄需求，使用一般的家用数码相机就可以了。使用这种数码相机拍摄的好处是操作简单，而且可以在屏幕上预览拍摄效果，对不满足的作品可以随时进行重拍。

对细节要求不高的商品，可以使用普通数码相机来拍摄即可

如果对商品的表现细节有严格要求的话，则需要使用带高级功能的数码相机，甚至是专业的数码单反相机。数码单反相机是面向专业摄影人士而开发的产品，和普通数码相机不同，其采用了机身和镜头完全分离设计，具备手动曝光、手动调焦等高级功能，具有很强的操

控性。

对商品细节表现有严格要求的话，可以使用数码单反相机拍摄商品

2. 编修商品图

拍摄商品后，还需要对商品照片进行一些编修和美化处理，并根据自己店铺的装修特色，制作一些漂亮的商品描述图。例如调整照片的光照效果、调整照片上的商品颜色，或者在图片上添加一些装饰，使商品看起来大大增加了美感，籍此吸引买家的眼球，带动商品的销售。

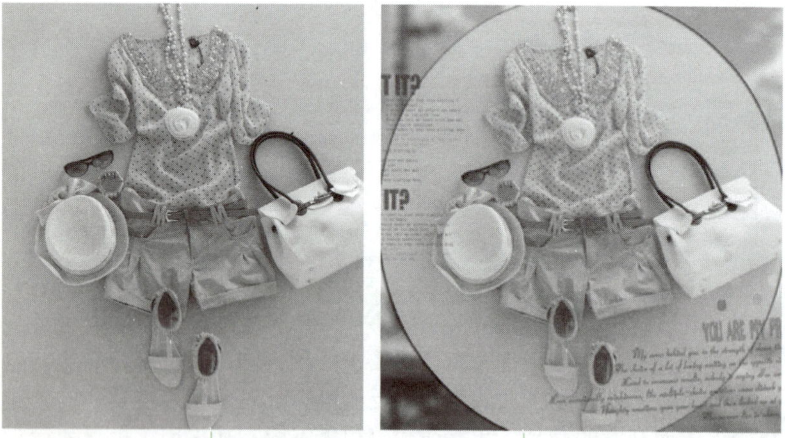

拍摄的原图

经过编修处理后的商品图

目前流行的图像处理软件主要有Photoshop，使用这个软件既能单独来处理商品照片，也可以配合无数的增强插件制造出绚丽图片特效。另外，各家数码相机生产厂商也会开发出专门的图像处理软件，让用户通过软硬兼施协助所拍照片达到最佳状态。

Photoshop CS5图像处理软件

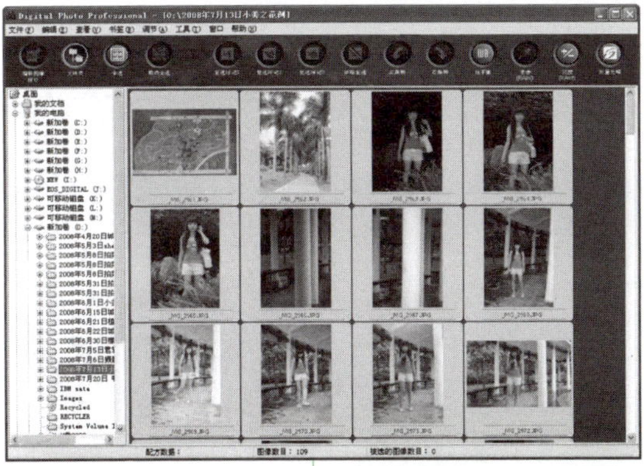

佳能原厂图像软件：
Digital Photo Professional

4.2.3 手动发布店铺商品

准备好商品的所有资料后（包括商品图、商品参数、介绍内容等），即可通过“一口价”或“拍卖”的定价方式将商品发布到店铺。

创业密码——新手淘宝开店

对于新进卖家，建议先选择“一口价”的定价方式发布商品，这种定价方式的好处是将商品的出售价格定为一个固定值，只要有人出价，就可以立即成交，无需等竞标期结束，速战速决。

动手跟练

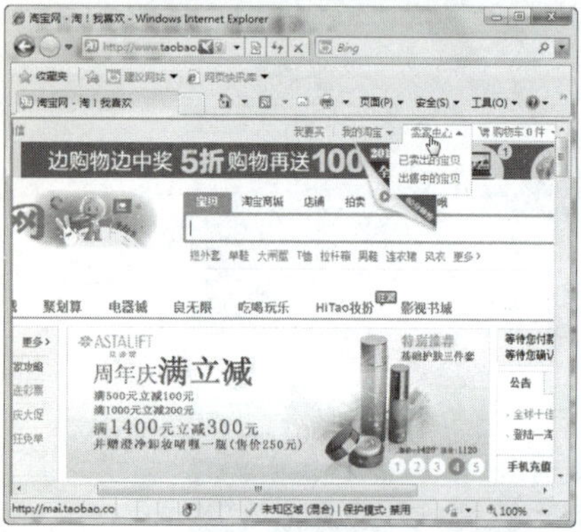

▶STEP 01

以会员账号和密码登录淘宝网，然后单击【卖家中心】连接。

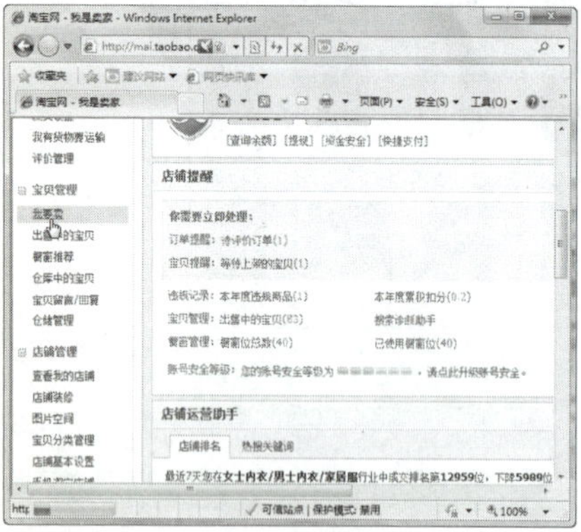

▶STEP 02

打开【我是卖家】页面后，在左侧导航栏上单击【我要卖】链接，准备发布商品。

▶STEP 03

打开新页面后，单击【一口价】按钮，选择“一口价”定价发布方式。

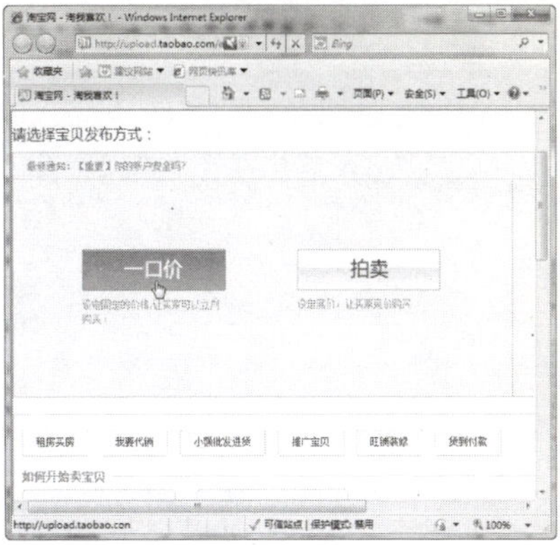

▶STEP 04

在列表框中选择商品的分类选项，再单击【好了，去发布宝贝】按钮。

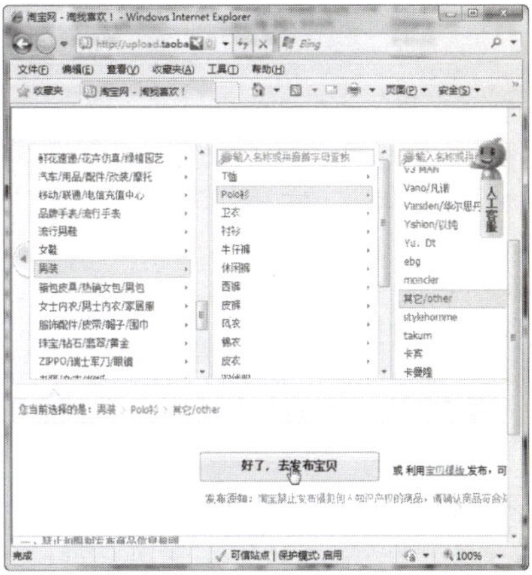

▶STEP 05

选择宝贝类型，再设置基本的属性信息。

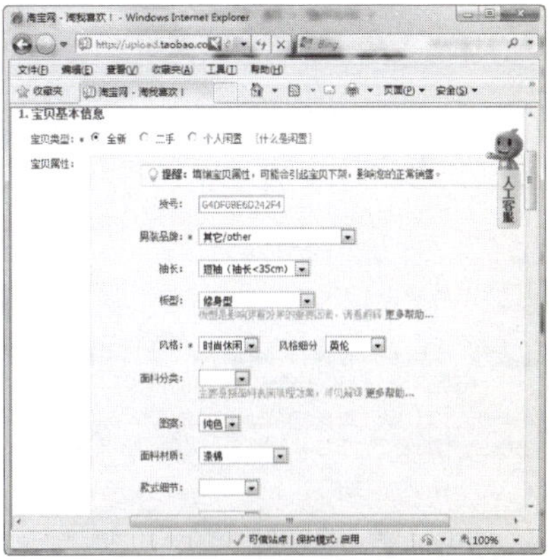

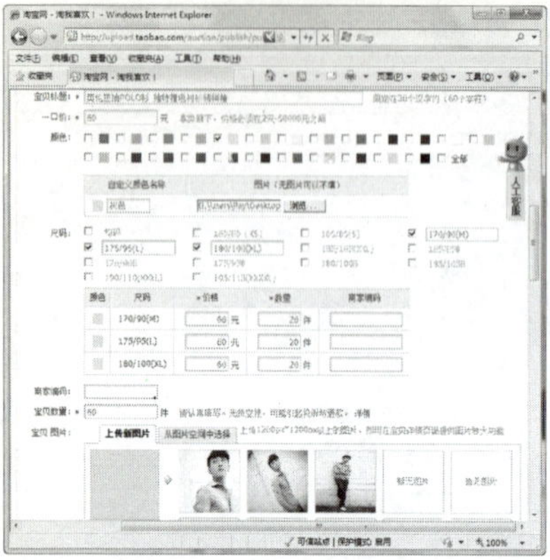

▶STEP 06

设置商品颜色分类和价格、数量等信息，再单击【上传图片】按钮，选择商品图片。

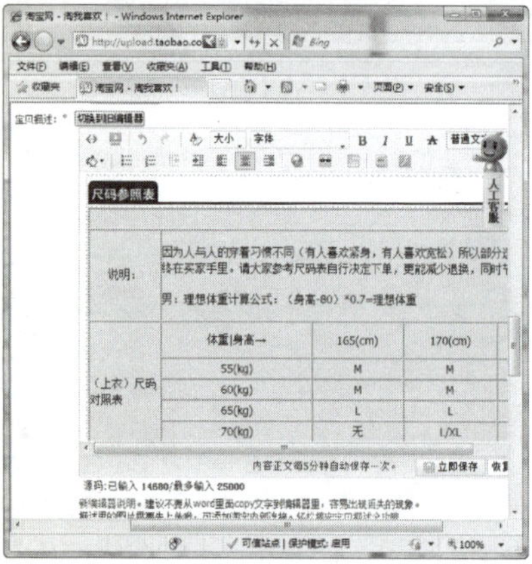

▶STEP 07

在内容介绍文本框中输入商品的介绍内容。

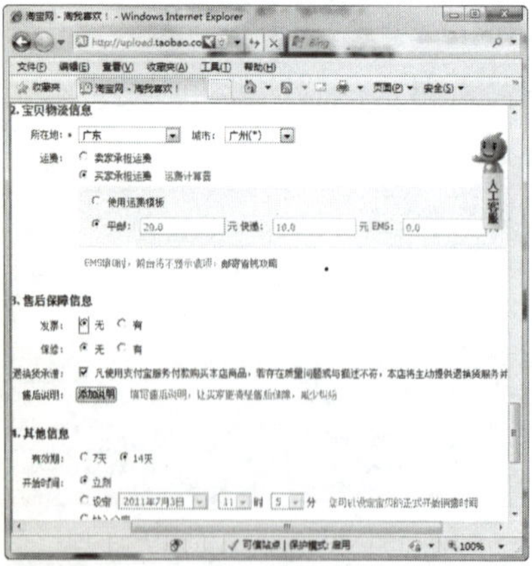

▶STEP 08

接下来设置物流信息、售后保障信息、其他信息等内容，接着单击【添加说明】按钮。

▶STEP 09

在新页面中输入标题，然后输入销售说明的内容，接着单击【保存】按钮。

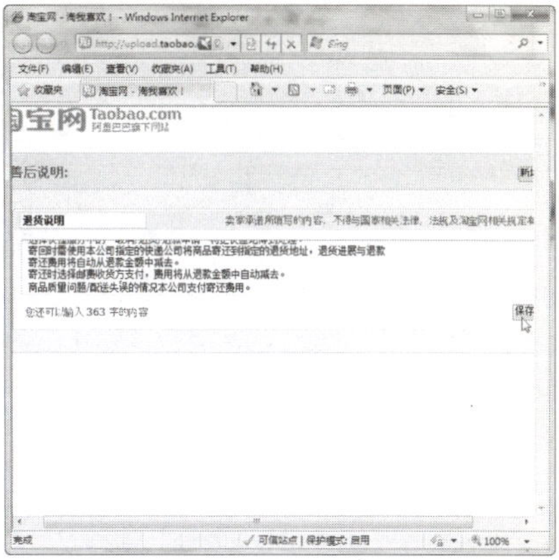

▶STEP 10

保存销售说明的模板后，单击【使用此模板】按钮，使用当前模板。

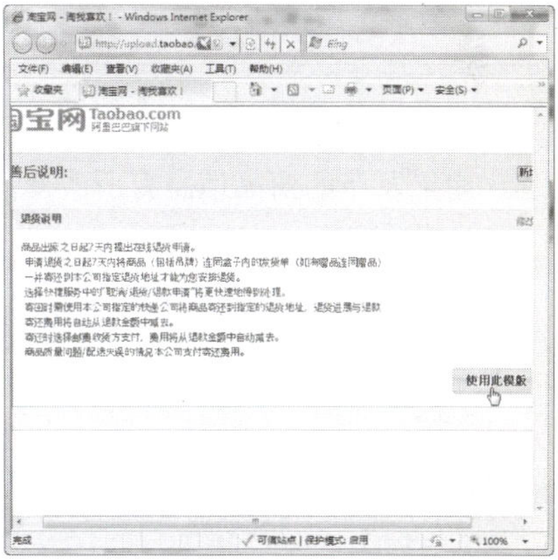

▶STEP 11

完成上述的操作后，单击【发布】按钮，将商品发布到店铺。

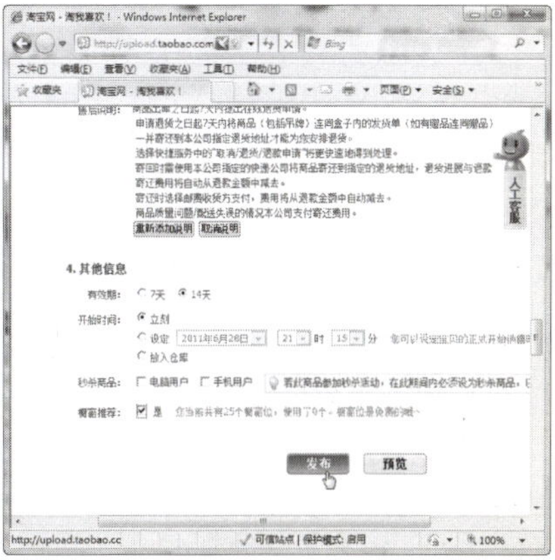

Chapter 4 踏上淘宝开店创业路

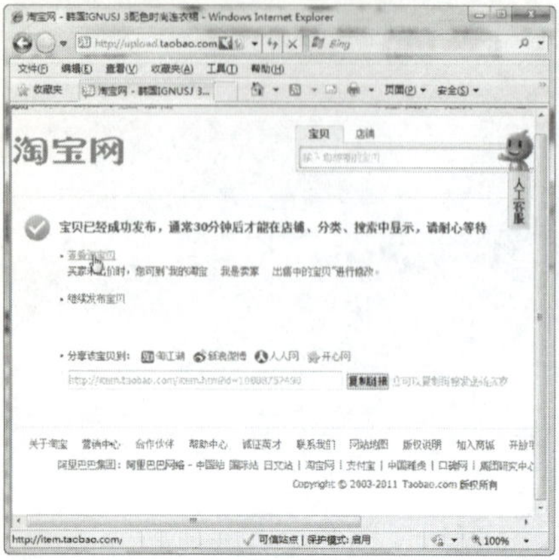

▶STEP 12

发布成功后，卖家需要等待一些时间才可以在店铺上看到发布的商品。如果要马上查看商品发布的效果，则可以单击【查看该宝贝】链接，查看发布页。

4.2.4 编辑在售的商品详情

如果发布的商品信息有所改变，可以通过编辑商品的方式，修改商品的相关内容。

动手跟练

▶STEP 01

进入【我是卖家】页面，单击【出售中的宝贝】链接。

▶STEP 02

找到需要修改的商品，然后在该项目后单击【编辑宝贝】链接。

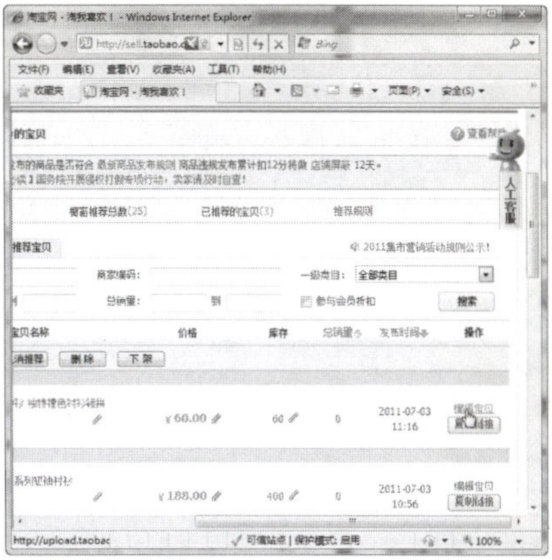

▶STEP 03

打开编辑宝贝页面后，修改商品信息内容。

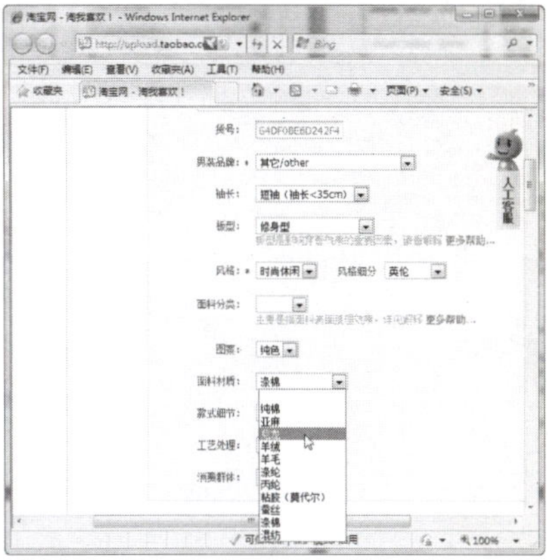

▶STEP 04

将光标定位在介绍内容上，然后单击【插入图片】按钮，准备插入图片。

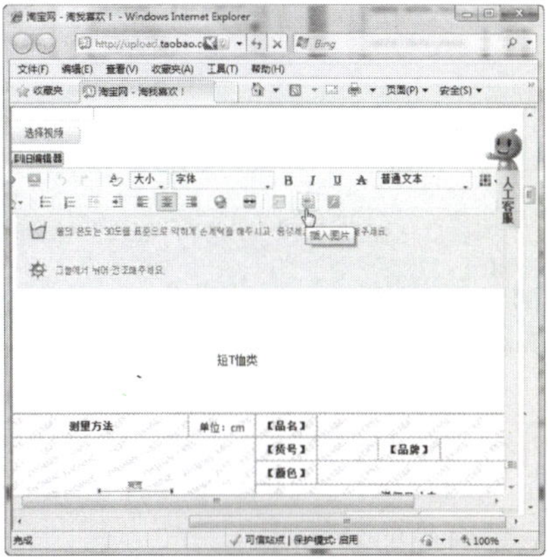

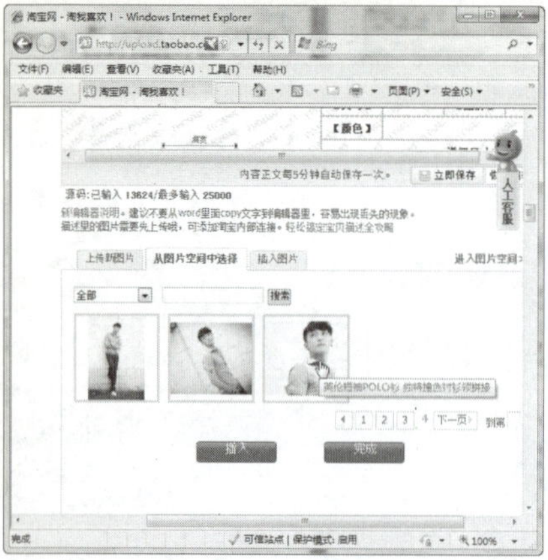

▶STEP 05

打开图片编辑器后，选择要插入的图片，然后单击【插入】按钮，接着单击【完成】按钮。

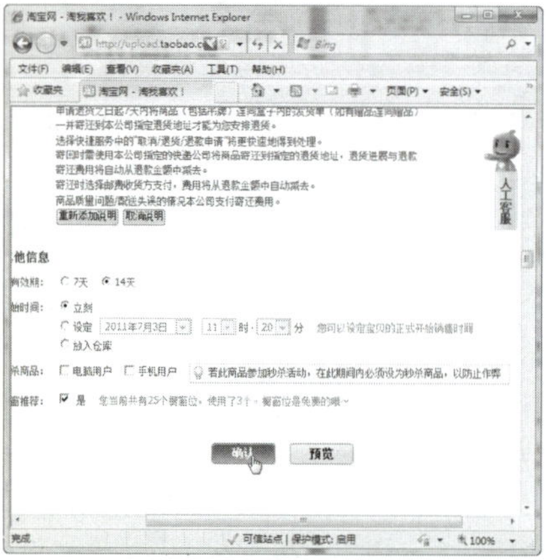

▶STEP 06

修改商品信息后，将页面拖到下方，再单击【确认】按钮即可。

4.3 店铺的基本管理

为了让店铺的信息和功能更加完整，创建店铺后需要对店铺进行基本的管理，例如设置店铺更详细的信息、设置手机淘宝店铺、设置店铺商品的分类等。

4.3.1 店铺的基本设置

店铺的基本信息在开店时就设置了，但如果卖家的店铺有更改，或者想要补充更加详细的内容，可以通过修改店铺基本设置来完成。

另外，在修改店铺基本设置时，可以为店铺上传店标，并设置手机淘宝店铺的相关基本信息。

达人课堂

店标是一个传达信息的重要手段，店标设计不仅仅是一般的图案设计，它最重要的是要体现店铺的精神、商品的特征，甚至店主的经营思想等。

淘宝的店标仅支持gif、jpg、jpeg和png，限制大小80KB以内，尺寸为80像素×80像素。

动手跟练

▶STEP 01

进入【我是卖家】页面，再单击【店铺基本设置】链接。

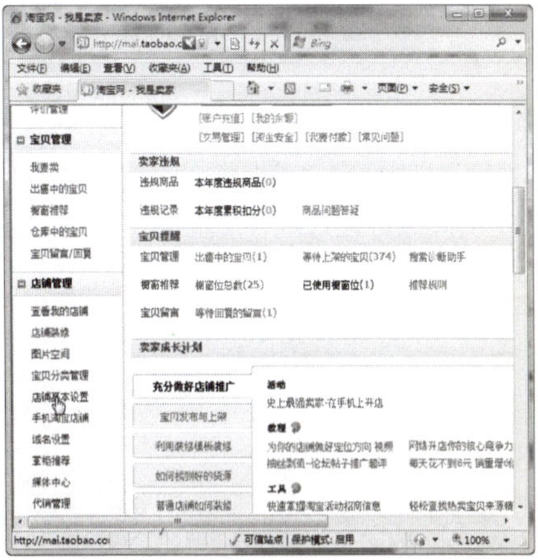

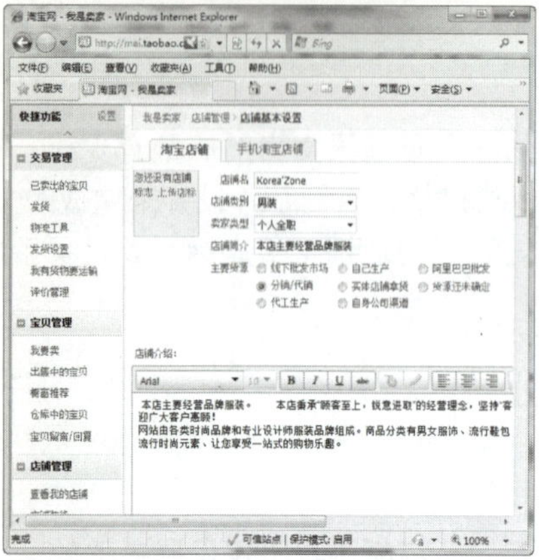

▶STEP 02

打开【淘宝店铺】选项页后，修改店铺的基本设置。

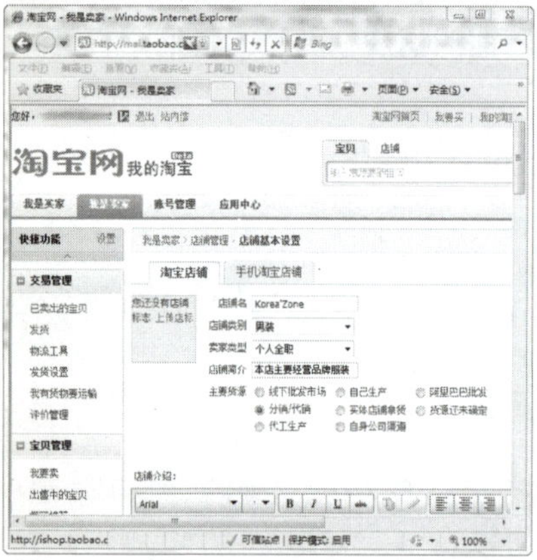

▶STEP 03

单击【保存】按钮，先保存修改的设置，然后单击【上传店标】链接。

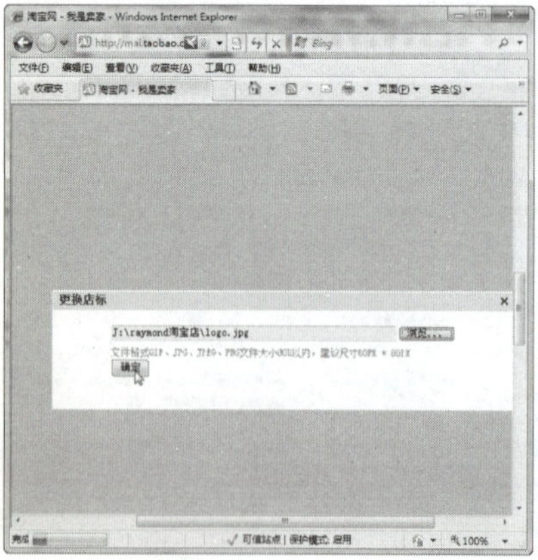

▶STEP 04

打开【更换店标】对话框后，选择预先设计好的店标图片，然后单击【确定】按钮，上传店标。

▶STEP 05

上传店标后，再次单击【保存】按钮，保存修改。

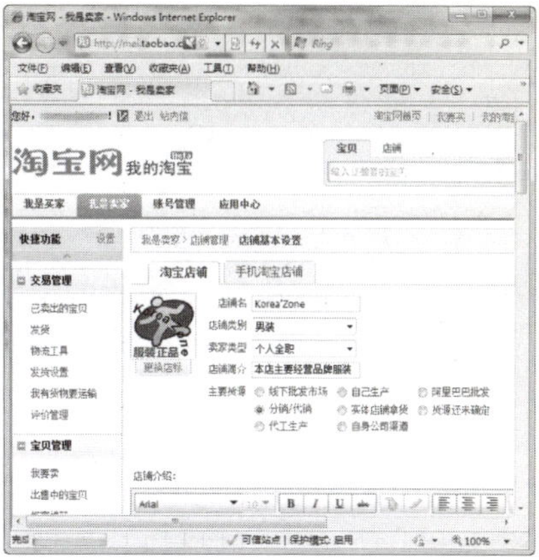

▶STEP 06

单击【手机淘宝店铺】选项，然后输入店铺促销文案和客服电话，单击【保存】按钮。

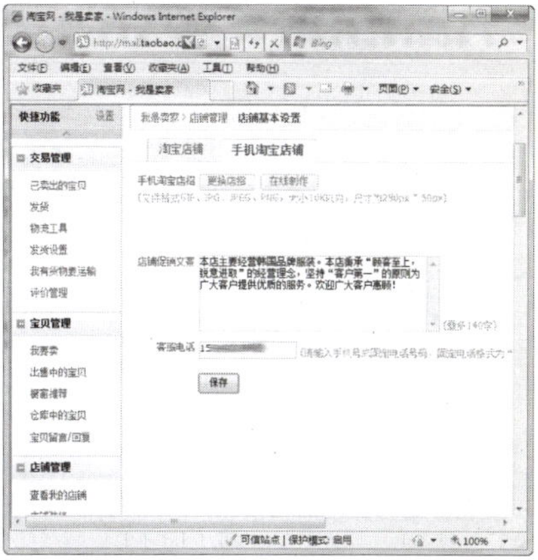

▶STEP 07

保存修改后，再单击【在线制作】按钮，打开【手机店招】制作页面，然后单击【潮流服饰】链接，查看该行业的手机店招模板。

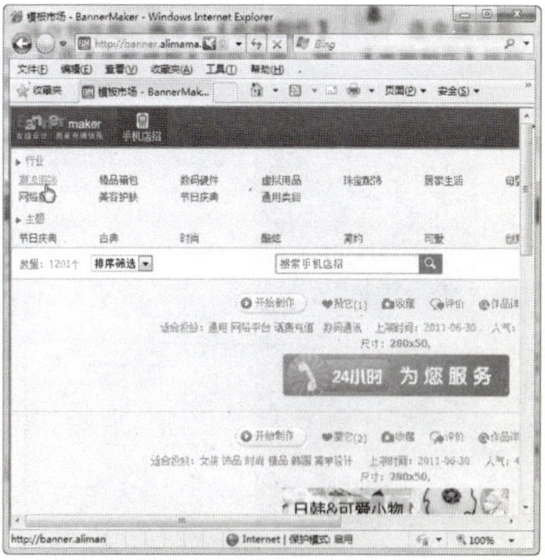

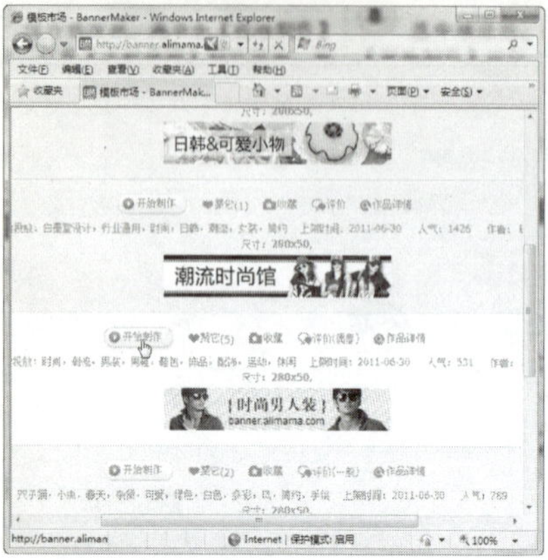

▶STEP 08

选中模板后，在该模板上方单击【开始制作】按钮。

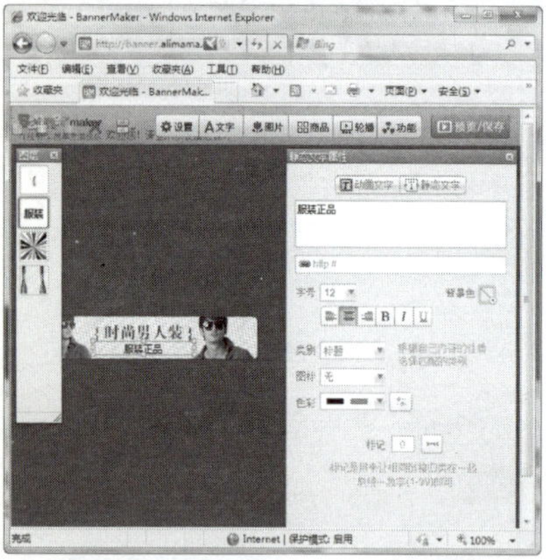

▶STEP 09

选择店招模板上的标题，然后修改标题的内容。

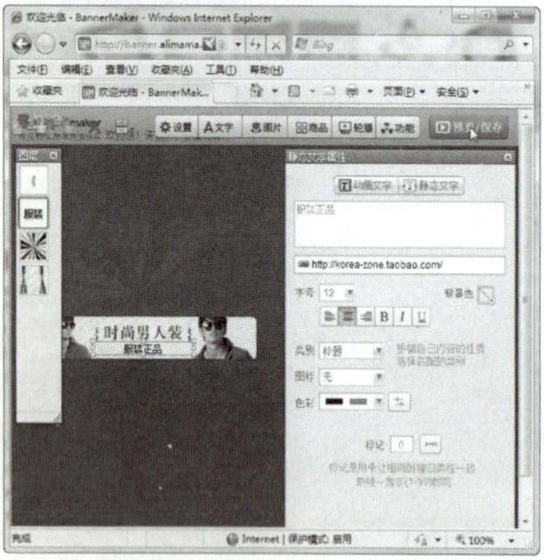

▶STEP 10

此时打开自己的淘宝店铺，复制网址，接着将网址粘贴到标题的链接文本框上，最后单击【预览/保存】按钮。

▶STEP 11

预览手机店招的效果，如果没有问题，可单击【输出获得设计】按钮，输出店招设计。

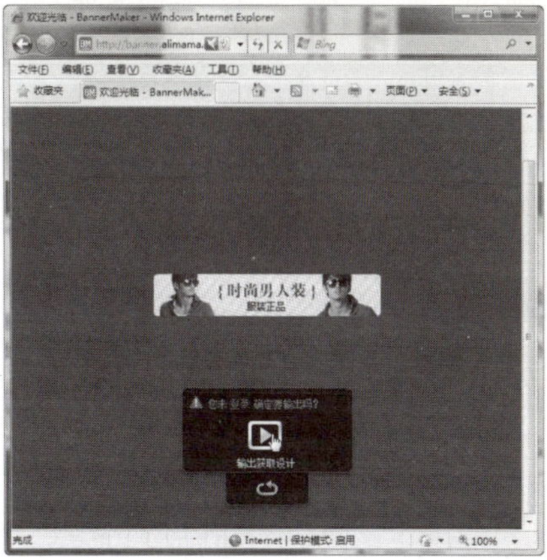

▶STEP 12

此时淘宝网会显示【手机店铺】页面，卖家可以看到手机店招已经被设置，最后单击【保存】按钮即可。

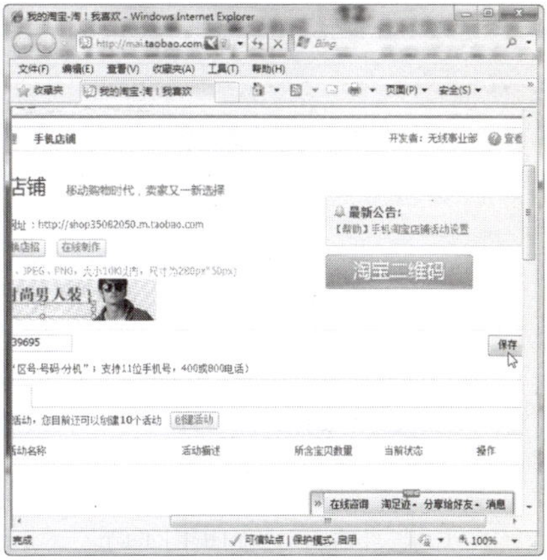

4.3.2 设置手机店铺二维码

二维码（2-dimensional bar code）是用某种特定的几何图形按一定规律在平面（二维方向上）分布的黑白相间的图形记录数据符号信息。设置手机店铺的淘宝二维码，可以方便手机买家利用手机的二维码扫描功能扫描诸如优惠券、会员卡等介质上的二维码，从而识别出卖家的店铺，达到让买家快速找到店铺的目的。

动手跟练

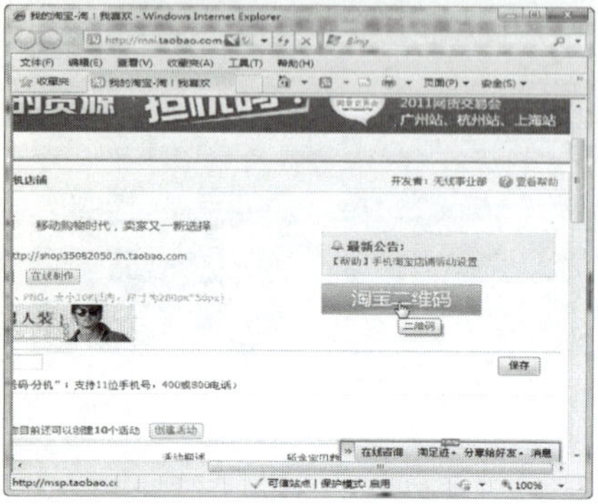

▶STEP 01

进入【我是卖家】页面，再单击【手机淘宝店铺】链接，然后单击【淘宝二维码】按钮。

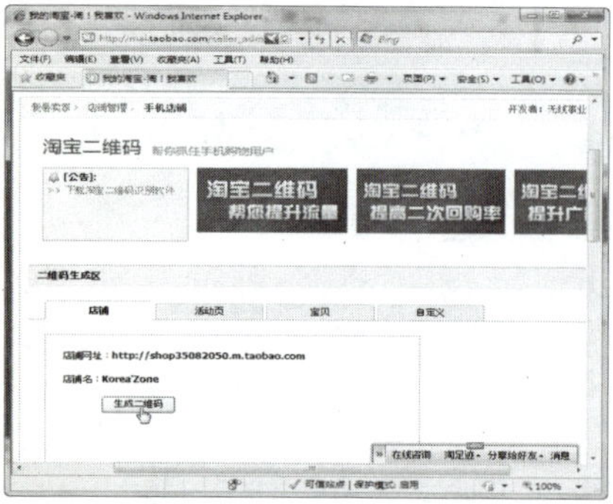

▶STEP 02

打开【淘宝二维码】页面后，单击【生成二维码】按钮，生成对应店铺的二维码。

▶STEP 03

生成二维码后，单击【下载】按钮，可以下载淘宝二维码图形。

▶STEP 04

下载二维码后，可以将二维码图形保存起来，然后印刷在优惠券、会员卡等介质上，用于派发给买家。

4.3.3 设置淘宝店铺二级域名

为了让买家更加容易记住店铺的网址，方便下次上店购买，卖家可以通过淘宝网的“域名设置”功能，为自己的店铺设置一个容易记的二级域名。

动手跟练

▶STEP 01

进入【我是卖家】页面，再单击【域名设置】链接，然后输入域名，再单击【查询】按钮。

▶STEP 02

如果域名没有被其他卖家设置，则页面出现完整域名提示，此时单击【申请绑定】按钮。

▶STEP 03

此时页面显示淘宝子域名注册和使用规则，选择【同意以上规则】复选框，再单击【绑定】按钮。

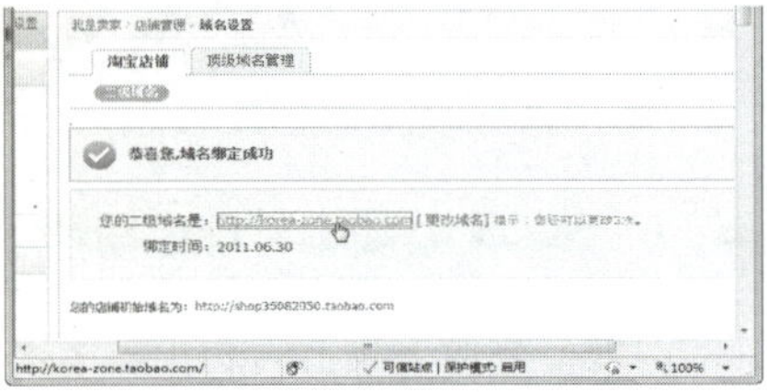

▶STEP 04

最后页面显示域名绑定成功的信息，卖家单击页面上的域名，即可打开自己的店铺。

4.3.4 设置淘宝店铺商品分类

如果店铺要卖的商品很多，就需要分类管理，以方便买家根据分类快速找到想要的商品。

章后点评

本章主要介绍了在淘宝店开店的过程和基本的工作，这些内容对于新进卖家来说是非常重要的，同时也是开店的初期工作。不过要打理好自己的店铺，还需要做很多的事情，例如发布更多的商品、装修自己的店铺等，这些内容在后文将会详细介绍。

网店代理的经营模式

Chapter

5

很多人想在淘宝上开店创业，但是担心自己一没经验，二没货源，三又没有客户，不知道怎么才能做好。如果自己去进一批货，又担心成本太高。其实，有一种方法很好地解决了这些人的问题，就是通过加入网店代理的方式在淘宝上开店创业。

5.1 网店代理的店铺经营

网店代理是指某些提供网上批发服务的网站或者能提供批发货源的销售商，与想做网店代理的人达成协议，为其提供商品图片等数据，而不是实物，并以代理价格提供给网店代理人销售。

一般来说，网店代理人将批发网站所提供的商品图片等数据放在自己的网店上进行销售，销售出商品后通知批发网站为其代发货。销售商品只从批发网站发出到网店代理人的买家处，网店代理人在该过程中看不见所售商品。网店代理的售后服务也由批发网站行使。

5.1.1 网店代理的好处

对于新进淘宝网开店的卖家，选择网店代理的经营方式具有很大的好处。

1. 选择网店代理可以避免库存压力

作为一个新手卖家来说，选择网店和实体店是完全不一样的两回事，实体店只要开张，很快就会有顾客上门，网店却不同，开张几个月没有人上门是常有的事。如果新手卖家刚开网店时，选择自己进货，往往会因为没人光顾而无法卖出去，从而造成库存积压。这样一来，卖家不但垫压了资金，还会失去信心。做网店代理的话，不存在积压产品的情况，只要卖家接了单，就报单给供货商，由供货商家代发货。根本不会因为存货压货的问题而烦恼，真正实现了零风险创业。

2. 选择网店代理可以大大提升自己的竞争力

如果选择了一家好的公司、大批发商，不但商品种类齐全，而且款式也是丰富多彩，把这么多产品上架到你的网店，和那些自己拿货只有十多件、几十件单一产品的网店相比，卖家的竞争力要强很多。

因为作为一个新手卖家来说，刚开店去市场拿货的时候，因为资金有限，不可能把所有好看的产品都搬到网店上去。

通过网店代理方式开店，可以不用再为货源而烦恼

5.1.2 网店代理的风险

虽然网店代理的经营方式有很大的优势，但同时也有风险。

1 代理店主见不到实物，无法向顾客保证商品的品质。

2 不了解实物，自然无法如实向顾客推荐。

3 买家支付宝付款后，网店向货源商支付宝付款，遇到以下情况垫压的货款有回收风险。

- 快递途中丢货；
- 邮寄途中商品被损；
- 恶意买家刻意拒付；
- 商品和描述不符；
- 商品被人冒领。

4 有售后承诺的商品，交易结束后，买家返回商品到货源商处，代理网店无法保证货源商能否兑现售后服务。

卖家可以通过下列方式来降低网店代理的风险。

1 选择供货商不用垫压一分钱的货款，不担货款回收风险。

2 不用向买家凭想象地介绍商品，避免为了自己的利益而做奸商。

3 不用承担售后责任，免除了售后风险。

4 累计销售额越高，货源商返回的额外利润越高，避免有实力和无实力的网店同一个代销价。

5 货源商绝对不做零售，不用和货源商竞争，不会变相为货源商做免费广告，自己没有一丝好处。

6 买家付款后意外缺货时，卖家可以对货源商追讨相应的补偿，以此避免被买家差评。

5.1.3 寻找一家好的供货商

目前网络上有大量的网店代理公司，为淘宝店主提供了很大的方便。但与此同时，有卖家反映经常会遇到一些骗人的网站，上当受骗不说，还严重影响了网络批发代理的信誉。因此，淘宝卖家可以通过下列方式来寻找到一家好的供货商。

1. 正规企业

好的供货商第一条就是要求是正规企业，因为毕竟是网络合作，和企业合作的过程中出现任何问题，相对而言企业更有保障，更能担当，而和个人合作很可能该网站的处理意见是个人喜好或当时态度就随意决定的。

如何辨别是否是正规企业？简单来说就是去咨询客服该网站的公司全称或营业执照注册号，然后去省级工商行政管理局的网站进行查询，可以查询到的才是真正的企业。千万不能相信个人组建的小网站的各种吹嘘和诱惑。

2. 图片质量

供货商提供的商品图片要拍得越专业，而且是实拍，那卖出的机率越大。

特别对于服装代理，很多什么韩版服装，现在都喜欢一个模式，拍韩版风格。虽然是实拍，但后期编修严重，风格化严重，很多买家收到货，实在是和实物相差太大。因为服装代理也是最容易的中评和差评，但是新手往往就是喜欢跟风，喜欢代理服装（特别是女装），因此女装代销是淘宝最泛滥的行业，竞争力也是最大的（长时间会无人问津），往往也是最打击新手的。

3. 服务质量

服务质量主要包括服务人员在线时间，例如有些好的供货商会一直保持周一到周五（甚至周六日）早8：30至次日凌晨1：00的在线服务时间。另外，是否具备免费400电话及企业QQ等正规化标志，这也是提供服务的保障性标志。再就是回复速度及态度，这也是最明显的服务质量标准。

4. 检测邮费真实性

淘宝卖家可以看一下代销商家的邮资模板，就可以确定是否应该代销了。很多代销网站不仅仅是提供假货，用低价吸引，而且会把邮资提到很高，例如上海到广州，其实10元是正常价，对方会提高到15元。这样的高邮费会影响卖家店铺的经营，因为大部分淘宝的买家对邮资还是挺在意的，过分的邮资比商品过高还要令人厌恶。

5. 判断广告真实性

对那些鼓吹的商家尤其小心，这些商家通常描述自己产品如何如何丰富，还经常找几张新闻图片贴在网站，以示自己有多大影响力，甚至宣称有什么报刊杂志刊登了对自己的报道等等。

淘宝卖家对这些供货商需要特别小心，对方可能以代理加盟费为由，骗取加盟费，等到代理后发现售前售后两个样。

男装网店代理的供货商

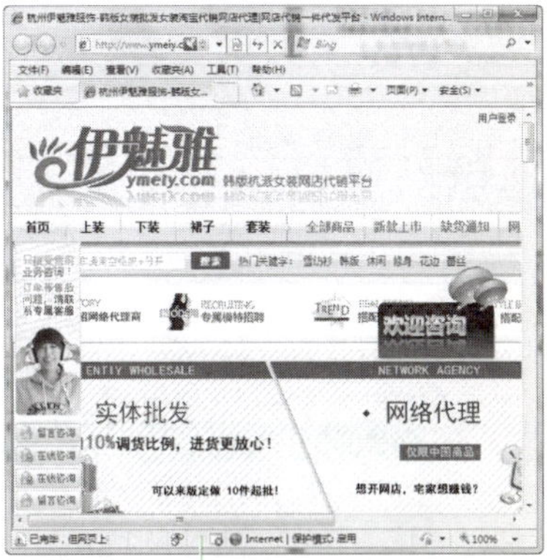

女装网店代理的供货商

5.1.4 网店代理的一般流程

以网店代理经营淘宝店铺的一般流程如下。

1. 与网店代理供货商签订代理协议。
2. 供货商网站提供商品数据库。
3. 网店代理下载数据库并上传到网店上架销售。
4. 网店代理销售出商品并通知供货商网站发货。
5. 网店代理使用支付宝等担保交易付款给供货商网站。
6. 网店代理的买家收到货确认支付。
7. 网店代理确认支付给供货商网站。
8. 交易完成。

5.1.5 寻找网店代理的厂商

寻找网店代理的厂商其实很简单，淘宝卖家可以通过阿里巴巴寻找，也可以通过搜索网站来搜索寻找。例如使用百度搜索网站，以“网店代理”为关键字，即可寻找到很多提供网店代理服务的厂商。

使用“网店代理”为关键字搜索

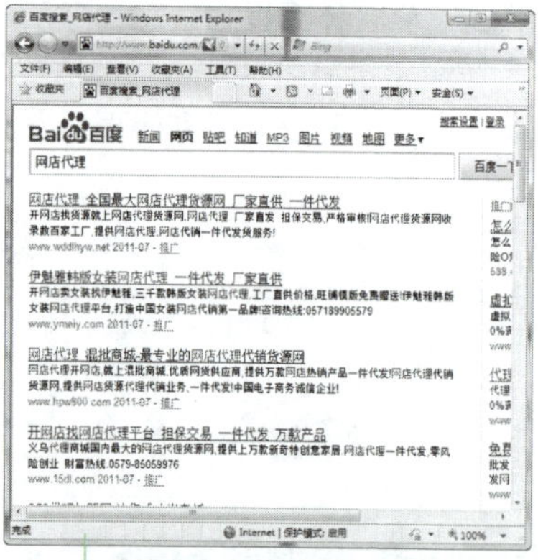

搜索出提供网店代理服务的厂商

5.2 咨询并申请成为网店代理

当找到合适的供货商后，可以与之协商加入成为网店代理。当成功加入成为网店代理后，即可通过供货商网站下载淘宝店铺的商品数据包，并通过淘宝助理将数据包的商品发布到自己的淘宝店铺上。

达人课堂

本节将通过某个提供男装网店代理的批发网站为例，介绍加入该网站成为网店代理，并下载商品数据包的具体方法。

5.2.1 事前咨询客服人员

在申请加入供货商的网店代理前，需要咨询供货商客服人员，了解具体的代理条件和相关事项。

动手跟练

▶STEP 01

打开批发网站首页，然后打开对方客服列表，单击阿里旺旺客服图标，通过阿里旺旺咨询对方。

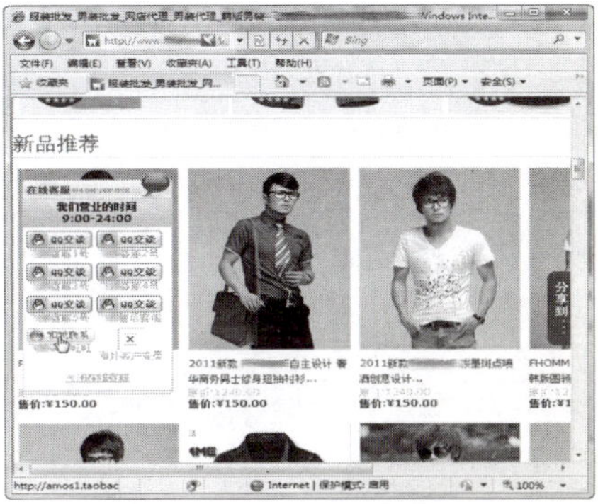

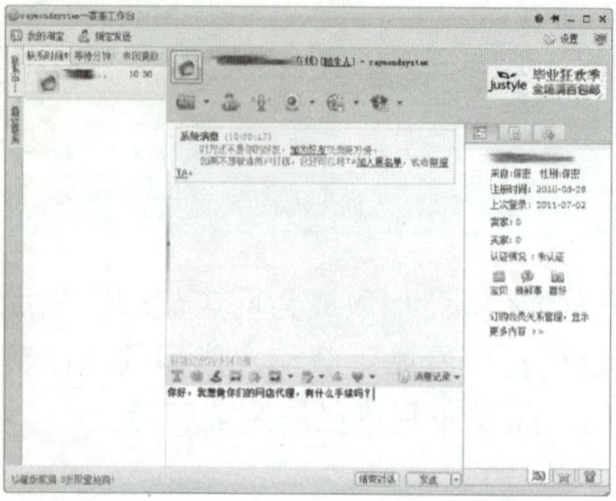

▶STEP 02

在阿里旺旺中输入咨询的问题，例如加入网店代理的有何手续，最后单击【发送】按钮。

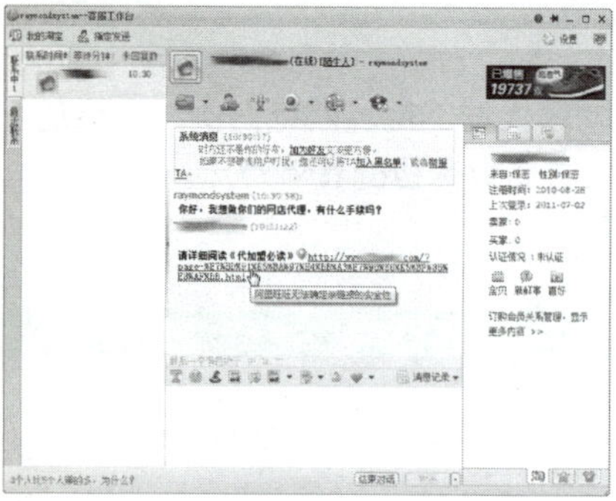

▶STEP 03

稍等一会，对方回复了信息，此时可以打开对方发过来的网址，查看网店代理的相关内容。

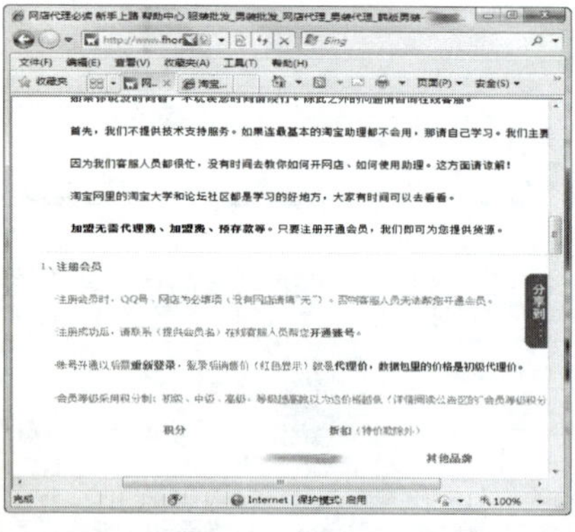

▶STEP 04

打开页面后，详细阅读页面上的加入成为网店代理的相关内容，例如加入条件、手续、是否需要缴纳代理金等。

▶STEP 05

看完加入网店代理的内容后，可以通过阿里旺旺跟客服人员确认一下。

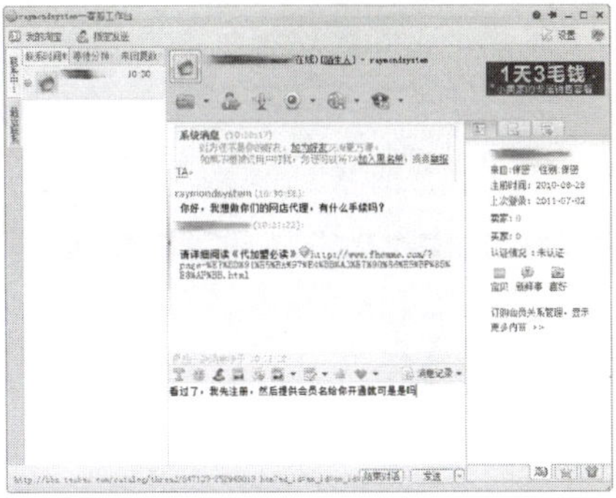

▶STEP 06

当客服人员回复后，即可根据对方要求的手续先注册成为会员，再申请成为网店代理。

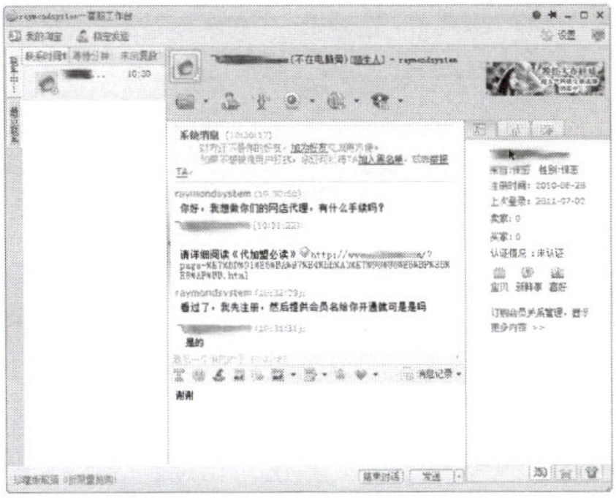

5.2.2 注册会员并申请代理

大部分批发网站都要求网店代理先注册成为网站会员，然后才可以申请成为网店代理。本小节延续上小节的过程，注册成为会员再申请成为网店代理。

动手跟练

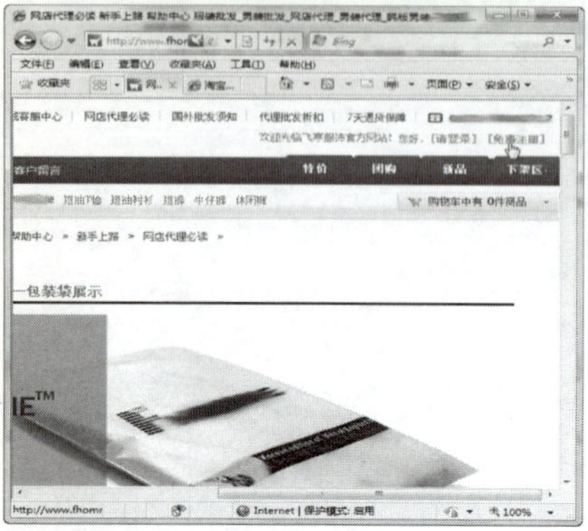

▶STEP 01

打开批发网站首页，然后单击【免费注册】链接。

▶STEP 02

此时在【用户注册】页面中输入注册信息，再单击【立即注册】按钮。

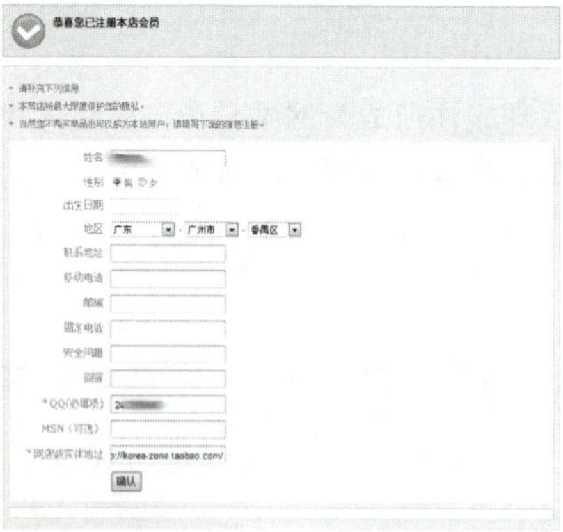

▶STEP 03

注册成为网站会员后，可以根据页面的表单补充一些个人资料，接着单击【确认】按钮。

▶STEP 04

此时页面显示提交成功的信息，并且系统会自动跳转到个人中心页面。

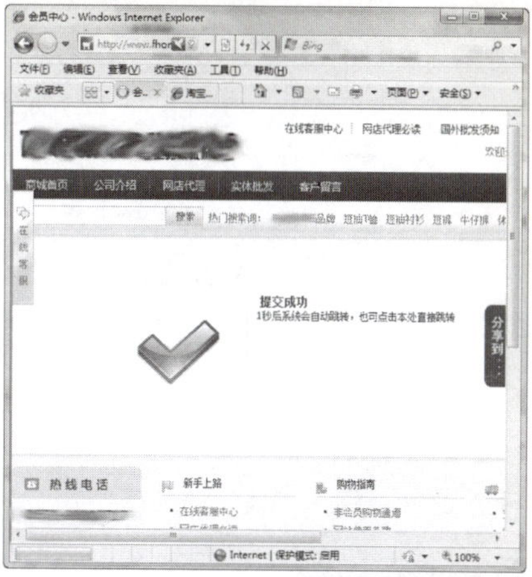

▶STEP 05

进入会员中心后，可以查看到当前账户信息以及其他用户信息。

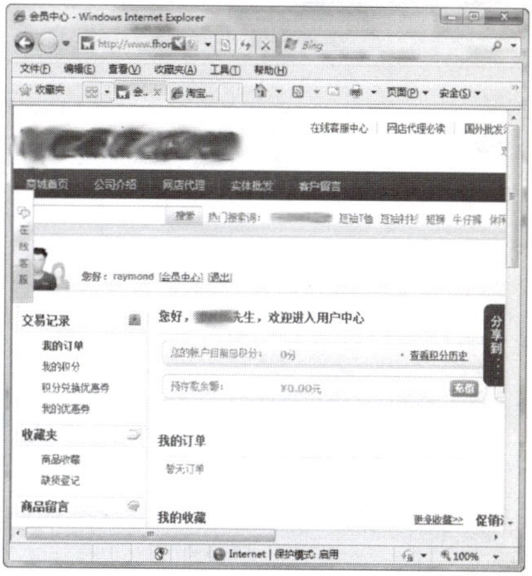

▶STEP 06

返回阿里旺旺，告知客服人员自己注册的会员名，要求对方批准成为网店代理会员。

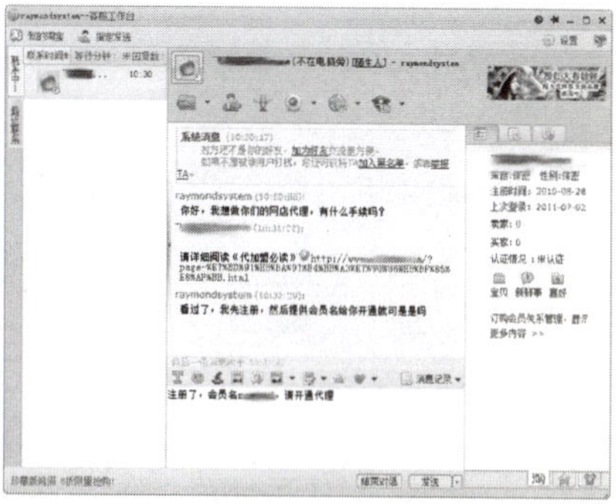

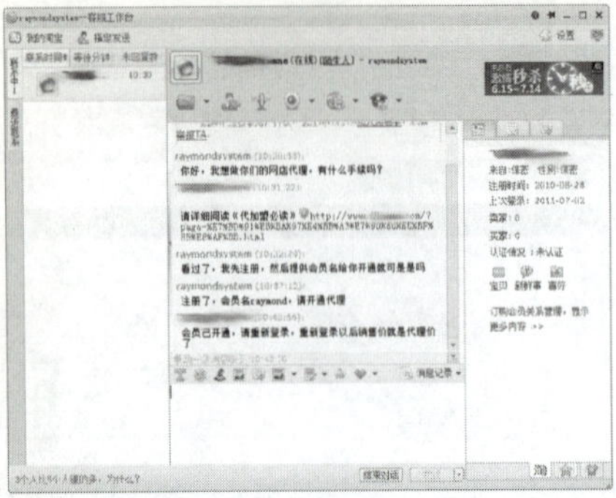

▶STEP 07

当对方通过代理申请后，会将用户开通成为代理会员，并通过阿里旺旺回复已开通的信息。

▶STEP 08

返回会员中心页面，单击【退出】链接，先退出会员中心。

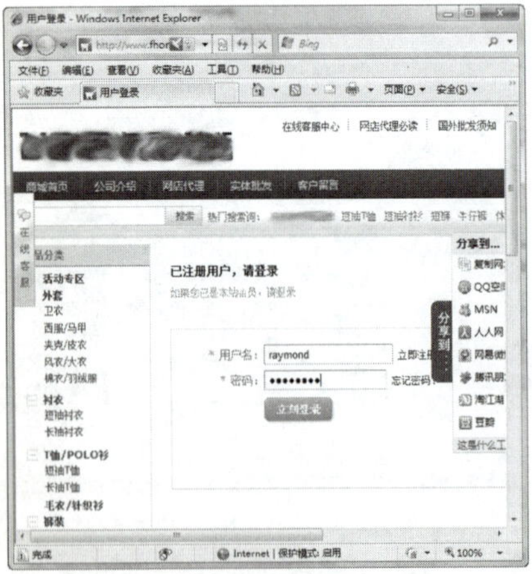

▶STEP 09

退出会员中心后，再次使用会员名和密码登录会员中心。

▶STEP 10

进入会员中心后，此时可以在页面上看到自己的身份已经变成【初级代理批发商】。

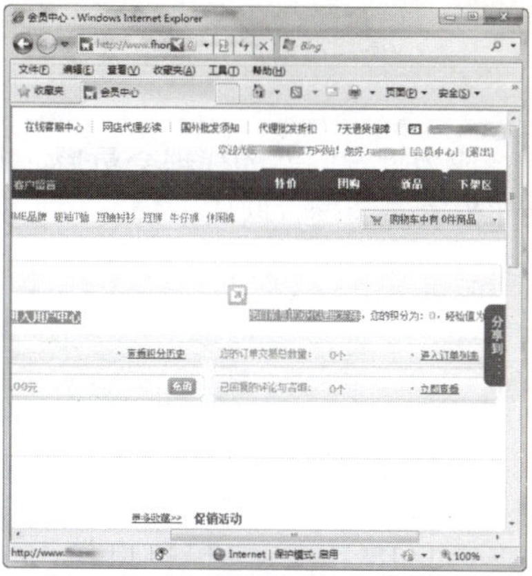

▶STEP 11

此时可以单击【代理批发折扣】链接，打开代理批发折扣页面。

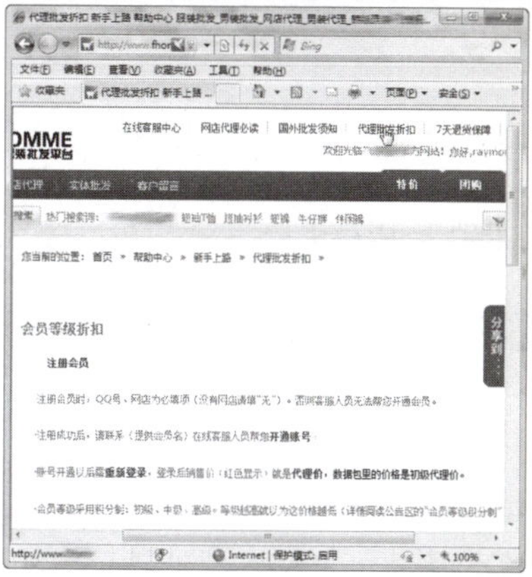

▶STEP 12

打开页面后，即可看到各种代理级别的批发折扣。

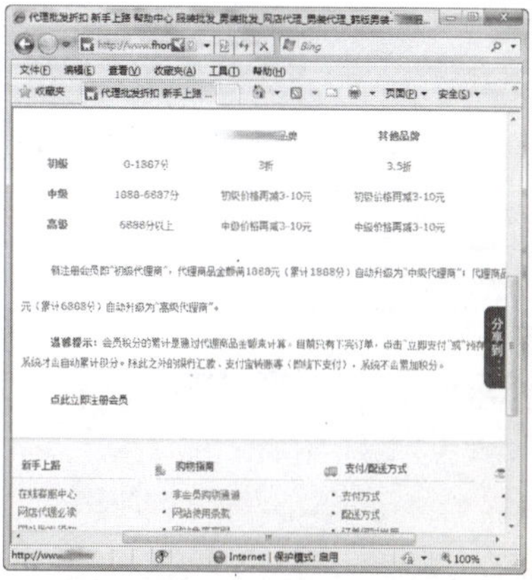

Chapter 5 网店代理的经营模式

创业密码——新手淘宝开店

5.2.3 下载淘宝网店数据包

成为批发网站的代理会员后，即可下载网站提供的网店数据包，以便为自己的淘宝网店上货。

动手跟练

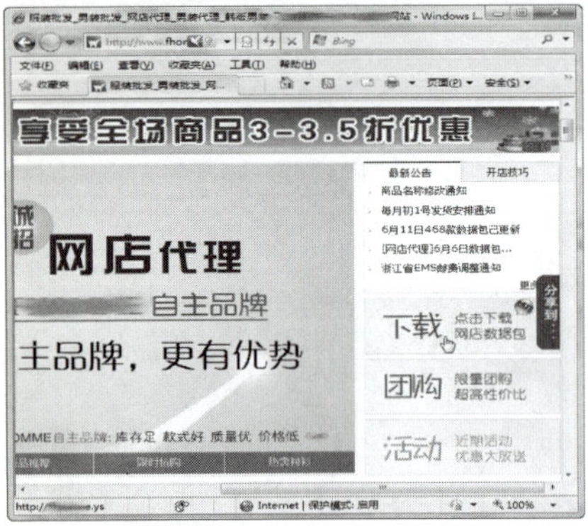

▶STEP 01

打开批发网站首页，然后单击【下载】图标按钮。

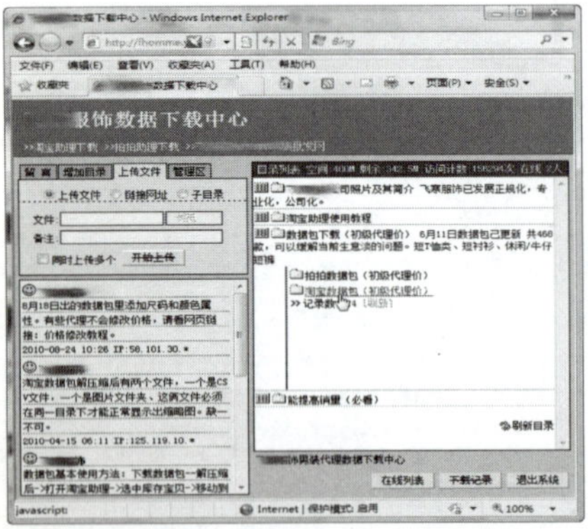

▶STEP 02

打开数据包下载列表，再单击【淘宝数据包（初级代理价）】链接。

▶STEP 03

打开【淘宝数据包】列表后，选择要下载的数据包，然后在数据包上单击即可。

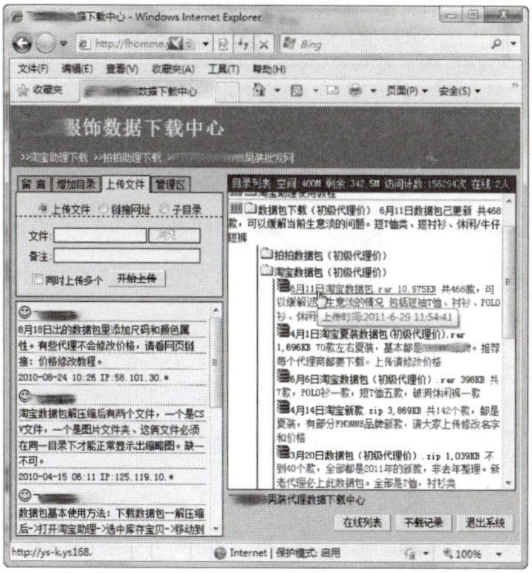

▶STEP 04

打开【文件下载】对话框，单击【保存】按钮。

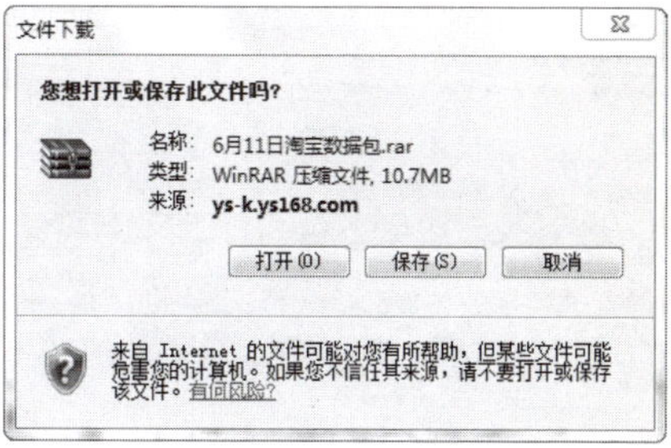

▶STEP 05

打开【另存为】对话框后，选择保存数据包的文件夹，然后单击【保存】按钮，下载数据包。

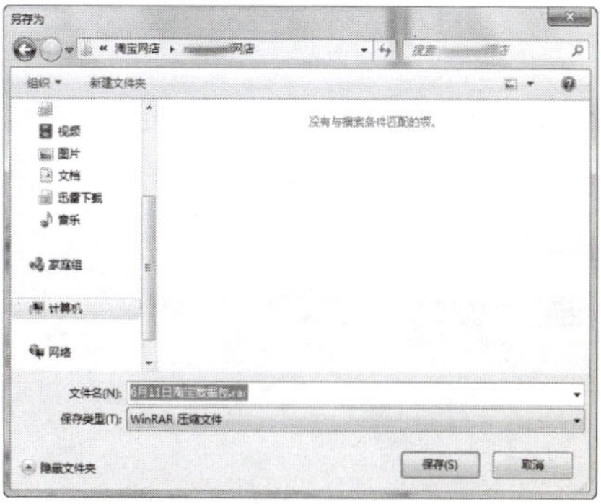

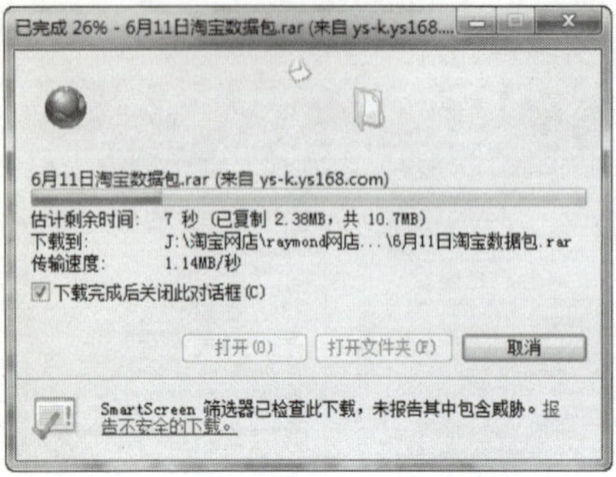

▶STEP 06

此时系统会自动下载数据包，下载完成后，即可进入保存文件目录查看下载到的数据包。

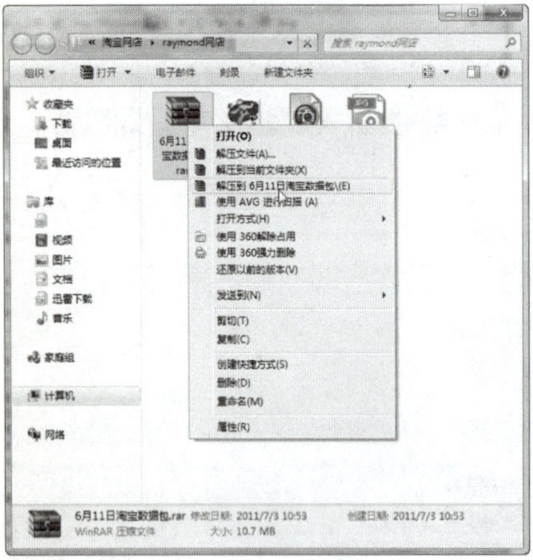

▶STEP 07

在电脑上安装解压缩软件，然后利用软件将数据包解压缩出来。

▶STEP 08

解压缩数据包后，即可打开数据包文件夹，查看商品数据文件。

5.3 使用淘宝助理为店铺上货

淘宝助理也是上传和管理宝贝的一个店铺管理工具，它可以使不登录淘宝网就能直接编辑宝贝信息，快捷批量上传宝贝。

淘宝助理让卖家可以离线管理、轻松编辑商品信息，并可以快速创建新宝贝，通过模板，让卖家数秒钟就为店铺发布商品。另外，淘宝助理还可以批量编辑对宝贝的描述、类目、属性等内容，为卖家节省更多的宝贵时间。此外，通过淘宝助理，卖家可以轻松管理交易，批量编辑物流公司和运单号。

5.3.1 下载与安装淘宝助理

要使用淘宝助理，先要通过淘宝网下载到淘宝助理程序，然后安装到电脑上。此后，淘宝卖家即可使用淘宝助理管理店铺商品和交易了。

Chapter 5 网店代理的经营模式

创业密码——新手淘宝开店

达人课堂

本例以最新版本的淘宝助理4.6 03为例，介绍下载与安装的具体操作方法和步骤。淘宝助理下载地址：http://zhuli.taobao.com/。

动手跟练

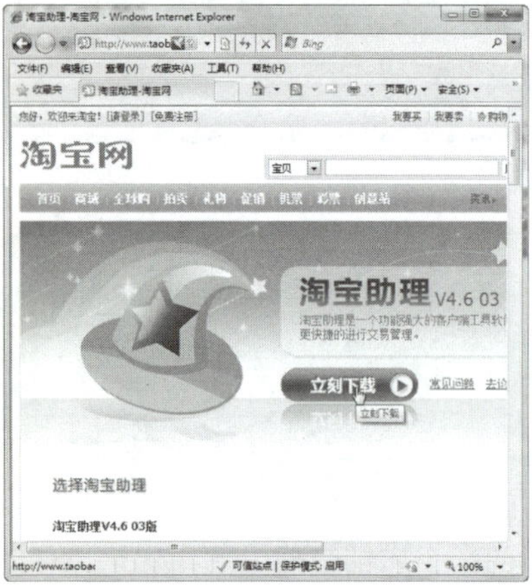

▶STEP 01

打开淘宝助理下载页面，然后单击【立刻下载】按钮。

▶STEP 02

如果有安装迅雷下载软件的用户，可以通过迅雷软件新建下载任务，然后单击【立即下载】按钮。

▶STEP 03

此时迅雷下载软件将执行下载的操作，并显示下载进度。

▶STEP 04

下载完成后，打开保存的文件夹，然后双击淘宝助理程序图标。

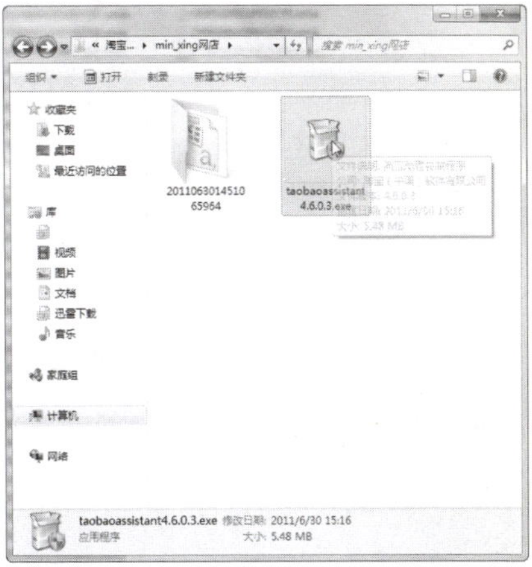

▶STEP 05

启动淘宝助理安装向导后，单击【下一步】按钮，开始安装。

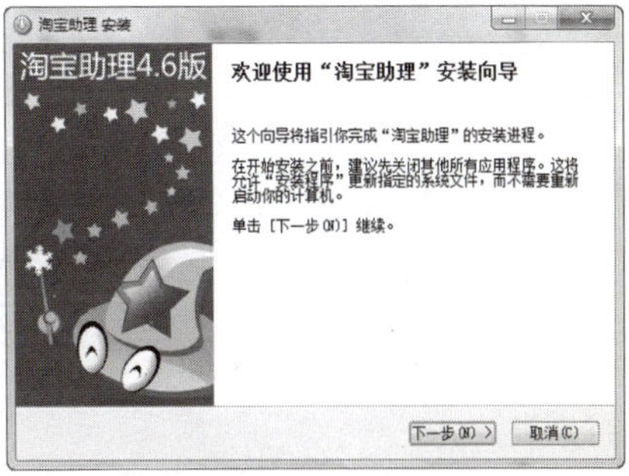

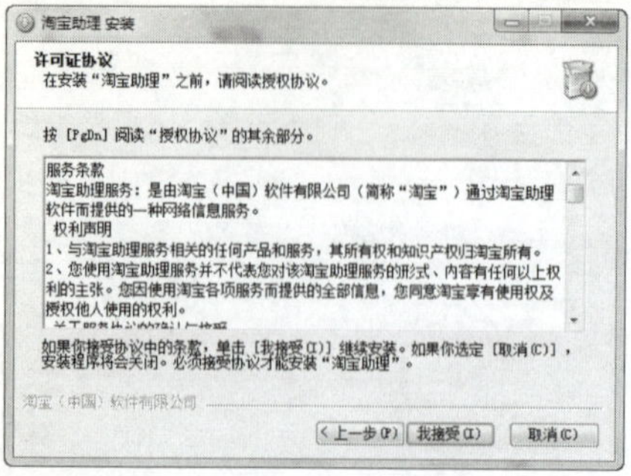

▶STEP 06

在【许可证协议】界面中查阅许可证协议，然后单击【我接受】按钮。

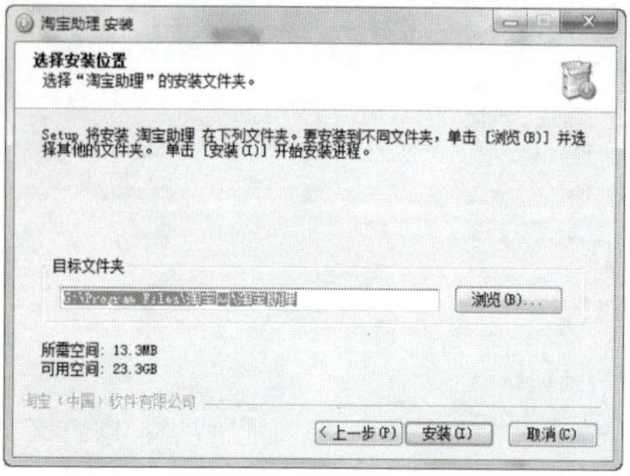

▶STEP 07

此时指定安装淘宝助理的目录，然后单击【安装】按钮。

▶STEP 08

安装完成后，直接单击【完成】按钮即可。

5.3.2 更新淘宝店铺的数据

在使用淘宝助理发布商品前，建议先更新数据，以便让淘宝助理与自己淘宝店铺的数据一致，例如让淘宝助理同步更新店铺商品的分类。

达人课堂

“更新数据”是一个具有同步更新淘宝网页上的类目、属性和店内类目等信息的功能。使用此功能，卖家可以及时、阶段性地更新这些信息，以保证助理本地的信息与淘宝网线上保持一直，避免发布的商品出现问题，例如商品的分类对不上店铺分类。

动手跟练

▶STEP 01

打开淘宝助理程序，然后输入淘宝账号和淘宝登录密码，再单击【确定】按钮，登录淘宝助理。

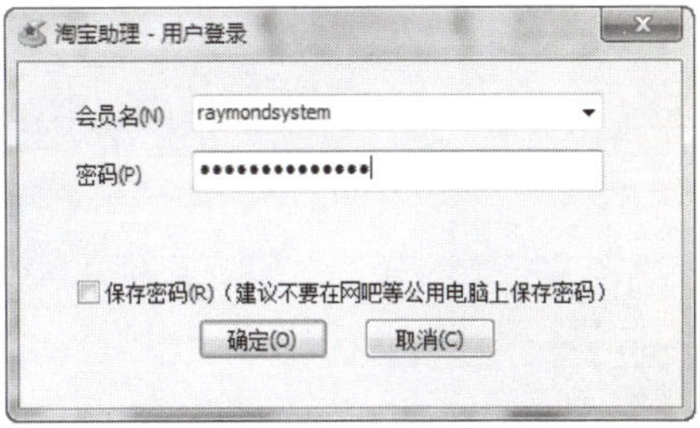

▶STEP 02

单击淘宝助理工具栏的【更新数据】按钮，并在打开的列表框中选择【更新数据】命令。

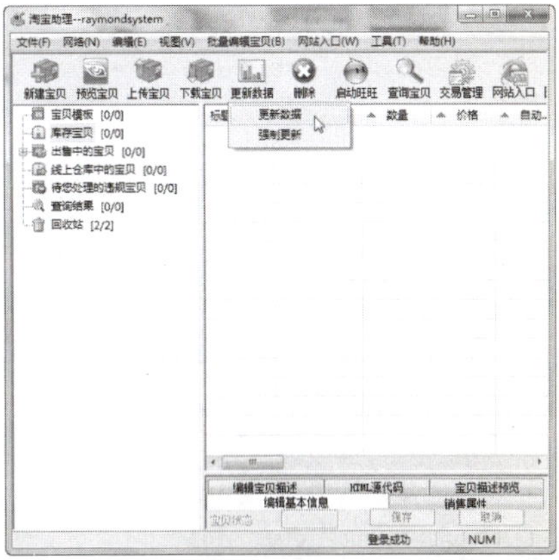

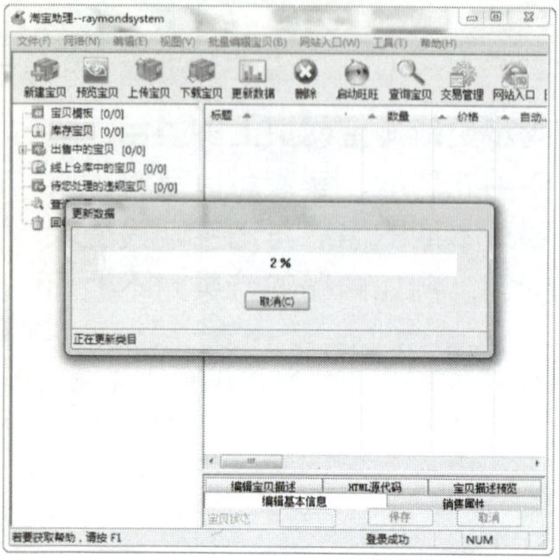

▶STEP 03

此时淘宝助理将执行更新数据的操作，并显示进度。

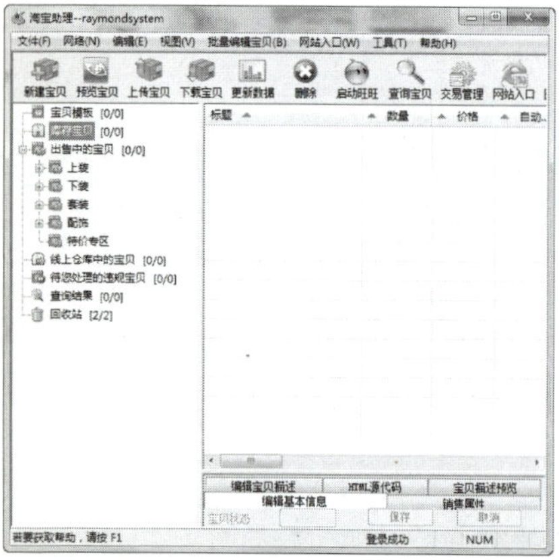

▶STEP 04

更新数据后，可以看到淘宝助理已经与店铺同步更新了商品分类。

5.3.3 导入淘宝店铺数据包

要使用批发网站提供的数据包，就需要先将数据包导入淘宝助理，然后才可以通过淘宝助理编辑与发布商品。

动手跟练

▶STEP 01

在淘宝助理商品列表区域上单击右键，在弹出的快捷菜单中选择【从CSV文件导入（增加为新宝贝）】命令。

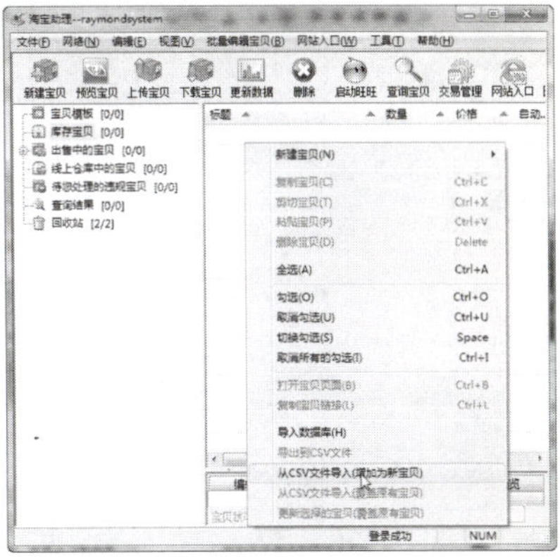

▶STEP 02

打开【打开】对话框后，选择需要导入的数据包文件，然后单击【打开】按钮。

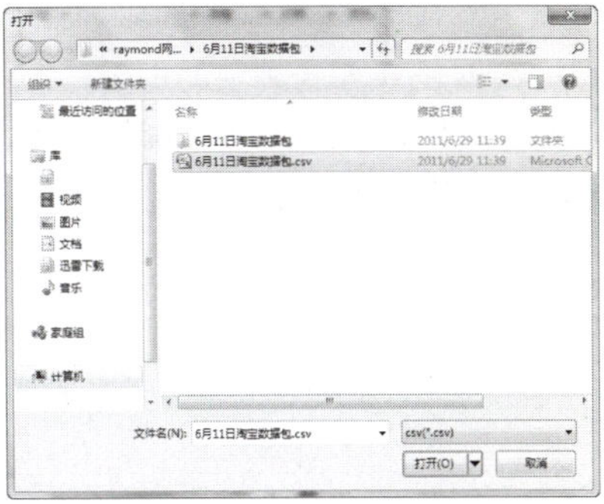

▶STEP 03

此时淘宝助理将执行导入数据的操作，并显示进度。

▶STEP 04

导入数据后，单击【确定】按钮，即可看到商品已列表显示。

5.3.4 编辑商品并上传到店铺

数据包导入到淘宝助理后，即可针对商品的销售要求进行适当的编辑，例如设置商品在店铺的类目、设置快递邮费、修改商品价格、编辑宝贝描述等。

动手跟练

▶STEP 01

在淘宝助理商品列表标题栏上单击【类目】选项，以类目顺序排列商品。

▶STEP 02

选择要编辑的商品列表，单击右键在弹出的快捷菜单中选择【勾选】命令。

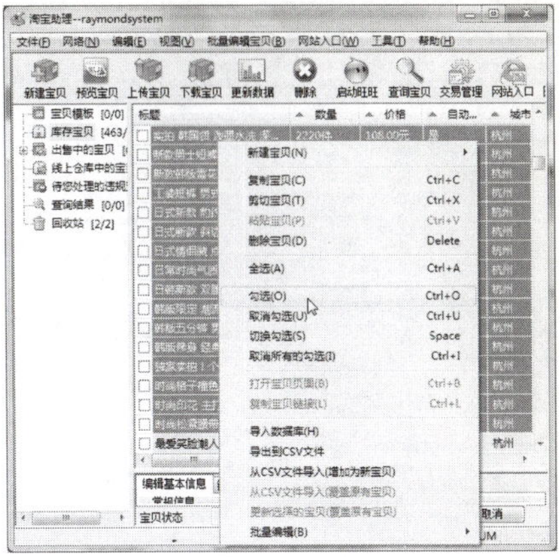

▶STEP 03

在勾选的商品上单击右键，在弹出的快捷菜单中选择【批量编辑】|【店铺内类目】命令。

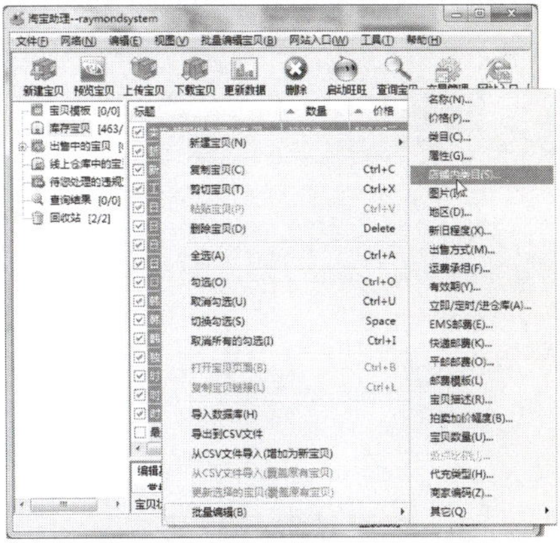

▶STEP 04

打开对话框后，单击[...]按钮，然后勾选店铺类目，并单击【确定】按钮，再单击【保存】按钮，即可设置类目。

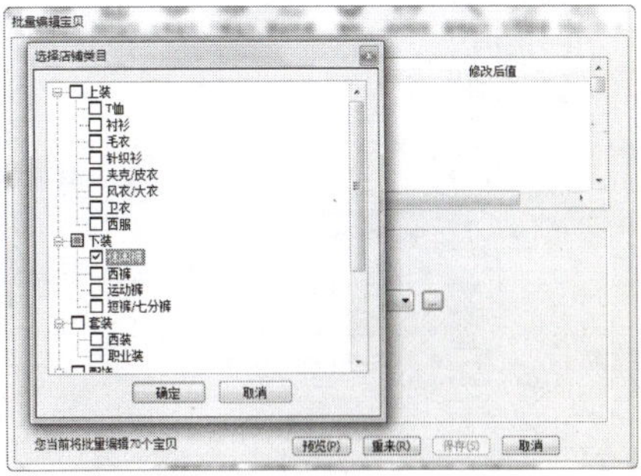

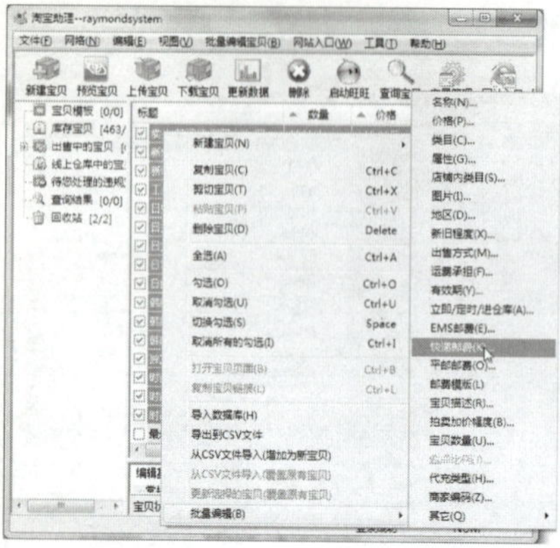

▶**STEP 05**

再次在商品列表上单击右键，然后从打开的菜单中选择【批量编辑】|【快递邮费】命令，准备修改商品邮费。

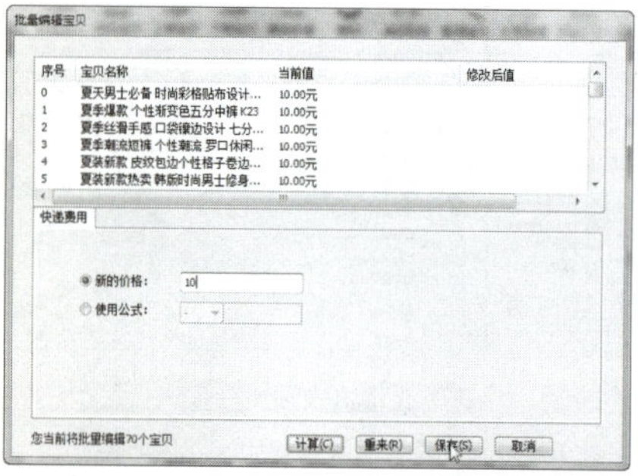

▶**STEP 06**

打开【批量编辑宝贝】对话框后，选择【新的价格】单选项，再设置邮费价格，接着单击【保存】按钮。

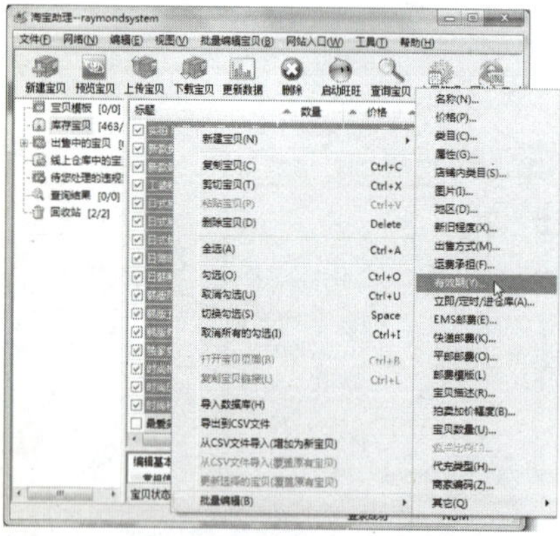

STEP 07

在商品列表上单击右键，然后从打开的菜单中选择【批量编辑】|【有效期】命令，准备修改商品上架有效期。

▶STEP 08

打开【批量编辑宝贝】对话框后，从列表框中选择【14天】选项，再单击【保存】按钮。

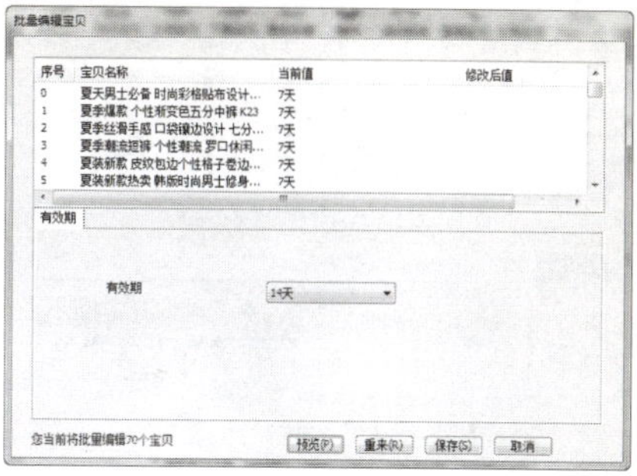

达人提醒

“批量编辑”的功能，只对勾选的商品产生作用，未勾选的商品不受影响。

▶STEP 09

选择其中一个商品列表项，然后在【编辑基本信息】选项页中修改商品的价格，再单击【保存】按钮。

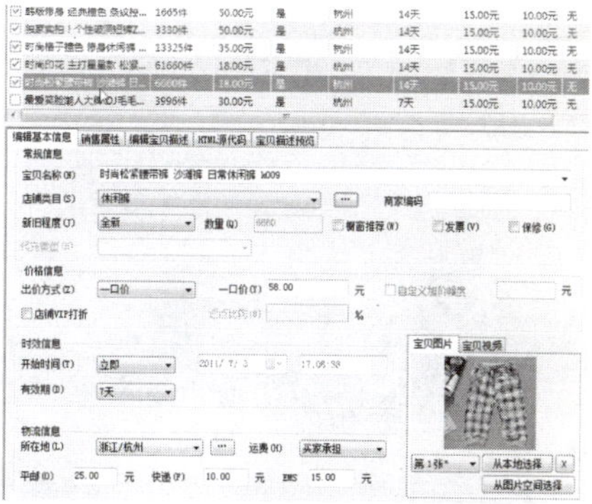

▶STEP 10

切换到【销售属性】选项页，修改颜色、尺码、价格、数量等销售属性。

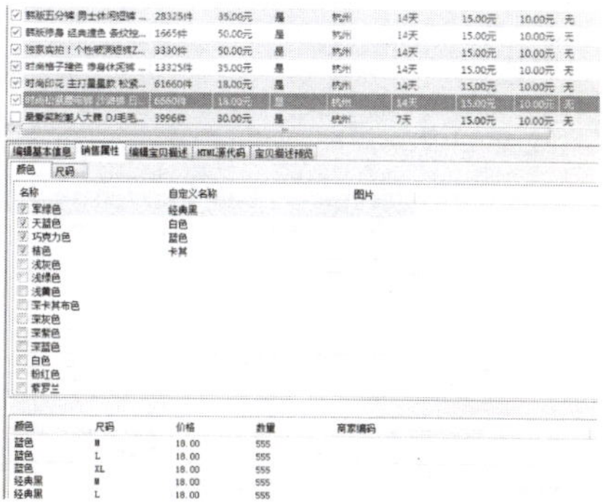

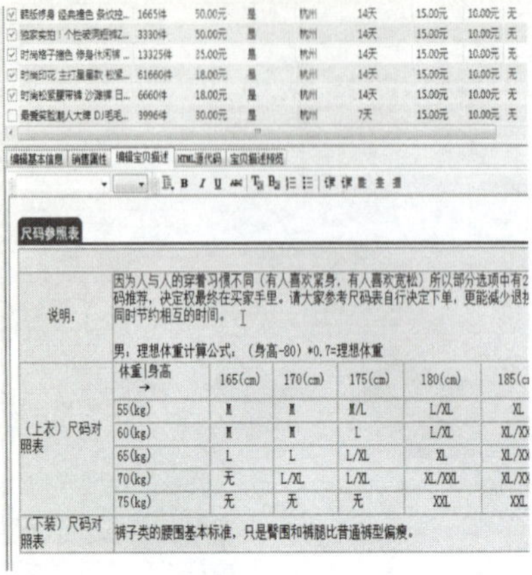

▶STEP 11

切换到【编辑宝贝描述】选项页，通过页面修改宝贝描述的内容，例如可以修改或添加商品说明、商品图片、退换货说明、运费设置、其他必要的购买事项等内容。

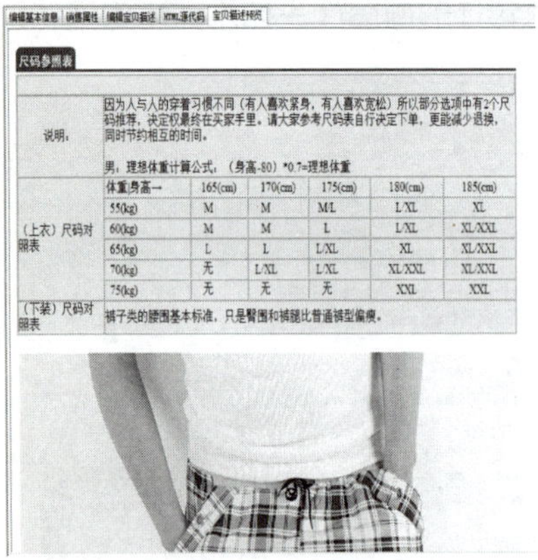

▶STEP 12

切换到【宝贝描述预览】选项页，预览商品描述的页面效果。

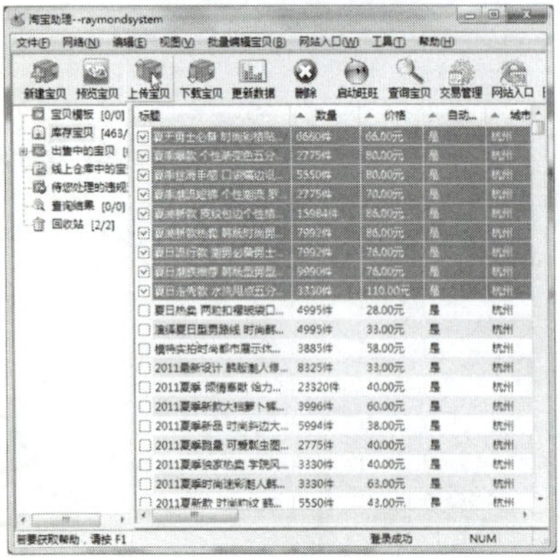

▶STEP 13

勾选需要上传的商品列表，然后单击【上传宝贝】按钮，准备将商品发布到淘宝店铺上。

▶STEP 14

打开【上传宝贝】对话框后，设置宝贝描述中图片在淘宝网图片空间的存放分类，然后单击【确定】按钮。

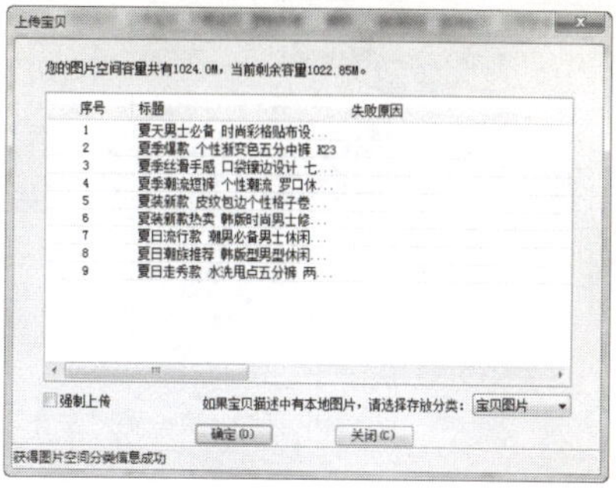

▶STEP 15

此时淘宝助理会将勾选的商品项目上传到卖家的淘宝店铺。

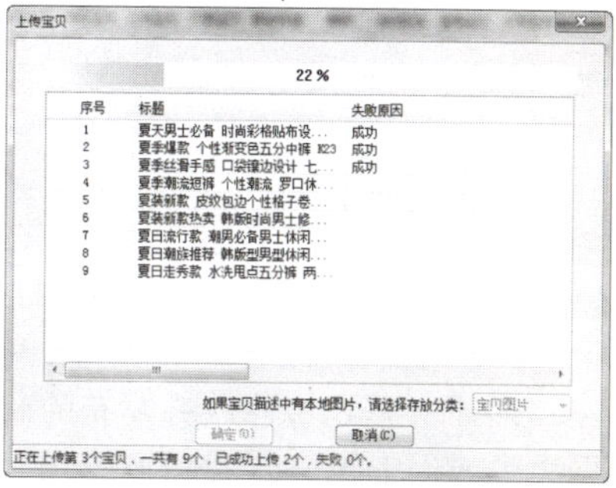

▶STEP 16

上传完成后，显示上传的结果，此时单击【确定】按钮即可。

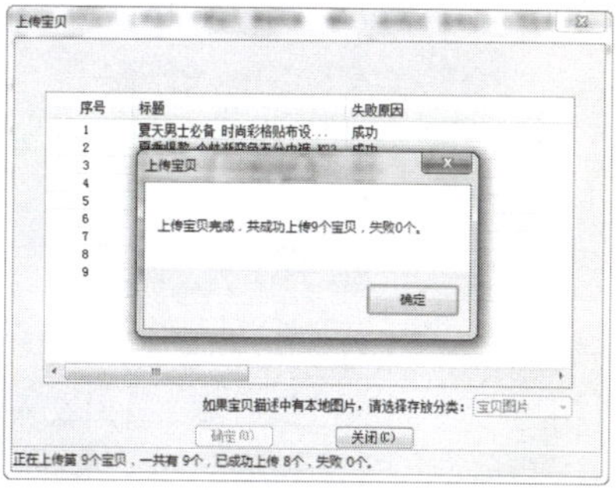

达人提醒

当上传商品后，被上传的商品会移到淘宝助理的【出售中的宝贝】选项页中，原来【库存宝贝】选项页将不再显示被上传的商品。

另外，上传商品后，卖家需要等待大概30分钟后，才可以看到这些商品在店铺上显示。

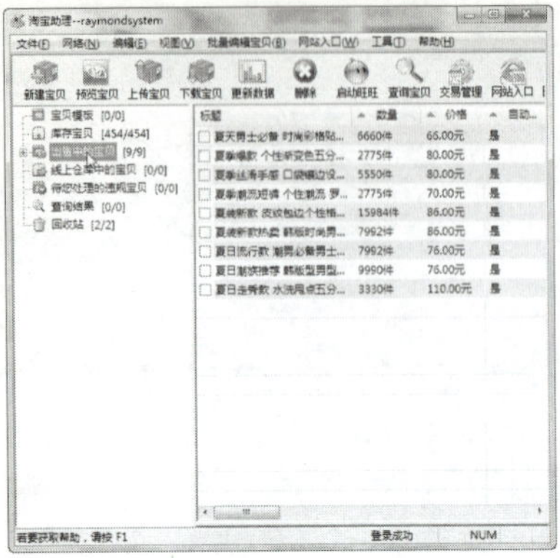

被上传的商品会移到【出售中的宝贝】选项页

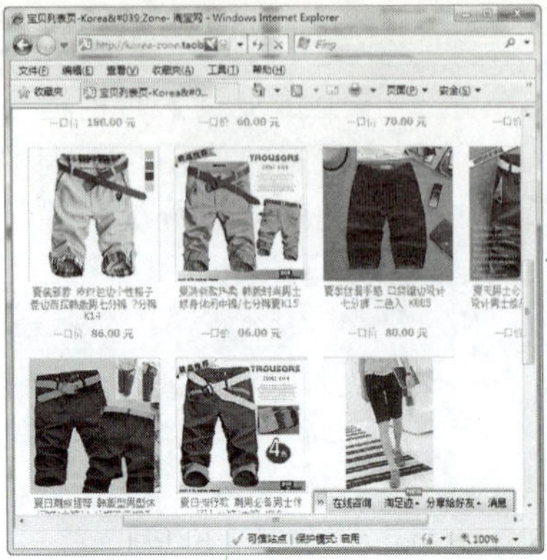

等待30分钟后，商品在店铺上显示

5.3.5 备份商品的数据库

对于一些已经修改并发布的商品项目，可以备份起来，以避免数据丢失或误编辑。

动手跟练

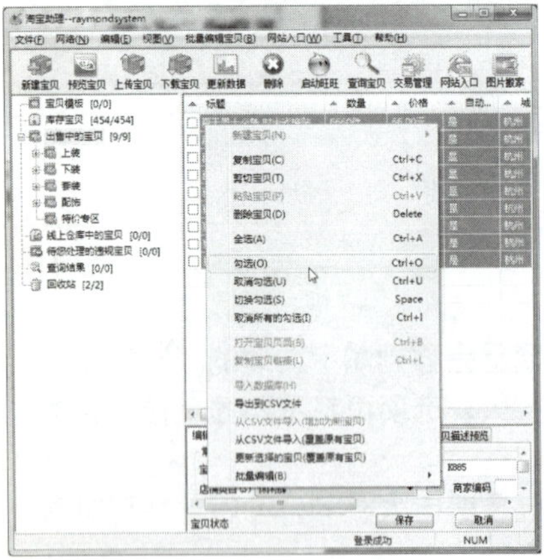

▶STEP 01

打开【出售中的宝贝】选项页，选择要编辑的商品列表，单击右键并从菜单中选择【勾选】命令。

▶STEP 02

单击【工具】按钮，并从打开的菜单中选择【备份数据库】命令。

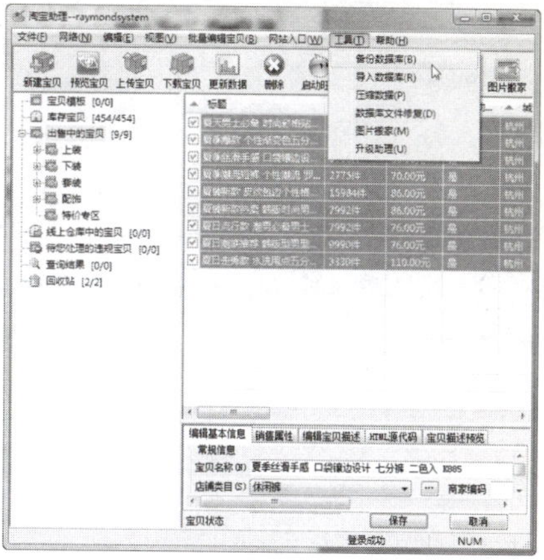

▶STEP 03

打开【数据备份】对话框后，单击【浏览】按钮。

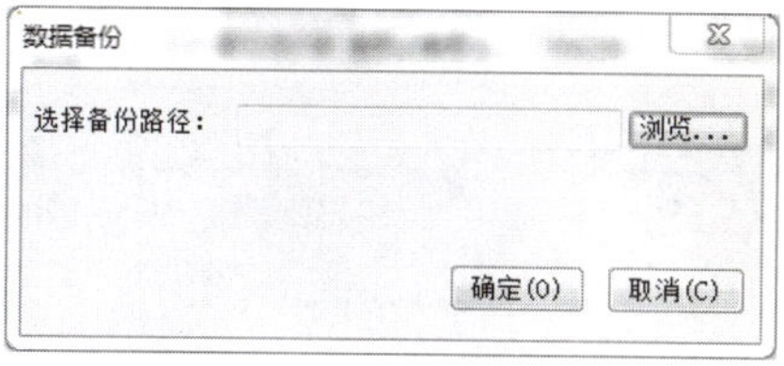

▶STEP 04

指定保存的文件夹，并设置文件名，最后单击【保存】按钮。

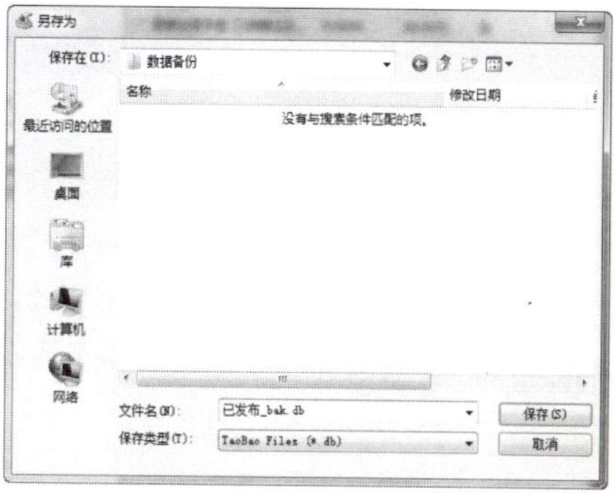

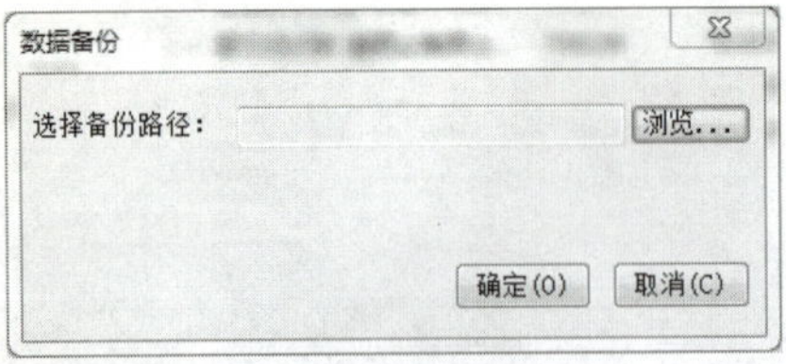

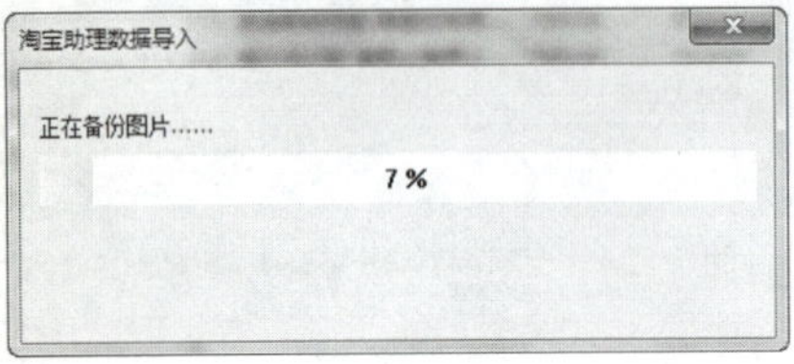

▶STEP 05

返回【数据备份】对话框后，单击【确定】按钮，此时淘宝助理执行备份的操作。

▶STEP 06

备份完成后，弹出对话框显示备份数据成功的信息，此时单击【确定】按钮即可。

章后点评

以网店代理的方式经营淘宝店铺，最大的优势在于低成本，最大限度地降低投资的风险，这种优势尤其适合新进且经验不多的淘宝卖家。

图片管理与基本装修

Chapter

6

要让自己的店铺吸引更多的买家光顾，除了有不错的商品外，精美的装修也是不可缺的元素。本章将详细介绍通过图片空间管理装修所需要的图片，以及淘宝旺铺的基本装修方法和技巧。

6.1 上传与管理店铺图片

为了让淘宝卖家在商品上加入商品图片，或者方便在装修店铺时使用所需的图片，淘宝网为新进卖家免费提供了无限量的淘宝图片空间使用。

达人课堂

淘宝官方图片空间主要为卖家提供图片存储和展示，卖家可以将所有宝贝详情的图片和店铺装修的图片存储在该空间。图片空间有如下政策:

- 2010年3月25日起，卖家开店即免费获得30MB容量淘宝图片空间。
- 2010年11月15日起，1钻以下（不包含1钻）卖家免费无限量地使用淘宝图片空间。

6.1.1 管理图片空间的分类

在使用淘宝网图片空间前，可以先管理好图片空间的分类，例如为不同用途的图片设置对应的分类。

动手跟练

▶STEP 01

登录淘宝网，然后单击【卖家中心】链接。

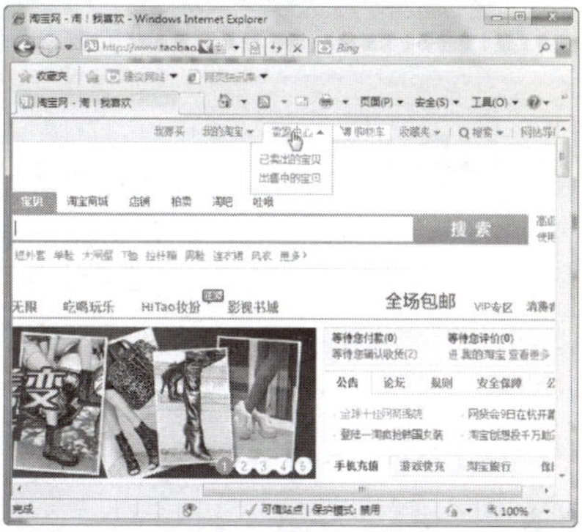

▶STEP 02

进入【我是卖家】页面，单击【图片空间】链接。

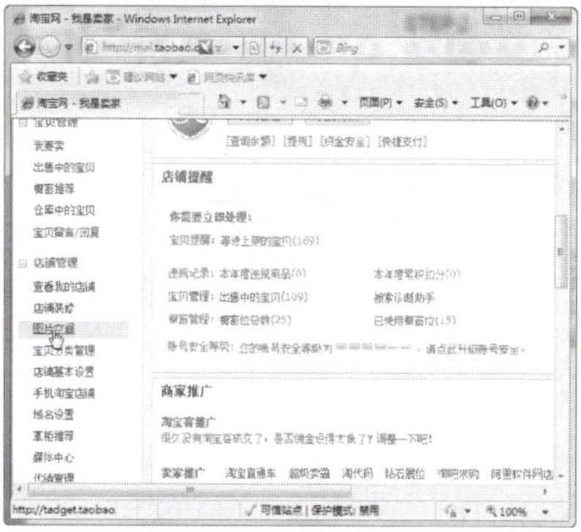

▶STEP 03

打开图片空间后，单击导航栏上的【分类管理】按钮。

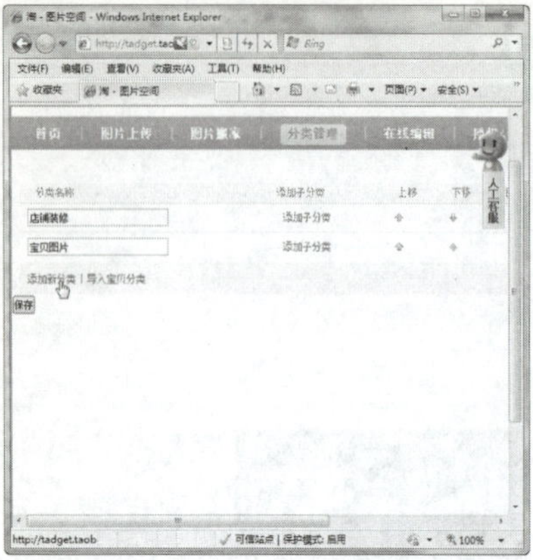

▶STEP 04

打开【分类管理】页面后，单击【添加新分类】链接，为图片空间添加一个新的分类。

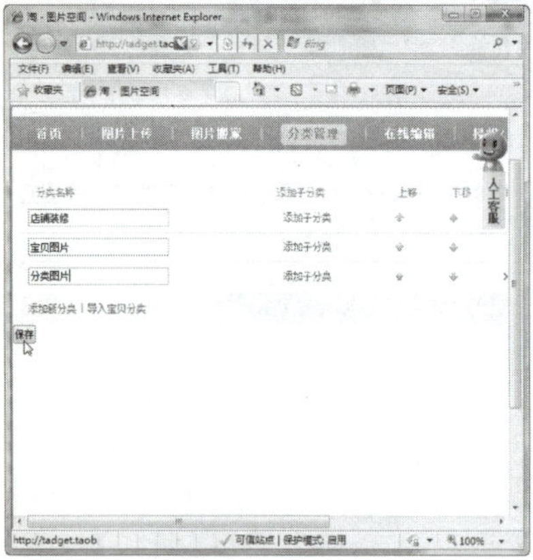

▶STEP 05

此时在分类文本框中输入名称，然后单击【保存】按钮，保存目前的分类。

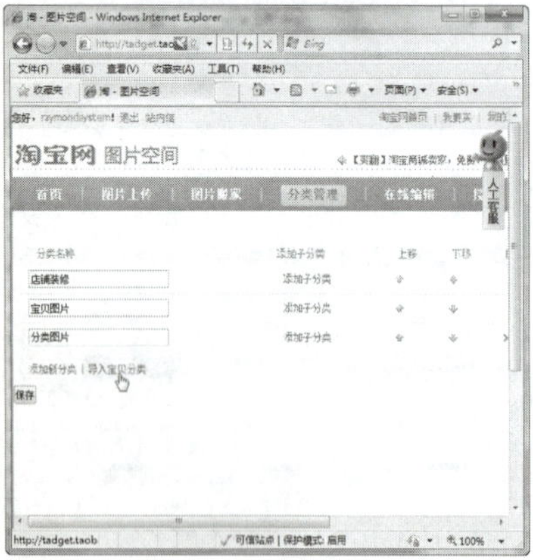

▶STEP 06

如果想要从店铺分类中导入图片空间分类项目，可以单击【导入宝贝分类】链接。

▶**STEP 07**

打开【导入宝贝分类】对话框后，选择需要导入的分类项目，然后单击【添加】按钮。

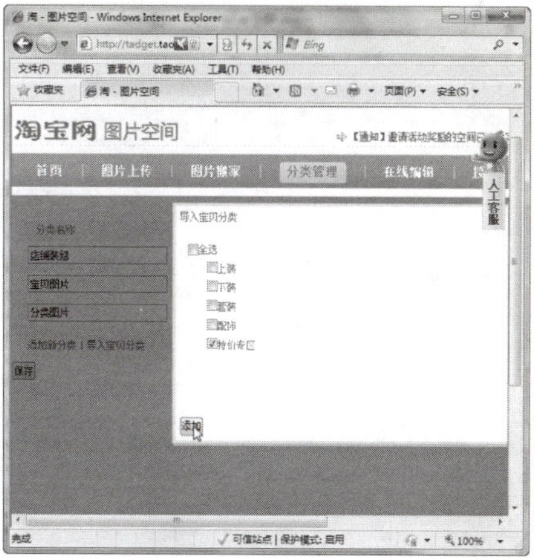

▶**STEP 08**

导入分类项目后，单击【保存】按钮即可。

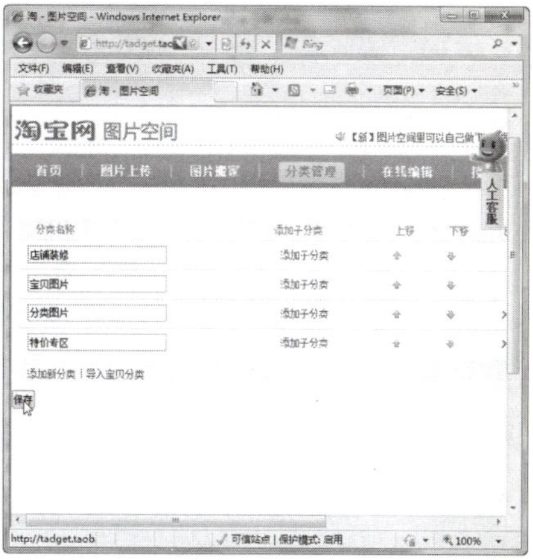

6.1.2 上传本地图片到空间

当在本地电脑上设计或搜集好图片素材后，可以先将这些图片上传到图片空间，以便后续管理店铺时使用。

动手跟练

▶STEP 01

登录淘宝网，再打开图片空间，然后单击【图片上传】按钮。

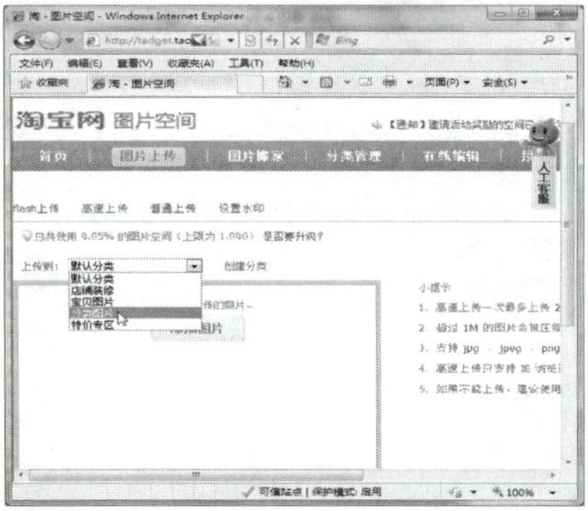

▶STEP 02

打开列表框并选择上传图片的目标分类。

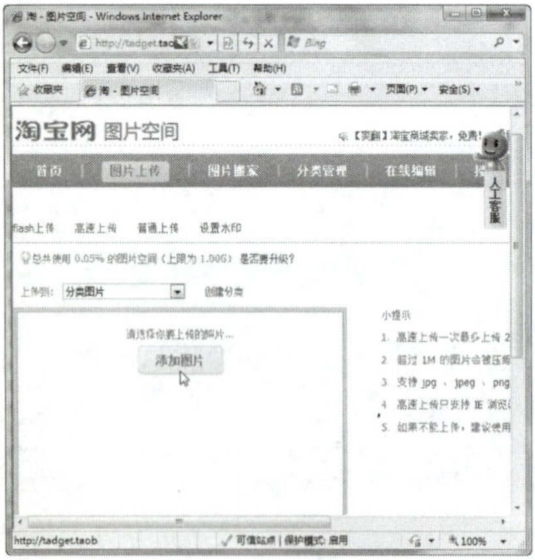

▶STEP 03

当要上传图片时，单击页面上的【添加图片】按钮。

▶STEP 04

打开【添加图片】对话框后，在左侧目录列表中选择图片所在的文件夹，然后选择【全选】复选框，选择所有的图片，最后单击【选好了】按钮。

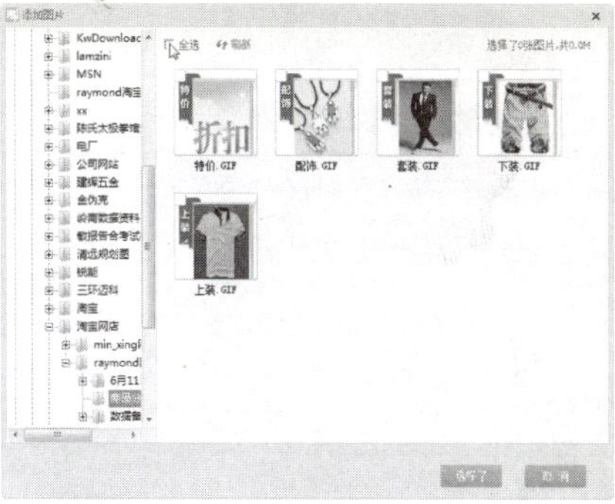

▶STEP 05

进入【上传图片】对话框后，设置上传的选项，然后单击【立即上传】按钮，执行上传的操作。

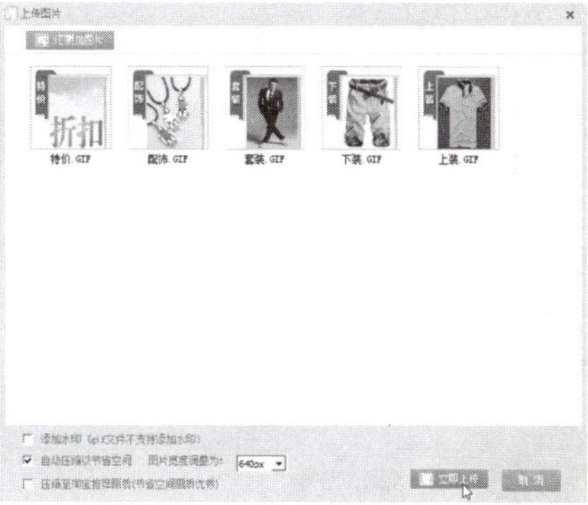

▶STEP 06

上传完成后将弹出【上传成功】对话框，单击【完成】按钮。此时会自动返回到图片空间首页，卖家可以通过页面查看到上传的图片

6.1.3 删除图片空间的图片

如果上传到图片空间的某些图片不需要使用的话，可以将这些图片删除，以节省空间。

动手跟练

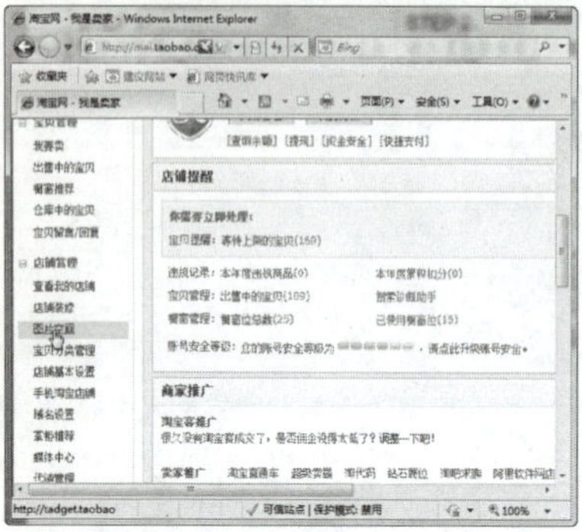

▶STEP 01

进入【我是卖家】页面，然后单击左侧导航列的【图片空间】链接。

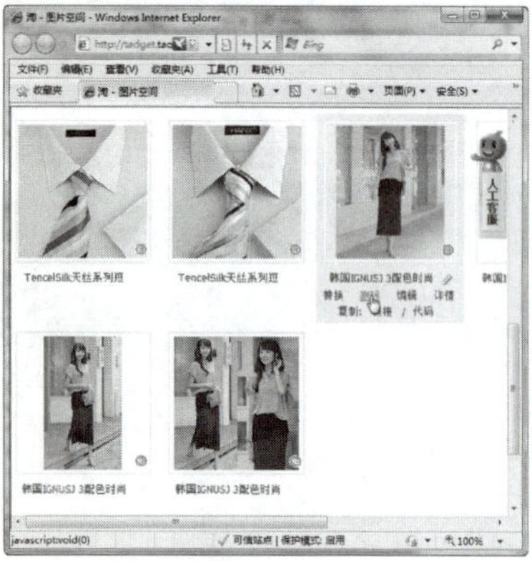

▶STEP 02

打开图片空间首页后，将鼠标移到需删除的图片上，再单击【删除】链接。

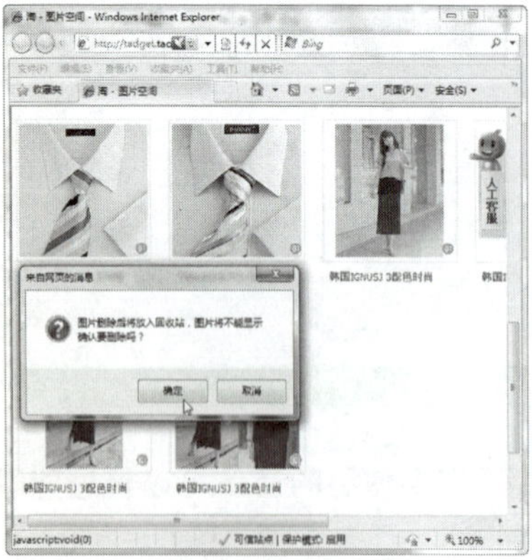

▶STEP 03

弹出对话框后，直接单击【确定】按钮，确定删除图片。

▶STEP 04

使用步骤2和步骤3的方法，删除其他不需要使用的图片。

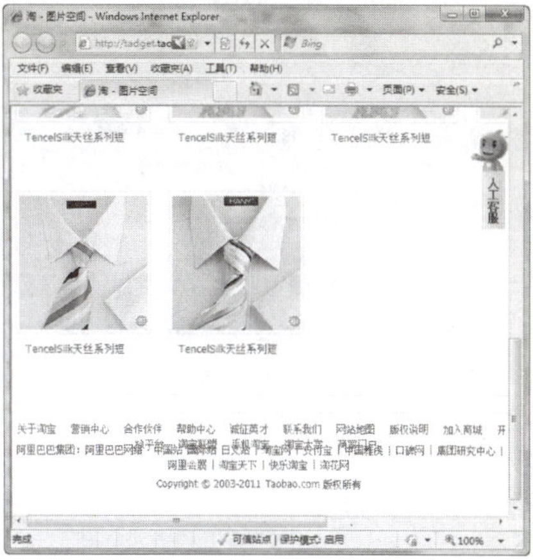

6.1.4 在线编辑空间的图片

在图片空间中，淘宝网还为卖家提供了编辑图片的功能。卖家可以通过图片空间中的编辑器，可以对图片进行各种编辑和修改，甚至可以快速加入特效。

动手跟练

▶STEP 01

进入图片空间，然后单击导航栏上的【在线编辑】按钮。

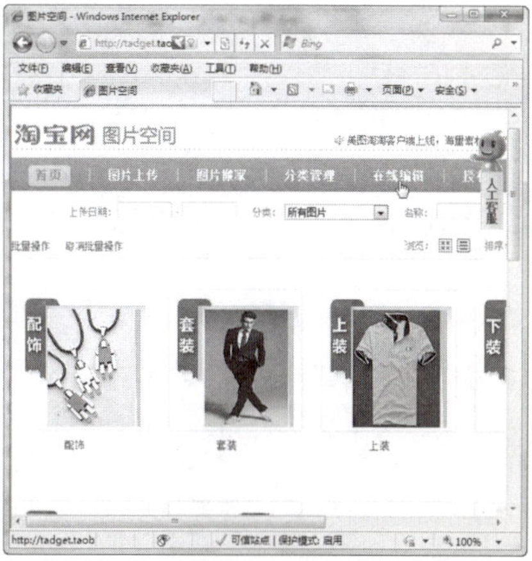

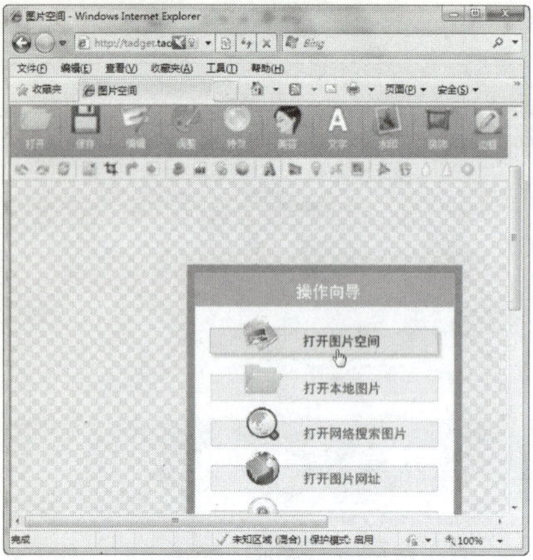

▶STEP 02

打开图片编辑器后，单击【打开图片空间】按钮。

▶STEP 03

此时在【图片分类】列表框中选择要编辑的图片，例如本例选择折扣素材。

▶STEP 04

如果要添加装饰，可以单击【装饰】按钮，并从打开的列表框中选择【卖家系列】选项。

▶STEP 05

在编辑器右上方选择【淘宝卖家文字素材】选项，然后在列表中将素材拖到图片上。

▶STEP 06

选择素材并拖动素材角点缩小素材，接着适当调整素材的位置，最后单击【确定】按钮。

▶STEP 07

当完成编辑后，可单击【保存】按钮，并从列表框中选择【保存到图片空间】选项。

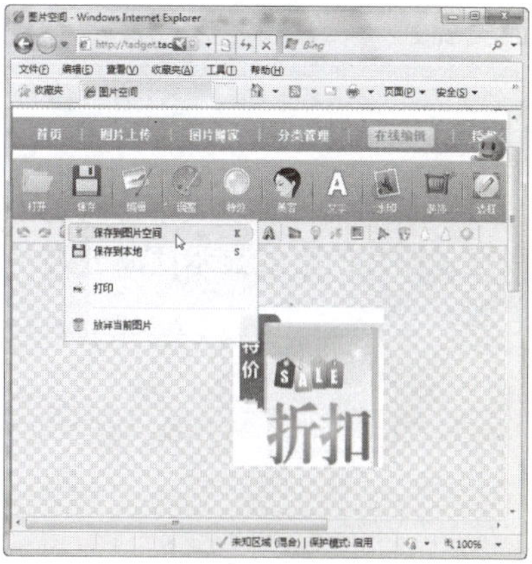

▶STEP 08

如果要覆盖原来的图片，则直接单击【确定】按钮即可。

6.2 装修与管理店铺分类

为了方便买家从分类中寻找店铺的商品，卖家可以根据商品的变化灵活设置店铺分类，并且可以为分类设置图片，以便让分类显示更加美观。

6.2.1 为店铺分类添加图片

默认店铺分类以文字形式显示，卖家可以为分类添加图片，就可以通过图片的形式显示商品分类，这样的处理，可以让店铺页面更加美观。

达人提醒

在设计分类图前，需要了解和注意一些事项。

（1）如果店铺已经有了整体的装修风格，那么宝贝分类的设计就需要从整体的装修效果出发，让分类的设计符合店铺的装修要求。

（2）宝贝分类的图片宽度不能大于160像素，高度不限。如果图片宽度大于160像素，那么超出部分将无法显示。

▶STEP 01

首先进入图片空间，然后选择分类图片，再单击图片下方的【链接】链接，复制图片在网上的链接。

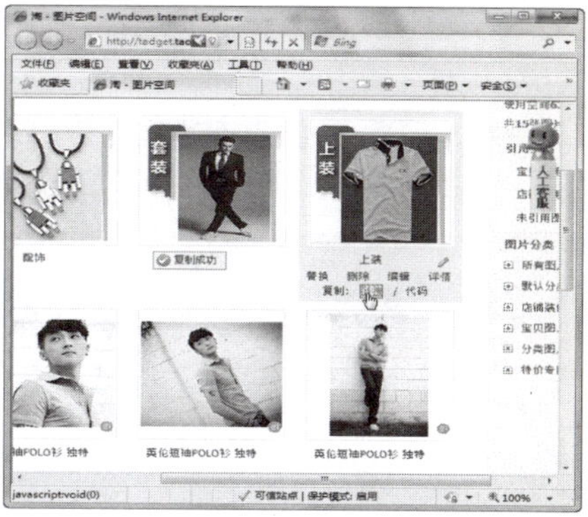

▶STEP 02

返回【我是卖家】页面，然后单击【宝贝分类管理】链接。

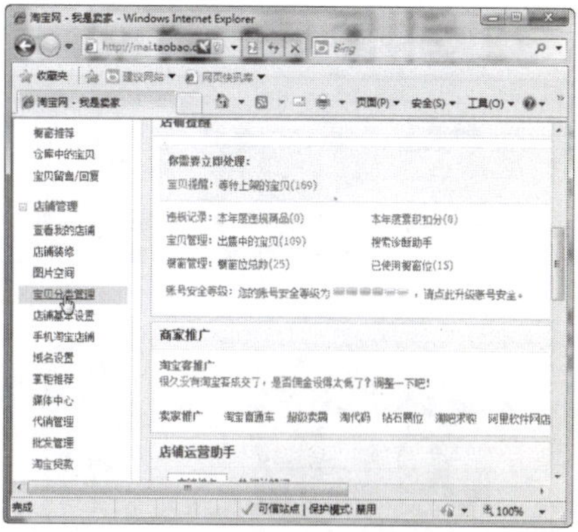

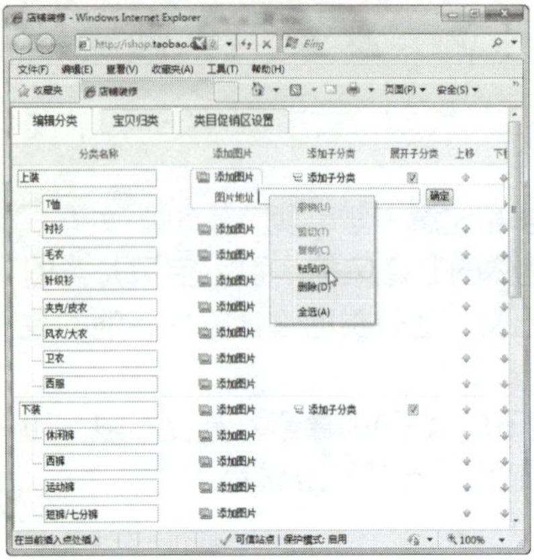

▶STEP 03

在分类项目中单击【添加图片】按钮，然后将复制的图片链接粘贴到弹出的文本框内，接着单击【确定】按钮。

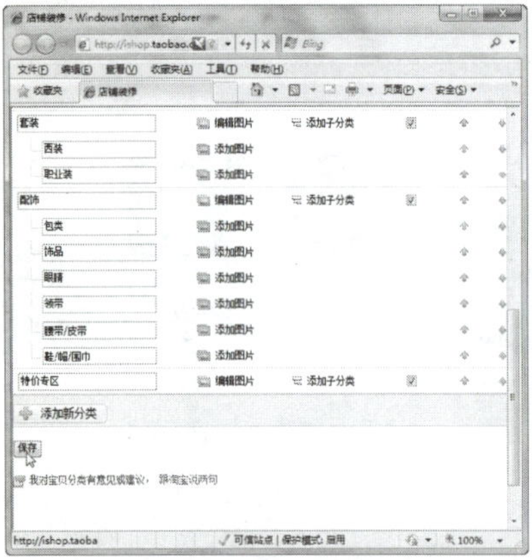

▶STEP 04

使用步骤1到步骤3的方法，为其他分类添加图片（添加图片的分类显示【编辑图片】按钮），最后单击【保存】按钮，保存编辑结果。

▶STEP 05

为商品分类添加分类后，可以打开自己的店铺查看效果。

Chapter 6 图片管理与基本装修

▶STEP 06

除了为主要分类添加图片，卖家还可以为细分的分类添加图片，如下图所示添加子分类图片的结果。

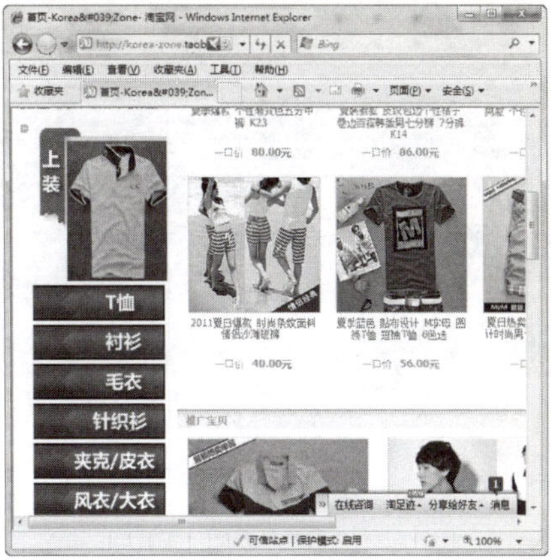

6.2.2 为未归类商品设置分类

卖家在发布商品时，就可以根据商品性质为其进行归类，但如果有商品发布时忽略了归类。那么，卖家可以在发布商品后通过管理分类为商品归类。

动手跟练

▶STEP 01

进入【我是卖家】页面，然后单击【宝贝分类管理】链接。

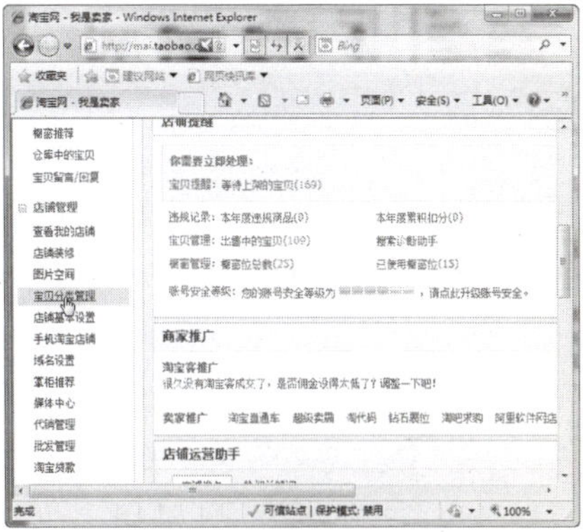

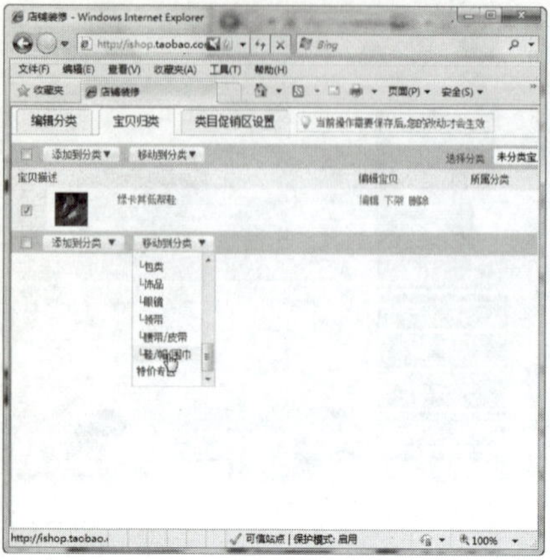

▶STEP 02

打开宝贝分类页面后，选择【宝贝归类】选项，然后选择未归类的商品，再移到合适的分类中。

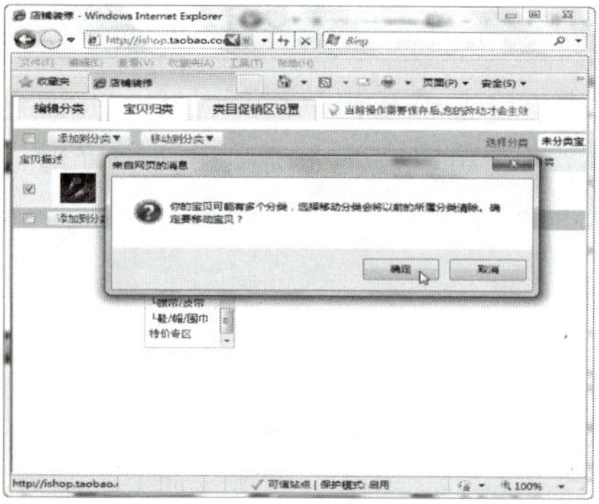

▶STEP 03

弹出提示对话框后，单击【确定】按钮即可。

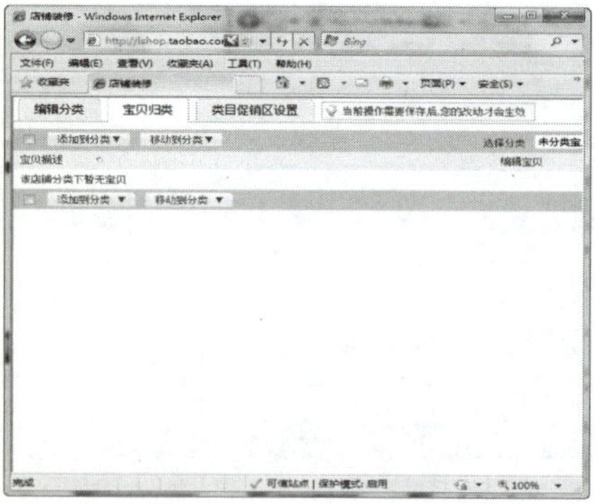

▶STEP 04

将未归类的商品归类后，【宝贝归类】选项页将不会显示被归类的商品。

6.3 淘宝旺铺的基本装修

以前的店铺装修，淘宝只提供几个简单的模板样式让卖家更换，感觉比较单调。为了满足卖家对店铺装修的要求，淘宝网后来推出了淘宝旺铺的服务，让卖家可以定制完全属于自己的个人化装修风格，满足卖家更多样的装修需求。

6.3.1 关于淘宝旺铺

淘宝旺铺是淘宝为卖家提供的一项增值服务功能，它为卖家提供了区别于淘宝网一般店铺展现形式的更专业、更个性的店铺页面，并提供了更强大的功能。对塑造店铺形象、打造店铺品牌起到了至关重要的作用，在吸引顾客的同时为顾客营造良好的购物环境。

1. 旺铺与普通店铺的区别

1 个性丰富的店铺首页

淘宝旺铺提供个性丰富的旺铺首页让卖家的店铺更加专业、更加靓丽。让买家一进店铺就留下了良好的印象。相对于旺铺，普通店铺的首面单一而平白，让店铺形象逊色不少。

使用淘宝旺铺装修后的店铺首页

2 更加直观的宝贝缩略图

淘宝旺铺的宝贝缩略图默认为120像素×120像素，卖家可以设置成更大的尺寸，让店铺的买家可以看得更直观。普通店铺的宝贝缩略图较小，固定大小为80像素×80像素。

3 内容丰富的促销公告

淘宝旺铺提供了支持html代码的促销区，最大高度可达750像素，无论是自己装修还是请专业的设计师量身打造，都提供了更广阔的空间和发挥余地。普通店铺则不支持促销区，只提供公告栏。

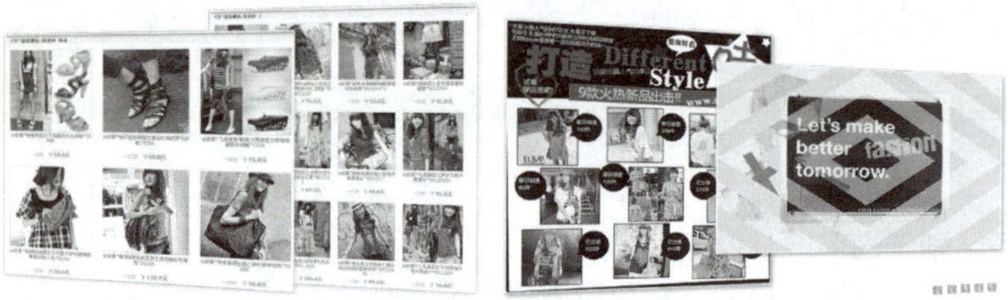

淘宝旺铺直观显示的宝贝缩略图

淘宝旺铺内容丰富的促销公告

4 功能强大的自定义页

淘宝旺铺提供了自定义页功能，卖家可以用来编辑和放置【店铺介绍】、【精品推荐】等适合自己店铺的内容，同时也可以直接链接到适合的页面。对于普通店铺来说，并没有提供自定义页服务，在店铺的服务上少了很多多元化的元素。

2. 淘宝旺铺的版本

淘宝旺铺目前有5个版本：扶植版、标准版、拓展版（官网型）、拓展版（营销型）、旗舰版。

1 旺铺扶植版

为了更好地为小卖家创造良好的创业环境，降低在淘宝平台上开店的成本。旺铺扶植版为5星信用以及5星以下信用的所有卖家免费使用。

淘宝旺铺扶植版推荐使用人群：适合刚开店和无电子商务基础的初级卖家，操作简单，降低商家开店成本。

	旺铺扶植版	旺铺标准版	旺铺拓展版(官网型)	旺铺拓展版(营销型)	旺铺旗舰版
店铺装修					
看图购功能	✓	✓	✓	✓	✓
装修备份功能		✓	✓	✓	✓
独立官网店铺			✓		✓
页头是否可以添加模块			✓	✓	✓
页尾自定义			✓	✓	✓
自定义页面布局			✓	✓	✓
模板完全自定义					✓
默认风格套数	16	24	24	24	24
单个页面可添加模块数	12	40	40	40	40
自定义页面数		6	50	50	50
宝贝页面模板个数		3	10	10	10
布局模板	两栏模板	两栏模板	两栏/三栏模板	两栏/三栏模板	两栏/三栏模板
店铺管理					
宝贝自动分类		✓	✓	✓	✓
量子统计			✓	✓	✓
高级拣货					✓
掌柜助手进销存系统					✓
图片空间	免费无限量	30M	30M	30M	1G
bannermaker模板	店招模板	店招模板	模板套餐(10个)		模板套餐(10个)
权限管理&子旺旺	5个子账号	15个子账号	20个子账号	20个子账号	30个子账号
123Show宝贝自动展示					100个Flash
营销推广					
二级域名	✓	✓	✓	✓	✓
满就送				✓	✓
搭配套餐				✓	✓
限时打折				✓	✓
客户关系管理					✓
手机版店铺 立即使用	✓	✓	✓	✓	✓
价格					
	1钻以下卖家免费	30元/月	98元/月	98元/月	2400元/年

淘宝旺铺的5个版本

2 旺铺标准版

旺铺标准版是需要订购才有的，任何卖家都可以订购，零信用的卖家也行的，订购费用是50元/月。如果卖家加入了消保（消费者权益保障，淘宝网针对卖家的一项服务），就可以以30元/月使用旺铺标准版。

3 旺铺拓展版

旺铺拓展版是淘宝网2010年推出来的新版本，卖家订购该服务的价格是98元/月，而淘宝商城卖家则免费使用。

目前，旺铺拓展版分为官网型和营销型两个版本，它们的价格一样，但偏重的功能不同。

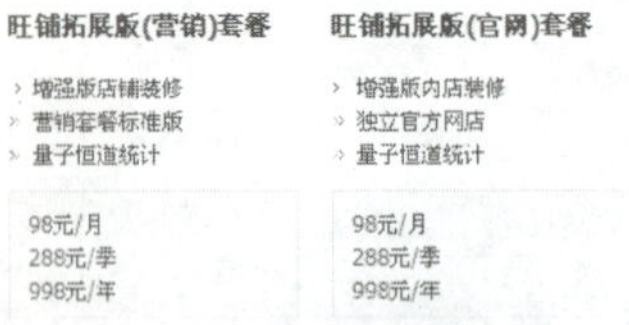

拓展版旺铺套餐价格

拓展版（营销型）套餐和拓展版（官方型）套餐的区别

套餐名称	拓展版（营销型）套餐	拓展版（官方型）套餐
套餐内容	高级装修	高级装修
	量子恒道统计	量子恒道统计
	满就送	装修模板
	搭配套餐	顶级域名
	限时打折	外部官方网店
	店铺优惠券	
套餐价格	98元/月	98元/月

官网型和营销型旺铺的不同点

4 旺铺旗舰版

旺铺旗舰版是一个全套的网店经营管理系统，涵盖了前后台以及卖家店铺经营中所需的工具。

旺铺旗舰版功能在解决店铺装修问题的前提下，更加解决了卖家后台管理、员工管理、订单流转管理上的难题，同时为卖家提供了更加精细化的客户管理、营销管理等一系列工具。

淘宝旺铺旗舰版套餐

6.3.2 升级到旺铺扶植版

5星信用等级及5星以下信用等级的所有卖家可以使用免费的旺铺，即旺铺扶植版。当卖家信用升级到1钻后，旺铺扶植版会自动回到最原始的普通店样式，此时卖家需要订购才能使用旺铺。

动手跟练

▶STEP 01

进入【我是卖家】页面，然后单击【店铺装修】链接。

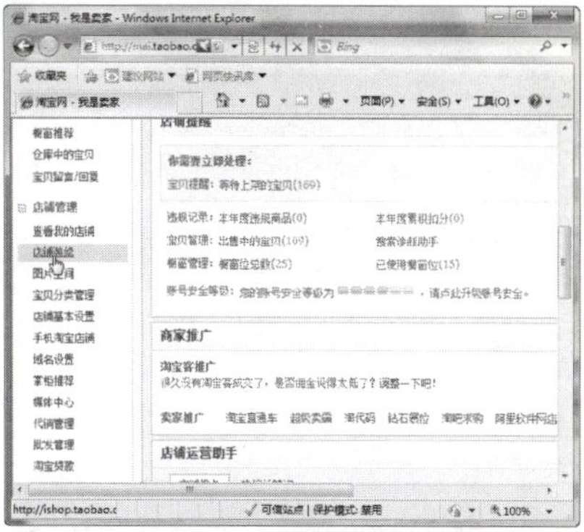

▶STEP 02

进入装修平台后，单击【免费升级到旺铺】按钮。

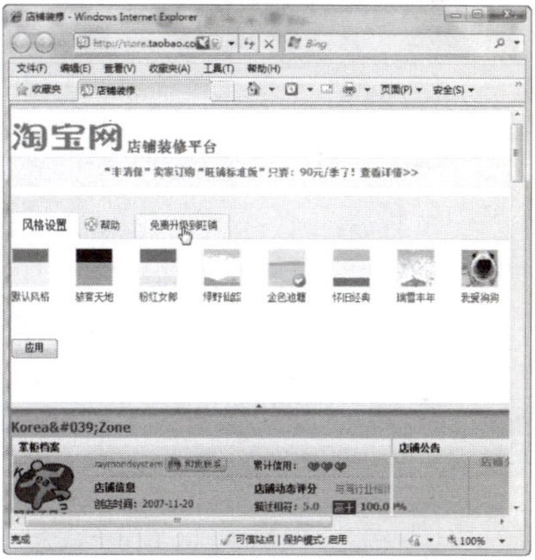

▶STEP 03

升级到旺铺后，单击【发布】按钮，发布目前的店铺状态。

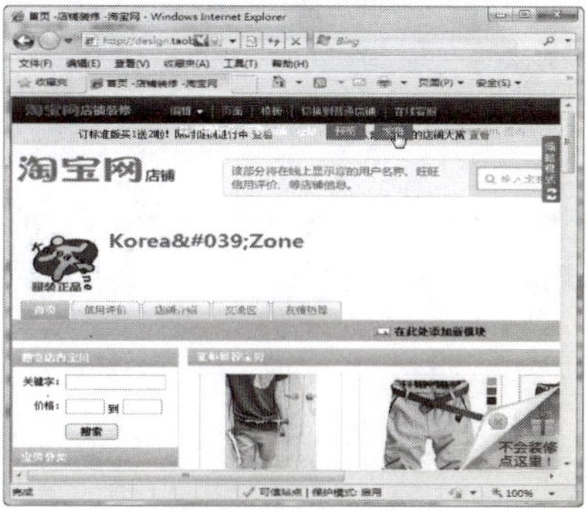

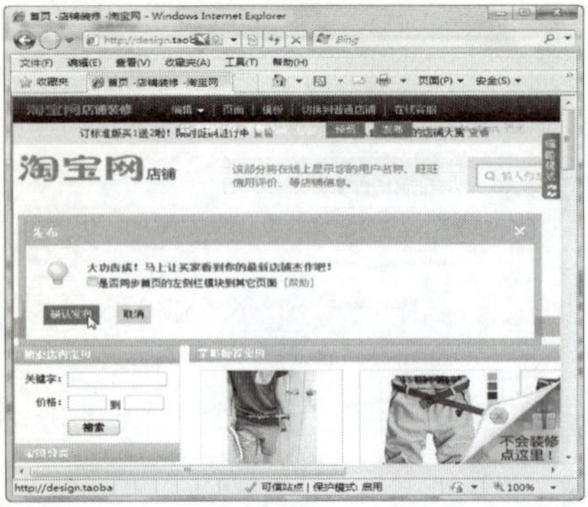

▶STEP 04

打开【发布】对话框后，单击【确认发布】按钮。

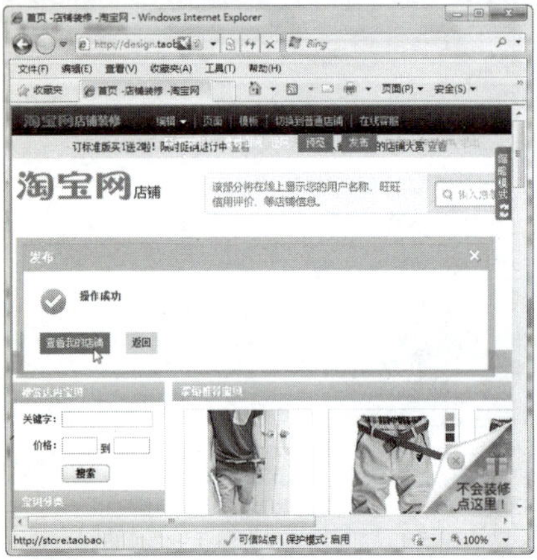

▶STEP 05

发布成功后，单击【发布】对话框的【查看我的店铺】按钮。

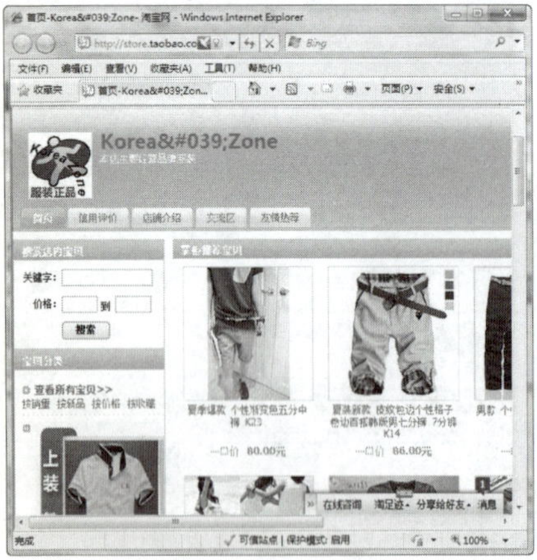

▶STEP 06

此时网页打开新窗口，并在页面上显示卖家的店铺首页，卖家可以在页面中查看升级到旺铺后的结果。

6.3.3 更改旺铺模板颜色

店铺装修时需要考虑店铺商品的风格和消费群体，以确定店铺装修风格。一旦风格确定后，卖家可以根据风格设置旺铺模板的颜色，以配合整体的装修设计。

动手跟练

▶STEP 01

进入店铺装修页面，然后单击【模板】链接。

▶STEP 02

打开模板管理页面后，选择一种模板的颜色，例如选择红色。

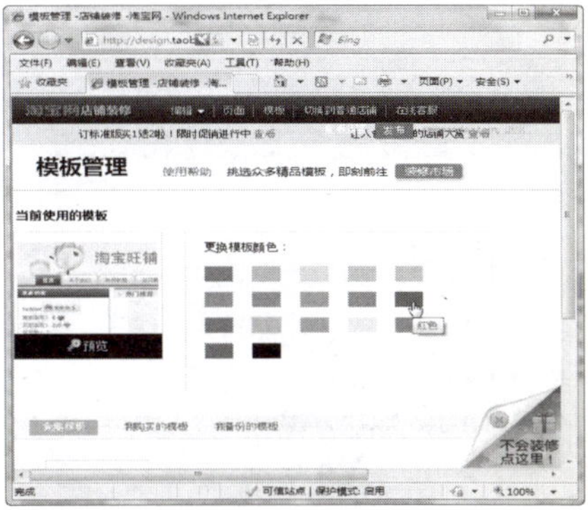

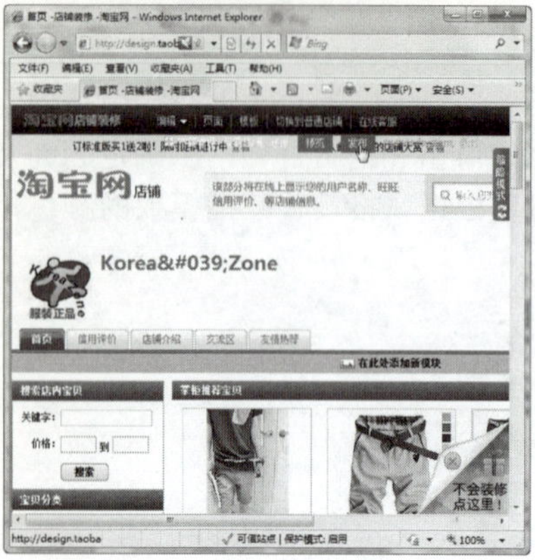

▶STEP 03

更改旺铺模板颜色后，单击【发布】按钮，发布目前的店铺状态。

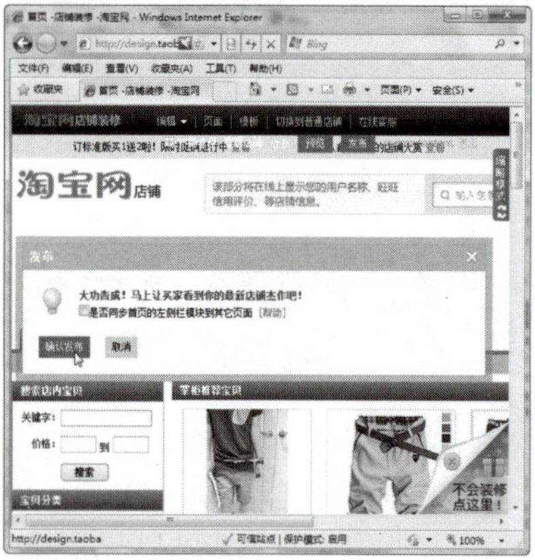

▶STEP 04

打开【发布】对话框后，单击【确认发布】按钮。

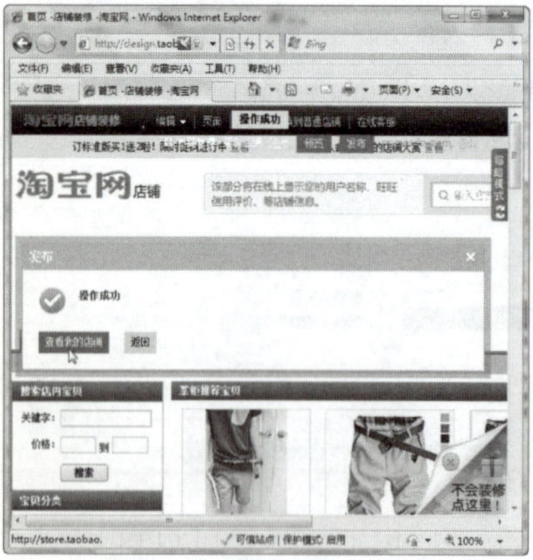

▶STEP 05

发布成功后，单击【发布】对话框的【查看我的店铺】按钮。

▶STEP 06

此时卖家可以在页面中查看更改旺铺模板颜色后的结果。

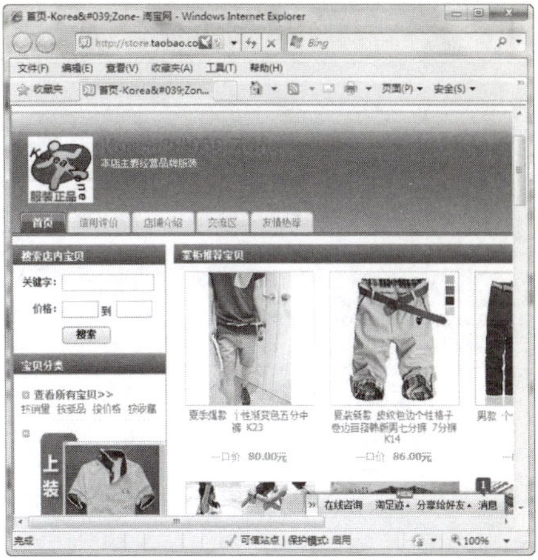

6.3.4 在线编辑与应用店铺招牌

对于使用旺铺的卖家而言，店铺招牌的设计不再复杂了。通过对模块的编辑，卖家可以利用淘宝网提供的模板在线编辑器制作店招。

动手跟练

▶STEP 01

进入店铺装修页面，然后选择店招模板，再单击模板右上角【编辑】链接。

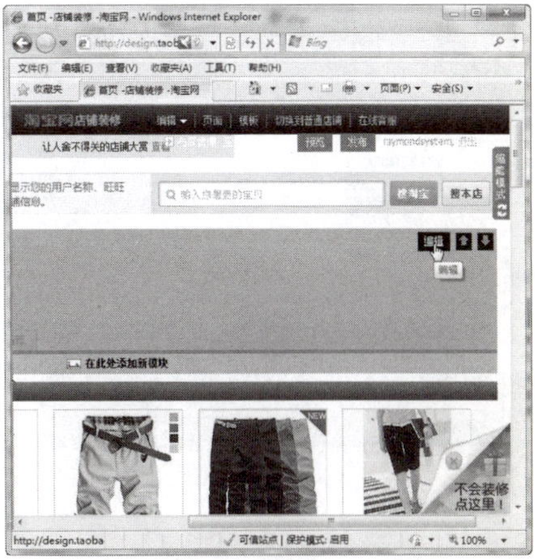

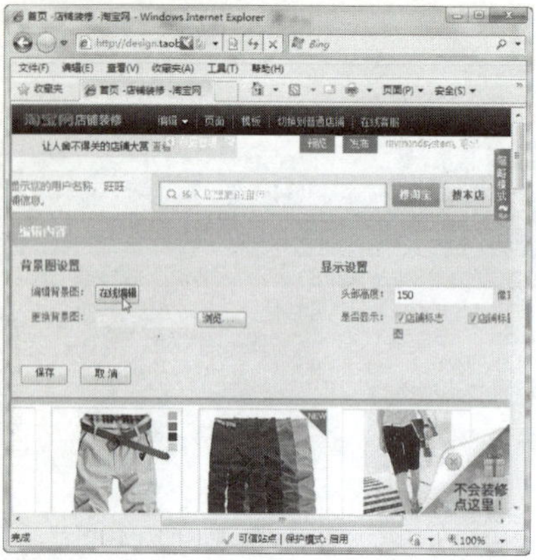

▶STEP 02

打开【编辑内容】对话框后，单击【在线编辑】按钮。

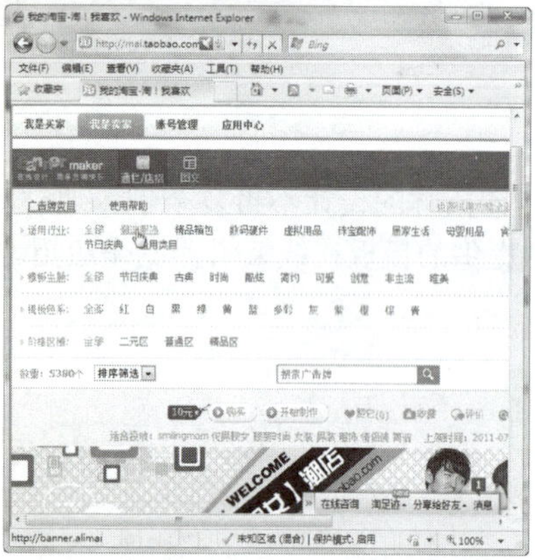

▶STEP 03

此时打开在线设计页面，在页面中可以选择店招分类。

▶STEP 04

从页面中寻找合适的店招模板，需要翻页时，单击下方的页数按钮即可。

达人提醒

部分店招模板是需要付费的，如果只想使用免费的模板，可以使用“免费”关键字搜索模板。

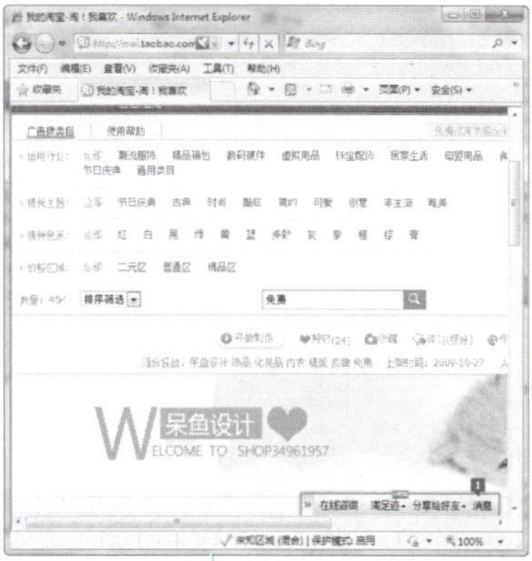

搜索免费的店招模板

搜索出来的免费店招模板

▶STEP 05

找到合适的样板后，单击【开始制作】按钮。

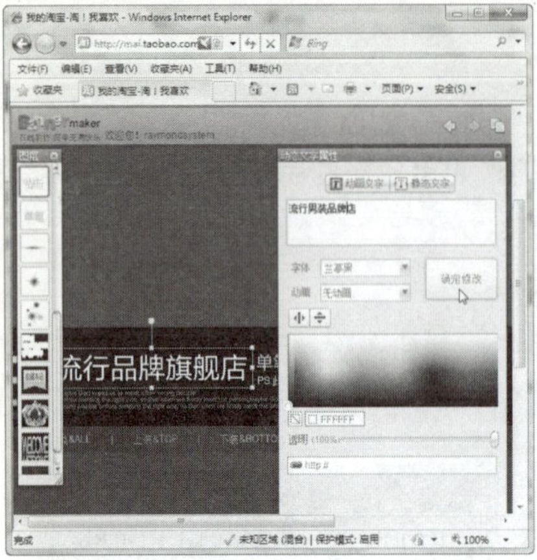

▶STEP 06

进入编辑器后，选择需要修改的文本对象，然后修改文本内容。

达人提醒

淘宝网为卖家提供1个月限期的模板试用服务，如果卖家不想试用可以先购买模板，或者订购试用服务，例如订购3个月试用、1年试用等。

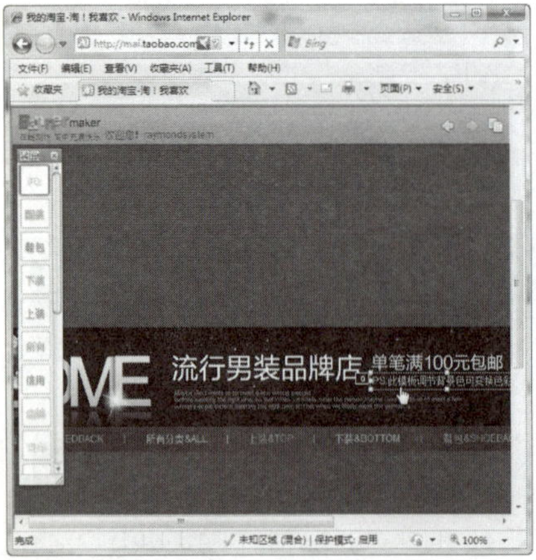

▶STEP 07

选择其他需要修改的文本对象，例如选择店招上的附加说明文本对象。

▶STEP 08

此时在【静态文字属性】对话框中修改文本内容。

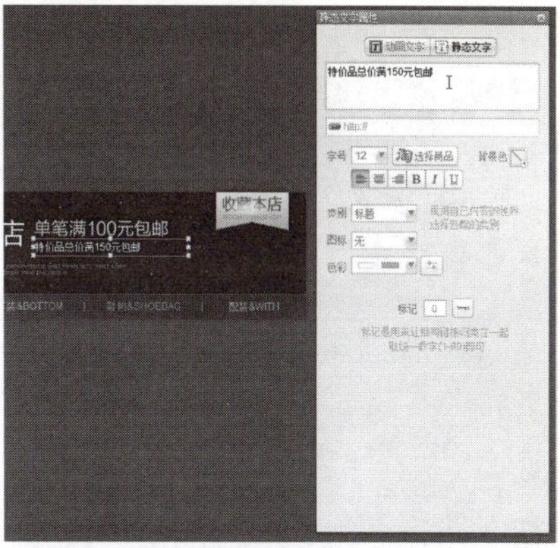

▶STEP 09

打开自己的店铺【信用评价】页面，然后复制该页面地址。

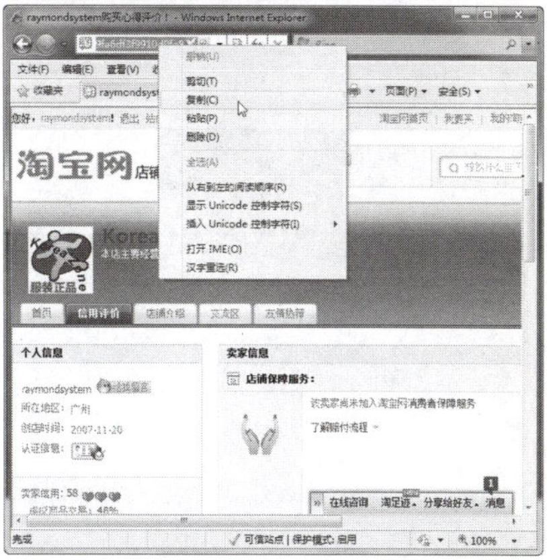

▶STEP 10

在编辑器中选择【信用评价】文本，然后将地址粘贴到链接文本框内即可。

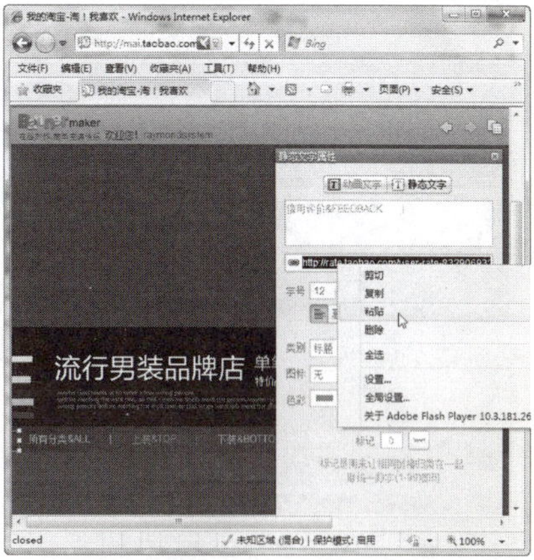

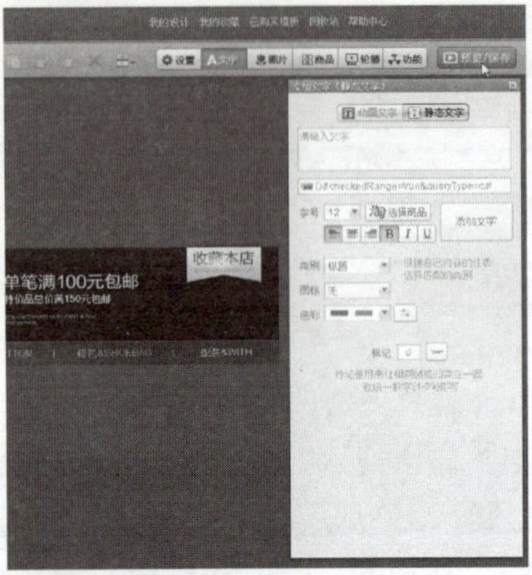

▶STEP 11

根据需要修改其他店招内容，完成后单击【预览/保存】按钮。

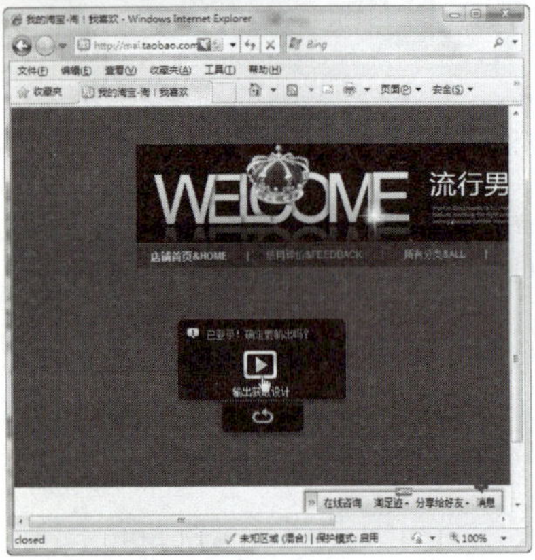

▶STEP 12

此时在页面中预览店招效果，然后单击【输出获取设计】按钮。

▶STEP 13

输出店招后，单击【应用到店招】按钮，将店招应用到店铺上。

▶STEP 14

返回店铺装修页面后，单击【发布】按钮，然后在对话框中单击【确认发布】按钮，发布当前状态。

6.3.5 在店招上制作收藏店铺功能

为了方便买家下次光顾店铺，可以在店招上制作一个让买家收藏店铺的功能，方便买家收藏自己的店铺。收藏店铺功能有收藏代码和店铺域名两部分构成。

收藏代理：“http://favorite.taobao.com/popup/add_collection.htm?itemid=”。

店铺域名：“shop35082050.taobao.com。

动手跟练

▶STEP 01

打开自己的店铺，然后单击【首页】按钮，接着复制店铺的网址。

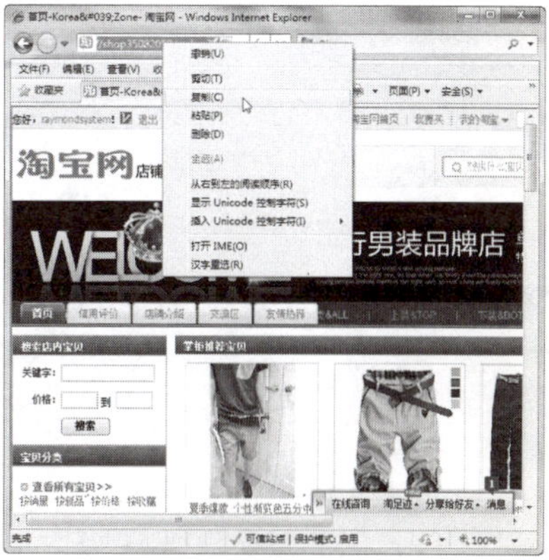

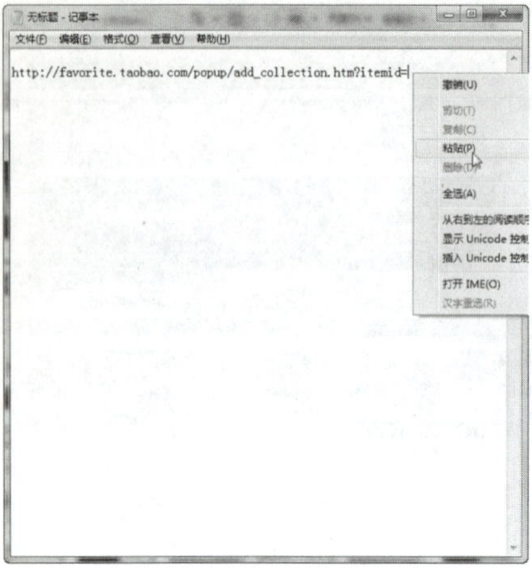

▶STEP 02

在记事本上输入收藏的代码，再将店铺网址粘贴到收藏代码后。

▶STEP 03

将店铺网址上的“http://”代码删除，只剩下店铺域名。

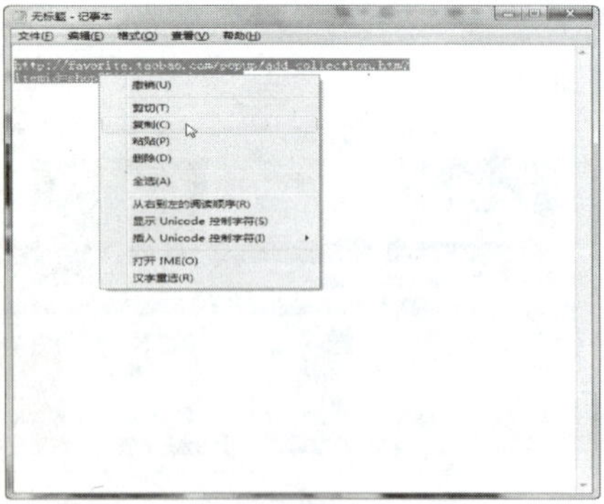

▶STEP 04

此时选择全部代码，然后复制这段代码。

▶STEP 05

进入店铺装修页面，然后在店招上单击【编辑】链接。

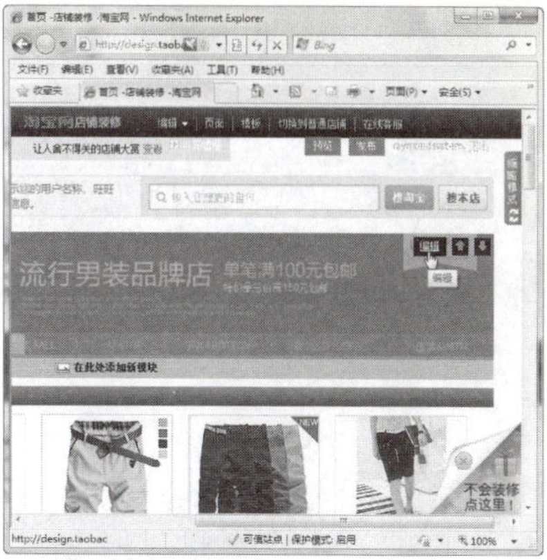

▶STEP 06

打开【编辑内容】对话框后，单击【在线编辑】按钮，通过在线编辑器修改店招。

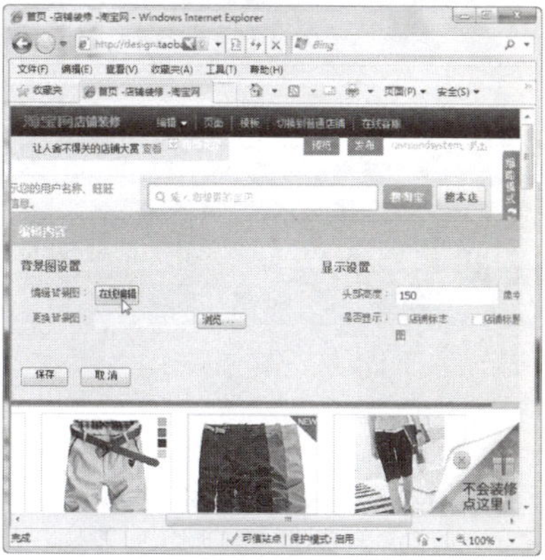

▶STEP 07

此时选择店招上的【收藏本店】图片，然后在链接文本框中粘贴复制的收藏店铺代码，接着单击【预览/保存】按钮。

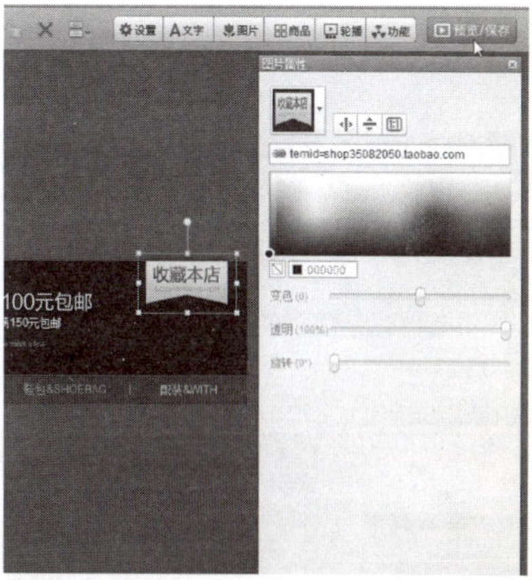

▶STEP 08

预览店招后，单击【覆盖原有设计】按钮，输出并覆盖原来的店招。

▶STEP 09

输出店招设计后，单击【应用到店招】按钮。

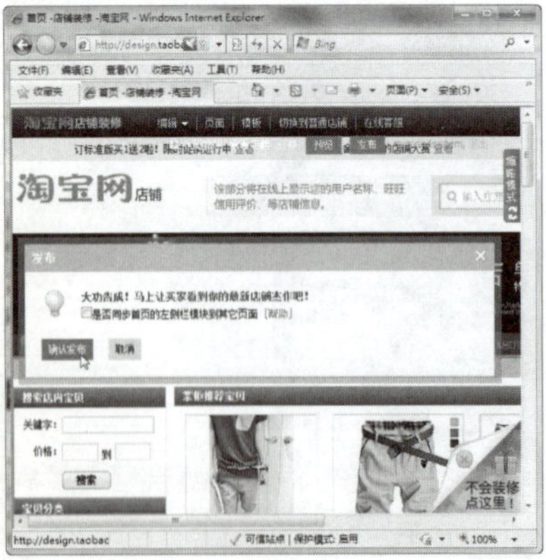

▶STEP 10

返回店铺装修页面后，单击【发布】按钮，然后在弹出的对话框中单击【确认发布】按钮。

▶STEP 11

发布店铺后，打开自己的店铺页面，然后单击店招上的【收藏本店】按钮，测试收藏功能。

▶STEP 12

此时浏览器打开新窗口，并在页面显示确认收藏店铺的提示，买家只需单击【确定】按钮，即可收藏店铺。

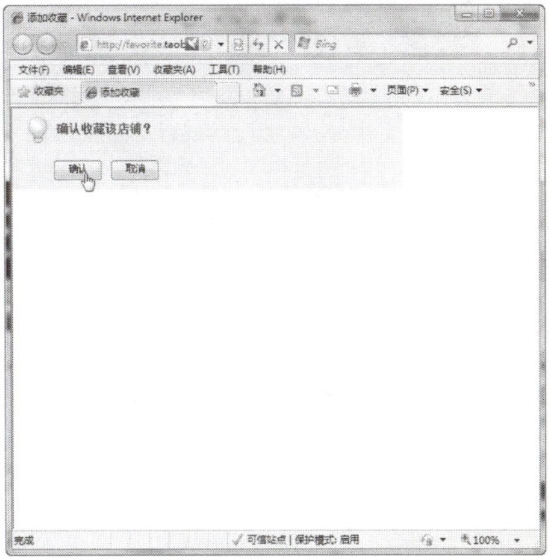

6.4 店铺的页面与布局管理

除了装修单个页面模板外，卖家还可以增加或删除页面，也可以通过布局管理调整店铺的页面布局。

Chapter 6 图片管理与基本装修

创业密码——新手淘宝开店

6.4.1 删除与添加店铺页面

通过店铺装修中的“页面管理”功能，卖家可以添加新的页面，或者删除不需要显示的页面。

动手跟练

▶STEP 01

打开店铺装修页面，然后单击【页面】链接。

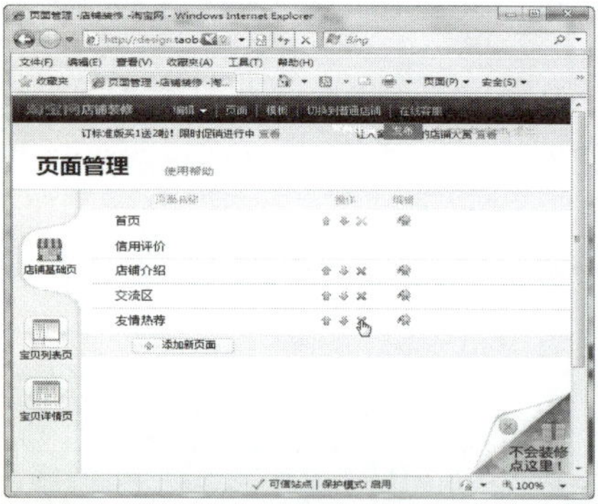

▶STEP 02

选择【店铺基础页】选项，然后将不需要显示的页面删除。

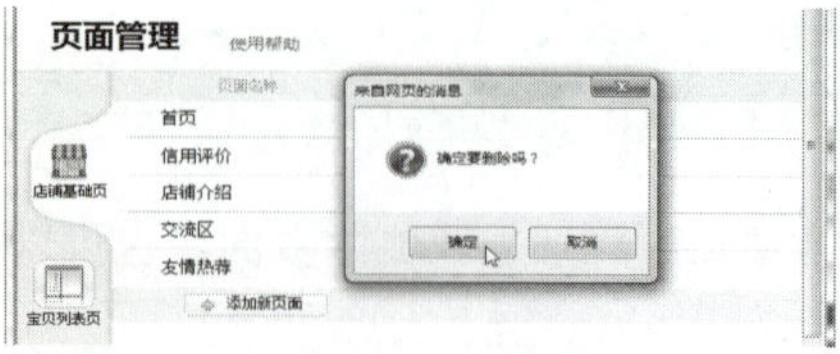

▶STEP 03

弹出提示对话框后，单击【确定】按钮即可。

▶STEP 04

如果要添加页面，则可以单击【添加新页面】链接。

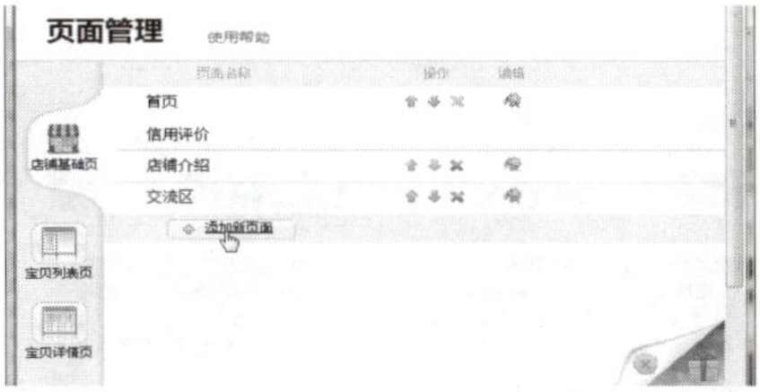

▶STEP 05

打开【添加新页面】对话框后，选择【看图购】内容页，然后单击【保存】按钮。

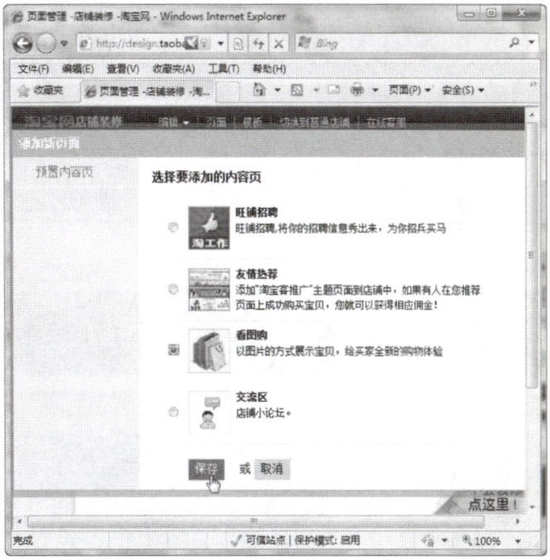

▶STEP 06

添加【看图购】页面后，在该页面后单击【编辑】按钮，可编辑该页面。

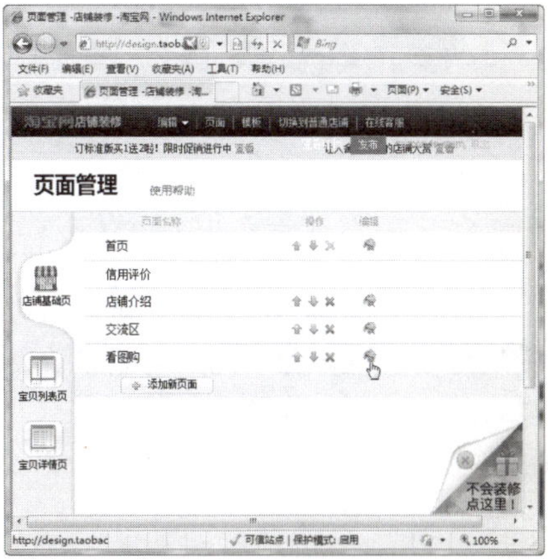

▶STEP 07

编辑后单击【发布】按钮，然后在【发布】对话框中单击【确认发布】按钮，即可发布店铺装修。

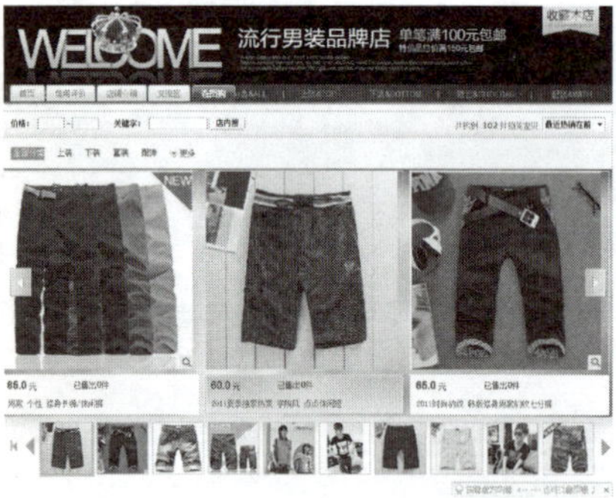

▶STEP 08

打开自己的店铺，然后单击【看图购】页面，查看页面的效果。

6.4.2 为店铺添加基础模块

使用旺铺服务的卖家，可以为店铺添加多个基础模块，通过这些模块可以实现多种不同的功能和效果，例如添加“量子统计”模块，以记录店铺的浏览量。

动手跟练

▶STEP 01

打开店铺装修页面，然后单击【布局管理】链接。

▶STEP 02

进入【布局模块管理】页面，单击【添加模块】链接，可为布局添加模块。

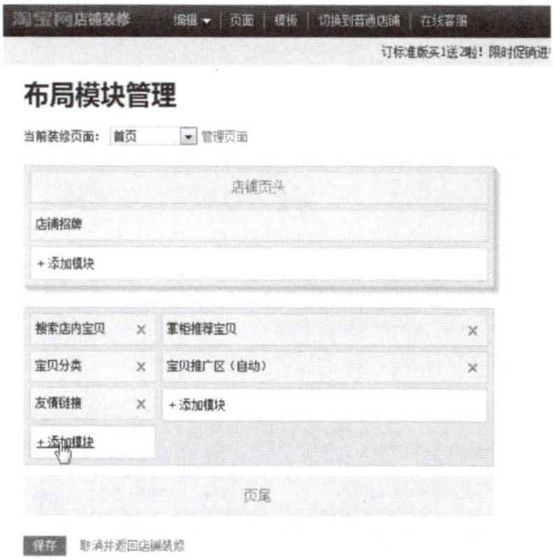

▶STEP 03

弹出【模块管理】对话框后，选择要添加的模块，例如选择添加【宝贝排行榜】模块。

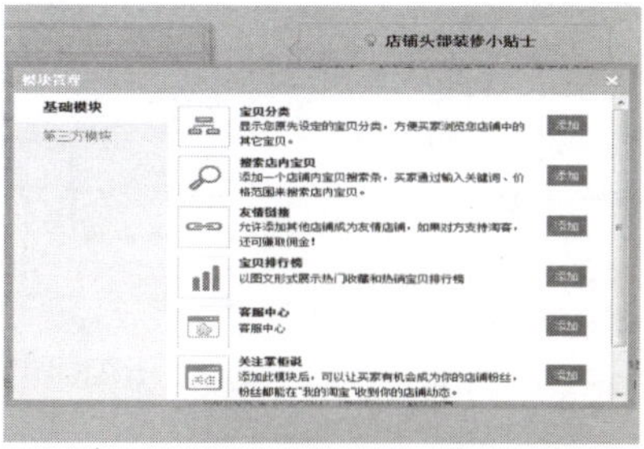

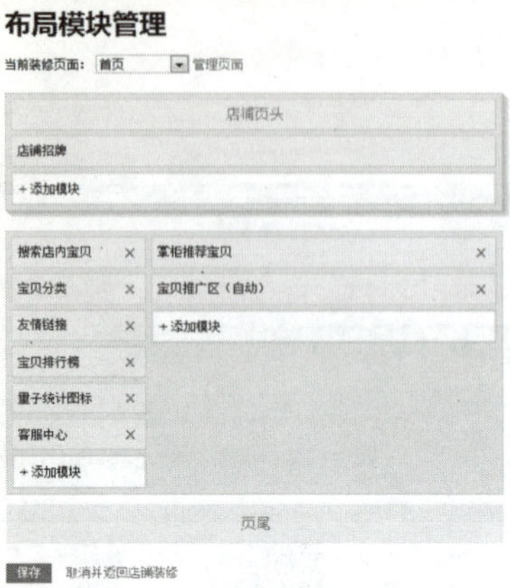

STEP 04

使用相同的方法，添加其他需要使用的模块，最后单击【保存】按钮，保存目前布局。

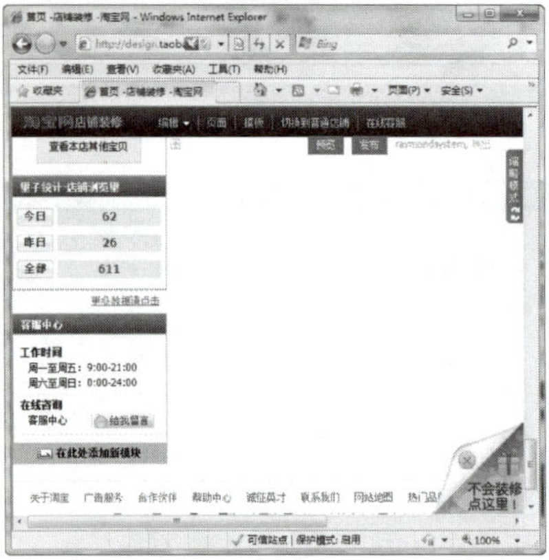

STEP 05

返回店铺装修页面后，在页面中可以预览添加模块的效果，此时可以单击【发布】按钮。

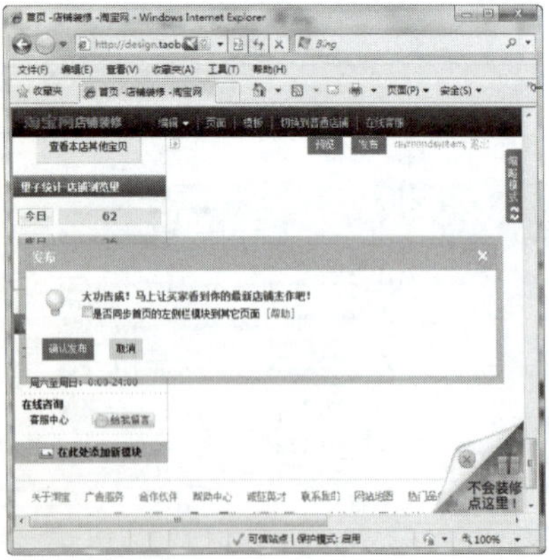

STEP 06

打开【发布】对话框后，单击【确认发布】按钮，发布店铺装修。

6.4.3 制作店铺的促销区模块

通过制作店铺的促销区模块，卖家可以将本店的促销信息和商品显示在促销区模块上，以达到推销商品和吸引买家光顾的目的。

动手跟练

▶STEP 01

打开店铺装修页面，在页面右侧栏下方单击【在此处添加新模块】链接。

▶STEP 02

打开【添加模块】对话框后，选择添加【Flash模板区】模块。

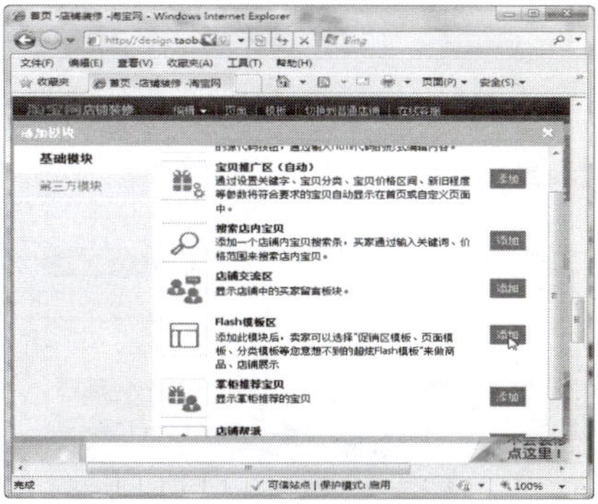

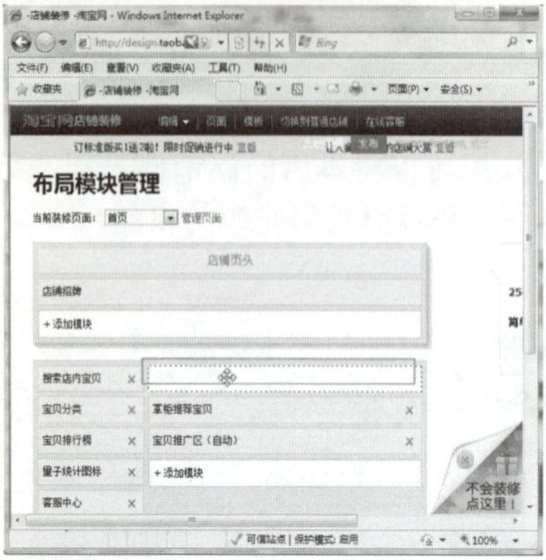

▶STEP 03

在装修页面上单击【布局管理】链接，打开【布局模块管理】页面后，将添加的模块拖到【掌柜推荐宝贝】模块上方。

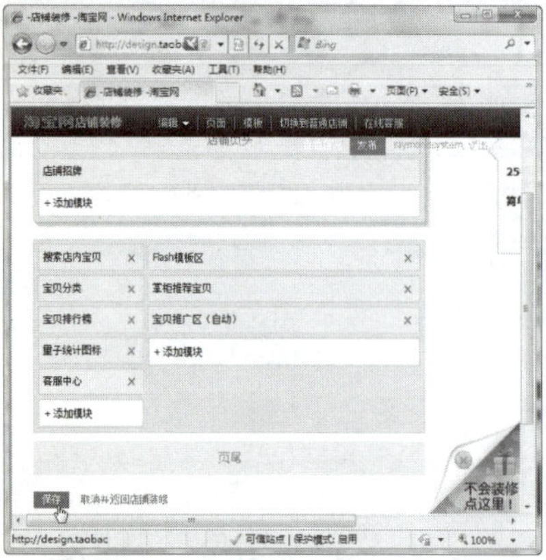

▶STEP 04

单击【保存】按钮，保存当前布局的修改。

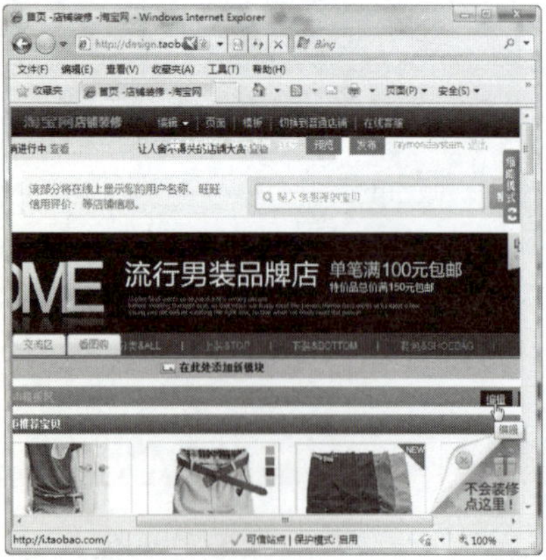

▶STEP 05

在添加的模块上单击【编辑】链接，准备制作促销广告。

▶STEP 06

打开在线设计页面后，在【图文类目】列表中选择分类。

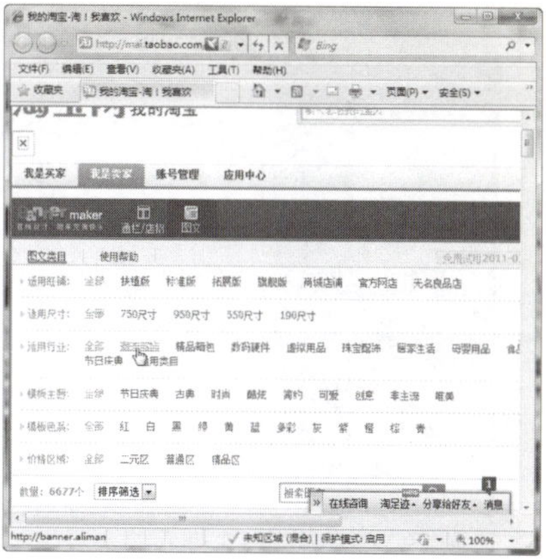

▶STEP 07

在页面中选择合适的模板，然后单击【开始制作】按钮，修改在页面中选中的模板。

▶STEP 08

选择需要修改内容的文本对象，然后修改文本内容。

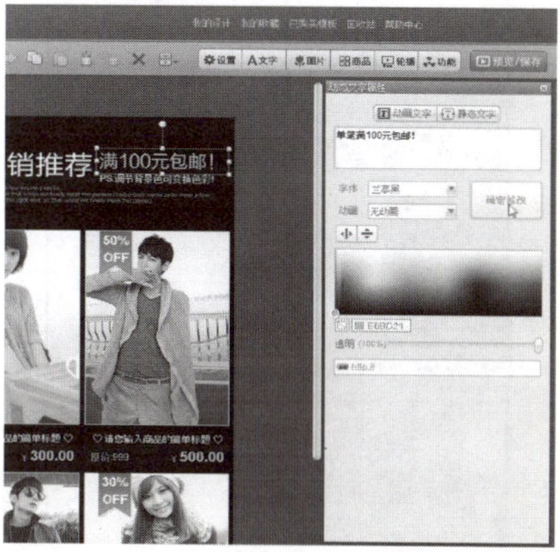

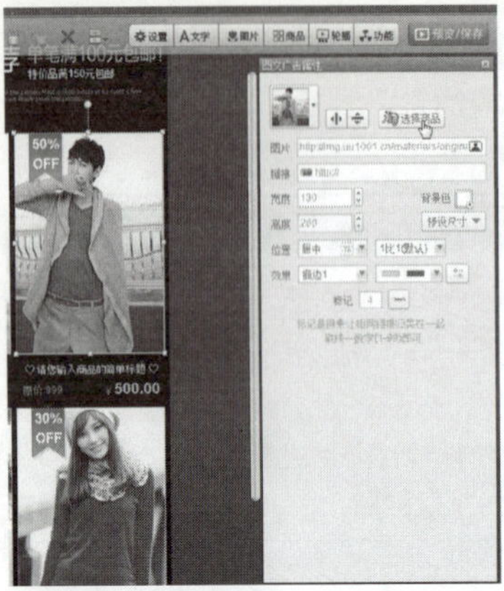

▶STEP 09

选择模板上的图片对象，然后单击【选择商品】按钮。目的是为了使用自己店铺的商品图取代当前图片。

▶STEP 10

在商品列表中选择要显示在模板上的商品，此时商品图会取代原来选中的图片。

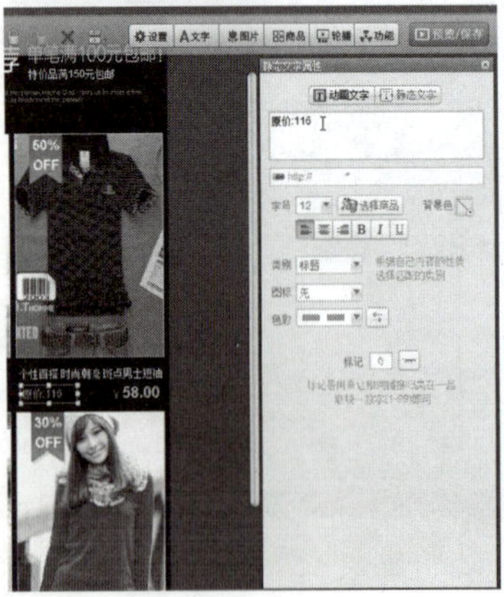

▶STEP 11

选择图片下方的文本，然后修改文本内容，例如修改商品的原来定价。

▶STEP 12

使用步骤9到步骤11的方法，为其他图片指定商品并适当修改内容，最后修改的结果如下图。

▶STEP 13

修改完成后，单击【预览/保存】按钮，保存修改的模板。

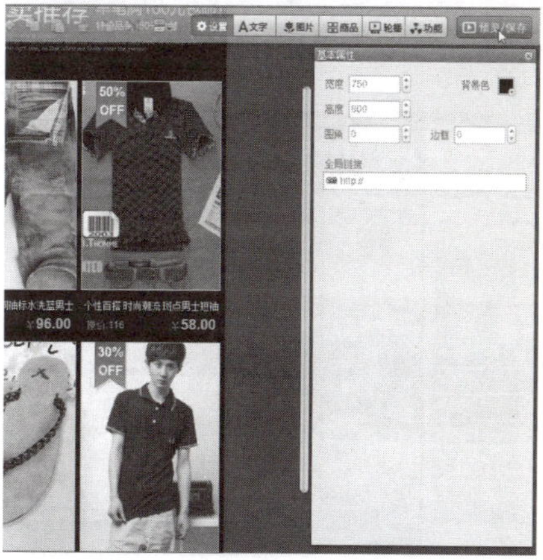

▶STEP 14

在页面中预览模板效果，然后单击【输出获取设计】按钮。

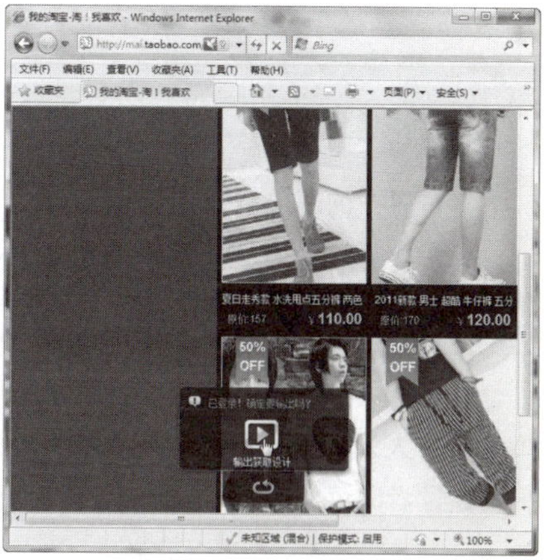

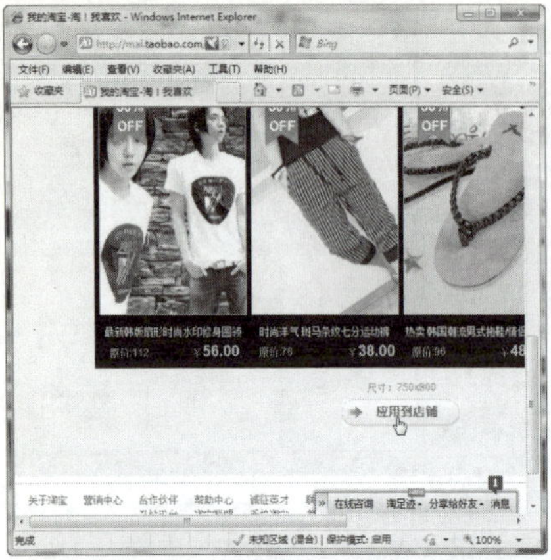

▶STEP 15

输出模板后，单击【应用到店铺】按钮，应用该模板。

▶STEP 16

应用模板后，将装修发布到店铺上，然后通过店铺查看促销区效果。

章后点评

目现在的淘宝店铺竞争越来越激烈，争价格、拼款式、比促销等手段越来越丰富。但很多卖家在经营手段上下了很大工夫，但生意还是上不去，这很可能是输在店铺装修这个起跑线上。

无论是实现店铺还是网上店铺，装修都是不能少的。精美的店铺装修让人赏心悦目，会增进买家的购物欲望。而杂乱不堪或简单乏味的装修就会大大降低买家的购物热情，从而导致生意做不好。通过本章的学习，读者即可掌握店铺装修和管理装修图片空间的基本方法。

淘宝网店的高级装修

Chapter

7

对于新进的卖家来说，想在淘宝网中脱颖而出，扶植版旺铺的功能是远远不够的。卖家还需要订购更高级的旺铺和其他服务，以帮助自己的店铺可以制作出更多特色，从而吸引买家的光顾。

7.1 订购卖家的软件服务

要对店铺进行更高级的装修，免费使用的扶植版旺铺是无法实现的，因此卖家需要订购更高级的服务，例如订购旺铺拓展版，让自己可以具有更多装修店铺的权限。对于其他一些装修相关服务，卖家也可以通过订购来达到，例如订购试用店铺装修模板的服务，以便让自己的店铺模式可以拥有更长时间的使用权。

7.1.1 订购旺铺拓展版（营销型）

要想获得更多的装修功能，就需要订购更高级的旺铺套餐，例如旺铺扩展版（营销型）。

目前淘宝网为旺铺拓展版套餐服务则提供月订购、季度订购、整年订购3种订购方式。旺铺扩展版（营销）套餐一个月98元；一个季度288元；一年998元。

达人课堂

旺铺扶植版对某些装修功能有限制，例如无法更改店铺标志，如下图所示。

单击店铺标志模块上的【编辑】链接

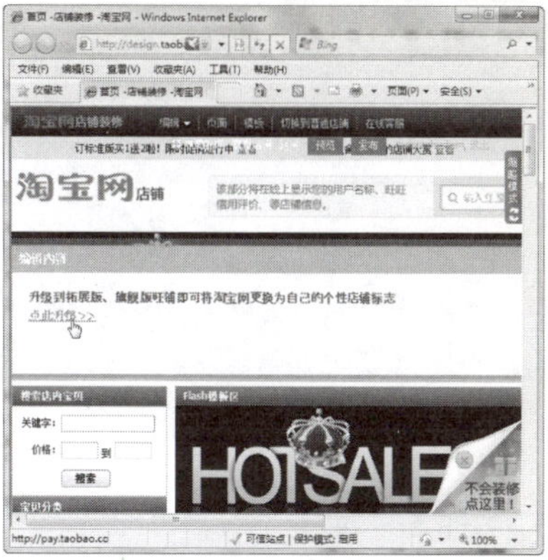

凡此时页面提示限制编辑内容

由于旺铺拓展版（营销型）提供了店铺营销（满就减/送服务、限制打折、店铺优惠券）等工具，因此更加适合个人卖家使用（本书后文将介绍店铺营销工具的应用）。

下面以订购旺铺拓展版（营销型）为例，介绍订购淘宝旺铺服务的过程。

动手跟练

▶STEP 01

登录淘宝网，然后打开【我是卖家】页面，再单击【订购服务】按钮，打开软件服务订购页面。

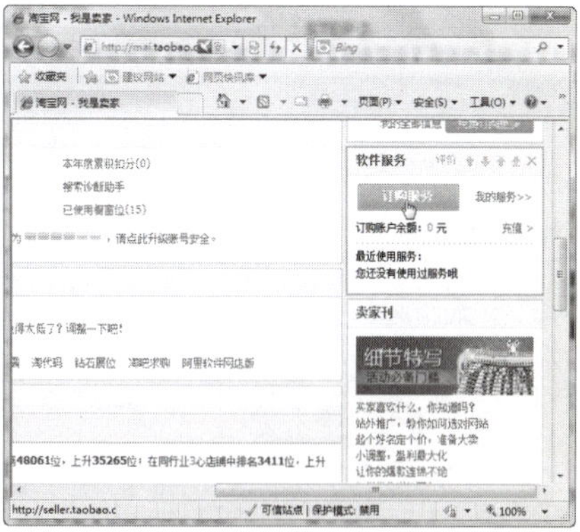

创业密码——新手淘宝开店

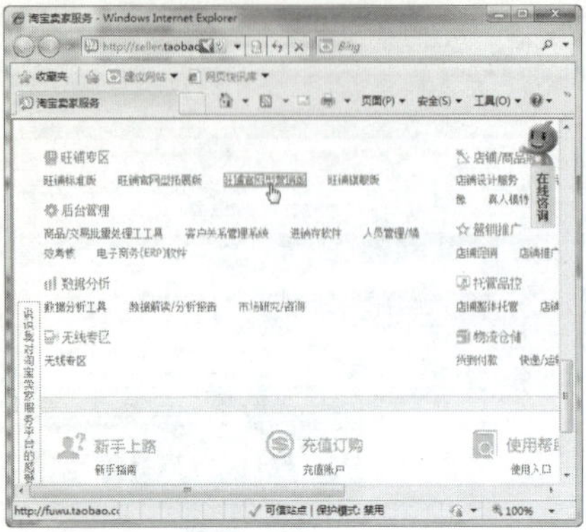

▶STEP 02

在【淘宝卖家服务】页面上单击【旺铺官网型营销版】链接。

▶STEP 03

在页面上查看旺铺拓展版（营销型）介绍，然后单击【立即订购】按钮。

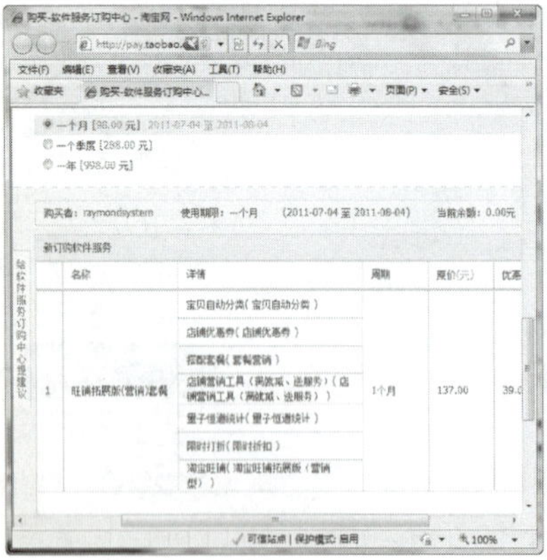

▶STEP 04

在订购页面中选择订购的期限，例如选择订购一个月。

▶STEP 05

将页面拖到下方，然后选择【我已阅读并同意】复选框，接着单击【付款】按钮。

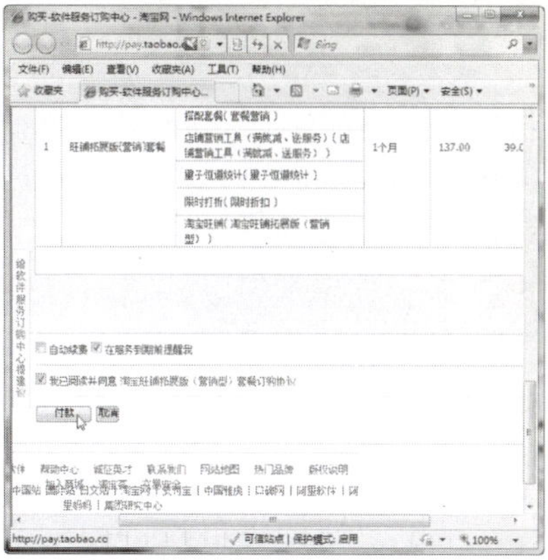

▶STEP 06

弹出对话框后，单击【去支付宝付款】按钮。

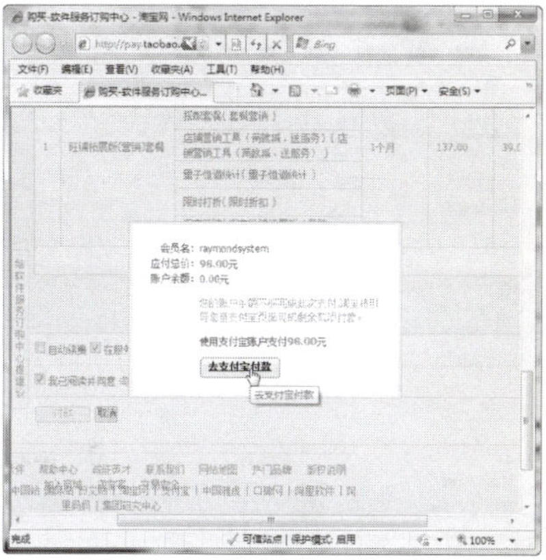

▶STEP 07

打开支付宝收银台页面后，输入支付宝账户和密码，然后单击【用支付宝账户付款】按钮。

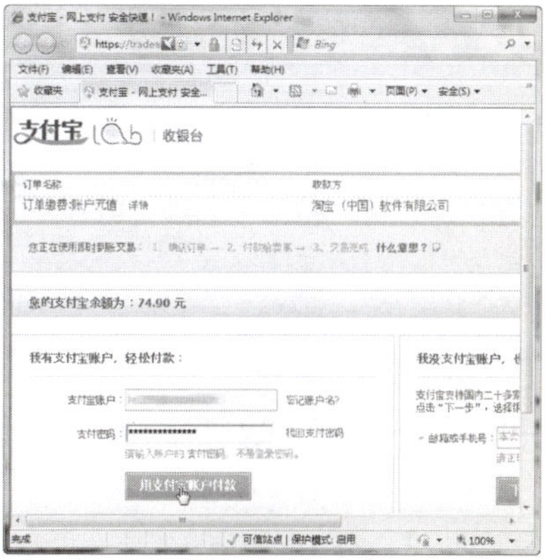

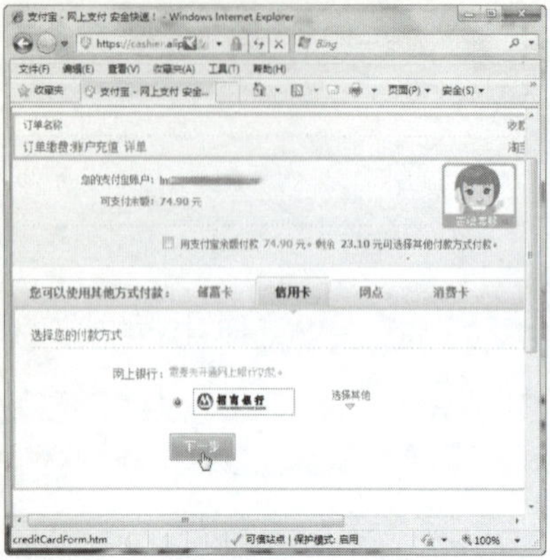

▶STEP 08

选择支付方式，再选择网上银行，然后单击【下一步】按钮。

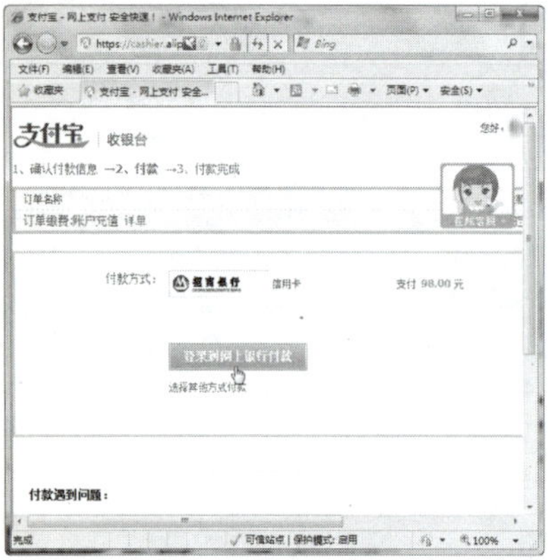

▶STEP 09

进入【付款】页面后，单击【登录到网上银行付款】按钮，通过网上银行进行付款。

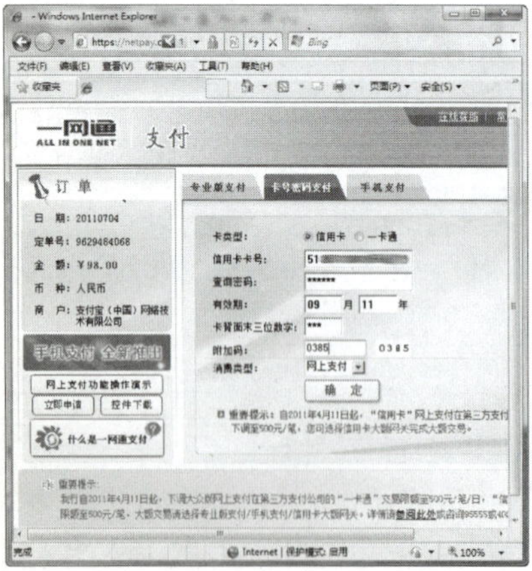

▶STEP 10

进入网上银行后，输入银行卡信息和附加码，然后单击【确定】按钮，提交付款信息。

▶STEP 11

打开【网上支付交易确认】对话框后，单击【确定】按钮，确定付款。单击【取消】按钮可取消付款。

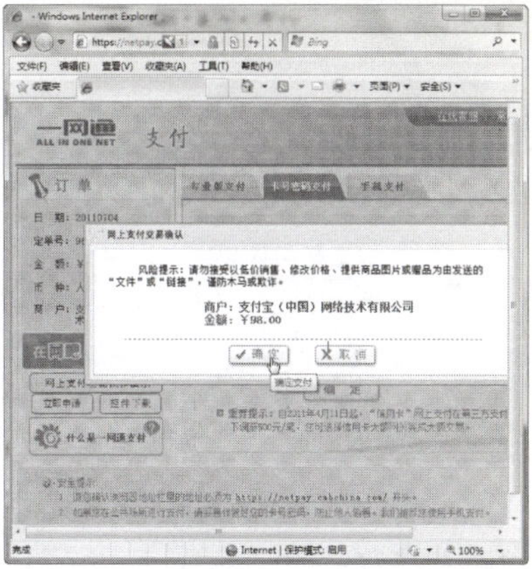

▶STEP 12

付款完成后，页面显示付款信息，此时即可关闭窗口。

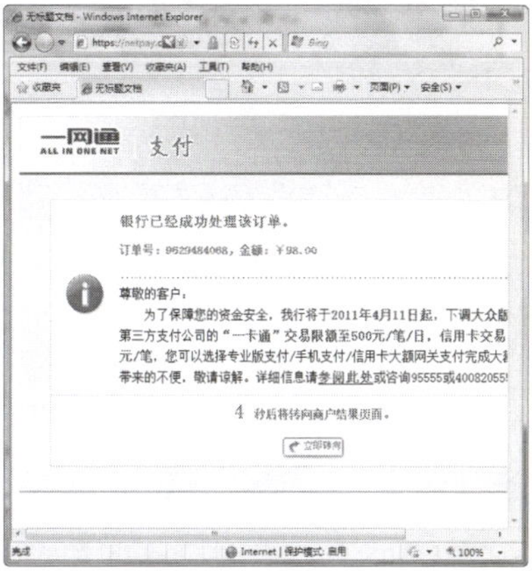

▶STEP 13

返回订购服务页面，在对话框中单击【完成付款】按钮，确认完成付款。

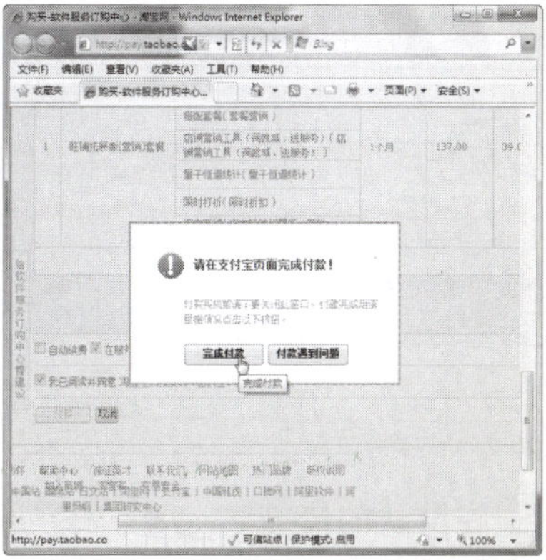

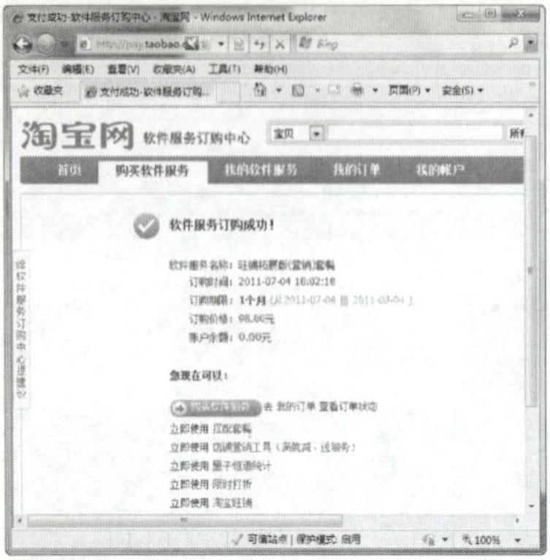

▶STEP 14

此时页面会显示软件服务订购成功的信息，并显示卖家所订购的服务内容。

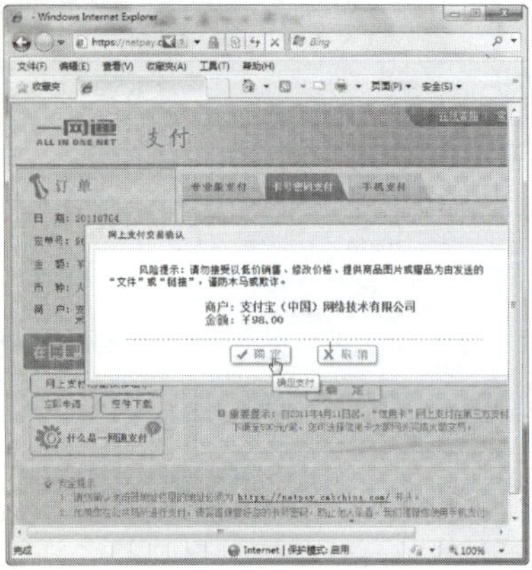

▶STEP 15

卖家可以返回【我是卖家】页面，然后单击【进入我的服务】链接，查看自己订购的服务。

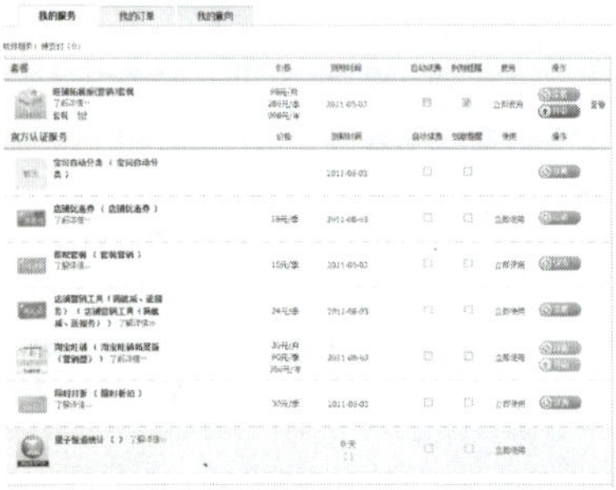

▶STEP 16

打开【我的服务】页面后，即可查看目前已经订购的服务淘宝和该套餐包含的服务项目。

7.1.2 订购旺铺装修模板服务

在默认的情况下，淘宝卖家通过在线设计中心使用的模板只有一个月的试用期限。如果卖家想延长时间期限，除了一次性购买模板外，还可以订购模板，例如订购一个季度、订购一年等。

动手跟练

▶STEP 01

打开店铺装修页面，然后在使用模板的店招上单击【编辑】链接。

▶STEP 02

打开【编辑内容】对话框后，单击【在线编辑】按钮。

▶STEP 03

进入在线设计中心后，单击【我的设计】按钮，再单击【直接订购】链接。

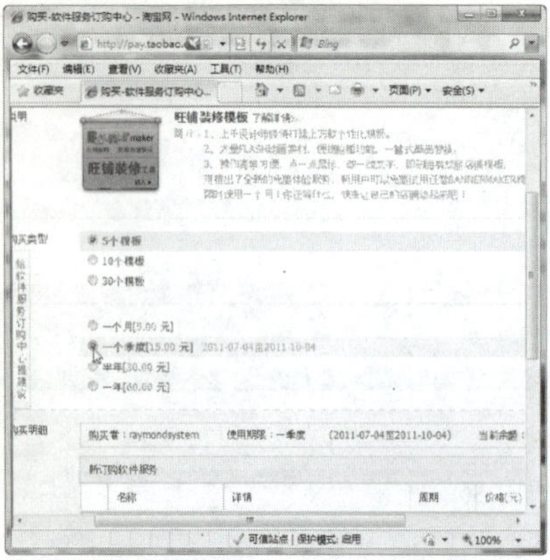

▶STEP 04

此时在页面中选择购买类型和订购期限。

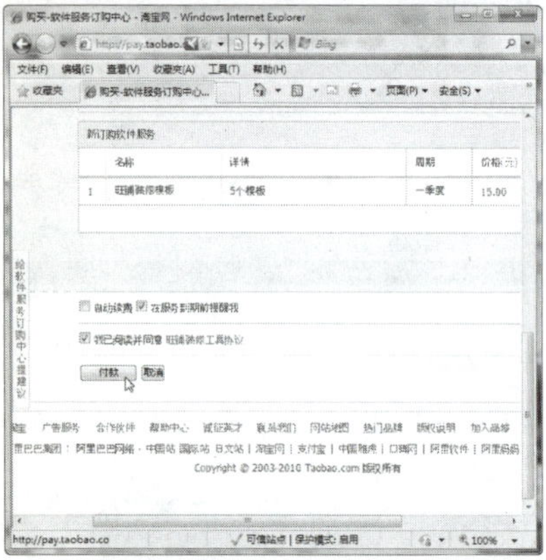

▶STEP 05

将页面拖到下方，再选择【我已阅读并同意旺铺装修工具协议】复选框，然后单击【付款】按钮。

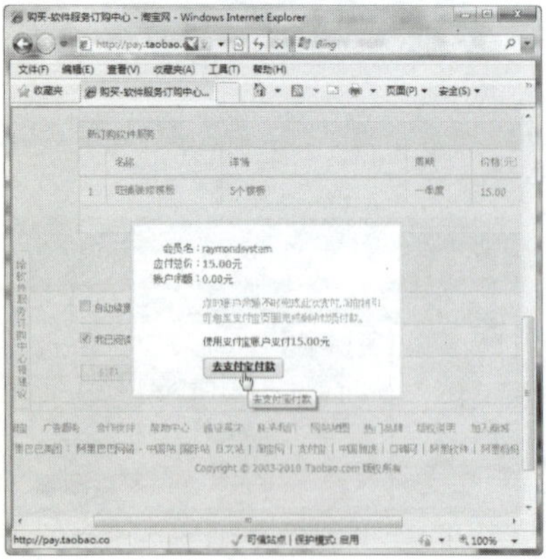

▶STEP 06

打开对话框后，单击【去支付宝付款】按钮，进入支付宝收银台。

▶STEP 07

打开支付宝收银台页面后，输入支付宝账户和密码，然后单击【用支付宝账户付款】按钮。

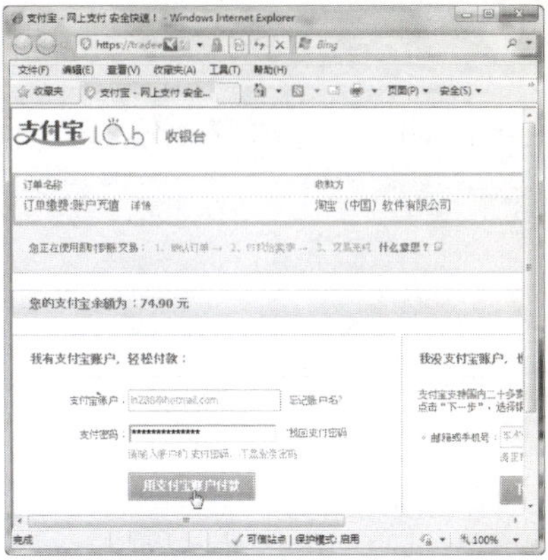

▶STEP 08

如果卖家有绑定第三方U盾，则需要输入U盾的密码，再单击【确定】按钮。

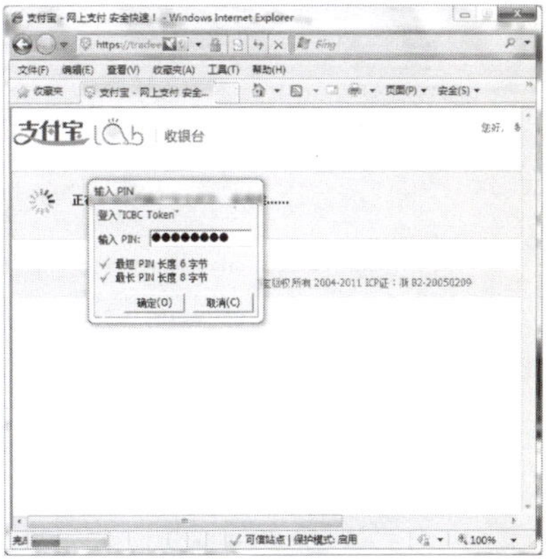

▶STEP 09

选择以支付宝余额支付的方式，再输入支付宝支付密码，然后单击【付款】按钮。

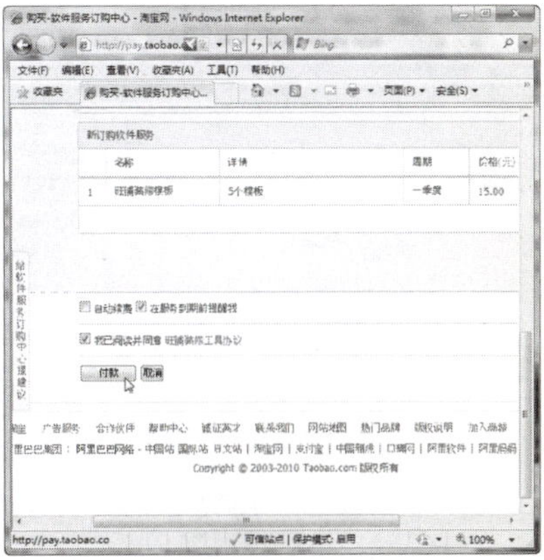

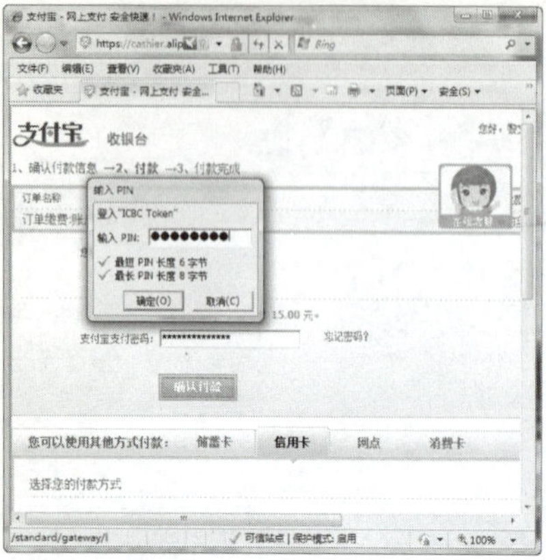

▶STEP 10

再次输入U盾的支付密码，然后单击【确定】按钮。

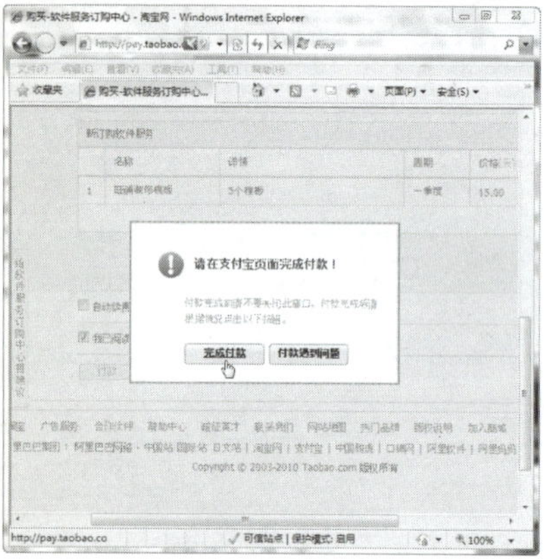

▶STEP 11

通过支付宝完成付款后，返回订购服务页面，单击【完成付款】按钮。

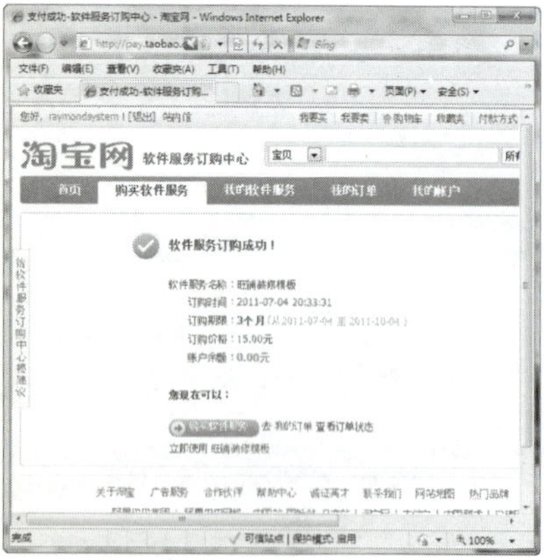

▶STEP 12

此时浏览器会自动转到显示订购服务成功的页面。卖家可以从页面查看订购的服务，以及服务价格和使用期限。

当订购旺铺模板服务后，卖家再次返回【我的设计】页面时，可以看到模板的使用期限已经显示为目前的订购期限。

订购模板服务后的结果

7.1.3 订购第三方提供的服务

除了淘宝网提供多种软件服务外，还有很多第三方个人或企业提供各种淘宝店铺服务。卖家可以通过订购第三方服务，增强自己店铺的经营效果。

动手跟练

▶STEP 01

进入店铺装修页面，然后在页面下方单击【在此处添加新模块】链接。

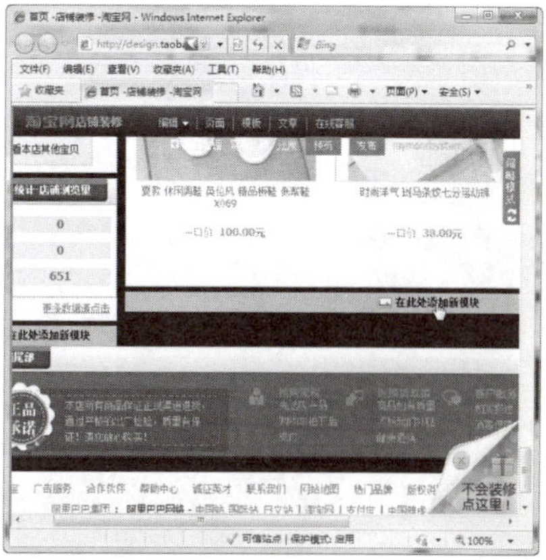

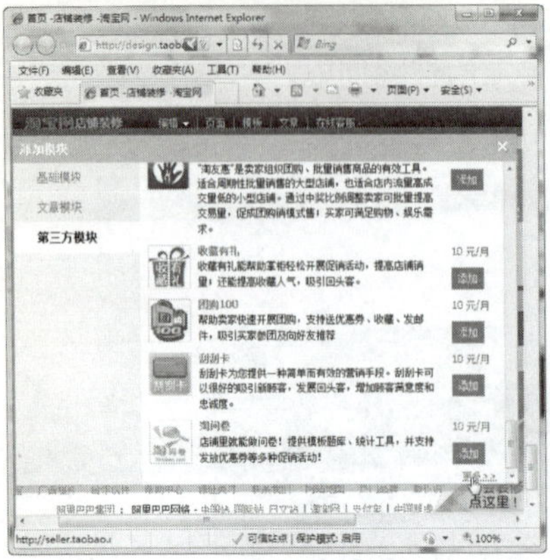

▶STEP 02

打开【添加模块】对话框后，选择【第三方模块】选项，再单击【更多】链接。

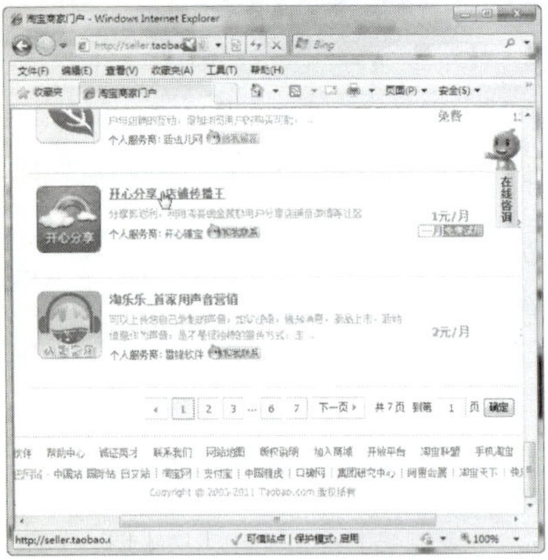

▶STEP 03

在打开的页面中选择需要订购的服务，然后在服务名称标题上单击，打开该服务页面。

▶STEP 04

在页面中查看服务的相关说明，了解服务的内容和作用。

▶STEP 05

当确定要订购服务后，即可单击【立即订购】按钮。

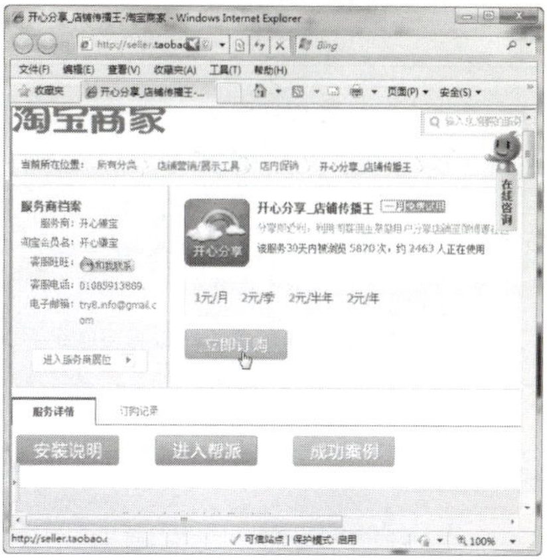

▶STEP 06

在页面中选择要订购服务的期限，然后选择【我已阅读并同意】复选框，接着单击【付款】按钮。

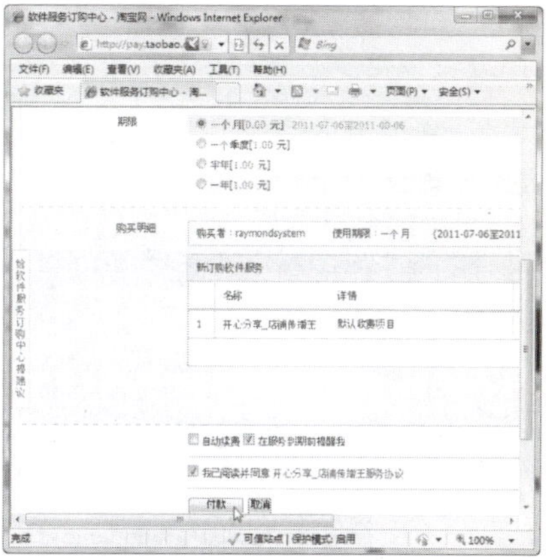

▶STEP 07

此时页面将显示订购成功的信息。单击【我的服务】链接查看订购的服务。

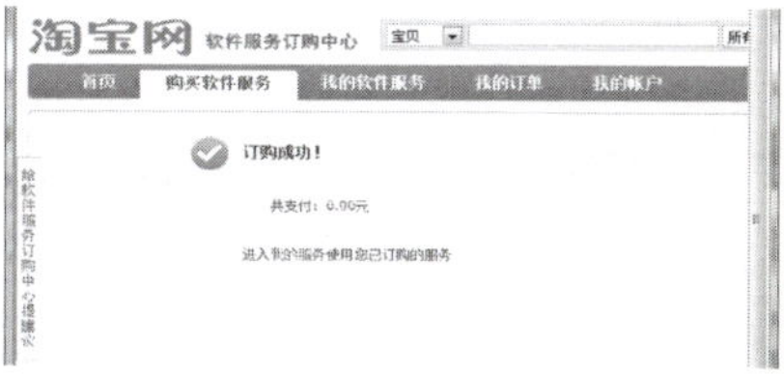

▶STEP 08

在页面中卖家可以查看到刚订购的第三方服务。

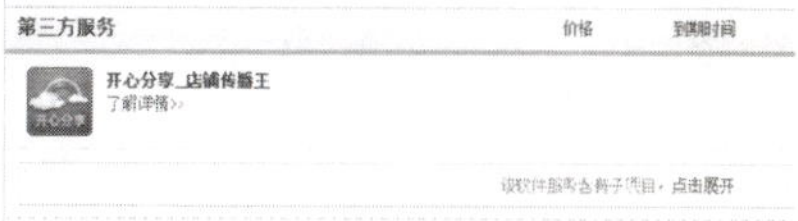

7.2 修改店铺的装修效果

当订购了更高级的淘宝旺铺，卖家可以有更多的权限，为店铺进行装修修改，例如修改店铺标志、修改店铺模板等。

7.2.1 修改店铺模板效果

当店铺装修到一定程度后，可以根据装修的效果适当修改店铺模板，例如更改模板颜色、设置页面和页头背景等。

动手跟练

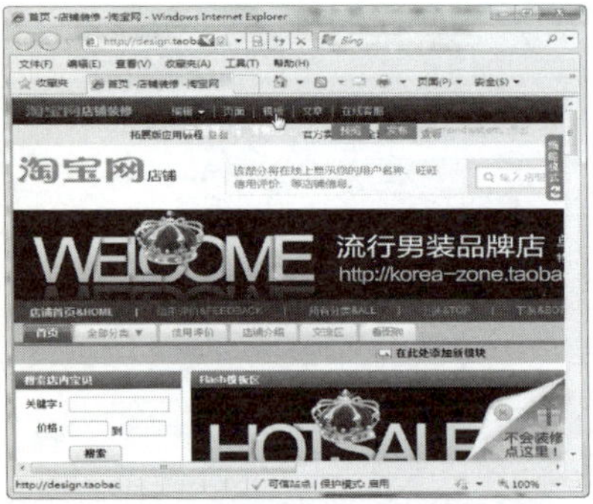

▶STEP 01

进入店铺装修页面，单击【模板】链接。

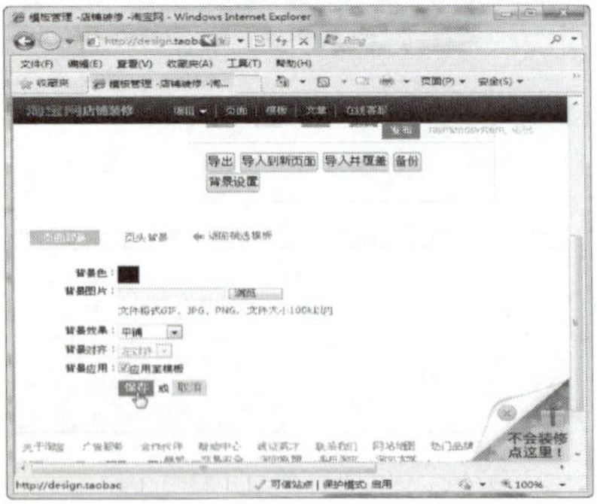

▶STEP 02

单击【背景设置】按钮，然后设置页面背景颜色，再单击【保存】按钮。

▶**STEP 03**

切换到【页头背景】选项页，然后设置页头背景颜色，并选择【应用至模板】复选框，再单击【保存】按钮。

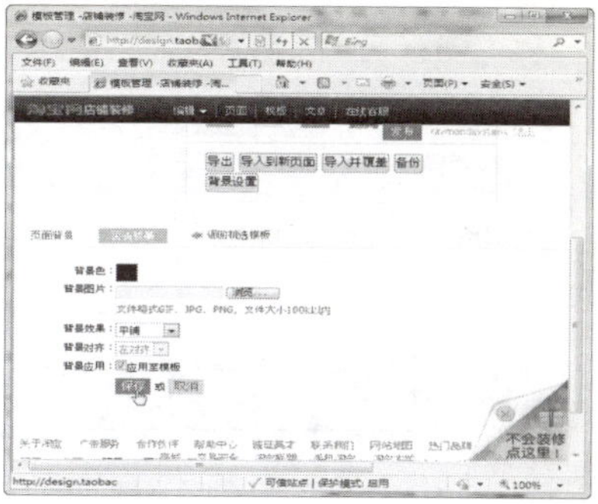

▶**STEP 04**

此时按照装修的风格，选择一种合适的模板颜色，本例选择黑色。完成上述操作后，发布装修即可。

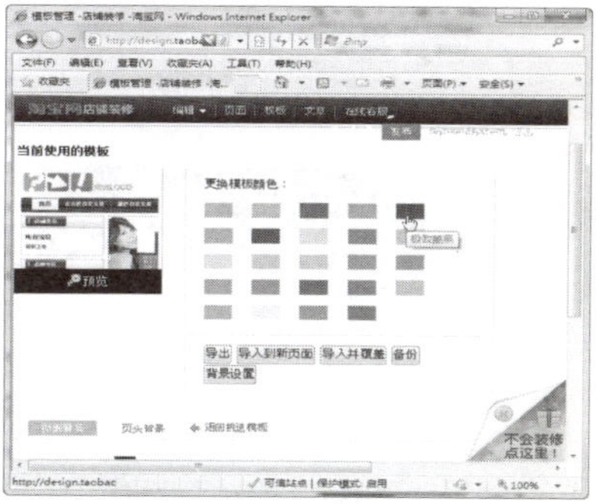

7.2.2 修改店招显示设置

在默认的情况下，店招头部高度为150像素，为了让其显示更佳，卖家可以修改店招头部高度。

动手跟练

▶**STEP 01**

进入店铺装修页面，在店招上单击【编辑】链接。

▶STEP 02

修改店招头部高度为180像素，再选择【在导航区上显示宝贝分类】复选框，最后单击【保存】按钮。

▶STEP 03

单击【发布】按钮，在打开的对话框中再单击【确认发布】按钮。

▶STEP 04

此时可以打开自己店铺首页，查看店招修改的效果。

7.2.3 为店铺添加独特的标志

订购旺铺拓展版后，卖家可以修改店铺的标志模块，将自己为店铺设计的Logo图上传到模块上，让自己的店铺拥有属于自己的标志。

动手跟练

▶STEP 01

进入店铺装修页面，在店铺标志模块上单击【编辑】链接。

▶STEP 02

打开【编辑内容】对话框后，单击【阅读详情】按钮，查看标志设置规范。

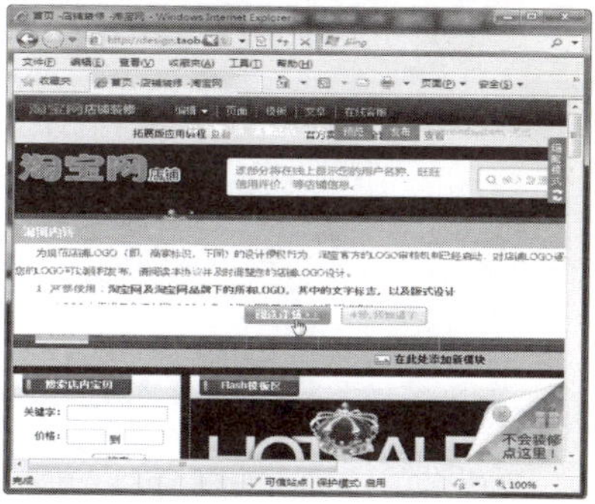

▶STEP 03

打开页面后，卖家需要仔细阅读淘宝网关于店铺LOGO设计的规范要求。例如严禁使用的LOGO以及建议尺寸为230像素×70像素。

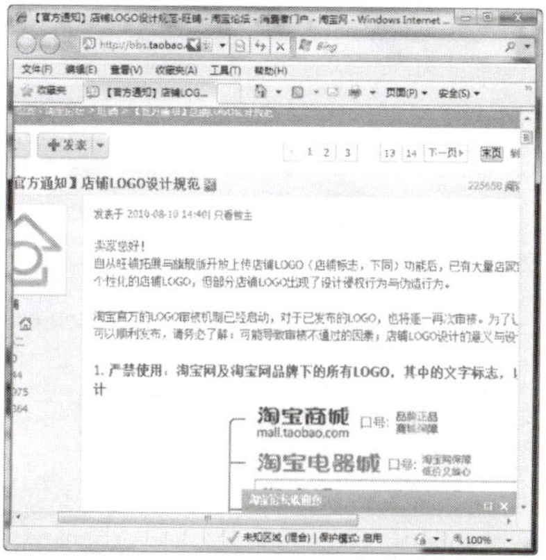

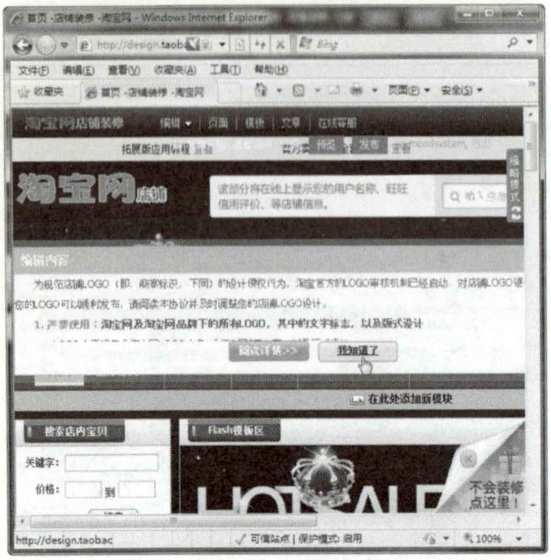

▶STEP 04

阅读规范后，返回编修页面，然后单击【我知道了】按钮。

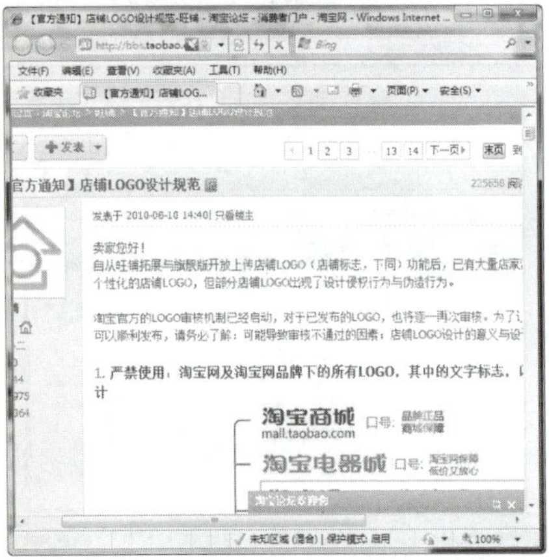

▶STEP 05

此时单击【浏览】按钮，以便选择需要上传的店铺LOGO图。

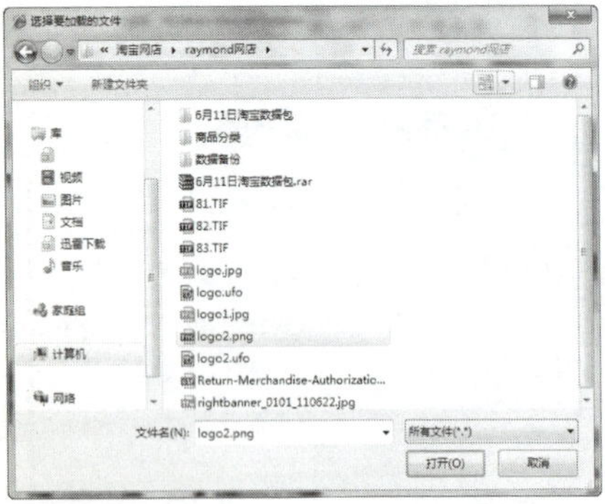

▶STEP 06

从文件夹中选择已经设计好的店铺LOGO图片，并单击【打开】按钮。

▶STEP 07

返回【编辑内容】对话框后，单击【确定】按钮，确定上传图片。

▶STEP 08

此时卖家可以在店铺装修页面中查看标志被更改的结果。

Chapter 7 淘宝网店的高级装修

7.3 店铺的高级装修技巧

为了让店铺更加吸引人，升级到更高级淘宝旺铺的卖家，可以利用旺铺的拓展功能，为店铺进行更高级的装修。

创业密码——新手淘宝开店

7.3.1 制作店铺图片轮播广告

动手跟练

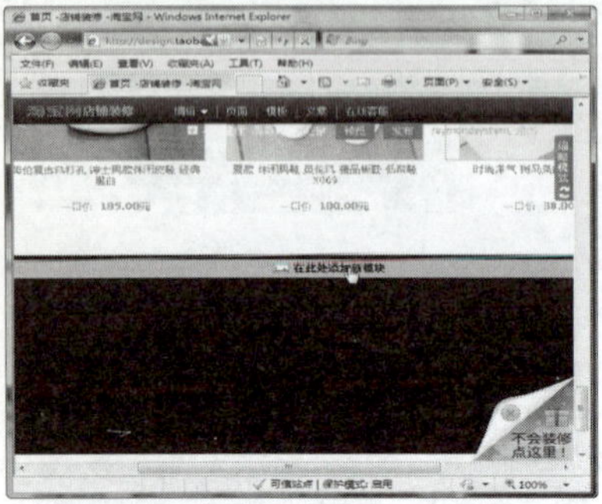

▶STEP 01

进入店铺装修页面，在页面下方中单击【在此处添加新模块】链接。

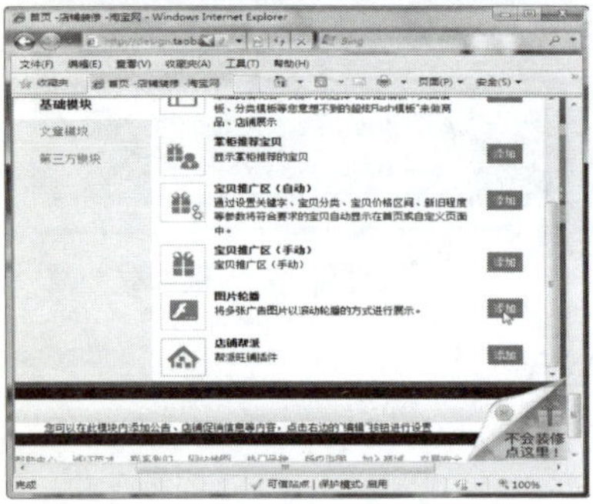

▶STEP 02

打开对话框后，单击【图片轮播】项后的【添加】按钮。

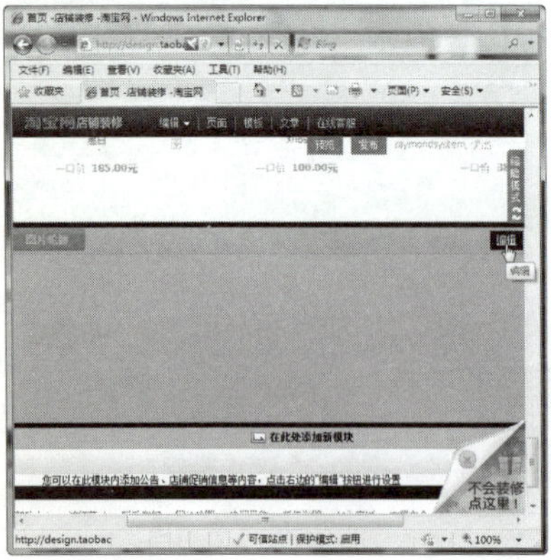

▶STEP 03

添加【图片轮播】模块后，将鼠标移到此模块上，然后单击右上角出现的【编辑】链接。

▶STEP 04

打开【编辑内容】对话框后，设置标题和模块，然后单击按钮，接着在图片空间中选择图片，并单击【插入】按钮。

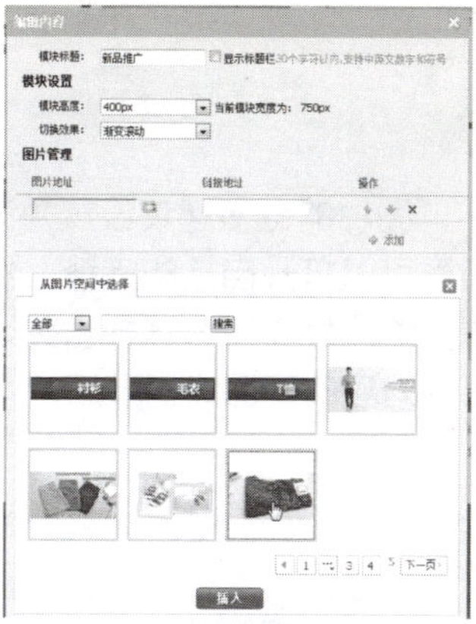

▶STEP 05

此时在链接地址文本框中输入图片链接地址。如果单击【添加】链接，即可添加另一个图片。

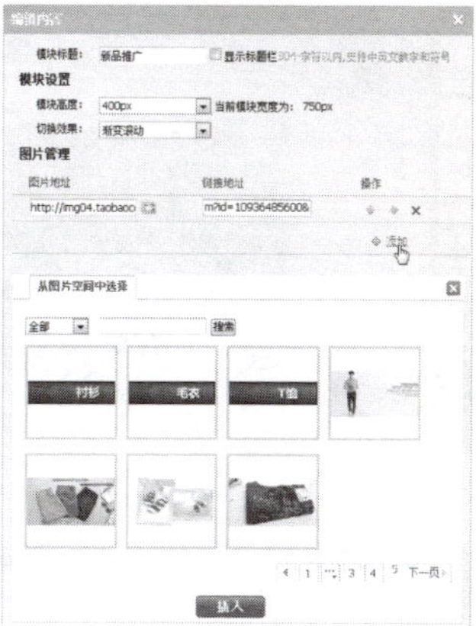

▶STEP 06

使用相同的方法，添加其他图片，然后单击【保存】按钮即可。

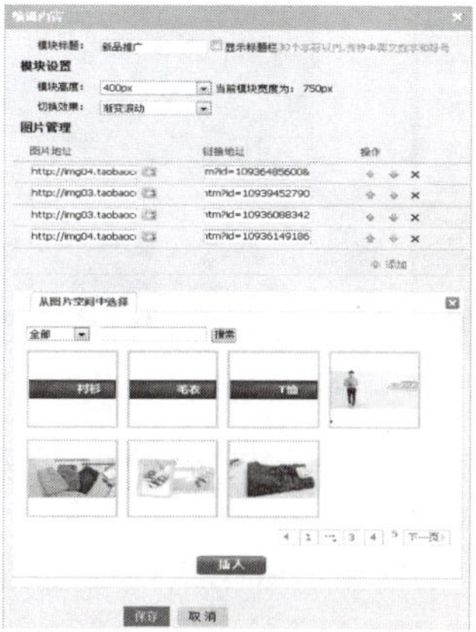

达人提醒

图片的链接建议设置为该图片对象的商品页面地址，该地址卖家可以打开自己的店铺，然后打开商品详情页，再复制商品详情页的网址即可。这样当买家单击图片轮播模块上的图片时，即打开对应的商品详情页面。

▶STEP 07

返回店铺装修页面，单击【发布】按钮，将店铺装修发布即可。

▶STEP 08

此时卖家可以在店铺首页中看到图片轮播广告的效果。

7.3.2 制作店铺统一页尾效果

旺铺拓展版中支持设置统一页尾，全部页面都会显示这个页尾信息。卖家可以设计一个干净利落的页尾图片，然后放置在页尾模块上，以便能够体现店铺的完整性和统一性。

达人提醒

在进行本地操作前，卖家需要先将已经设计好的页尾图片上传到自己的图片空间中，以便在操作过程中从图片空间里获取页尾图片。

动手跟练

▶STEP 01

进入店铺装修页面，在页尾模块上单击【编辑】链接。

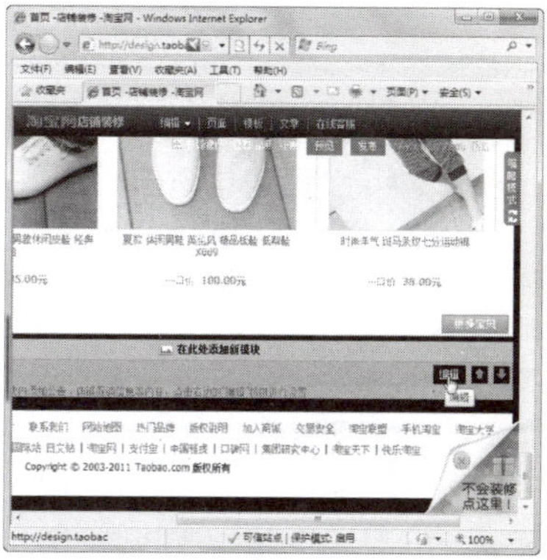

▶STEP 02

打开对话框后，单击【插入图片空间的图片】按钮 。

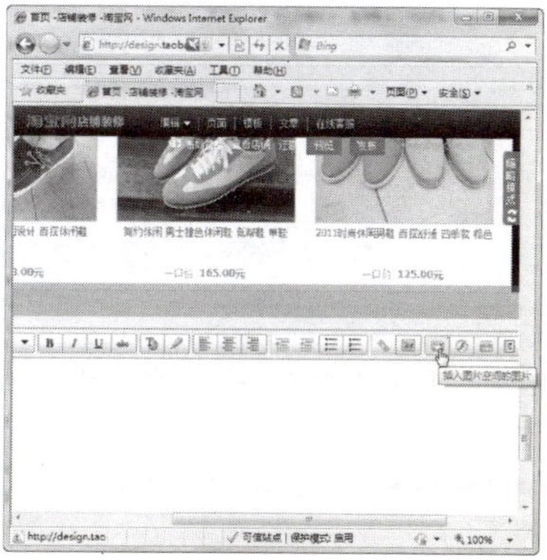

▶STEP 03

在图片空间中选择已经上传的页尾图片，然后单击【插入】按钮，再单击【完成】按钮。

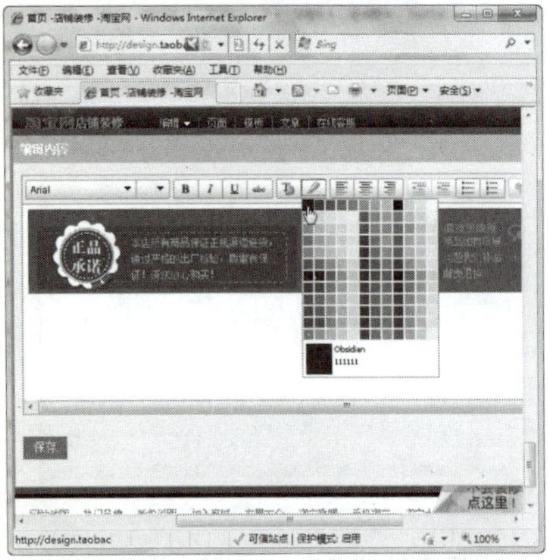

▶STEP 04

将鼠标指针定位在图片所在的行里，然后打开背景颜色列表框，设置背景颜色为【黑色】。

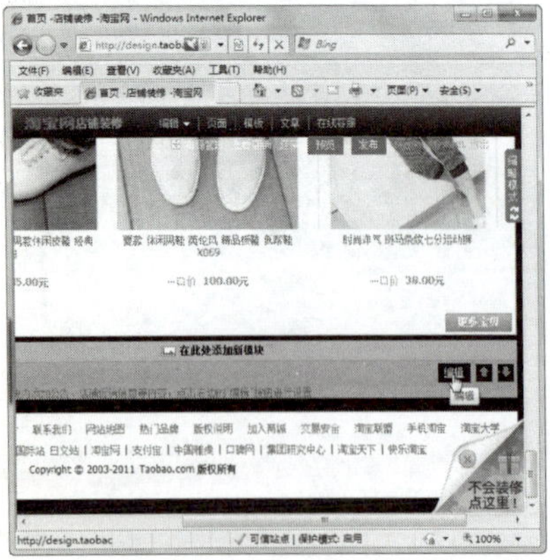

▶STEP 05

设置完成后，单击【保存】按钮，保存页尾模块设置。

▶STEP 06

此时返回店铺装修页面，然后单击【发布】按钮，再单击【确认发布】按钮，发布店铺装修即可。

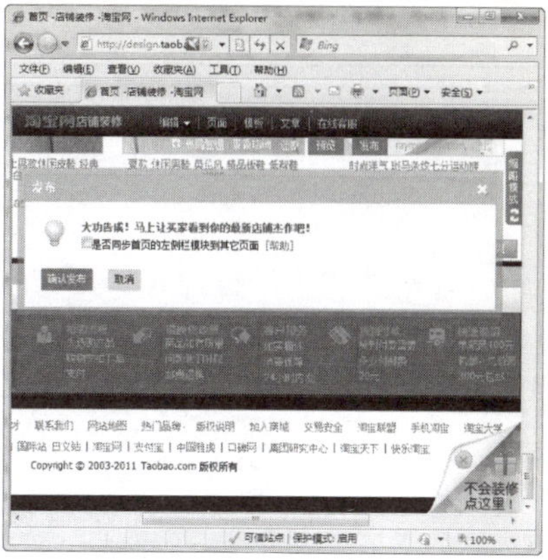

7.3.3 制作精彩淘画报页面

除了添加和编辑模块外，卖家还可以添加和编辑店铺页面，例如本例介绍添加一个“精彩淘画报”页面，并为该页面设置画报。

动手跟练

▶STEP 01

进入店铺装修页面，然后单击【页面】链接。

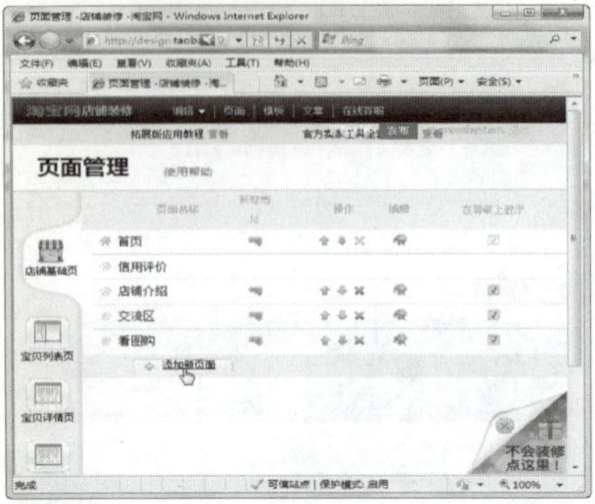

▶STEP 02

进入【页面管理】页面后，单击【添加新页面】链接。

▶STEP 03

打开【添加新页面】对话框后，选择【预置内容页】选项，再选择【精彩淘画报】内容页，然后单击【保存】按钮即可。

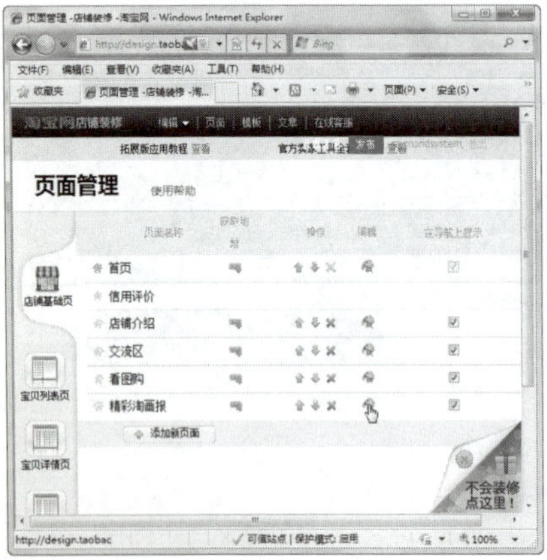

▶STEP 04

添加【精彩淘画报】页面后，在该页上单击【编辑】按钮。

▶STEP 05

进入【精彩淘画报】装修页面后，在页面模块上单击【编辑】链接。

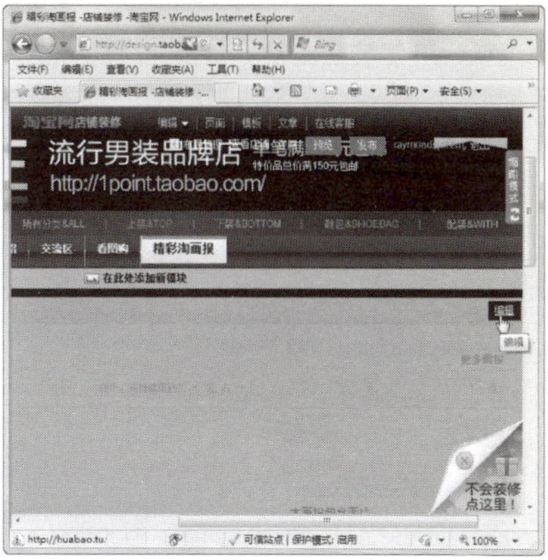

▶STEP 06

打开淘宝网图片空间后，单击导航栏的【旺铺画报】按钮，再单击【创建新画报】按钮。

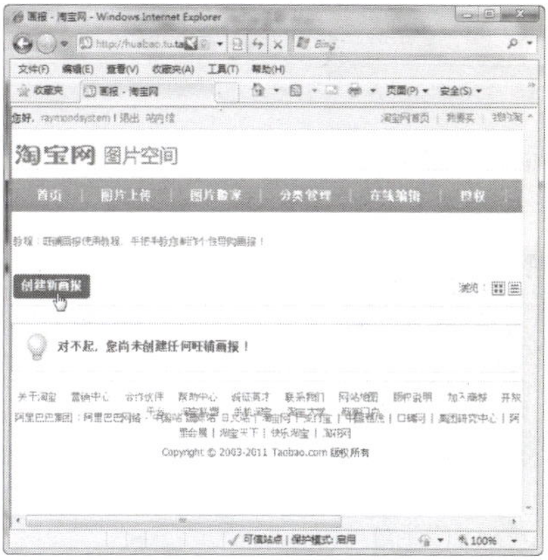

▶STEP 07

此时先设置画报的标题，然后选择需要放置早画报上的图片。

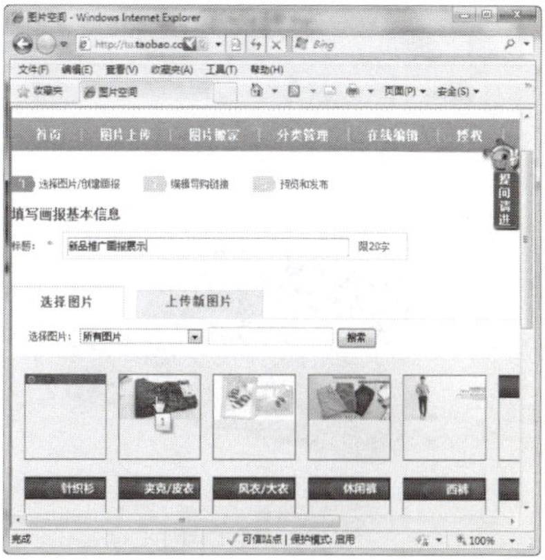

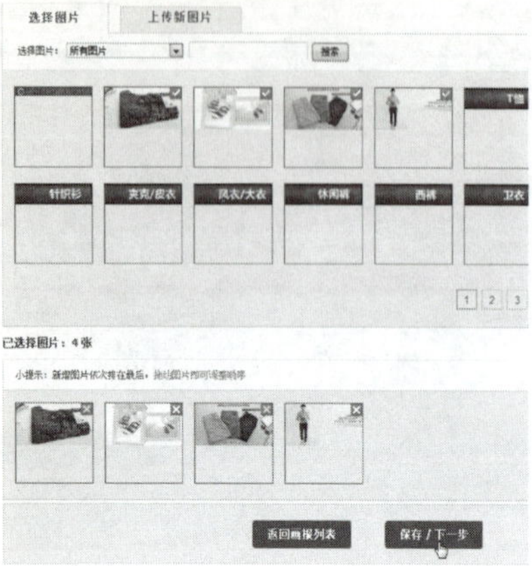

▶STEP 08

选择图片后，单击【保存/下一步】按钮，进入下一步的操作。

▶STEP 09

选择画报上的第一个图片，然后输入图片描述和标签，再单击【保存】按钮，保存这些内容。

▶STEP 10

单击【添加导购商品链接】按钮，启动添加链接功能。

▶STEP 11

此时使用鼠标在图片上单击一下，待出现链接文本框后，输入商品的链接（此链接建议为商品详情页网址）。

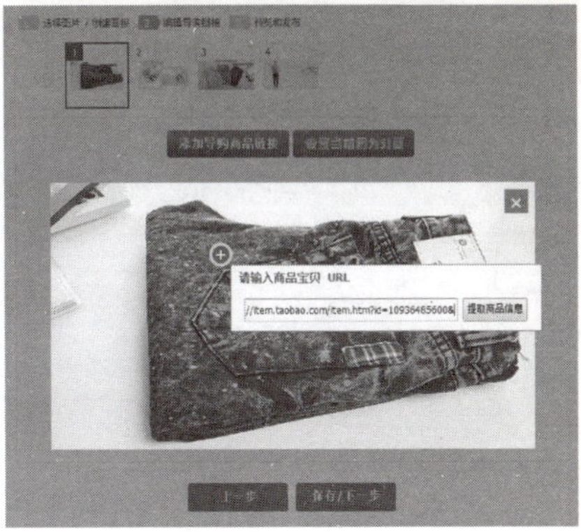

▶STEP 12

使用步骤9到步骤11的方法，为其他图片添加描述和商品链接，然后单击【保存/下一步】按钮。

▶STEP 13

进入画报展示页面后，可以通过键盘左右方向键测试画报效果，最后单击【发布画报】按钮。

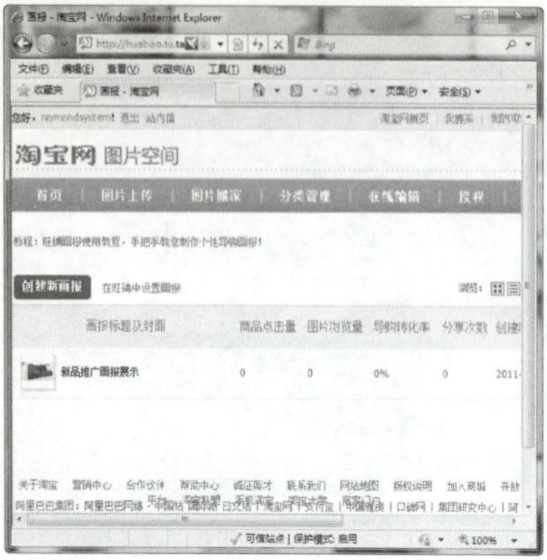

▶STEP 14

发布画报后，返回淘宝网图片空间，可看到发布画报的结果。

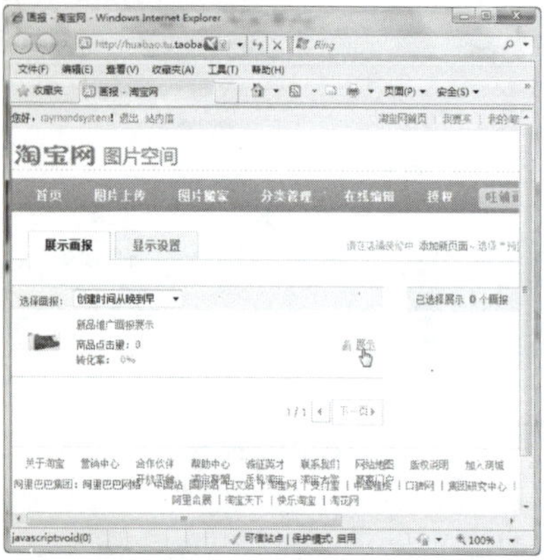

▶STEP 15

发布画报后还需要设置展示，此时单击【旺铺画报】按钮，再单击【展示】链接，设置画报展示。

▶STEP 16

此时返回【精彩淘画报】页面，即可查看到画报展示的效果，最后发布编辑结果到店铺即可。

7.3.4 装修淘宝店铺其他页面

除了装修店铺首页，卖家还需要装修其他页面，让店铺整体装修风格统一，籍此吸引买家的眼球。

装修店铺其他页面的操作，大致与装修首页的操作一样，因此这里不再详细说明，卖家根据上述内容掌握的方法，装修自己店铺的其他页面。

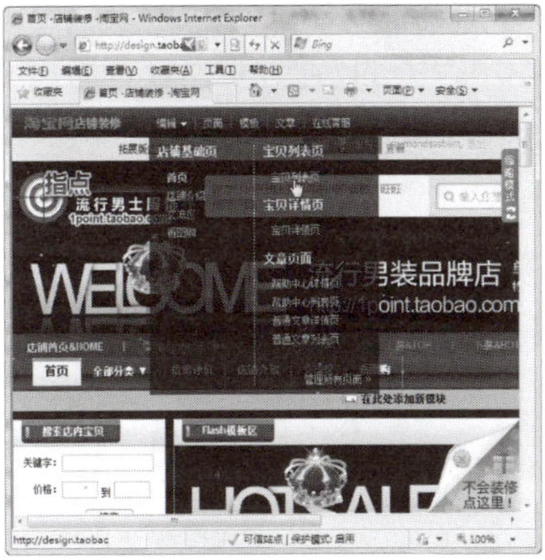

打开【编辑】列表框，可选择要装修的页面

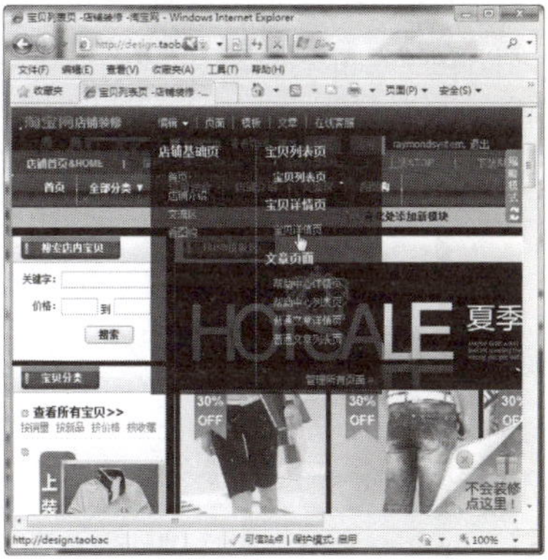

选择要装修【宝贝详情页】页面

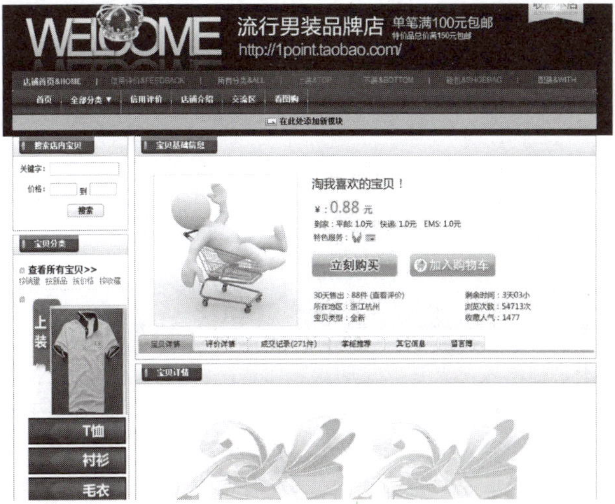

装修【宝贝详情页】的结果

7.3.5 使用第三方模块装修店铺

当订购了第三方服务后，可以通过第三方提供的服务装修店铺。例如本例订购了“店铺传播王”服务，下面将为店铺添加“店铺传播王”服务模块，为店铺孩子做一个分享店铺的功能区。

此时网页会打开卖家的店铺首页，卖家可以通过页面查看添加了“店铺传播王”模块后的效果。

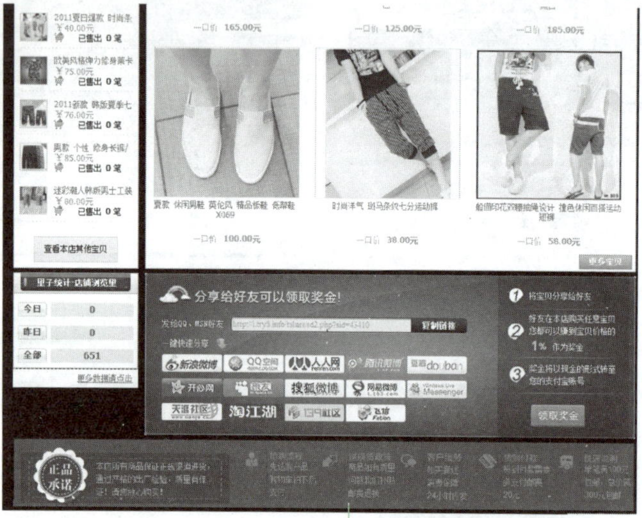

添加“店铺传播王”模块的效果

章后点评

在本章中，主要介绍了店铺升级到拓展版后进行的一系列装修方法。其实对于目前淘宝网存在大量的卖家而言，新进卖家想要脱颖而出，必须对店铺下一点成本和功夫。这样才可以使自己的店铺有别于其他一般店铺，从而吸引买家进入，最终达到提高生意额的目的。

网店吸金的营销策略

Chapter

8

开店是一回事，赚钱是另外一回事。如果让自己的网店能够赚钱呢？这是大部分淘宝卖家在考虑的问题。本章将以提交网店成交量，让网店能够赚钱为主旨，为淘宝卖家提供多种实用的营销策略。

8.1 了解店铺经营状况

店铺生意的好坏，除了商品质量好和服务周到外，还需要店主悉心的经营。因此，一些必要的小技巧对于经营店铺来说，可能是帮助很大的。

8.1.1 查看自己的经营报告

卖家可通过“卖家经营报告”查看规则遵守、商品管理、店铺运营、服务水平四个方面获得的分数，从而了解自己的经营状况。

达人课堂

1. 规则遵守的得分：看卖家是否违反淘宝网的各项规则。

2. 商品管理的得分：卖家是否向买家提供客观如实的商品信息说明，是否因商品质量产生交易纠纷，是否对买家承诺购物保障等。

3. 店铺运营的得分：观察卖家是否善用营销工具和推广资源，是否会在新老买家上做好口碑营销等。

4. 服务水平的得分：观察卖家是否用心为买家提供服务，是否会主动为买家提供便捷的购物流程，是否会为买家提供购物保障等。

动手跟练

▶STEP 01

登录淘宝网，打开【我是卖家】页面，将页面拖到下方，单击【卖家经营报告查询】链接。

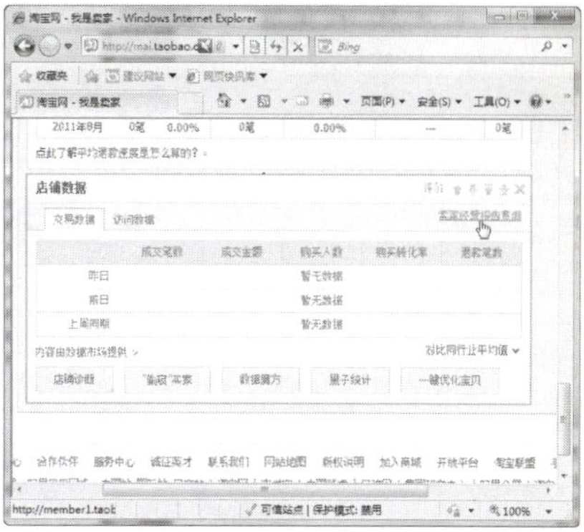

▶STEP 02

打开卖家经营报告页面后，卖家可以查看自己的总体经营分数。

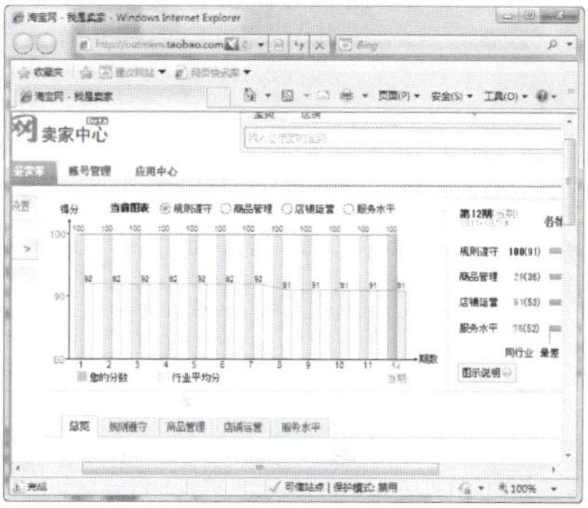

▶STEP 03

将页面拖到下面，卖家可以查看自己店铺在各方面的分数。

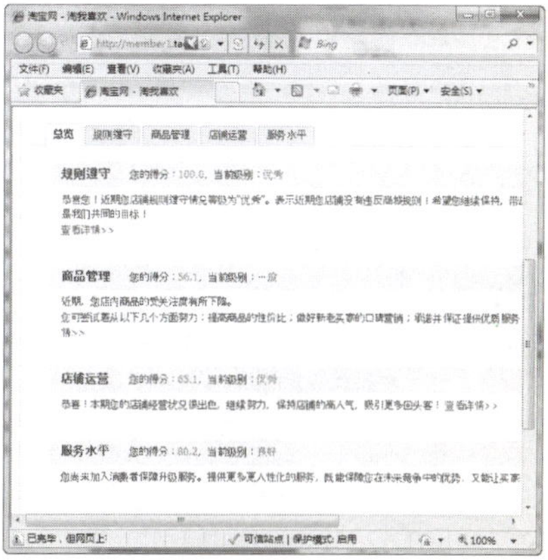

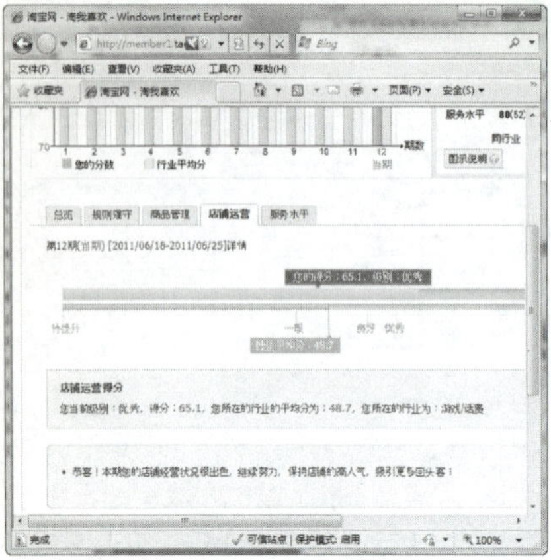

▶STEP 04

单击各个指标项的按钮，可以打开对应的选项页，查看指标项的详细说明、评分和级别。

8.1.2 查看店铺量子恒道统计

量子恒到统计是为淘宝网店铺量身打造的专业店铺数据统计系统。通过统计店铺的用户行为和特点，帮助卖家更好的了解用户喜好，为店铺推广和商品展示提供充分的数据支持。

动手跟练

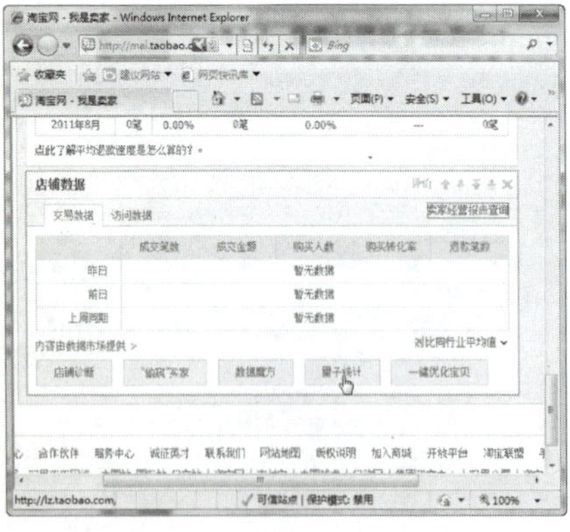

▶STEP 01

打开【我是卖家】页面，单击【量子统计】链接。

▶STEP 02

系统根据卖家账户资料自动登录量子恒到统计平台，查看店铺流量。

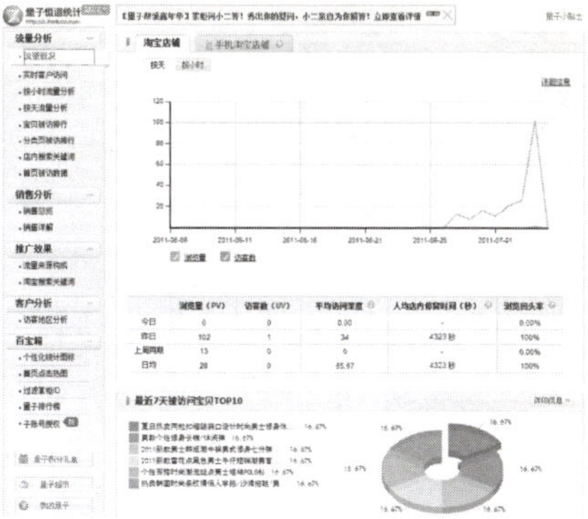

▶STEP 03

单击【按天流量分析】按钮，查看每天的流量分析数据。

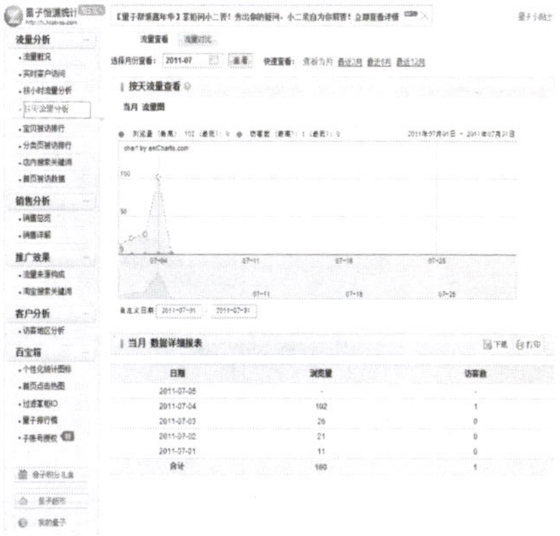

▶STEP 04

单击【首页被访数据】按钮，查看店铺首页的访问数据汇总分析。

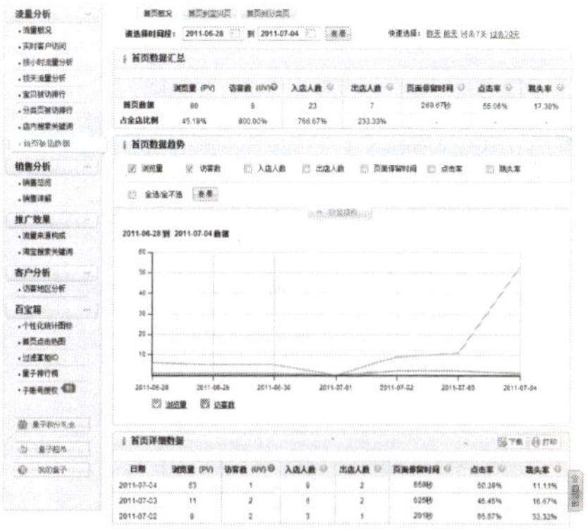

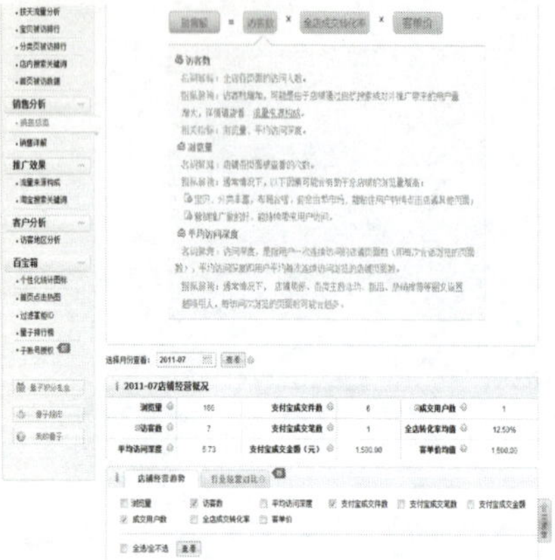

▶STEP 05

单击【销售总览】按钮，可以查看店铺自开店以来到当前时间的销售数据，包括浏览量、支付宝成交件数、成交金额、客单价均值等数据。

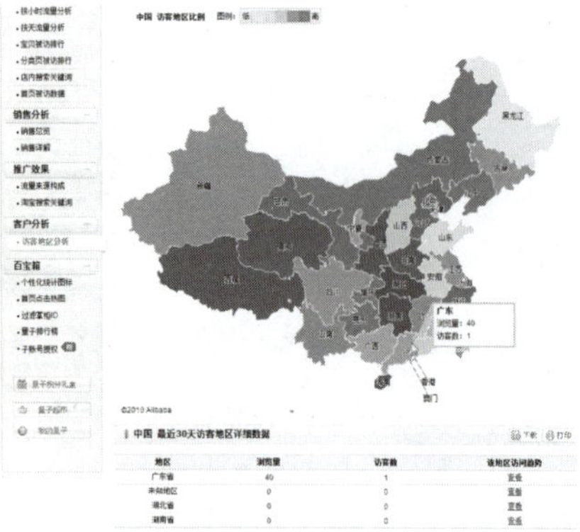

▶STEP 06

单击【访客地区分析】按钮，可以查看访问店铺客户的地区详细数据。

8.1.3 个性化量子统计的图标

卖家除了可以登录量子店铺查看统计数据外，还可以将量子统计添加到店铺上，以统计图标显示基本的统计数据。

动手跟练

▶STEP 01

进入量子恒道统计平台，单击【个性化统计图标】按钮，然后选择一个图标，并单击【使用该图标】按钮。

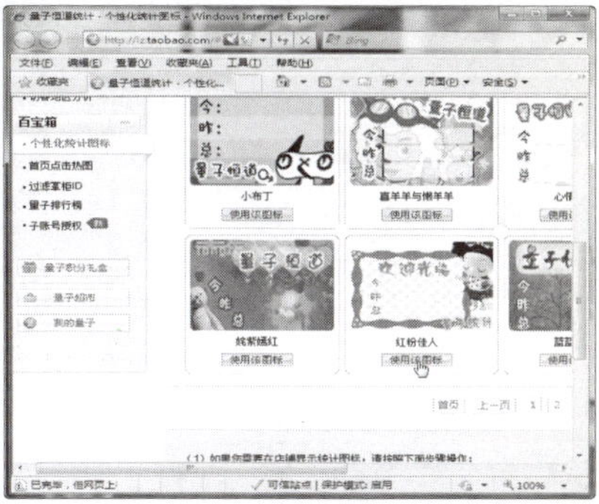

▶STEP 02

弹出对话框后，直接单击【确定】按钮，确定使用图标。

▶STEP 03

使用图标后，单击【复制图片地址】按钮，复制统计图标地址。

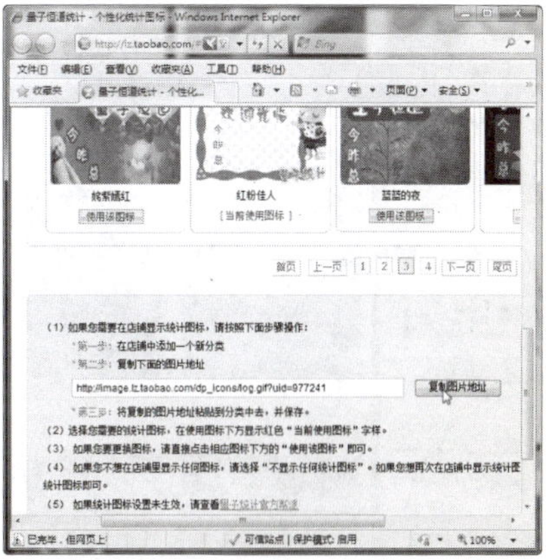

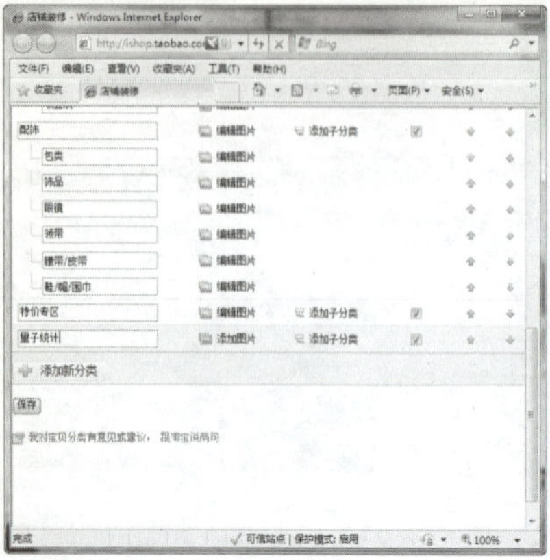

▶STEP 04

返回【我是卖家】页面，然后进入管理分类页面，添加一个新分类。

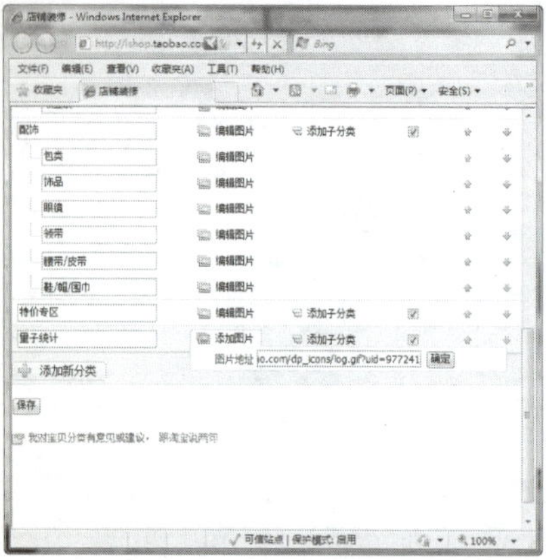

▶STEP 05

单击新分类的【添加图片】按钮，然后在【图片地址】文本框上粘贴步骤3复制的链接，再单击【确定】按钮。

▶STEP 06

此时卖家可以打开自己店铺首页，即可查看量子恒道统计的图标变成自己选择使用的那个图标。

8.2 顾客的客服策略

作为店主，对顾客提供完善的服务是必不可少的策略。例如提供售前咨询服务、交易修改服务、售后服务等。本节将介绍使用“E客服”和“消保服务”两项功能，让卖家掌握基本的客服策略应用。

8.2.1 关于E客服

阿里软件为卖家提供了一个“E客服”功能，该功能是阿里软件提供给淘宝卖家的在线客户服务的系统，旨在让淘宝卖家更高效的管理网店、及时把握商机消息，从容应对繁忙的生意。

卖家可以为客服设置不同权限的子账号

使用E客服功能，卖家通过主账号创建子账号，并授予相关权限后，使子账号可以帮助主账号对店铺进行管理，及时回复顾客的消息。这个功能在卖家要面对多个顾客时非常有用。

使用E客服功能可以创建子账号，但主账号授权给子账号以淘宝主账号ID的身份进行淘宝店铺的管理操作。由于E客服的子账号权限完全等同于主账号的，导致权限会过大，不利于店铺的管理和责任的追究。

为了解决这个问题，权限系统就出现了。通过权限系统，卖家可以为子账号设置不同的权限，例如店长可以有管理宝贝和交易的权限；客服则可以只有客户服务的权限，例如咨询回复、投诉举报等权限。

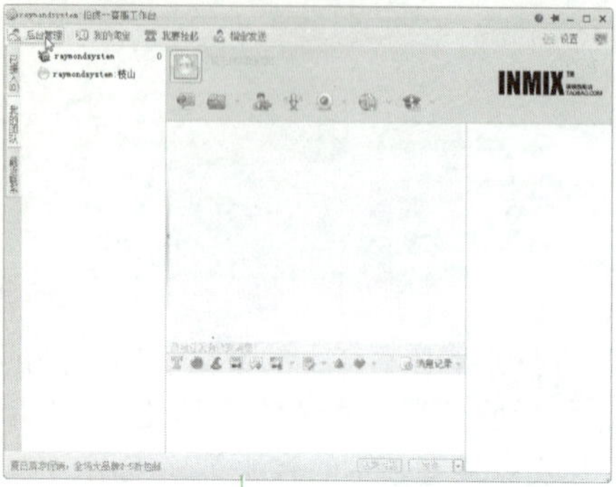

使用E客服功能后，客服在阿里旺旺的工作台

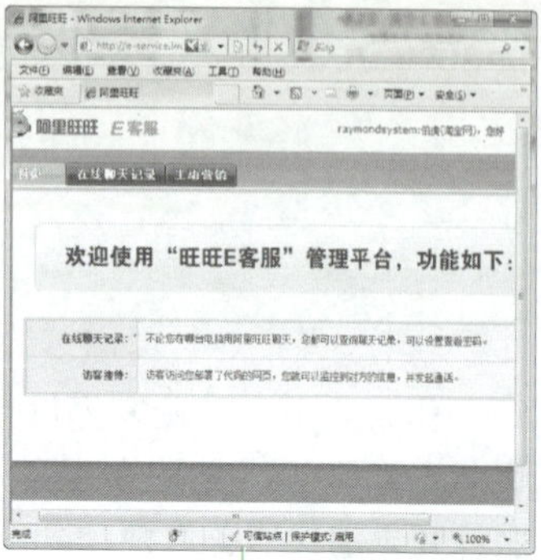

阿里旺旺E客服的管理后台

达人提醒

淘宝商城用户和三心以上淘宝卖家均可开通E客服服务。另外，只要是旺铺用户，就可以免费使用权限系统和E客服。

“权限系统”主账号：就是掌柜使用的阿里旺旺账号。

“权限系统”子账号：简单理解，就是淘宝掌柜的“伙计”使用的账号。

“权限系统”主账号可以管理的子账号个数根据使用的旺铺版本不同，可以免费使用和管理的子账号的个数也不同，具体如下。

旺铺版本	扶植版	标准版	拓展版	商城
免费使用子账号的个数	5个	15个	20个	30个

8.2.2 创建客服角色和分配权限

为了让店铺可以为买家提供更全面的服务，卖家可以为店铺创建不同的角色，例如专门负责买家咨询的角色、负责修改交易的角色、负责管理商品的角色、负责发货和管理订单的角色等，并且为不同的角色设置对应的权限，使之有效地协调管理店铺。

动手跟练

▶STEP 01

打开【我是卖家】页面，然后单击【权限管理】链接。

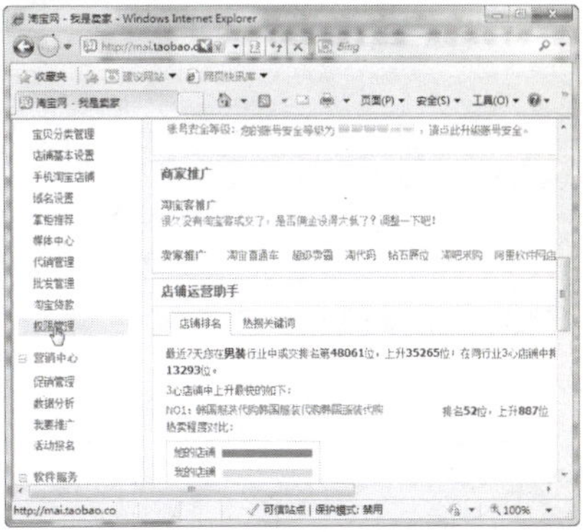

▶STEP 02

打开【权限管理】页面后，单击【创建角色】按钮。

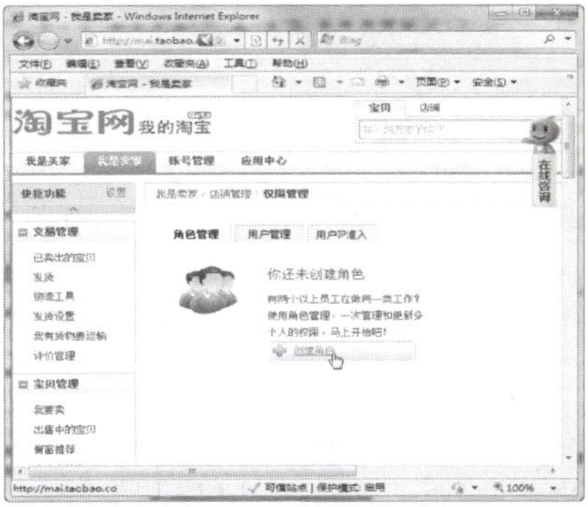

▶STEP 03

此时输入角色名、描述，并打开权限列表，选择授予角色的权限，再单击【添加】按钮。

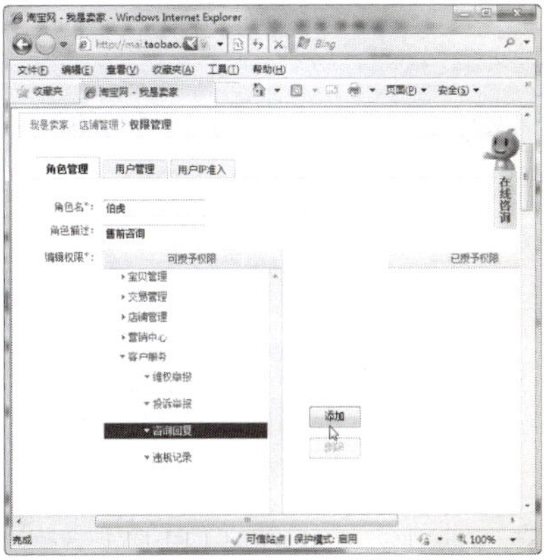

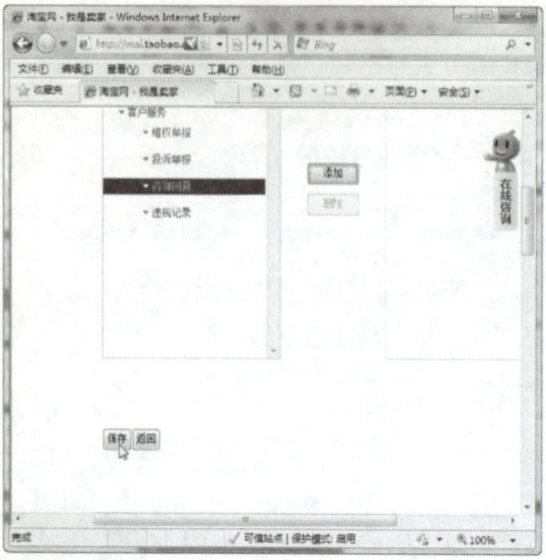

▶STEP 04

添加角色并授权权限后，单击【保存】按钮，保存角色。

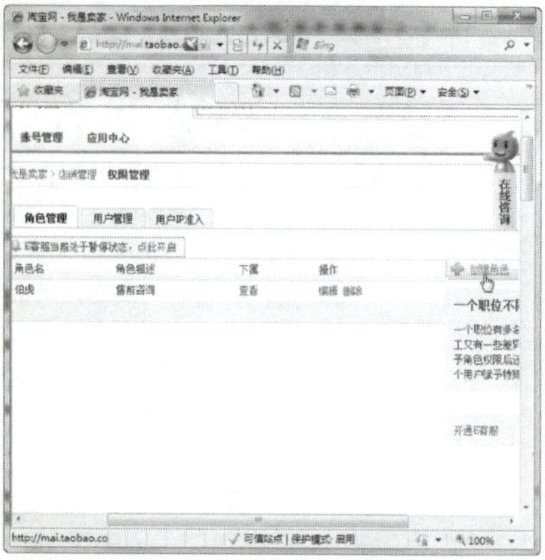

▶STEP 05

返回【角色管理】选项页后，可以查看到当前创建的角色。若需要再创建其他角色，可单击【创建角色】按钮。

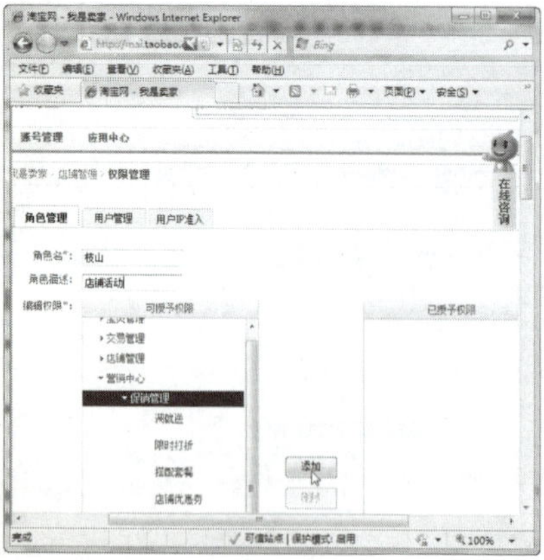

▶STEP 06

再次输入角色名、描述，并打开权限列表，选择授予角色的权限，再单击【添加】按钮，最后单击【保存】按钮。

▶STEP 07

使用相同的方法，创建其他店铺角色，然后在【角色管理】选项页中单击【点此开启】链接，开通E客服功能。

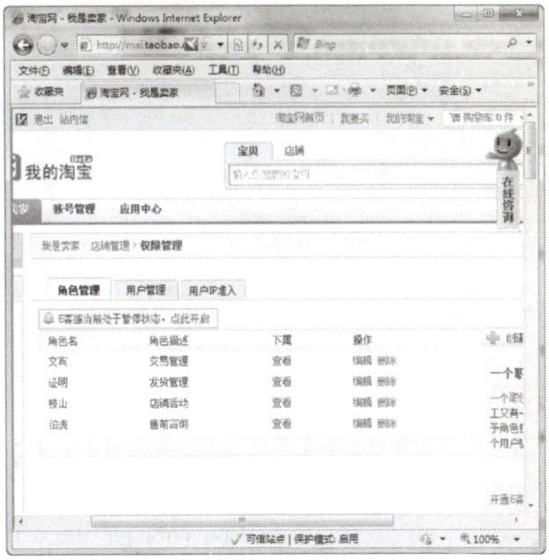

▶STEP 08

弹出对话框后，单击【确定】按钮开通E客服，此时页面显示开通E客服成功的信息。

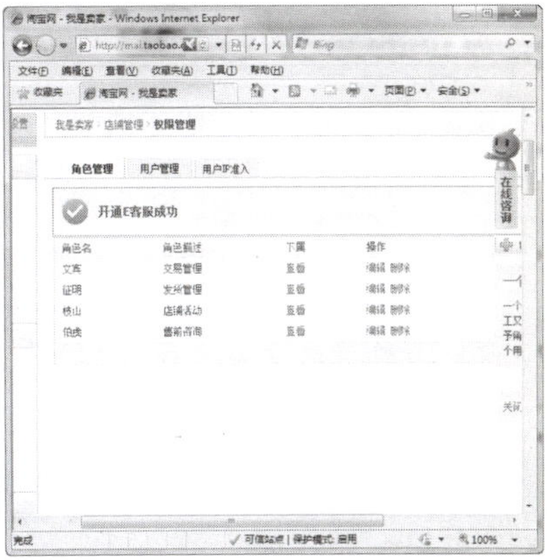

▶STEP 09

创建角色后，选择【用户管理】选项，然后单击【创建新用户】按钮，为角色创建对应的用户。

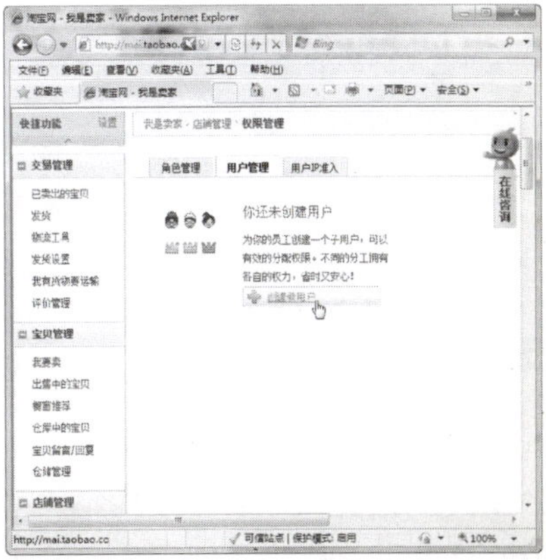

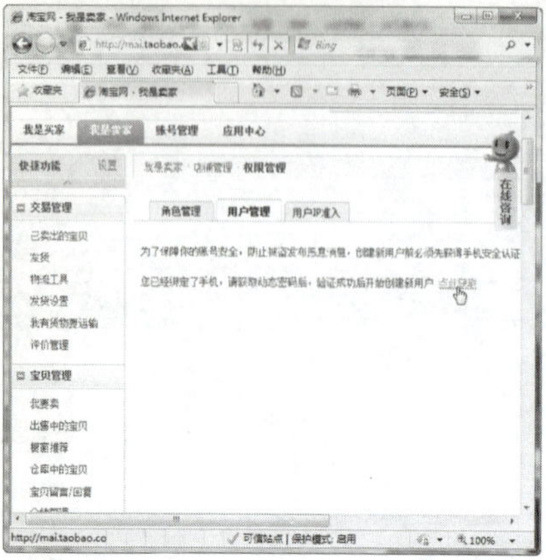

▶STEP 10

创建用户要求卖家先绑定手机号码。当绑定手机后，单击【点此获取】链接。

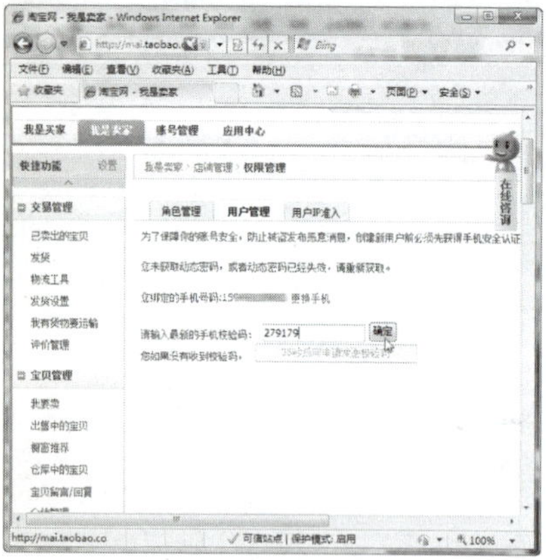

▶STEP 11

此时系统会给绑定的手机发送短信，卖家将短信中的校验码输入，然后单击【确定】按钮。

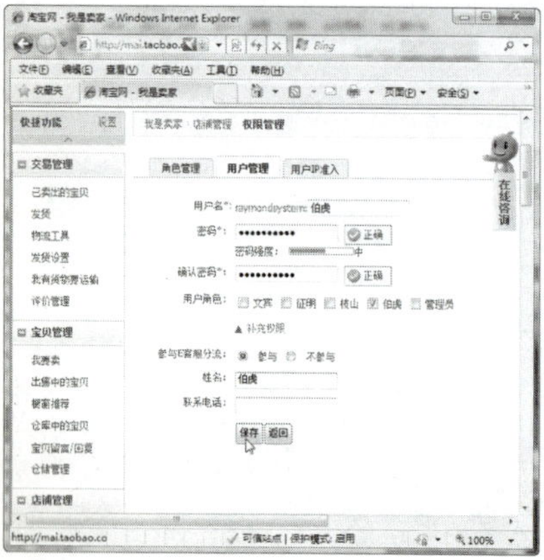

▶STEP 12

给创建的用户设置用户名和密码，再选择用户的角色并设置其他信息，最后单击【保存】按钮。

▶**STEP 13**

使用相同的方法，创建其他角色对应的用户，并分别设置不同的密码。创建用户后，全部用户将显示在【用户管理】选项页上。

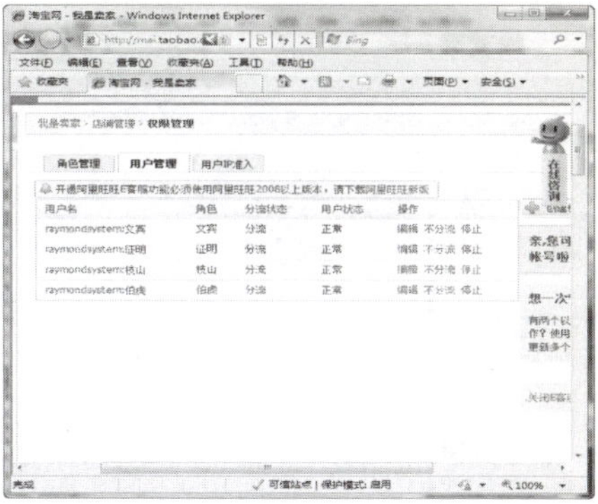

▶**STEP 14**

为了测试用户的使用，卖家可以使用一个被创建的用户名和密码登录淘宝网，此时可以看到用户只有被授予的管理权限。

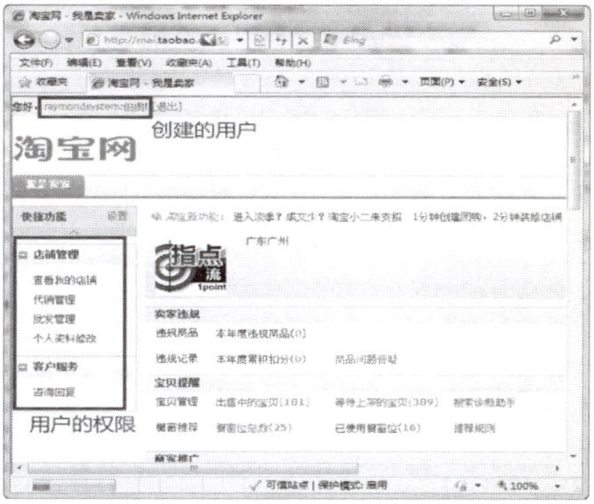

8.2.3 为不同的顾客设置客服分组

创建E客服用户并设置对应的角色后，卖家还需要为这些用户设置分组，以便买家可以按照分组来寻找对应的E客服用户进行咨询和交谈。

动手跟练

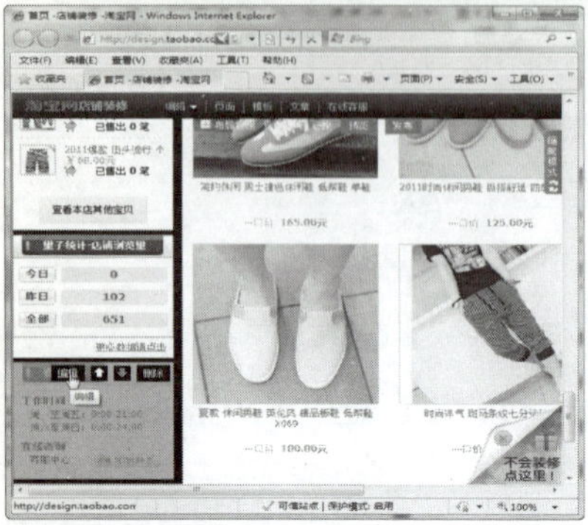

▶STEP 01

进入店铺装修页面，然后在【客服中心】模块上单击【编辑】链接。

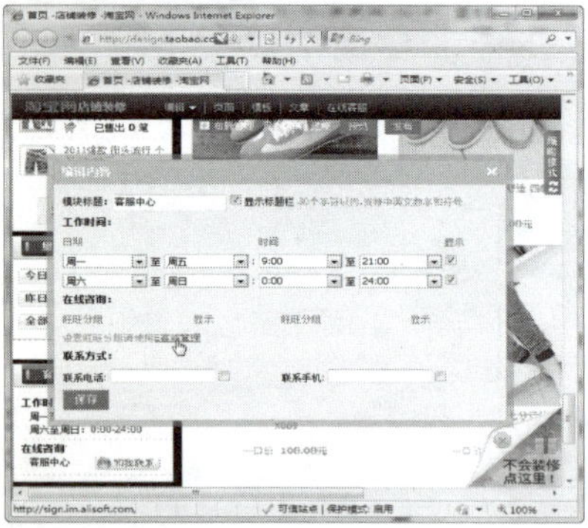

▶STEP 02

打开【编辑内容】对话框后，单击【E客服管理】链接。

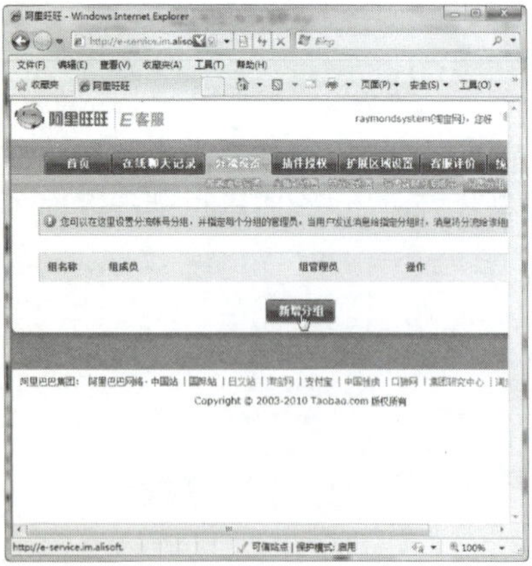

▶STEP 03

进入E客服后台后，单击【新增分组】按钮。

▶STEP 04

设置组名称，然后选择需要添加到该组的成员，再单击<<<按钮，将用户移到分组里，最后单击【保存】按钮。

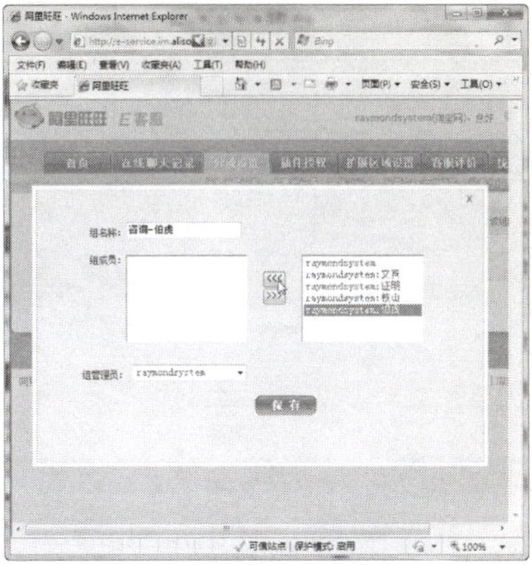

▶STEP 05

再次单击【新增分组】按钮，并设置分组的名称和用户。使用相同的方法，创建其他分组，结果如下图所示。

▶STEP 06

创建分组后，单击【同步到店铺】链接，将分组同步到店铺的【客服中心】模块中。。

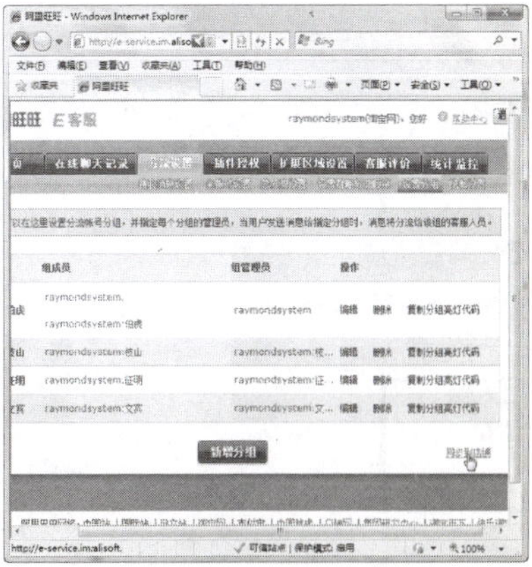

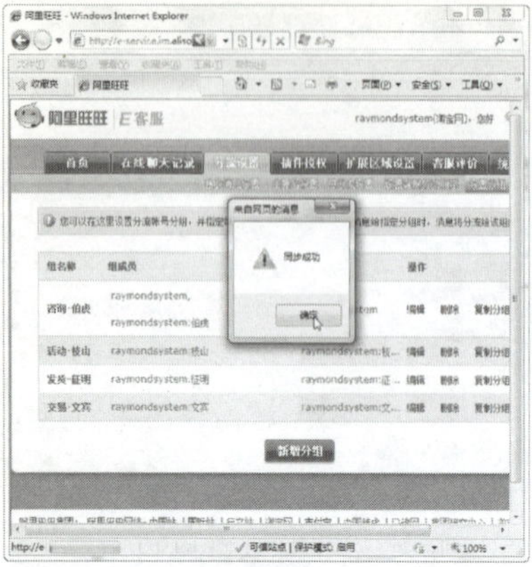

▶STEP 07

弹出对话框后，直接单击【确定】按钮，确定同步分组到店铺。

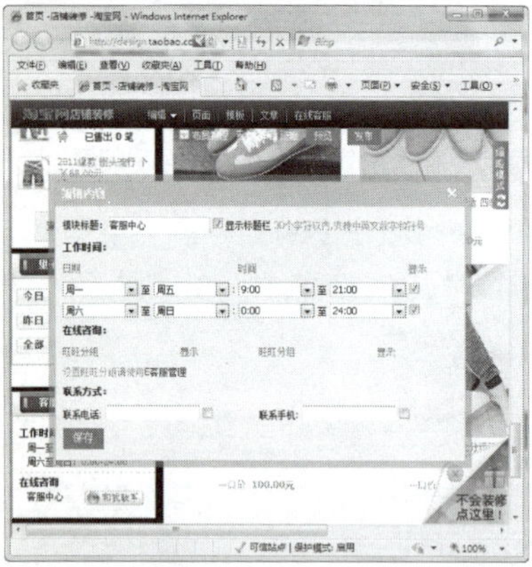

▶STEP 08

返回店铺装修页面的【编辑内容】对话框中，单击【保存】按钮，保存编辑的内容。

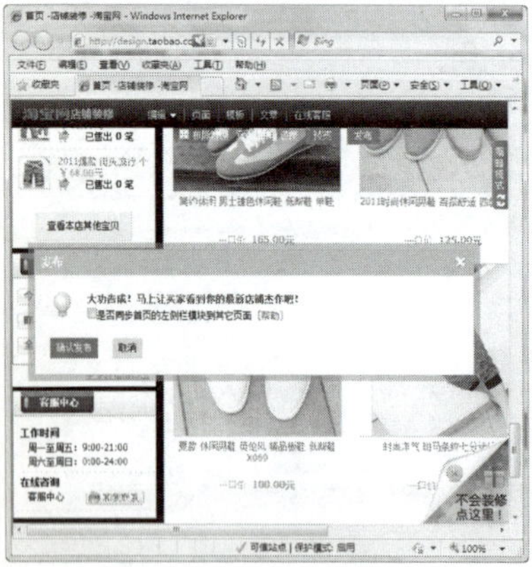

▶STEP 09

此时单击【发布】按钮，然后在【发布】对话框中单击【确认发布】按钮，发布店铺修改。

▶STEP 10

打开店铺的首页，卖家可以从【客服中心】模块上查看到E客服分组后在客服中心上显示对应的阿里旺旺图标的结果。

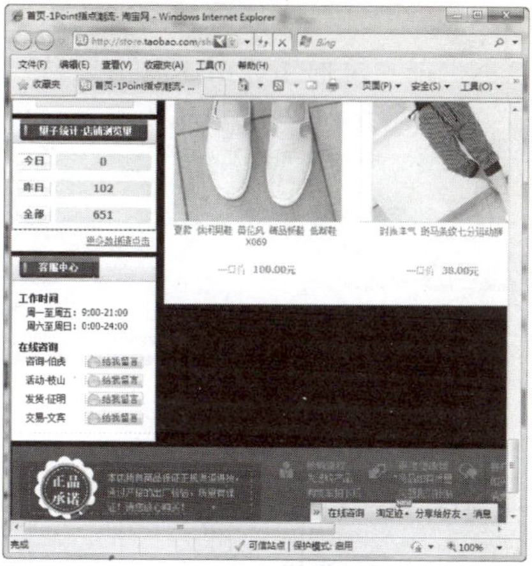

8.2.4 加入消保服务保障顾客权益

“消费者保障服务”是针对买家购物安全的套餐服务，目前推出的服务有“如实描述”服务，“假一赔三”服务，“7天无理由退换货”服务，“虚拟物品闪电发货”服务，“数码与家电30天维修”服务，其中“如实描述”是基础服务。

卖家加入消费者保障服务，可以提升店铺的信誉和影响力，可以让买家觉得购物很放心，从而吸引更多的买家光顾。另外，淘宝网除了会在加入消保服务的店铺和商品页面加上醒目的标志外，也会在

达人课堂

申请加入消费者保障服务条件为:

1. 用户必须是淘宝网注册用户。
2. 用户被投诉成功率不超过1%。
3. 用户同意按协议规定缴存保证金于自己的支付宝账户并授权淘宝冻结。
4. 用户不是“腾讯QQ专区”和“成人用品/避孕用品/情趣内衣”店铺类目的卖家。
5. 用户的申请未被淘宝或支付宝公司否决。

全网中建立“消费者保障服务”专区，让更多买家搜索到加入消保卖家的商品，从而增加卖家成功交易的几率。

动手跟练

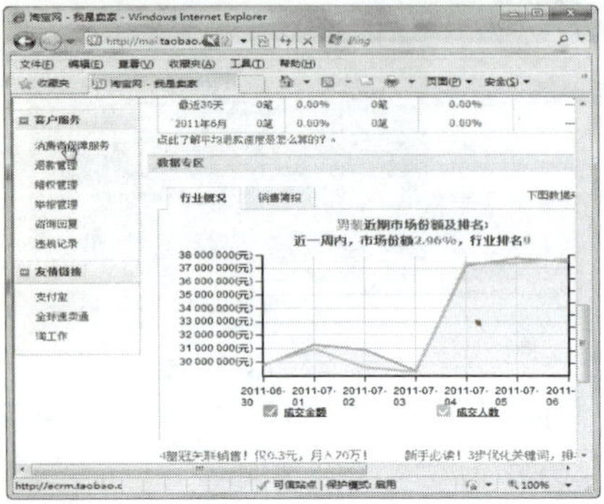

▶STEP 01

打开【我是卖家】页面，然后单击【消费者保障服务】链接。

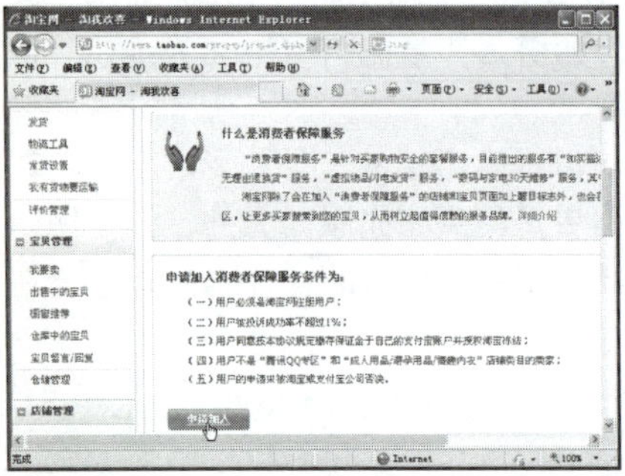

▶STEP 02

卖家查看消费者保障服务的内容，然后单击【申请加入】按钮。

▶STEP 03

此时卖家可以在页面上选择需要申请加入的保障服务，然后单击【下一步】按钮。

▶STEP 04

卖家可以仔细查看消费者保障服务协议的内容，看完后单击【同意，下一步】按钮即可。

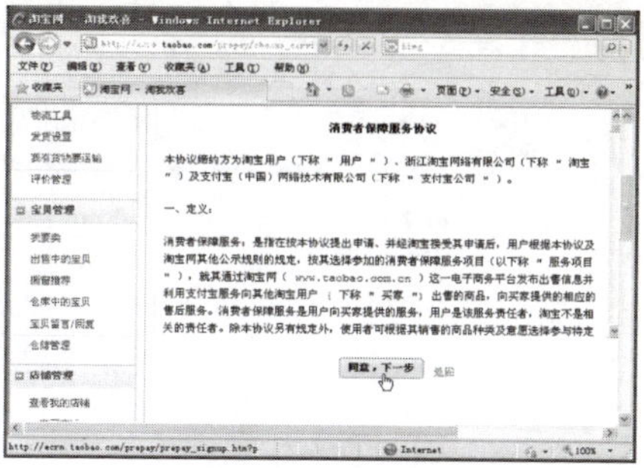

▶STEP 05

申请服务并同意服务协议后，申请将被提交到淘宝网。淘宝网将针对卖家提交的申请进行审核，并在3个工作日内完成审核。

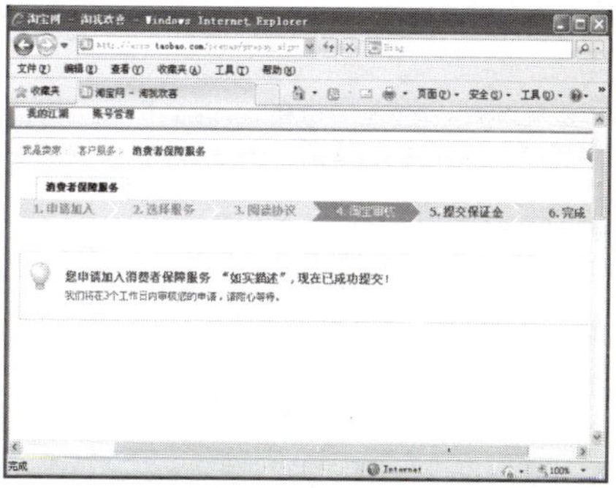

▶STEP 06

申请通过审核后，审核的结果会显示在【消费者保障服务】页面。但是，审核通过后，还没有生效，卖家需要提交保证金。此时可以单击请单击【提交保证金】按钮。

达人提醒

保证金用于保证消费者的权益，卖家提交的保证金并不会被支付宝扣除，而是保留在自己的支付宝账户里，但这笔保证金会被冻结。卖家只有退出消费者保障服务后，才可以取回这笔保证金。

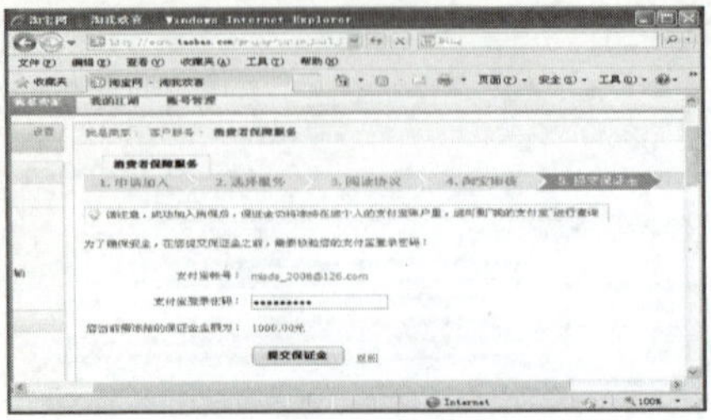

▶STEP 07

进入提交保证金页面后，输入支付宝登录密码，然后单击【提交保证金】按钮即可（卖家需要确认支付宝有足够的余额）。

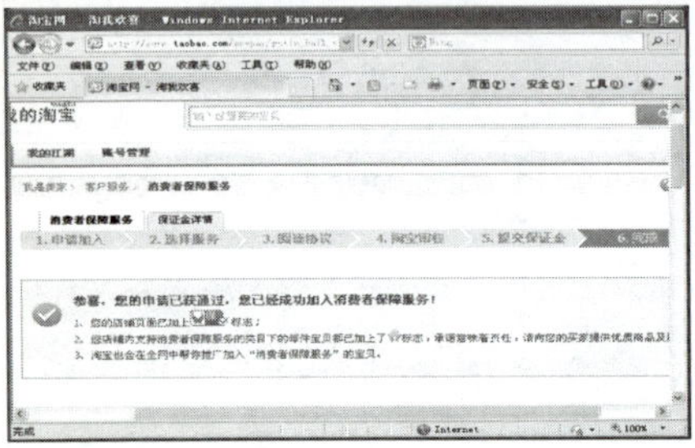

▶STEP 08

提交保证金后，申请加入消费者保障服务的过程就完成了。

8.3 店铺的促销策略

要让店铺的生意蒸蒸日上，除了有好的装修和服务外，还需要合适运用促销策略，例如不定期的举办一些促销活动，让买家觉得店铺能够经常给他们带来优惠，从而增加买家购物的热情。

8.3.1 为店铺创建多种优惠券

店铺优惠券是虚拟电子现金券，卖家在开通营销套餐理后，卖家可以创建店铺的优惠券。买家可以使用获得的店铺优惠券在购买商品时抵扣现金。

动手跟练

▶STEP 01

打开【我是卖家】页面，然后单击【促销管理】链接。

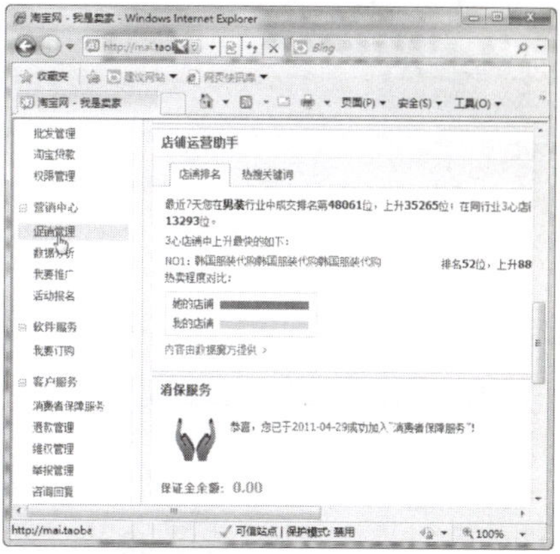

▶STEP 02

单击【店铺优惠券】链接，然后单击【创建活动】按钮。

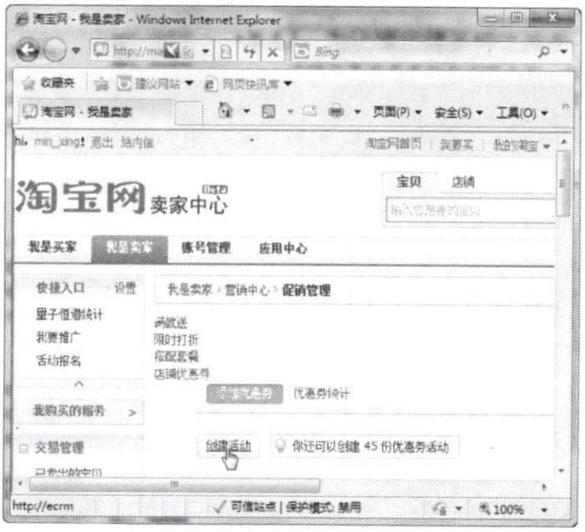

▶STEP 03

此时通过【创建优惠券】表单设置优惠券的相关选项，再选择一种优惠券的皮肤，接着单击【确认】按钮。

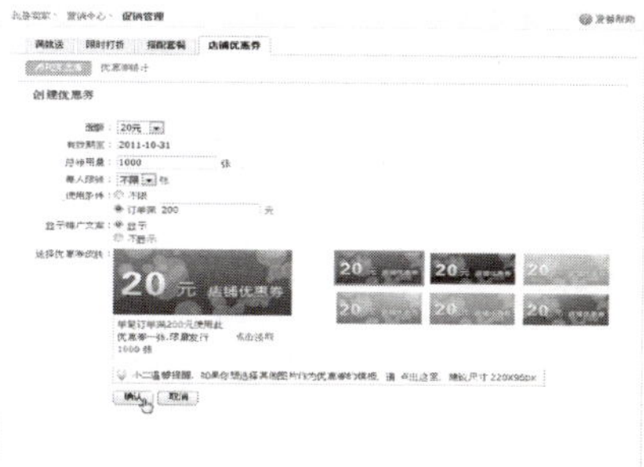

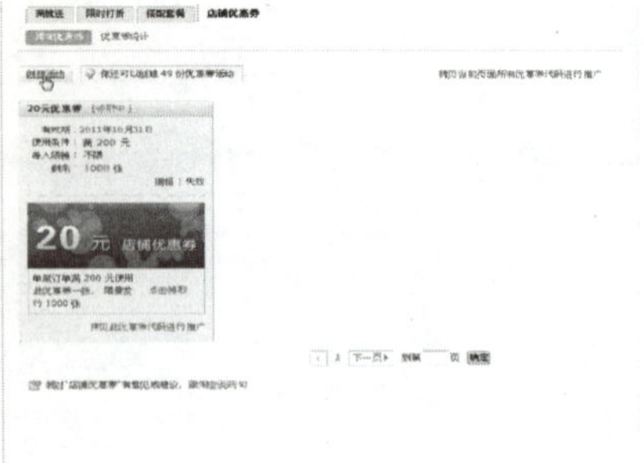

▶STEP 04

保存优惠券后，该优惠券显示在页面上。如果想再创建其他优惠券，单击【创建活动】按钮即可。

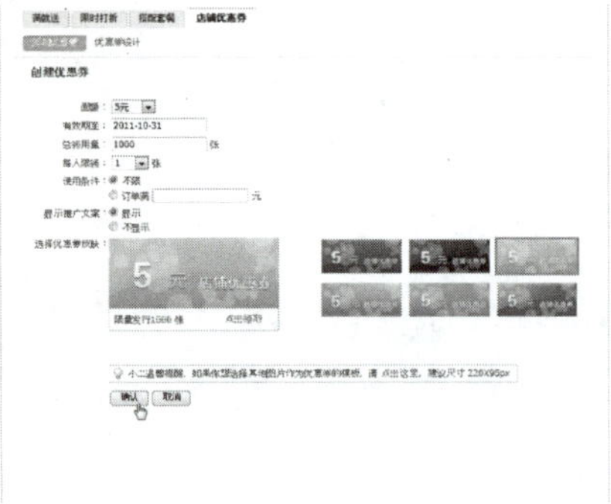

▶STEP 05

打开【创建优惠券】页面后，设置优惠券的相关选项，再挑选一种优惠券的皮肤，再单击【确定】按钮。

▶STEP 06

使用相同的方法，创建其他需要应用的优惠券，结果如下图所示。

达人提醒

卖家可以通过满就送促销形式、会员关系管理设置赠送店铺优惠券，或通过创建店铺优惠券让买家自主领取。

8.3.2 发布优惠券到店铺吸引顾客

如果店铺优惠券是让买家自己领取的，则可以复制优惠券的代码，然后通过装修店铺添加一个模块，将优惠券代码放置到模块上，以在店铺上显示优惠券。

动手跟练

▶STEP 01

打开【我是卖家】页面，然后进入【店铺优惠券】页面，在优惠券下单击【拷贝此优惠券代码进行推广】链接。

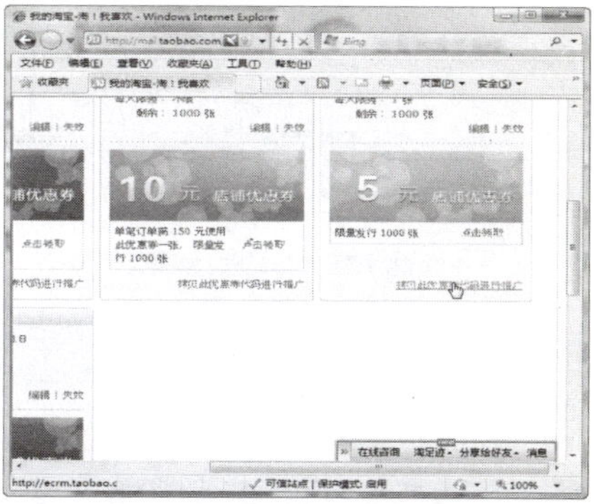

▶STEP 02

弹出提示对话框后，单击【确定】按钮，确定复制优惠券的代码。

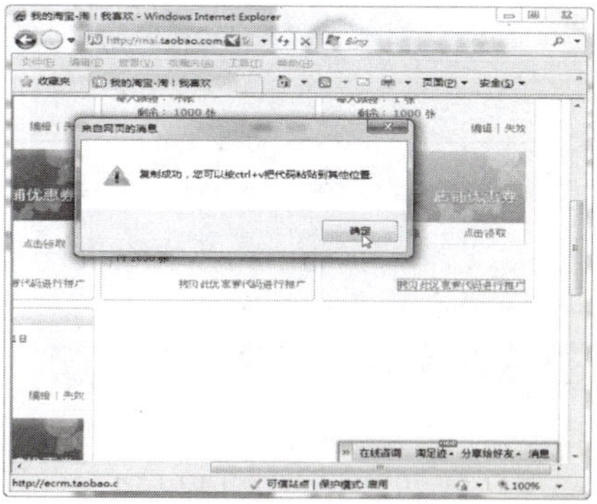

▶STEP 03

进入店铺装修页面，然后在页首处单击【在此处添加新模块】链接。

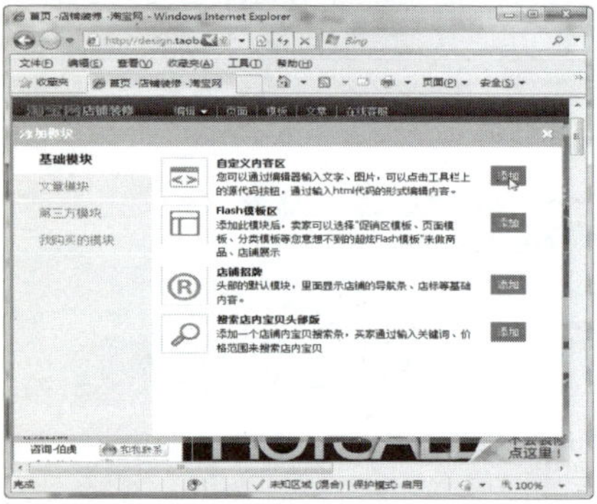

▶STEP 04

弹出对话框后，在【自定义内容区】项后单击【添加】按钮。

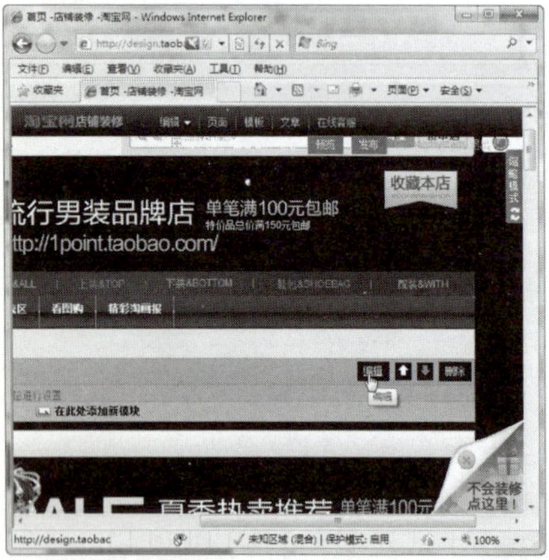

▶STEP 05

添加模块后，将鼠标移动该模块上，再单击模块的【编辑】链接。

▶STEP 06

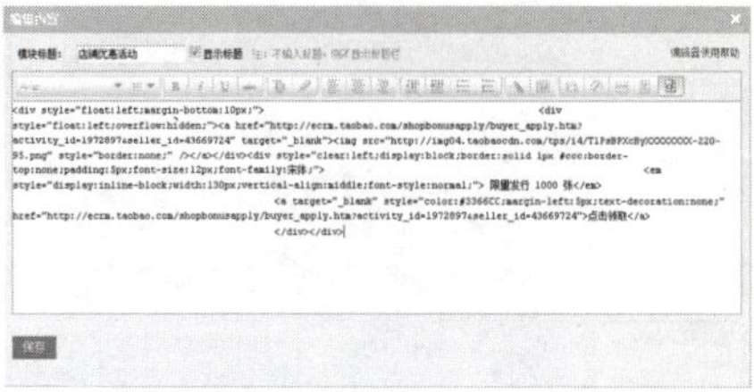

打开【编辑内容】对话框后，设置模块的标题，再单击【代码】按钮，然后粘贴上优惠券的代码。

▶STEP 07

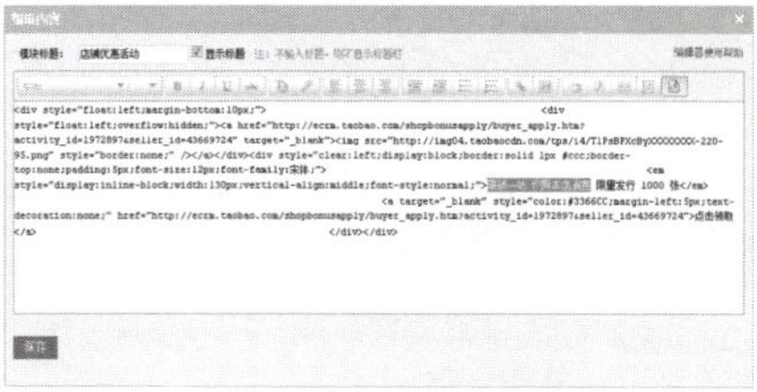

此时根据实际情况，可以修改一下促销内容，以便更好地说明优惠券的用处或限制条件。

▶STEP 08

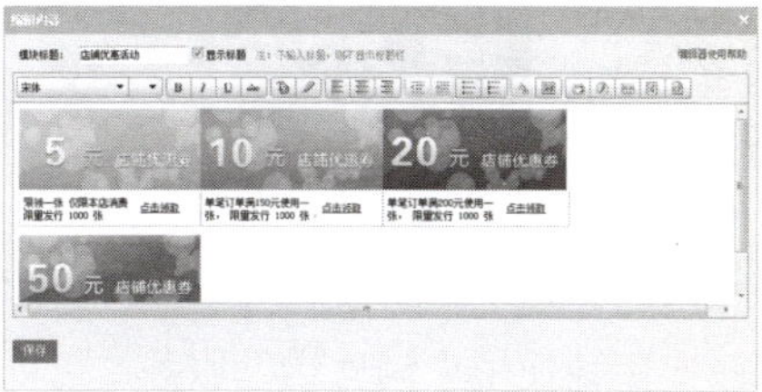

使用步骤1到步骤7的方法，将其他优惠券的代码粘贴到模块的代码编辑窗口，然后在此单击【代码】按钮，回复HTML的显示形式。此时卖家可以在对话框中看到优惠券的显示效果。单击【保存】按钮，保存编辑结果。

达人提醒

店铺优惠券有效期均由卖家自己设置，所以不同店铺发放的优惠券有效期会有不同。

▶STEP 09

返回店铺装修页面后，可以看到新增的模块显示优惠券的下沟哦。

▶STEP 10

此时单击【发布】按钮，然后在【发布】对话框中单击【确认发布】按钮。

8.3.3 通过满就送促销增加买家消费

店铺使用“满就送”服务，可以让买家在达到一定消费金额时提供额外的增值服务或折扣。这样能够让买家一次消费更多金额，提升店铺购买转化率和店铺的信誉度。

动手跟练

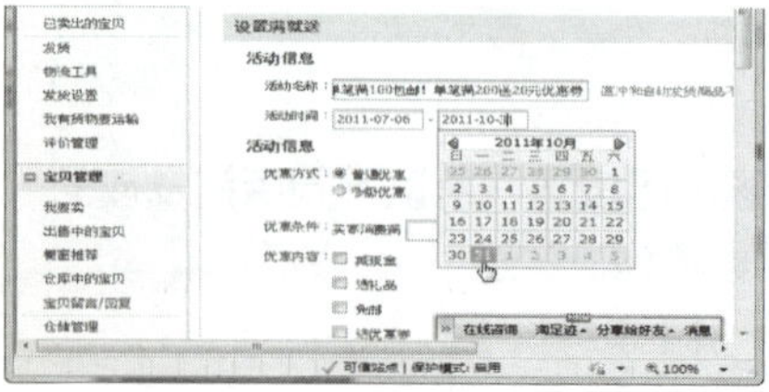

▶STEP 01

进入【促销管理】页面，然后单击【满就送】链接，接着设置活动名称和活动时间。

▶STEP 02

选择【多级优惠】单选项，再设置相应的优惠条件和内容，接着可以单击【预览】按钮，预览效果。

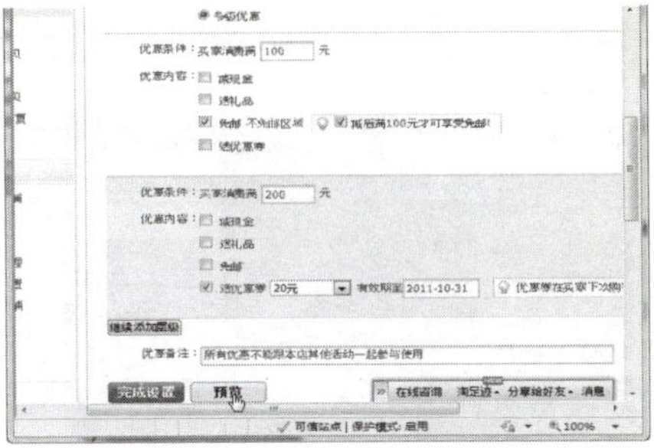

▶STEP 03

在页面中预览满就送促销广告效果，然后关闭广告对话框，再单击【完成设置】按钮。

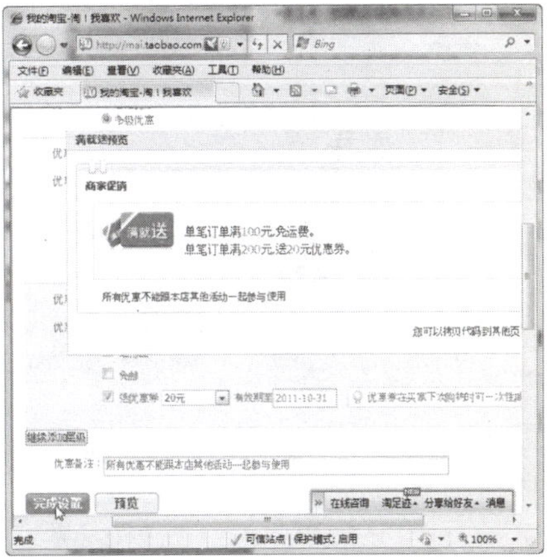

▶STEP 04

此时单击【拷贝代码】链接，复制满就送促销代码，弹出对话框后，单击【确定】按钮。

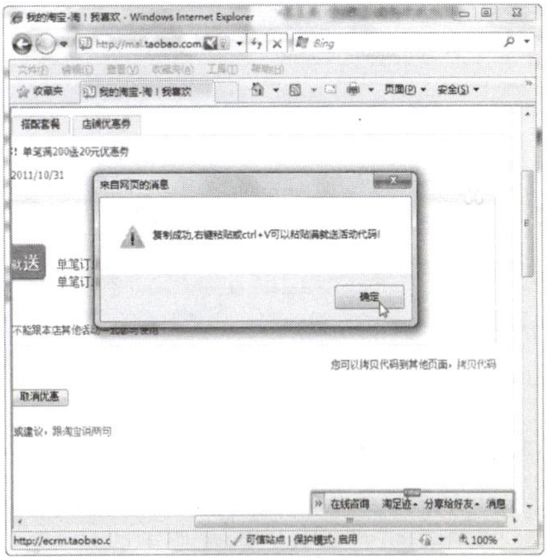

▶STEP 05

进入店铺装修页面，然后单击【编辑】链接，再从打开的列表框中单击【宝贝详情页】链接。

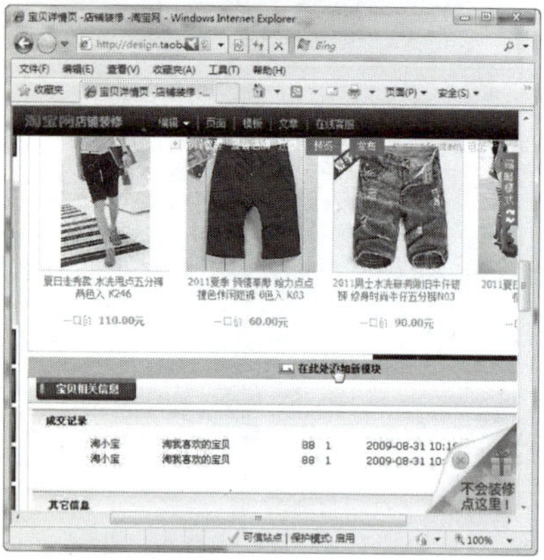

▶STEP 06

打开【宝贝详情页】装修页面，然后在右栏页面上单击【在此处添加新模块】链接。

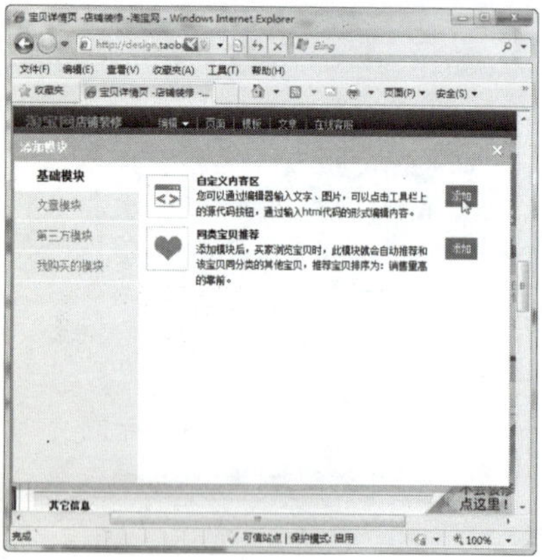

▶STEP 07

打开【添加模块】对话框后，选择【基础模块】选项，然后在【自定义内容区】模块后单击【添加】按钮。

▶STEP 08

打开【编辑内容】对话框后，设置模块的标题，再单击【代码】按钮，然后粘贴上满就送促销的代码，最后单击【保存】按钮。

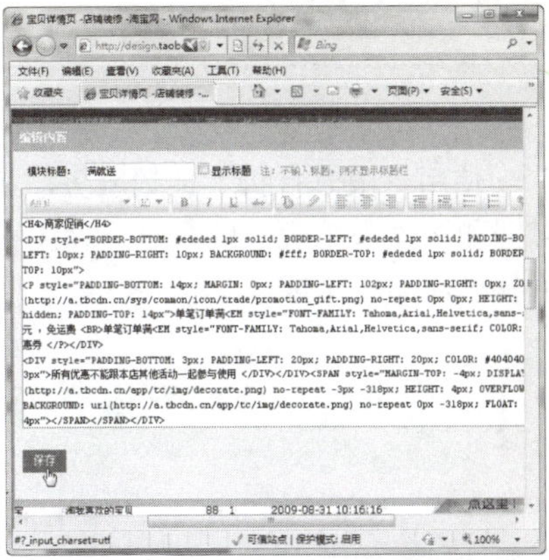

▶STEP 09

返回【宝贝详情页】装修页面后，将添加的模块移到【宝贝详情】模块上方。

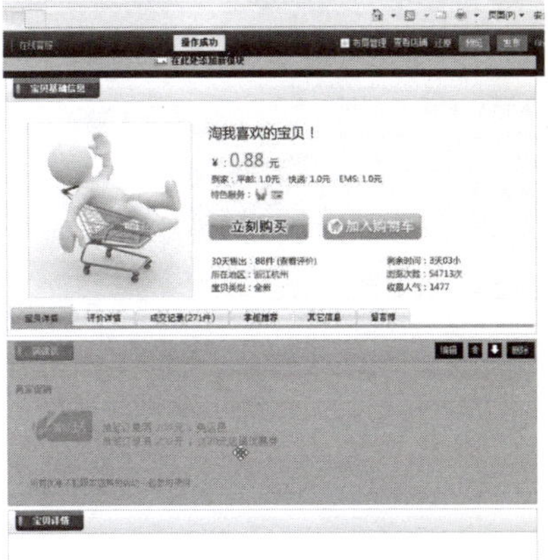

▶STEP 10

此时将装修发布到店铺上，并打开店铺某个商品的详情页面，即可查看满就送促销的广告效果。

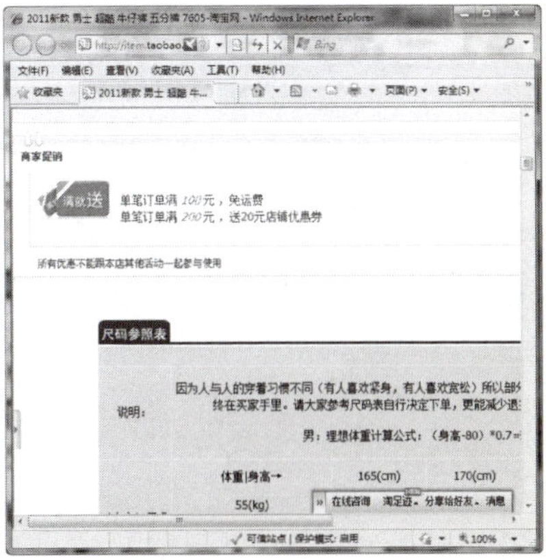

8.3.4 创建限时打折活动提升成交量

使用“限时打折”促销服务，卖家可以设置折扣力度、打折活动时间和买家限拍宝贝的数量。使用这项服务，卖家可以轻松提升店铺流量，增加成交量。

动手跟练

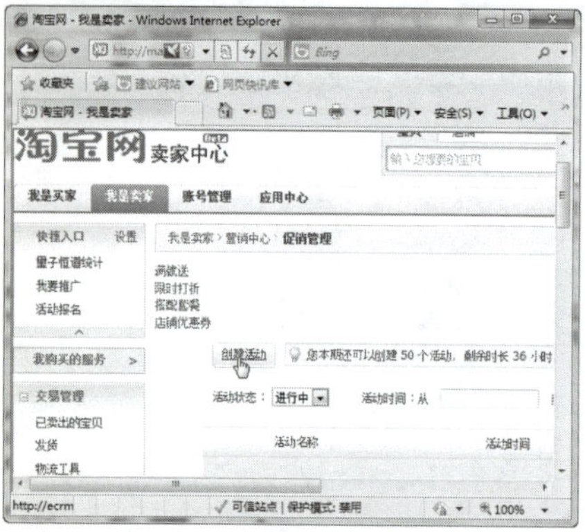

▶STEP 01

进入【促销管理】页面，然后单击【限时打折】链接，接着单击【创建活动】按钮。

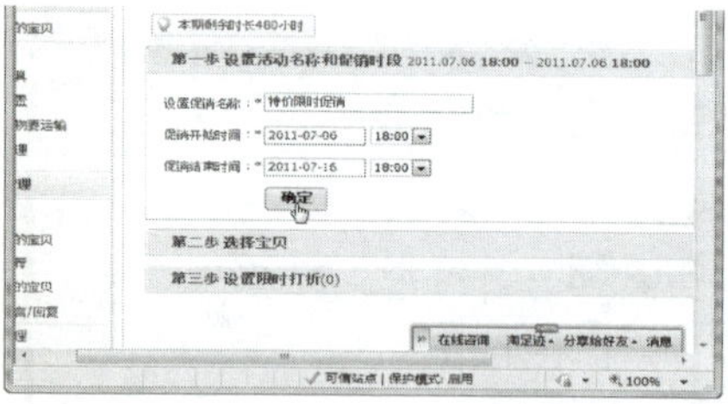

▶STEP 02

设置促销活动的名称，还有促销开始时间和结束时间，然后单击【确定】按钮。

▶STEP 03

进入选择商品的流程后。在列表框中选择要参与限时打折的商品，然后在商品后单击【参加打折】按钮。

▶STEP 04

选择需要参与打折的商品后，单击【完成选择】按钮。

▶STEP 05

进入第三个流程后，设置买个商品的限时折扣，再设置每人限购的数量，接着单击【完成创建】按钮即可。

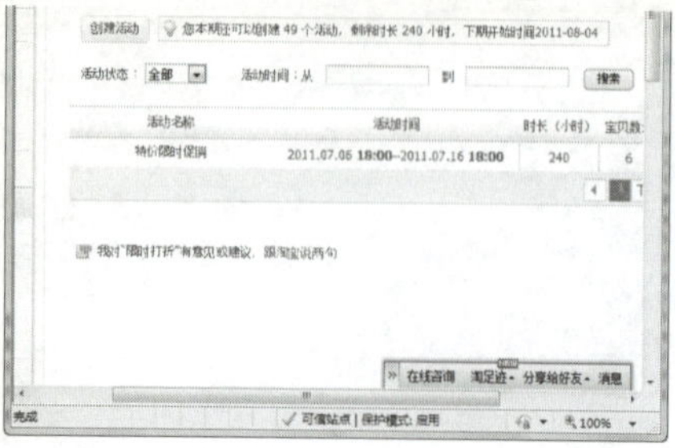

▶STEP 06

返回【限时打折】选项页，即可看到创建的打折项目项目。

8.3.5 利用搭配套餐组合售卖多个商品

搭配套餐是将2个或者2个以上的商品，以搭配的形式组合销售，这种营销方式很大程度上提高了卖家促销的自主性，同时也为买家提供了更多的便利。

动手跟练

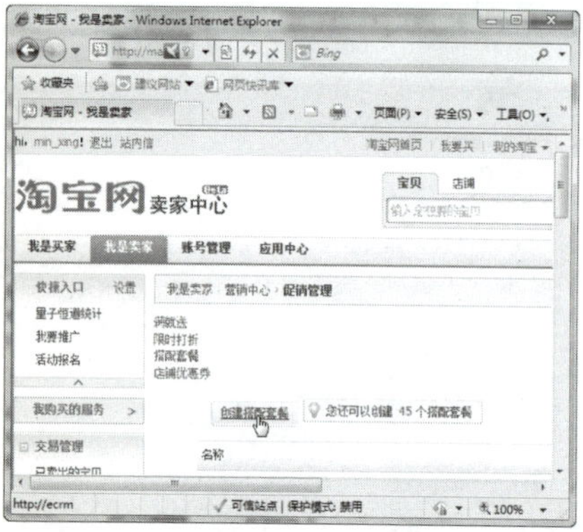

▶STEP 01

在促销管理页面中单击【搭配套餐】链接，接着单击【创建搭配套餐】按钮。

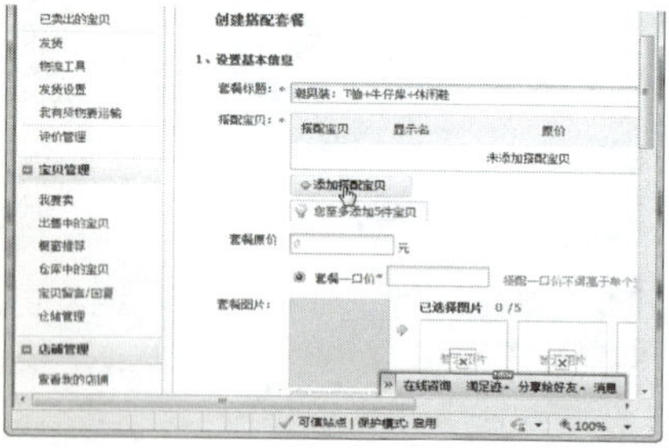

▶STEP 02

设置套餐的基本信息，然后单击【添加搭配宝贝】按钮。

▶STEP 03

打开【添加套餐商品】对话框后，选择需要加入套餐的商品，然后在该商品后单击【添加】按钮。

▶STEP 04

添加其他加入套餐的商品后，单击【保存】按钮，保存套餐商品。

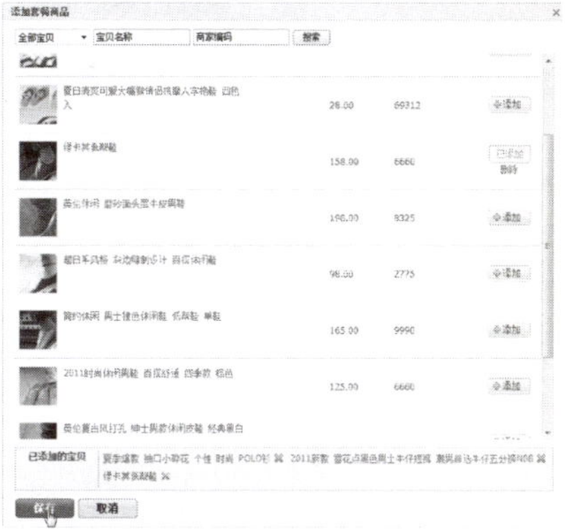

▶STEP 05

此时返回【创建搭配套餐】页面，设置套餐价格，再添加套餐的描述内容，以便吸引买家。

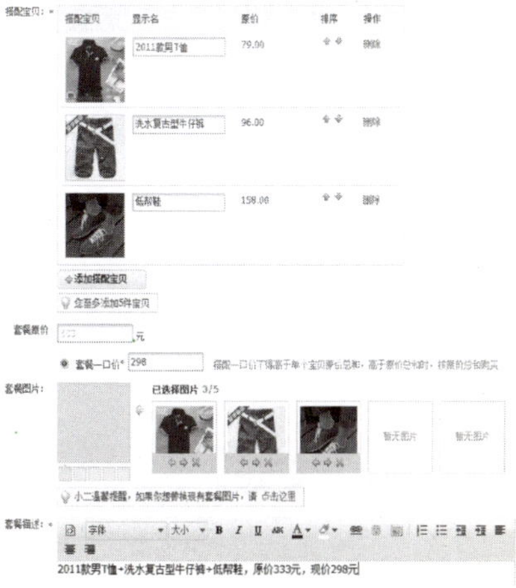

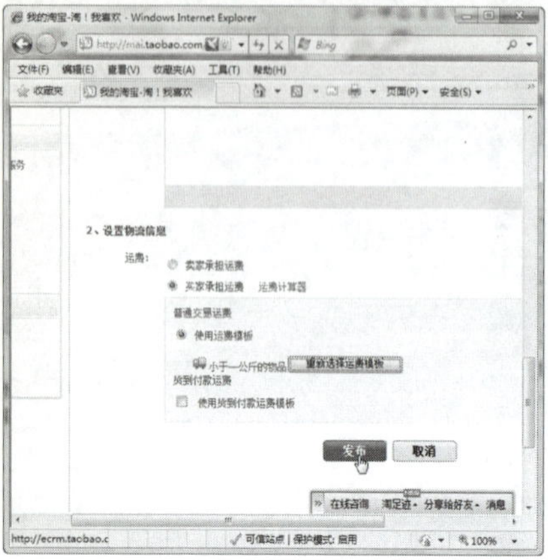

▶STEP 06

完成上述操作后，再设置物流信息，最后单击【发布】按钮，发布搭配套餐。

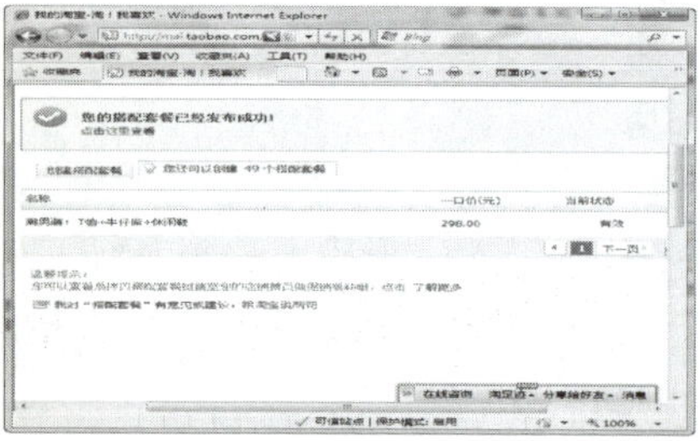

▶STEP 07

成功发布搭配套餐后，可以单击【这里】链接，查看套餐页面效果。

▶STEP 08

此时打开搭配套餐销售页面，卖家可以查看套餐的商品搭配详情。

8.4 商品的推广策略

有了悉心的经营后，还需要有良好的销售渠道，这样才可以扩大销路。淘宝网为卖家提供了多种商品推广服务，让卖家可以从各个不同的渠道扩展销路。

8.4.1 使用淘宝直通车推广商品

淘宝直通车推广是为淘宝专职卖家量身定制，通过关键词竞价并按照点击付费，进行商品精准推广的服务。

使用淘宝直通车服务后，买家在搜索框输入关键词达搜索页面，或者买家点击类目关键词到达搜索页面，这个搜索页面右侧提供了8个展位，下方提供了5个展位，这些展位就会显示参加淘宝直通车推广的商品缩图。当买家点击缩图进行商品销售页面后，该商品的卖家就需要支付一定的点击费用。

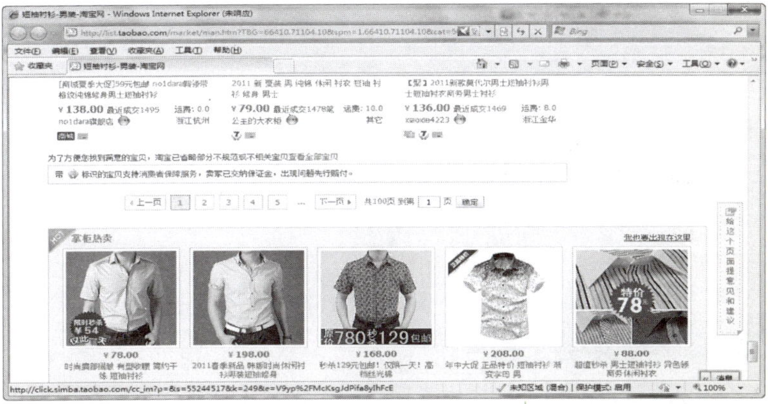

搜索男装后，页面下方出现推广的商品

动手跟练

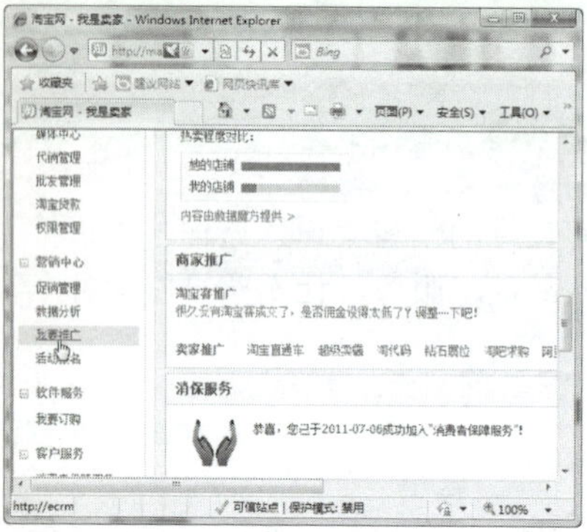

▶STEP 01

在打开的页面上单击【直通车】按钮。

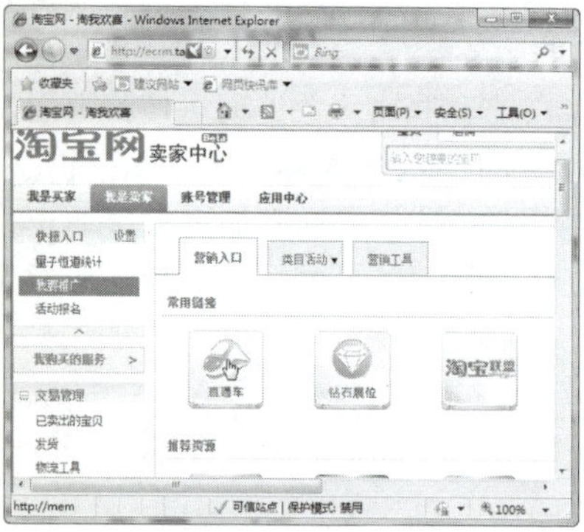

▶STEP 02

在【淘宝直通车】栏目上查看相关的说明，然后单击【马上进入】按钮。

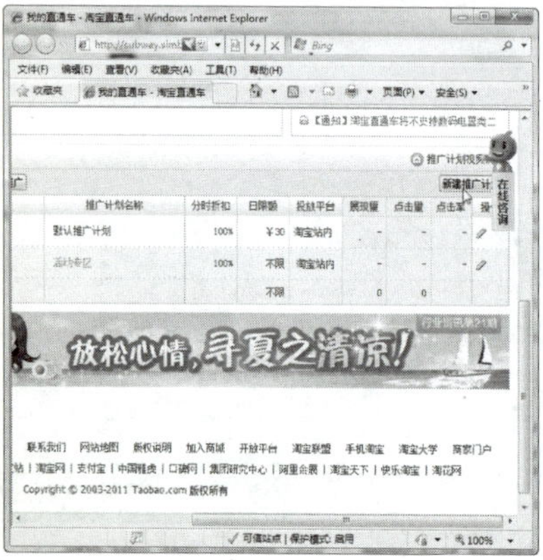

▶STEP 03

进入淘宝直通车平台后，单击【新建推广计划】按钮。

▶STEP 04

此时输入推广计划的名称，再单击【保存并继续】按钮。

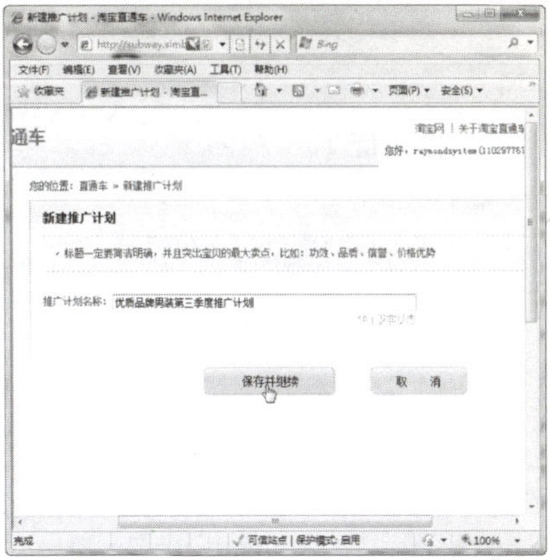

▶STEP 05

进入推广宝贝页面后，选择要推广的商品，然后单击该商品后的【推广】按钮。

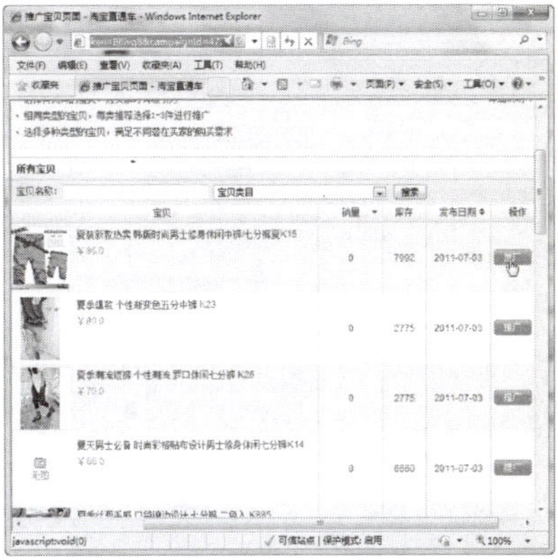

▶STEP 06

选择推广商品后，输入推广商品的标题标题限制在20个汉字以内。

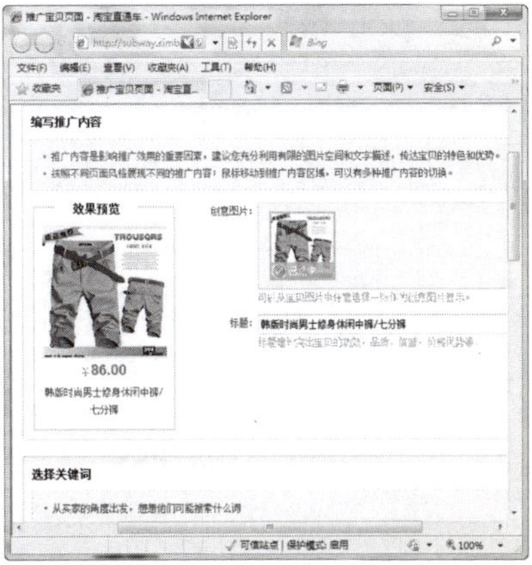

创业密码——新手淘宝开店

▶STEP 07

将页面拖到下方，然后为单击系统推荐的关键字，以便为商品添加对应的关键词。

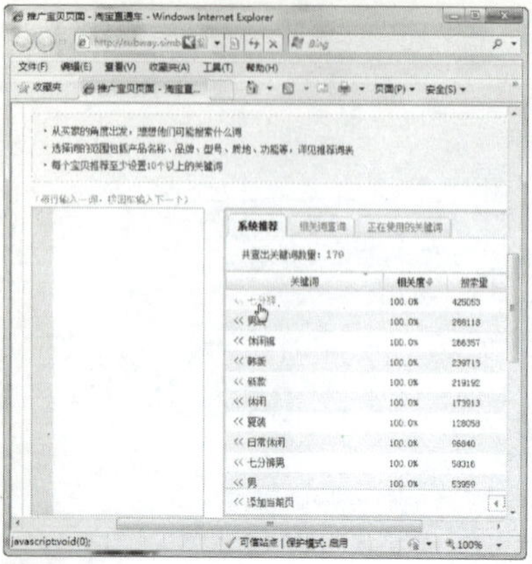

▶STEP 08

使用步骤7的方法，为商品添加多个关键字，建议不少于10个关键字。

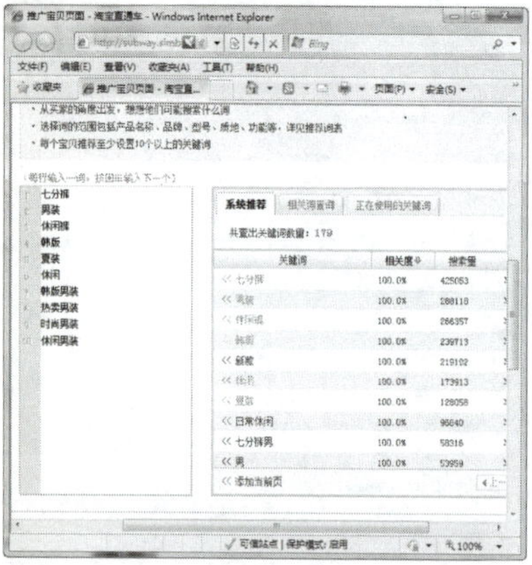

▶STEP 09

选择【启用类目出价（推荐）】单选项，再指定默认的出价，然后单击【下一步，完成】按钮。

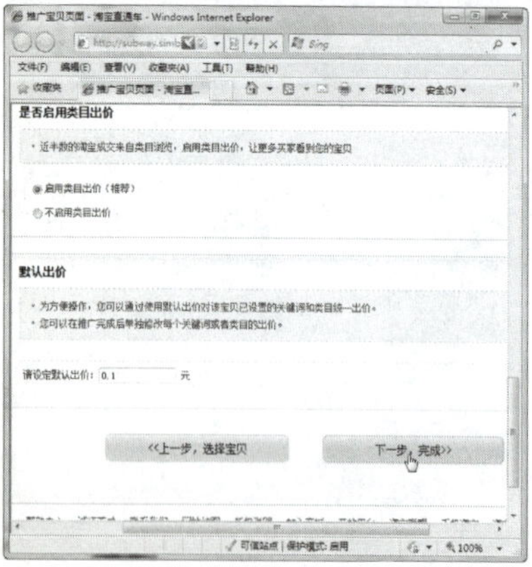

▶STEP 10

如果想再推荐一个商品，可以单击【推广一个宝贝】链接。推广完成后，可以单击【进入付款页面】链接。

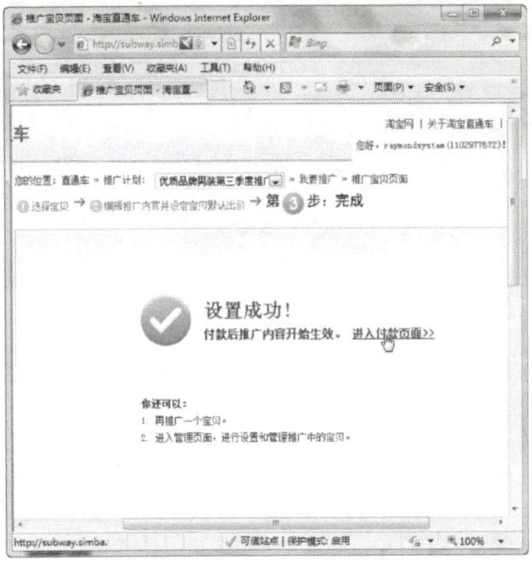

▶STEP 11

第一次参与推广，需要对直通车个人账户预存最少500元，这笔款项属于预付款，是卖家用于推广的费用。

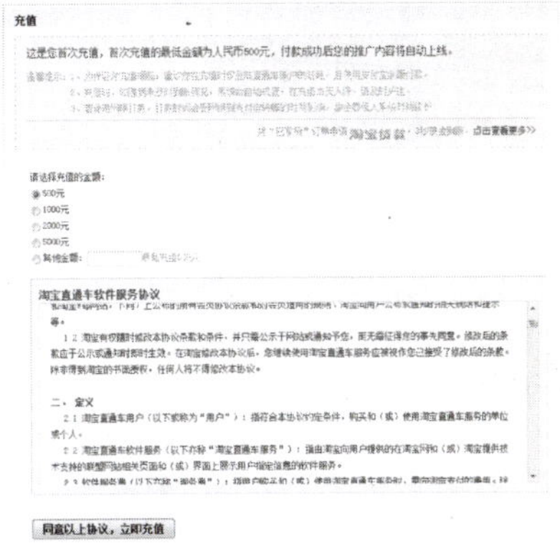

▶STEP 12

确定充值后，进入支付宝收银台，此时输入自己的支付宝账户和支付密码，用支付宝付款。

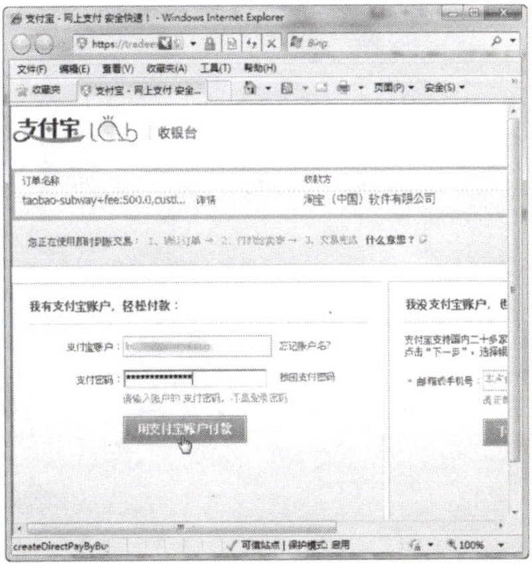

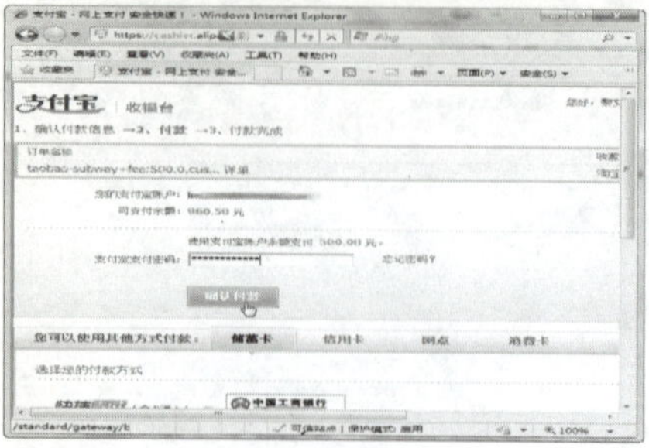

▶STEP 13

如果支付宝有足够余额的话，可以使用支付宝余额方式付款。

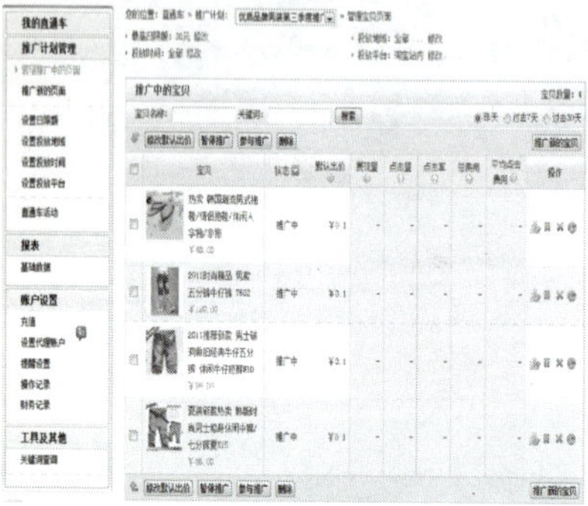

▶STEP 14

付款后，卖家即可返回个人直通车平台，查看推广中的商品。

8.4.2 通过淘宝客大范围推广商品

淘宝客是由淘宝和同一集团下淘宝联盟（原为阿里妈妈）合作开发，专为淘宝卖家打造，按成交计费的推广模式。

淘宝联盟首页

淘宝客从淘宝联盟拿到淘宝卖家待推广商品的链接并进行推广，当买家通过推广的链接进入店铺并完成交易后，淘宝卖家就需要支付淘宝客发布推广商品时承诺的一定比例的佣金。

达人提醒

对于卖家来说，可以使用淘宝会员账户登录淘宝联盟，创建推广计划。

对于淘宝客来说，可以注册成为淘宝联盟会员，然后通过淘宝联盟获取推广计划链接，并进行推广，从而获得佣金。

动手跟练

▶STEP 01

在【我是卖家】页面中单击【我要推广】链接，再单击【淘宝客推广】按钮。

▶STEP 02

进入【淘宝联盟】页面后，单击【新建广告计划】按钮。

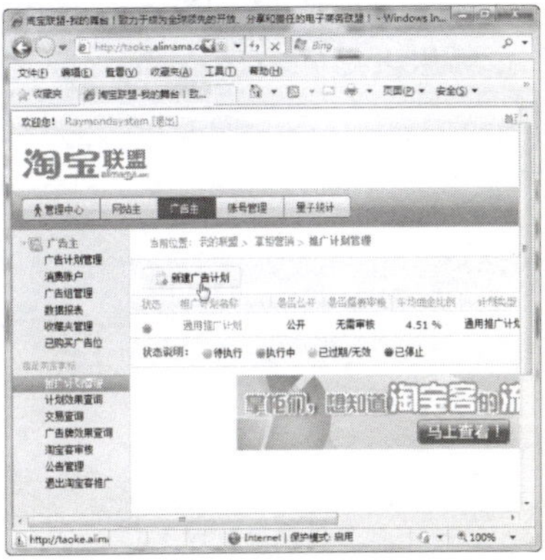

Chapter 8 网店吸金的营销策略

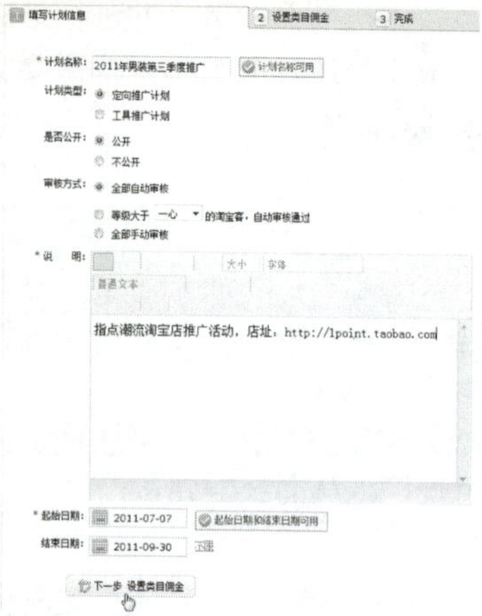

▶STEP 03

此时淘宝卖家在页面中填写计划信息，完成后单击【下一步 设置类目佣金】按钮。

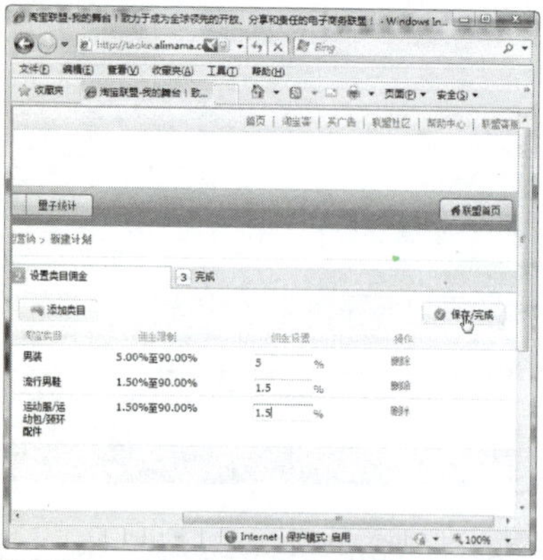

▶STEP 04

进入【设置类目佣金】页面后，设置各个类目的佣金，再单击【保存/完成】按钮。

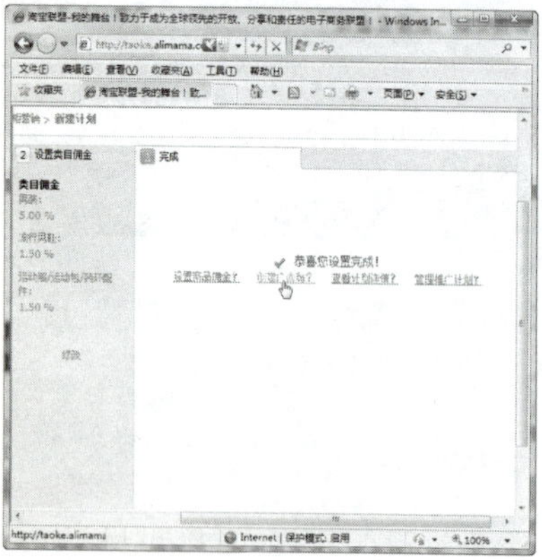

▶STEP 05

进入第三个流程后，单击【创建广告牌？】链接，准备为推广计划设置一个美观的广告牌。

▶STEP 06

进入【推广计划管理】页面后，单击【新建广告组】按钮。

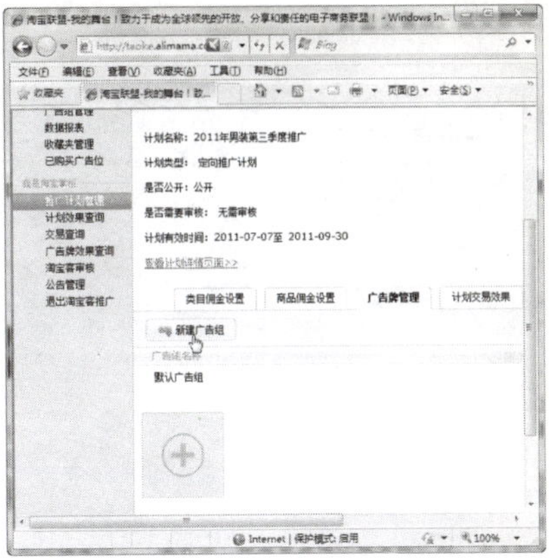

▶STEP 07

弹出【创建广告组】对话框后，输入广告组名称，然后单击【确定】按钮，创建广告组。

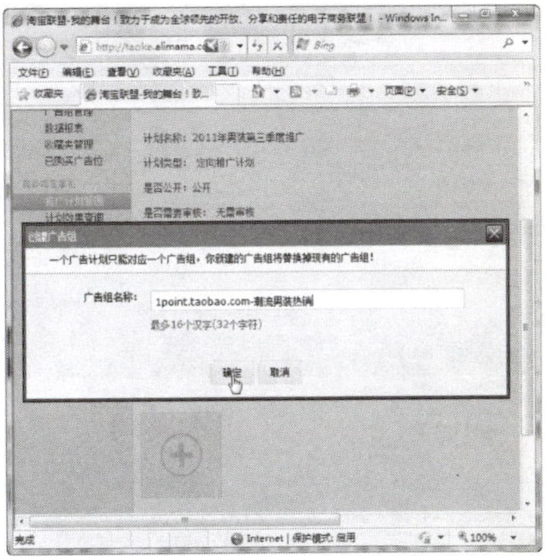

▶STEP 08

返回【推广计划管理】页面，然后在广告组下单击【新建广告牌】按钮。

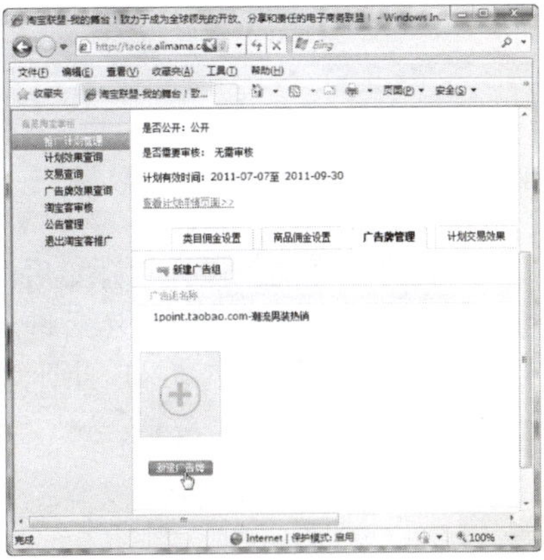

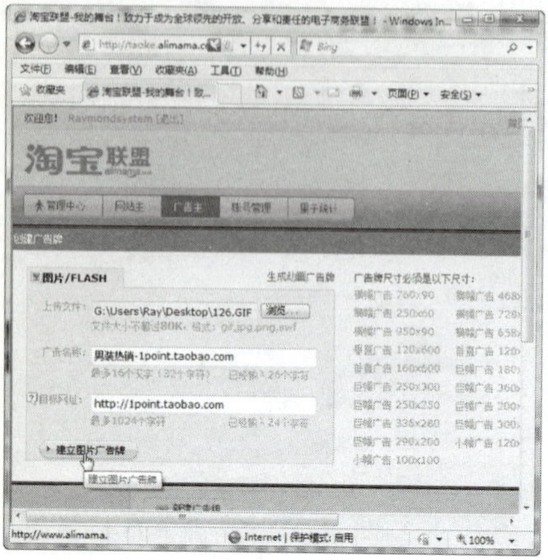

▶STEP 09

弹出【创建广告牌】对话框后，单击【浏览】按钮指定广告牌图片，然后输入广告名称和目标网址，接着单击【建立图片广告牌】按钮。

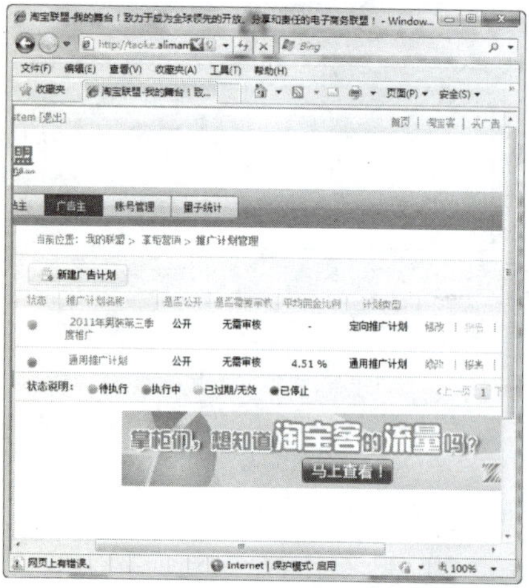

▶STEP 10

创建广告牌后，淘宝卖家可以返回【推广计划管理】页面，查看创建的广告计划。

当淘宝卖家的推广计划开始后，在淘宝联盟上注册的淘宝客会从淘宝联盟中获知推广计划，然后进入淘宝卖家的推广计划页面，单击【申请推广】按钮，申请推广此计划。

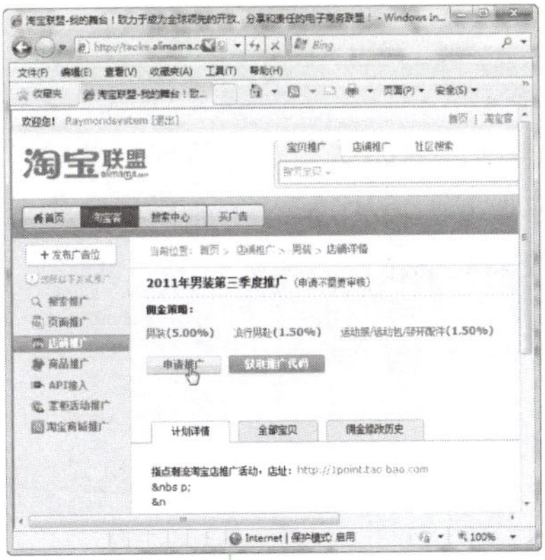

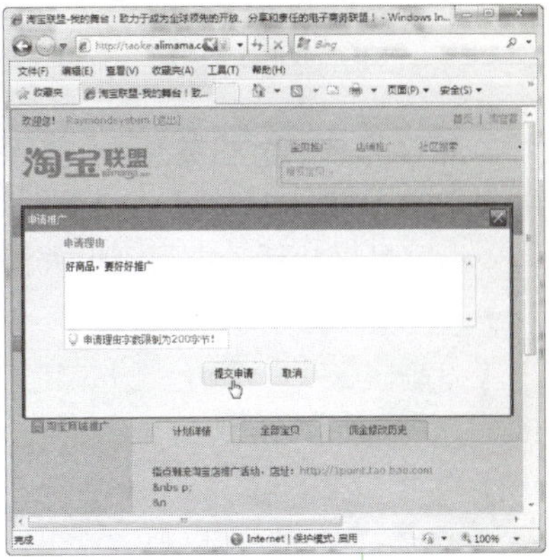

淘宝客申请推广计划　　提交申请

如果淘宝卖家设置了申请需要审核，那么提交的申请会交到淘宝卖家在淘宝联盟的账户中。淘宝卖家如果同意，则可以通过申请，让淘宝客推广自己的广告计划。如果是不需要通过审核的，那么淘宝客就会直接单击【获取推广代码】按钮，从【获取代码】页面复制推广计划的代码，并通过不同的方式推广计划。当其他买家通过代码提供的链接进入卖家店铺，并达成交易的话，淘宝客将会会动对应比例的佣金。

通过【获取代码】页面获取推广计划的代码

8.4.3 通过报名淘宝网活动推广商品

淘宝网会不定期举办一些商品活动，例如父亲节男装促销活动、中秋节食品推广活动、VIP会员限时特价活动等。通过报名这些活动，卖家可以从活动中得到很大程度的商品推广效果。

动手跟练

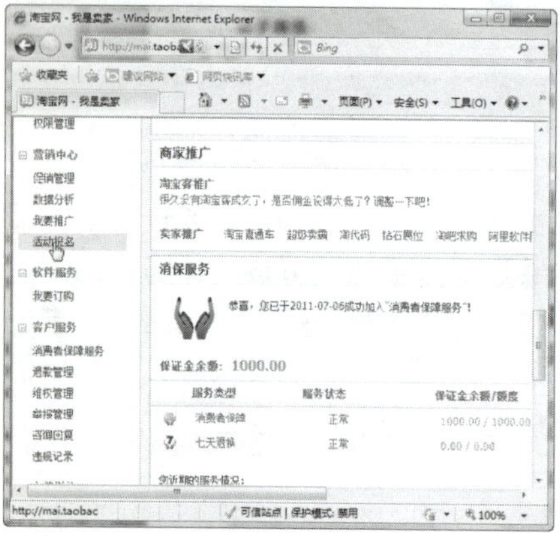

▶STEP 01

进入【我是卖家】页面，然后单击【活动报名】链接。

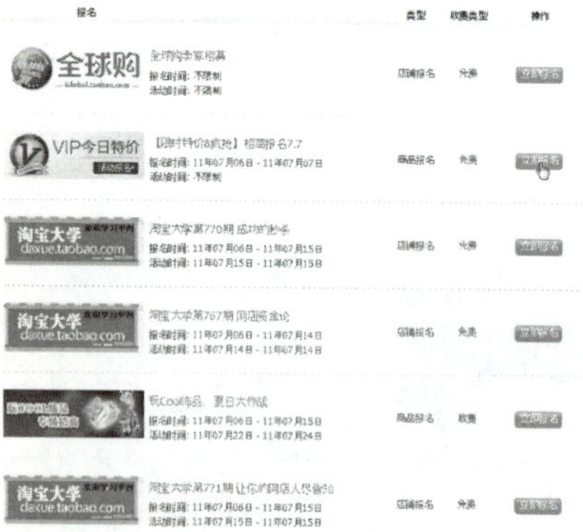

▶STEP 02

进入报名页面后，选择合适的活动，然后单击【立即报名】按钮。

▶STEP 03

此时卖家在报名表单上填写相关的内容，然后单击【提交报名信息】按钮。

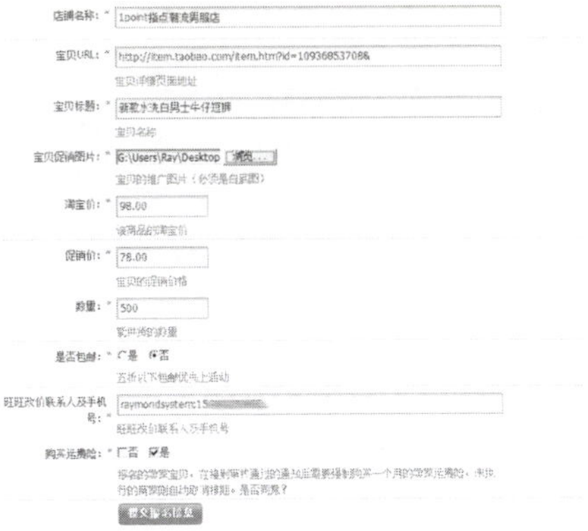

▶STEP 04

提交报名后，还需要等待淘宝网的审核。如果审核通过后，卖家再指定参加活动的商品即可。

达人课堂

上例中的"VIP今日特价"活动是淘宝网组织给淘宝VIP会员参与特价购物的活动，这种活动的商品只有VIP会员才可以购物。当VIP会员想购买特价商品，则可以登录VIP会员页面，通过页面的活动广告进入商品页，然后购买商品即可。

创业密码——新手淘宝开店

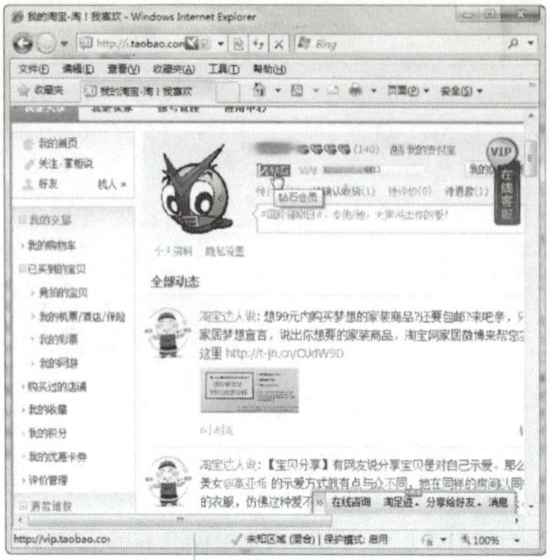

VIP会员会显示VIP图标

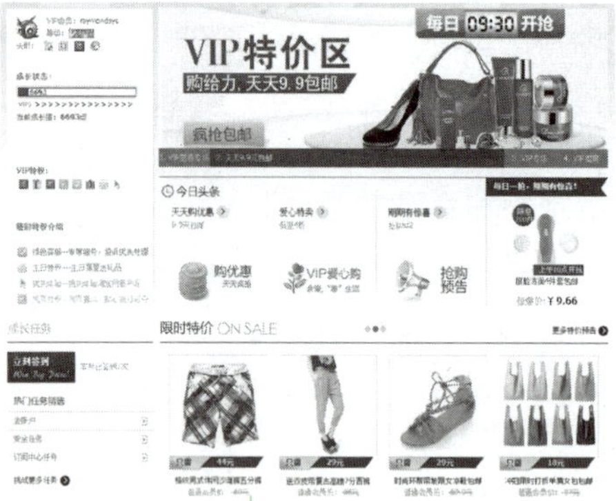

进入VIP会员页面，即可进入VIP特价区购买商品

章后点评

本章主要介绍了卖家对店铺持续经营的各种策略，例如了解自己店铺的经营状况、通过E客服设置店铺的客服分组、通过各种促销方式提交店铺销量，以及通过各种方式推广商品。这些内容对新进淘宝卖家是非常有用的，通过学习店铺经营手段和方法，新进卖家可以让自己店铺的生意逐渐好起来，赚钱也多起来。